僧肇的佛學理解與格義佛教

唐 秀 連 著

文 史 哲 學 集 成
文史哲出版社印行

國家圖書館出版品預行編目資料

僧肇的佛學理解與格義佛教 / 唐秀連著. --
初版. -- 臺北市：文史哲,民 97.04
　頁：　公分. (文史哲學集成；545)
含參考書目
ISBN 978-957-780-4 (平裝)

1. 僧肇 .2. 佛學義理 3. 佛學思想

220.11　　　　　　　　　　　97006307

文史哲學集成　545

僧肇的佛學理解與格義佛教

著　　者：唐　　秀　　連
出 版 者：文　史　哲　出　版　社
http://www.lapen.com.tw
登記證字號：行政院新聞局版臺業字五三三七號
發 行 人：彭　　正　　雄
發 行 所：文　史　哲　出　版　社
印 刷 者：文　史　哲　出　版　社
臺北市羅斯福路一段七十二巷四號
郵政劃撥帳號：一六一八〇一七五
電話886-2-23511028 · 傳真886-2-23965656

實價新臺幣五〇〇元

中華民國九十七年（2008）四月初版

僧肇的佛學理解與格義佛教

唐秀連 著

文史哲出版社

馮　序

　　本書是唐秀連君在其博士論文的基礎上擴展而成的。

　　唐君大學本科原修新聞及傳播學，畢業後由於對佛學及其超越追求有濃厚興趣，於是在碩士與博士學習階段均攻佛學。碩士階段已修習過梵文；博士階段，更前赴日本駒澤大學訪學近兩年，得伊藤隆壽及片山一良諸教授指點，在佛學、文獻學、語言學等方面所獲豐厚。又經近兩年的專心寫作，至2006年底，終於通過了論文答辯。

　　唐君選取僧肇作為研究課題，本有相當難度，因為前人的研究成果已十分可觀。但論文寫成後，覺得在研究視角上，在理論評價上，均有不少突破，當為一篇優秀的博士論文。

　　唐君本論作在研究視角上的創意，表現在不取純理論視點上的對勘的方式去探尋僧肇思想與佛、玄的異同，而是置入魏晉之際玄、佛交涉的具體歷史情境，揭示僧肇對二家的吸納和推進，同時體現了對二家的創新。從佛學方面看，僧肇無疑為承接「格義佛教」的努力，而契入佛理更為殊勝，得以被稱為中國「解空第一」人的。從玄學方面看，一如本論稱述：「如果以王弼的貴無玄學為起點，僧肇的般若學為終點，鳥瞰魏晉玄學學術心靈的幾大轉向，那麼自本體論的發展來說，這是一個從標別體用、有無、形上形下兩個層次的絕對主義論調（例如王弼之學），到勾消形上本體界，平視現實個物的分殊性之自然主義傾向（如郭象的莊學），再轉而為通達經驗事物，相因相待，幻有不真的現象主義精神（如僧肇的般若學）的變革過程。簡言之，自王輔嗣到僧肇，自貴無崇有之論，次第過渡到佛家的性空之理，中國三百年的思想史，其中一個開展方向，就是對形上、形下實體的次第消解。」（見本書第六章第一節）把僧肇思想放入玄學的脈絡看，作如是解讀，即見唐君本論作甚有創意。

　　唐君本論作在理論評價上的創意，則表現在她不取「分別心」，不過多關注僧肇到底屬「以道釋佛」還是「以佛釋道」還是「佛道摻雜」這種派別的辨別並予褒貶。論作顯然更強調一種求同精神，一種為各家共許的安身立命之道。所取的這一評價角度也是相當恰合的。陽明子曾經説過，儒、釋、道(老)三家，在形而上層面上，其實是一致的。蓋因三家都追求對於功利性與工具性的超越。即以玄、佛論。玄學(道家)從對存在世界的檢視出發，借解構經驗事物的對待關係而破去執心，佛學從對知識世界的檢視出發，借辨破經驗名相的信實性而化去執心，二者入路有別，然卻都成就了超越。至於在超越層面上或亦有所差別，在理論上固亦可以有所分疏。然而，在信仰與精神追求上，卻應該是共許的。唐君的論文，致力於辨明二家的這種「共許」性，無疑亦甚有創獲。

　　謹借小「序」向讀者作一推介，讀者讀時當「隨讀隨掃」，而回歸本覺之心。

馮達文

2007 .7 .13

於中山大學無事居

伊藤 序
―唐論文の出版に寄せて―

　　前漢武帝の紀元前１３８年に張騫を西域に派遣して以来、中国と西域との交流が盛んとなり、前２年には大月氏王の使節伊存がやってきて浮屠経を博士弟子の景盧に口授したという。それからおよそ４００年後、鳩摩羅什が長安に到り、中国をはじめとする東アジアに大乗仏教を定着させるのに偉大な足蹟を残した。その弟子である僧肇は、はるばる涼州にあった羅什を訪ねて師事し、共に長安に帰って姚興の命により僧叡等とともに逍遥園における羅什の訳業を助けた。さらに彼は『維摩経注』を著わし、「般若無知論」等の四論、いわゆる『肇論』を著わして、インドや西域（中央アジア）の仏教とは異なる中国仏教形成の先蹤となった。

　　中国仏教とは何か、という課題は、中国の仏教を研究する者の共通の課題であり、様々な方法、視点から究明されなければならない永遠のテーマでもある。私は、中国仏教の特質を「格義」という現象を通して解明しようとした（拙著、肖平、楊金萍訳『仏教中国化的批判性研究』香港・経世文化出版、２００４）。格義は儒・道・仏三教交渉の具体例であり、中国仏教を三教交渉の視点から明らかにする上で重要であり、先に陳寅恪先生が注目された通りである。

　　唐　秀連女士は、２００２年末に来日して翌年の春から約１年半の間、駒澤大学仏教学部研究員として中国仏教の研究に従事した。私のもとで僧肇の『肇論』も受講し、パーリ語やサンスクリット語も学び、日本における学問の方法及び最先端の研究状況を具さに観察し、かつ学習したのである。

　本書は、日本留学の成果を充分に反映しつつ、中山大学の指導教授のもとでまとめられた博士論文である。その内容は、僧肇の仏教思想を解明する方法として比較哲学の立場に立ち、格義の視点を導入して分析研究を試みたものであり、僧肇の思想解明に一定の成果を示したものとして高く評価できよう。

　この度、唐女士の博士論文が公刊されることは誠に慶びとするところであり、本書の刊行により中国仏教学の進展並びに学界に多大な貢献をするであろうことを確信して序とする。

2007年5月吉日

駒澤大学教授・博士（仏教学）

伊藤隆壽

伊藤 序
── 為唐君論文出版致意

泊乎西漢武帝張騫出使西域以來(公元前138年)，中國與西域的交流日趨繁盛。史載於公元前2年，大月氏王使節伊存曾向西漢博士弟子景盧口授《浮屠經》。大概四百年後，鳩摩羅什入長安，為次第於中國和東亞奠定大乘佛教地位之功業，留下偉大的足跡。其弟子僧肇，不遠千里，到涼州師事什公，回長安後，奉姚興之命，與僧叡等入逍遙園裏助羅什譯業。此外，僧肇並完成《維摩經注》、〈般若無知論〉等四論，合稱《肇論》，至此，與印度、西域(中亞)殊途的中國佛教，漸成雛型。

「中國佛教是甚麼？」── 這是研究中國佛教的學者所共同面對的課題，也是一個必需援用各樣方法、觀點去探討的永恒主題。我曾透過「格義」現象，說明中國佛教的特質(詳見拙著《佛教中國化的批判性研究》，蕭平、楊金萍譯，香港經世文化出版，2004年)。格義乃儒、道、佛三教交涉的具體例證，而且在採取三教互涉的角度去廓清中國佛教的本質上，是相當重要的，這一點，業已受到陳寅恪教授的注意。

唐秀連女士在2002年末前來日本，翌年春季開始，大約一年半時間，於駒澤大學佛教學部擔任研究員，從事中國佛教的研究，其間在我主持的《肇論》研討班聽講，又修讀巴利文和梵文，對於日本的學術研究方法、最前端的研究狀況，亦無不仔細觀察，用心學習。

本書是一篇充分反映唐君留學日本的成果，同時深得中山大學指導教授的教益而完成的博士論文。作為闡釋僧肇佛教思想的方法，本論站在比較哲學的立場，引用格義的觀點，試圖進行分析研究，展示了闡明僧肇思想的一定成果，理應給予高度評價。

是次唐女士的博士論文能夠公開出版，誠然令人欣喜。本人

深信，本書之刊行，對於中國佛學的進展，乃至學界，均作出極
大貢獻，故以此序致意。

2007年5月吉日
駒澤大學教授、博士(佛學)
伊藤隆壽

提　要

　　格義佛教，是東晉時代邁向正確理解般若空宗思想的連續性哲學活動。歷來的研究，向以竺法雅將經中事數擬配外書的研究方法，和般若學的六家七宗，為格義佛教的代表。不過「格義」的本質意義，原不在其外延的寬、狹，而在於它理解陌生文化的起點，總是從本己文化的思想格局出發，去衡量陌生文化的內容。這種觀點，往往不是在個人身上發生，而是在交互文化的場合中，為某時某地的人共同體現。所以，「格義」本身除了是一種詮釋的方式，也代表一種理解陌生文化時集體的、連續性的精神方向。本論文之研究目的，乃係立足於這個「格義」的本質性定義上，試圖檢覈在六家七宗之後，竭力吸收和消化印度空宗思想的僧肇，如何以本己文化的立場為出發點，透過抉擇傳統哲學的意義和價值系統，把握佛教思想的本質，並且建構自己的佛教哲學體系。由於僧肇哲學同時兼有印度空宗在中國的承傳者、順中國固有哲學開展之一個流派、以及東晉般若學之一員三重身份，故此本文將僧肇之學與這三種思想分別對觀，以期綜合地檢視肇公對三者的傳承、回應與改造，藉以尋繹出他進行佛學理解時，所抉取的思想線索，和着意發揮的義蘊。如此，吾人乃可總結出僧肇與中國固有哲學思想的內在關聯，兼且替其著述中玄佛攙雜的語言現象，還以公允的評價。

　　作為在交互文化理解下形成之思想結晶，僧肇哲學對空宗思想的融攝，主要通過玄學的意義系統來實行，其方式包括：借玄學的思想取徑去瞭解佛教的義蘊(例如藉相即相待的思路，契入中道不二之理)；從玄學歸趣的精神大本出發，鑒照早期般若學家義解進路之限制；將佛家的理想價值，類比為玄學的理想價值，謀求在玄、佛以外，一個各家共許的安身立命之道。基於優越的治

學環境和個人的天賦條件，僧肇雖借用了玄學式的思路，卻得以較為適切地透入般若性空要義，令他憑「解空第一」，著稱於世之餘，也成功地廓清了佛教的客觀真理論的真正意涵。另一方面，僧肇亦以玄學的意義系統，闡發佛教的主觀真理論，和超越主體的認識論，表達了與道、玄哲學大率傾合的意趣，從而使其哲學鼓吹的理想論，基本上回到固有文化所服膺的形態上去，展現迴別於印度空宗的哲學義蘊和性格。

在其身處的年代中，僧肇的佛學意識是冠絕所有本土般若學者的。他雖然大量引述道家哲學的術語，卻沒有受到這些語詞本義的掣肘，反而自如地運用老莊語彙，發明空宗的義理。除此之外，他又敏銳地覷破早期佛教學者只將「空」看成內在體驗的不足，首先將「空」理解為一項客觀的真理論判斷，突破了前人疏解空義的瓶頸。

宏觀地看，僧肇哲學歸向的精神大本，是與魏晉以還，中國哲學發展蘄向心靈之順適輕妙，滙流為一的，所不同者，他是以佛家之義，闡述棲神冥累之理。不過，僧肇雖然承續了傳統哲學的問題叢結和理念系統，卻未有將佛學之義蘊，純粹與本土固有思想類比，而加以理解。在佛學研究意識的帶動下，他還引入對比地考察的手段，相當程度地認識到佛教思想的本質，因此最終達成較恰當地理解印度佛學的目的，不但有進於前此的般若學，更成為東晉的佛教思想史上，一個成功的格義佛教典範，替中國的佛學研究，樹立一個新的里程碑。

目　錄

第一章　緒論
第一節　問題脈絡

1.1　對當代諸家評論僧肇思想的反省

　　僧肇，生於東晉孝武帝太元九年 (384)，卒年在東晉安帝義熙十年 (414)[1]，春秋三十一，是東晉晚期總結佛教般若學思想的傑出人物。他才思玄微，師事鳩摩羅什，承續印度空宗、中觀學思想，也是羅什門下唯一透過完整的系統，表述自己哲學思想的弟子，所著《肇論》一書，立基於「畢竟空」的前提，從不同方面闡發般若性空學說，見解精闢，析辯謹嚴，歷代尊崇不絕，如吉藏〈百論疏序〉引述羅什盛讚僧肇的話：「秦人解空第一者，僧肇其人也」，並又讚歎道：「若肇公名肇，可謂玄宗之始。」[2]，尊奉肇公為中國三論宗的始祖。明末的蕅益，在《閱藏知津》的「此土大乘宗經論」裡，將《肇論》列為第一，他又將僧肇的地位，不但提昇至與南嶽、智者二師等量齊觀，而且還跟印度佛學的大宗師馬鳴、龍樹、無著、世親等相提並論[3]。由此可見，對於僧肇思想，歷代學者多給予正面的評價。

　　但是，在備受推崇之餘，僧肇思想歷來引起的歧解也紛然繁多。分析其原因，蓋與肇公著述裡的行文遣句，總是夾雜著不少傳統哲學的詞彙和術語，特別是玄學、莊老的語辭，甚有關連。針對此論說方式，累世以來，在佛教學者之間，便不時出現貶抑僧肇學問價值的評斷。慧達在〈肇論序〉裡記述，時人貶斥肇公思

1　有關肇公的生卒年，歷代皆有異說，詳見第四章僧肇傳略部分。
2　《大正藏》卷四二，232上。
3　蕅益智旭《閱藏知津》，《法寶總目錄》第三冊，頁1008及1225，新文豐出版社，1983年。

想是「莊老所資猛浪之説」[4]。唐時元康《肇論疏》又言：

> 如來説法，皆依二諦。言則順俗，理則明真。且秦人好文，
> 譯經者言參經史。晉朝尚理，作論者辭涉老莊。言參經史，不可
> 謂佛與丘且同風。辭涉老莊，不可謂法與聃周齊致。肇法師一時
> 挺秀，千載孤標，上智貴其高明，下愚譏其混雜，是謂資宋章而
> 適越，露形之俗見嗤；抱荊玉而歸楚，無目之徒致晒，信可悲
> 也。[5]

從元康的一段説話可以旁窺，直至唐代，仍然有人因為僧肇
著述裡摻雜著老莊語辭，而質疑其並非純粹的佛學思想，更有甚
者，如唐代澄觀詰難肇公的〈物不遷論〉，謂在表層文義，「濫同小
乘」[6]；明末鎮澄甚至非議其論，認為等同於外道的常見思想[7]，凡
此則已是過甚其詞的極端之談了。

傳統注釋家對於僧肇的評價，無論或褒或貶，其眼界不免有
所侷限。一方面，他們不能盡脱宗派立場和觀點的限制(如憨山的
《肇論略注》乃依據華嚴的唯心立場撰著而成)，因此，褒揚僧肇
者，可能純粹因為懾於其人權威，或者意在替肇公論著引發的疑
竇，曲為之辯，以維護其既有名聲，因而在多數情況下，僅止於
以名相解名相的表面文義闡釋，卻對僧肇論中難以冰釋的疑滯，
不求徹底通解，有時又強作解人，導致他們的解説，往往跟《肇
論》的原意扞格不通、背道而馳[8]。另一方面，傳統注疏的方式都
只是內在於佛學的觀點進行詮解，上焉者即使能做到總攝綱維，

4　《大正藏》卷四五，150中。
5　《大正藏》卷四五，167中。
6　澄觀《華嚴經疏鈔》第三冊卷二十一，頁40，華嚴蓮社。
7　《卍續藏》卷九七，752下。此外德清《肇論略疏》對〈物不遷論〉的釋文裡，亦
　　有一段記載，為明代的佛教徒以僧肇為外道的證例：「及閱華嚴大疏，至問
　　明品，譬如河中水湍流競奔逝，清涼大師引肇公不遷偈證之，蓋推其所見妙
　　契佛義也。予嘗與友人言之，其友殊不許可，反以肇公為一見外道，廣引教
　　義以駁之，即法門老宿，如雲棲、紫柏諸大老，皆力爭之，竟未迴其説。」
　　(《卍續藏》卷五四，336中)

義解理趣，卻幾無可能跨出佛家教法的門檻之外，透過與傳統道、玄哲學的思維邏輯之對比，蠡測僧肇論述裡蘊含的邏輯推理原則，繼而分疏出在玄佛相間的文辭背後，所具有的真實意涵，替論中莊老語詞紛籍交錯的現象，還以恰當公允的評論。

然而姑勿論如何，僧肇著述之所以掀起古代注釋家的異議和謗議的癥結，當源於它與莊老、玄學糾纏不清的思想成分。礙於前人在治學視野與研究方法之侷限，在解釋《肇論》裡夾纏著的玄佛語詞和文句時，很多時只能沿取前人舊說，又或強作說詞，常予人意有未洽之感，而且，還往往演變成非黑即白的道家/佛學、大乘/小乘等門戶之諍，致與肇法師理論的本義，越發生起枘鑿之處，更遑論解開借玄說佛的問題糾結了。相對而言，受惠於更寬廣的文化視野，與嚴謹方法學訓練的當代學者，對於僧肇思想與傳統哲學的關聯性問題，該可提供更多元化的探討角度，和更開放的觀點表述。

襲用玄學、道家的語意模式來表達佛學義理，當是東晉之世，佛學體系初創之時，玄佛之間進行思想溝通的常見模態。據此，則僧肇思想裡玄佛語彙交錯紛呈的情狀，初步看來，也可被解讀為肇公消化印度般若學後，透過玄學式的表述所進行之哲學理解，此固是斯日交互文化理解活動的典型樣態。然而對於如何評斷肇公著作裡玄學、道家式行文語詞的屬性，當代學者的取態卻未盡相同。

當代學者中，仍有人與部分古代訓釋家一樣，指摘僧肇與玄學的界線，混淆不清。呂澂在《中國佛學思想概論》中就提到：

　　一方面他(僧肇)未能完全擺脫所受玄學的影響，不僅運用了玄學的詞句，思想上也與玄學劃不清界限，如在〈不真空論〉裡有

8　例如有一名幻道人，竟以「馬為馬，牛為牛，牛非馬，馬非牛」詮釋「物不遷」，則其穿鑿附會亦可謂過甚矣 (見《卍續藏》卷九七，735下)。

這樣一些句子：「審一氣以觀化」，「物我同根，是非一氣」，這就大同於玄學思想了。[9]

　　呂澂之說隱藏著這樣的暗喻：一旦襲用了相同的語辭文言，即表示意涵和邏輯形式的一致性。據此說法，則僧肇之論，自然挾帶著不少等同玄學思想實義的顆粒。但是克實而言，呂澂的論斷是很難令人信服的，因為他忽視了語詞與語意之間的關聯性，並非一成不變的，尤其處於中印文化交相出入的歷史場景下完成的哲學作品，因為受到交互文化理解風潮的波及，在同一語詞表象下所可能蘊藏之語意多元性，更值得詮釋文本者玩味再三。

　　與呂澂的看法不同，當代有些學者，主張對待僧肇運用老莊語彙之處，該避免粘著於表面的文字名言形式，而應注意顯豁語辭後面的思想分歧處[10]。像李華德 (W. Liebenthal) 的《肇論》(Chao Lun: The Treatises of Seng-chao) 一書，就認為僧肇援引老莊，不過是一種轉借的方便手段，也就是說，在《肇論》裡，老莊的詞彙僅僅擔當一個始源性的和過渡性的詮說平台，然論說最終放眼的，卻是這些語彙所表達的原始意義之解體[11]。另外，R. H. Robinson 也同樣從語詞文體的向度入手，意圖識別《肇論》所應用之道、玄化名詞群組之定義。他提出通過「描述性的定義」，亦即各該名詞在僧肇著作的意義脈絡中的位置，和對照各該名詞之前後文義所表彰的意義，將更能準繩無誤地把握該等名詞之定義，

9　呂澂：《中國佛學思想概論》，頁113，天華出版，1982年。
10　持此論點者，包括：
　　盧桂珍：〈慧遠、僧肇聖人學研究〉，《中國佛教學術論典(99)》，佛光山文教基金會，2004年。
　　翁正石：〈僧肇之物論性論—空及運動之討論〉，《中國佛教學術論典(99)》，佛光山文教基金會，2004年。
　　黃百儀：〈僧肇物不遷論思想研究〉，《中國佛教學術論典(99)》，佛光山文教基金會，2004年。
　　龔雋：〈僧肇思想辯證——《肇論》與道、玄關係的再審查〉，《中華佛學學報》，第十四期(2001.09)。

有助深入肇公寄言於道家、玄學喻詞底下的懷鄉[12]。事實上，提倡勘辨僧肇如何託語莊老，寄名談實(佛家道理)的論點，並非當代學者別出機杼之見，前人對《肇論》的評語中，類似的倡議早已具見。例如《續高僧傳》卷四記述，玄奘深察僧肇假借之道家名詞術語，絕不等同於他所欲彰顯的佛家本義，因為他明白到，語詞的表徵與它們的內在意義之間，不存在著完全等值的關係，因而表示：「佛教初開，深文尚擁。老談玄理，微附佛言。《肇論》所傳，引為聯類，豈以喻詞而成通極？」[13]文才的《肇論新疏》卷中，也發表了相似的意見，指《肇論》「文似老書，義意實殊」[14]。至於元康的《肇論疏》卷下，在注解僧肇〈奏秦王(姚興)表〉中義引《老子》語「天得一以清，地得一以寧」時，特別澄清是「肇法師略取彼意，文小改變也」[15]，表明肇公只是託語道家文言以為連類，實際上已脫去老莊思想的舊套。

　　根據先前所列諸家論點，基本上，全都針對同一問題而發，此即：研究者必須帶著足夠的警覺性，去分疏語詞表象與實際語意之間的差距，只有這樣，才不會引起混淆僧肇與道玄哲學的咎誤，以為兩者既採行相似的表述方式，則在思想上自然也是同質。究實而言，這些觀點所要處理的，是僧肇理解般若空宗的結果，換言之，是其哲學體系的中心義理與觀念，而非著眼於他構建佛學觀念的思想通路與詮釋旅程。與此同時，這些論點又隱涵著一個文本詮釋的目的論原理：設想在僧肇的論述中，存在著工具性的語詞群組(老莊和玄學的喻詞)，和工具語詞指向的目的語

11　Walter Liebenthal, Chao Lun: The Treatises of Seng-Chao, Hong Kong: 1968, vii, p. 16～17，註76。
12　Richard H. Robinson:《印度與中國的早期中觀學派》，郭忠生譯，頁212，正觀出版社，1996年。
13　《大正藏》卷五十，455中。
14　《大正藏》卷四五，214中。
15　《大正藏》卷四五，190上。

意——肇公欲表達的中心觀念群 (般若學的義理) 的對應關係。此間作為工具之喻詞群，彷彿是但有象徵性功能而欠缺實義的形式化符號，它們既與目的語意不構成邏輯對應的關係，也似乎是可被任意撤換、即用即棄的容器。但是，換一個角度看，假如這些喻詞並非僅僅是一些修辭性的詞藻，而是作為一部作品裡富有解釋功能的概念語詞，如是，即使它們未必完全代表一個學說的中心觀念，然而在作者著書立義的過程中，此等喻詞，難道沒有參與過建設文本義涵的進程，沒有規導過著作者的撰述意向，從而編織出除了核心觀念以外的其他意蘊？此等意蘊可以包括，一些歷史傳統遺留下來的理解事物方式、貫徹於民族文化史的精神方向、理念信仰、價值判斷等。吾人似乎沒有理由堅信，在審視一個尚處身於中外文化衝激場域、正竭力消化外來學問的新興思想——如僧肇的般若哲學——之時，這些淵源於歷史的、傳統的文本意涵，是次等的、第二義的，不及中心觀念般值得關注。況且，如果語言所呈現的思想和理解，不是一個抽離於時間和歷史脈絡之外的實體[16]，而是經由這些言語詞彙，和它們挾帶著的前述意蘊，被精心敷演出來的，而且，也正正是套牢於這些語言詞彙中，才可被鋪設出來的話，那麼，這些喻詞便非但不是從屬於思想的，而且還包圍著思想，入侵到它的判斷、意向、取態中[17]，決定思想展現自己的途徑和方式。據此而論，肇著裡攙進道、玄語言這個事件本身，就是僧肇哲學建構和呈現自身的方式，是一個與僧肇思想共生並起的存在情境，是內含於其哲學思考的歷史性的真實存在，而不單是一條通往彼岸的橋樑，在抵達目的觀念後，便可被隨時放下的言說工具。假如前述的觀點沒有

16　帕瑪：《詮釋學》，嚴平譯，頁284-285，桂冠圖書，1992年。
17　特雷西(David Tracy)：《詮釋學、宗教、希望—多元性與含混性》，馮川譯，頁86-87，漢語基督教文化研究所，1995年。

大謬，那麼，單純以中心觀念導向的工具主義語言解釋觀點，去探究一個理解異文化的活動——例如僧肇的般若學——就會招致只注意浮現在外層的理解結果(所謂其哲學系統的中心觀念)，卻無視前理解結構(也就是，理解主體身處的傳統，及它對世界之看法，質言之，亦即讓思想賴以呈顯出來的整個歷史文化情境)，原來對於理解結果，也具有極為重要軌範的力量。此種偏失，也等如將理解活動的整體存在境遇，截為結果和方法二橛。推尋本源，它大概是來自內容—形式，或目的—工具的二分圖式。然而對於展現一個思想系統，在邁向理解的過程中所形成的詮釋軌跡，這未必是一個最有效、最適當的模式。

　　以僧肇為例，假如要避免工具主義語言詮釋觀可能造成的偏蔽，一個可行的方法，是透過其思想系統中，通向思維和理解之途的媒介喻詞和名言身上，追索本己(道、玄哲學)與外來文化(印度般若思想)交互整合的歷史蹤跡，藉以觀照僧肇的哲學著作裡，除了指涉哲學義理層次的核心觀念外，如何透過一些特定的思維方式、價值理念等的媒介語言(即老莊的喻詞)，彰示它與歷史文化密切互動的存在情境。在這個審視角度下，一種合理的研究態度，是正視道、玄語言和其承載著的思想特質，同樣可能給僧肇的佛學理解，帶來正面和負面影響的事實。與此同時，吾人也不需預先給此等「喻詞」的性質和功能，立下一個劃一的預設，反之，吾人應以持平的態度，具體地峻別出這些概念在滲透進僧肇哲學的各個層面上，所產生的不同影響與作用，以察照僧肇與固有哲學既相即，又相離的關係。跟工具主義的語言解釋觀比較，這個勘察角度，相信是一個較為公允和較為恰當地對待肇著中老莊喻詞的研究取向。

　　除此之外，對於僧肇思想中的玄學化表述，還有另一類主流觀點。它並非聚焦於語詞的辨識，而是從整體的理論性格出發，論定僧肇之學是玄佛合流的產物[18]，此一看法，已庶幾成為當前

學界的公論。有時隨著這個提法而來的，是肇公哲學所隸屬的思想譜系問題[19]。然而順此理路下去，則很容易在尚未克實地究明玄學思想對僧肇產生影響的形式、性質與作用之前，便已逕自泥陷於僧肇與玄學、道家是否同質化的論諍裡。然而像這般將僧肇思想牽扯進玄學化/佛學化的派別爭議，對於探詢其學對傳統文化的回應與承受，不但非常無謂，更是毫無裨益。

　　至於前述持玄佛合流說的學者，部份人摘取玄學理論裡的若干觀念，與僧肇學說加以對照地鑑辨，據以論證肇公思想係源自魏晉的玄理。例如佐藤成順就認為，僧肇將莊子齊一說裡的自然觀、自生觀內容剔除，代入緣起觀念[20]，因而表現了其思想與道家

18　抱持類似觀點的著述不勝枚舉，茲列出較具代表性的如下：
　　塚本善隆：〈佛教史における肇論の意義〉，《肇論研究》，頁159，法藏館，1989年。
　　福永光司：〈僧肇と老莊思想—郭象と僧肇—〉，收入上所揭書。
　　村上嘉實：〈肇論における真〉，同上。村上氏特別提及老莊物我同根思想在《肇論》的地位，見頁245-248。
　　梶山雄一：〈僧肇における仏の中觀哲學の形態〉，同上，見頁206。
　　板野長八：〈僧肇の般若思想〉，《加藤博士還曆紀念・東洋史集說》，頁128，1941年。
　　伊藤隆壽：《佛教中國化的批判性研究》，蕭平、楊金萍譯。其中應特別注意〈格義佛教考〉一章對「格義」內涵的重新釐定。香港經世文化，2004年。
　　谷川理宣：〈《注維摩經》(佛國品、方便品) 僧肇注における中國的思考について〉，《印度學佛教學研究》24卷第1號，1975年12月。
　　谷川理宣：〈僧肇における理解—至人と法身—〉，《印度學佛教學研究》29卷第1號，1980年12月。
　　藤堂恭俊：〈僧肇の般若無知攷〉，《印度學佛教學研究》3卷第1號，1954年9月。藤堂氏認為僧肇的般若觀大率未脫離格義的窠臼。
　　佐藤成順：〈中國における三教一致・諸宗融合の思想—その基盤と形成—〉，作者指出，僧肇的〈涅槃無名論〉顯然受到道家「道為萬物根源」思想的影響(頁158)。《三康文化研究所年報》第4・5號，三康文化研究所，1971年2月。
　　樓宇烈：〈中国伝統文化における三教融合のについて問題〉，《東洋學術研究》Vol.27, No.1, 1988。
　　湯用彤：《漢魏兩晉南北朝佛教史》上冊。湯氏云：「蓋用純粹中國文體，則命意遣詞，自然多襲取老莊玄學之書，因此《肇論》仍屬玄學之系統。」(頁338)臺灣商務印書館，1991年。

學說錯綜複雜的關係。此外，村上嘉實在《肇論研究》一書內，明言大乘佛教因緣所生的物虛觀、超然物外又為物所支配的「神」(按村上氏之意，是指超越的體道主體)、再加上老莊的物我同根觀這三大支柱，共同構成僧肇思想的底基[21]。以上的觀點是否可取，暫置不論，唯就觀念對比方法的技術層面而言，設立一個既能恰切地辨識僧肇佛學理論與玄學觀念的關聯性，又不會粗疏地將前者降格為堆砌玄、佛概念的折衷主義思想的有效討論架構，是絕對有其必要的。觀乎前揭兩文在鋪陳論點時，均欠缺一個嚴謹的論述架構的規範，亦未詳細審辨僧肇與玄學使用雷同概念的內在關係，故彼等擷取《肇論》的個別觀念，以與玄學對照之舉，實難免有將僧肇學說，草率地推論為折衷主義思想之虞。

唐君毅：《中國哲學原論 • 原道篇卷三》，頁13，學生書局，1993年。

劉貴傑：《僧肇思想研究》，頁39，文史哲出版社，1985年。

Kenneth K.S. Chen: Buddhism in China, A Historical Survey, pp 63-88, Princeton University Press, 1964.

Walter Liebenthal: Chao Lun, The Treatises of Seng-chao, pp.15-17, Hong Kong University Press, 1968.

Arthur F. Wright: Buddhism in Chinese History, pp44-54, Stanford University Press, 1959.

The Buddhist Tradition in India, China and Japan, p 131, edited by Theodore de Bary, First Vintage Books Edition, 1972.

Heinrich Dumoulin: Zen Buddhism: A History. Vol. 1, India and China, translated by James Heisig and Paul Knitter, MacMillan Publishing Co., New York, 1988.

Jeffrey Walter Dippmann: The Emptying of Emptiness: The Chao-Lun as Graduated Teachings, UMI, USA, 1997.

19　如上註湯用彤的《佛教史》，認為《肇論》仍屬玄學系統，即肇公之學是屬於玄學中的佛學；另外又指出「惟僧肇特點，在能取莊生之說，獨有會心，而純粹運用之於本體論」(同書頁338)似謂肇公猶以玄說佛。而許抗生在《魏晉思想史》中，表示自僧肇的中觀三論學開始，是以佛解玄，有別於在其前的以玄解佛導向(頁341，桂冠圖書，1992年)。洪修平的〈論僧肇哲學〉一文，跟許氏有同樣的看法(收入《中國佛教學術論典(19)》，頁430，佛光山文教基金會，2001年)。

20　參見註18佐藤氏論文。

21　參見註18村上氏論文。

1.2　以格義佛教作為診斷僧肇學說中
玄佛相間現象的入手處

在其著作裡不可勝數的道家、玄學語彙和表達方式，在一定程度上，昭示了僧肇於玄釋匯流之歷史場景中，建構思想體系時的真實境遇，以及他利用玄、佛觀念的往還互動，進行思想探索的歷程。由於它們負載了僧肇的哲學思考與其時的歷史、社會、文化命脈交相連結的複雜處境，職是之故，這些言辭便不應被看成一些非時間性的論說工具。相反，它們處在一種歷史時間的前後關係 (context) 裡，並且各自具有一定的位置與功能[22]。沿著這個前後相續的文化傳承脈絡，吾人擬將探索的目光稍為向前推移，嘗試瞭解僧肇與其前的般若學理解活動，存在著一種怎樣的傳承關係。假如說，在早期漢地學者理解佛教義理的探索旅途上，僧肇是處於一個承先啟後的位置，那麼就思想的延續而言，他究竟從前人那裡，繼承了哪些問題叢結 (problematic)，並且，他有沒有成功地打開這些叢結的糾葛，從而開展出獨步一時的思想體系，和拔乎前人的論議呢？

般若學之始盛，遠在羅什之前。道安時代，最著名的般若學流別為六家七宗，其最大特色，是採用流行的老莊玄理，證會佛義。道安〈鼻奈耶序〉云：「經流秦土，有自來矣。隨天竺沙門所持來經，遇便便出。於十二部，毗曰羅部最多，以斯邦人老莊教行，與方等經兼忘相似，故因風易行也。」[23]這段話扼要地概括了羅什之前，般若學研究盛行摘取莊老玄言，會通佛理的狀況。據此特質，有學者將之與竺法雅 (河間人，與道安同學於佛圖澄) 以

22　本尼迪克特：〈文化的整合〉，收入《多維視野中的文化理論》一書，頁124，淑馨出版社，1996年。
23　《大正藏》卷二四，851上。

經中事數比擬外書，以使人易於了解佛書的研究方法，並為一談，統稱東晉早年的般若學(主要指六家七宗)為格義佛教[24]。對於僧肇與此時期格義佛教的關聯，福永光司和松村巧提出如下的看法：

但是，對「格義」之否定，絕不意味著中國佛教與中國固有思想絕緣。譬如下文所見，批判「格義」的道安，他的佛教思想，就濃濃地帶有植根於《老子》的本體論色彩；鳩摩羅什的第一大弟子僧肇，其思想亦不斷浮現郭象《莊子注》的影子。(中國的)佛教思想，雖然程度有別，但都無一例外地帶著「格義」的傾向，這正可窺見中國佛教的獨特意義。[25]

另一學者廖明活的見解亦大同小異，他斷言僧肇學說，「嚴格說仍未能盡擺脫東晉格義佛教以老莊訓釋佛理的舊套」[26]。

綜上可見，僧肇哲學被定性為格義佛教，與六家七宗被歸入格義佛教的理由，一無異致，都是立足於套用老莊思想的格局，辯證佛家義理的指陳。

作為羅什門下「解空第一」的逸才，在中國佛教思想史上，僧肇常被推尊為真正擺脫格義佛教影子，深體般若空宗教義的第一人[27]。許是這個緣故，當代研究僧肇哲學的學者，特別是華文圈子裡的佛教學家，罕見從事將僧肇與格義佛教並列對觀的深入探討。然而，若以漢地學僧理解空宗思想的歷程比喻為連緜不息的川流，那麼毫無疑問，東晉初期的般若學就是它的上游，僧肇的佛教理論系統，自然就是承接著上游源源不斷地貫注理念的下游

24　森三樹三郎：《老莊と仏教》，頁47-48，講談社，2003年。
25　福永光司、松村巧：〈六朝の般若思想〉，收入《講座 • 大乘仏教 • 般若思想》，頁264，平川彰、梶山雄一、高崎直道編，春秋社，1995年。
26　廖明活：〈僧肇物不遷義質疑〉，《內明》第一二六期，頁3。
27　伊藤隆壽：《佛教中國化的批判性研究》，頁306。

了。如合觀此上下游，以探析關連著佛教義理的諸觀念，在其中所遭遇的流變，與嬗遞的脈動，則東晉前期的格義佛教與僧肇思想之間，各種隱晦未明的內在聯繫，自當瞭然可見。

迄今為止，一個為學術界公認的格義佛教定義，仍是付之闕如的。可幸的是，在歷史上，「格義」一詞早已為東晉的佛教學者有意識地運用，並受到學者們(例如道安、僧叡)自覺的省察和檢討。迨至當代，「格義佛教」一詞亦被一再提揭，如是，受到古往今來的言說情境的大致規定，「格義佛教」亦被共許為包含著一些符應於歷史實然性的特殊面相。首先，如將「格義佛教」的釋義放寬，則它是指涉在東晉一代，玄釋二學在交互文化理解下產生的若干實然景象，質言之，即為莊老語詞與玄學的理論格套對佛學詮釋活動的滲透性。其次，「格義佛教」提示了東晉年間，中國僧人闡釋佛學活動的幾個發展階段：肇始於竺法雅，爰至六家七宗，中間經過道安的批判，至東晉後期還可能延及僧肇。這幾個階段，涵有互相聯繫，又互有迥別的玄佛交涉特徵。假使將僧肇思想置入格義佛教的發展階程上，審視它所表現的玄佛交流特徵、與前此學說中同類特點的異同性，那麼，一種源於詮釋活動的張力便會昭然若揭地透現出來。這種張力，出現在僧肇晃盪於承接印度空宗的新思維，與蹈襲前期格義佛教的玄佛交涉方法這兩條義解路向之間，也就是狄爾泰所說的，哲學家的創造意義與他的歷史意識，既相依又相悖的特殊關係，所製造出來的緊張性[28]。這種張力展現了僧肇思想的兩個向度：第一個，是在本己文化的歷史座標上展露的歷史性格(與道家、玄學、格義佛教近似的哲學性格)，第二個，是它溢出本己文化的傳統外，出於個體創造意識而呈現的特殊性格(受印度空宗新觀念刺激而形成的哲學性

---

28 狄爾泰：《歷史中的意義》，頁194-5，艾彥、逸飛譯，中國城市出版社，2002年。

格）。從這個角度看，僧肇哲學跟傳統文化的關係，是既親密，又疏離的。

「格義佛教」是一個關乎東晉時期，具有相對穩定個性之餘，也正漸次背離傳統中國哲學的格範，朝向正確理解佛教義涵的連續性哲學活動。從這個角度看，「格義佛教」無疑是東晉人士在理解佛學的初始階段，借用本己文化的思想內容，去格量佛理的措施，無論如何，這種方案猶多少帶著「以己度人」的色彩。本論以「格義佛教」概念，做為診斷僧肇學說特質的切入點，期可凸顯肇公的哲學活動，在努力跳出歷史文化因素的制約，同時又需依附歷史文化條件所認同的某些權威的意義系統之間，怎樣尋找自處的場域。

第二節　研究方法與範圍

2.1 基本預設

2.1.1 僧肇思想是哲學創造意識和歷史意識的混合體

哲學作為一種思考活動，它所要建立的是具有必然性的和本質性的東西的可靠知識。為了在思考的過程中，使知識的普遍有效性不用受制於個人所經歷的特殊情境，哲學家會想像自己是一個人類社會中的集合主體，帶著代表綜合的、而非個體性的目光來探詢研究對象的規律性和內在結構[29]。但是無論哲學家如何努力掙脫各種先在的主客觀條件的包圍，他畢竟是屬於某個國家、民族、社會階層中的具體的思維主體，無可避免地被投置於一個

29　例如孔德強調研究人的方法確實是主觀的，但卻不可能是個人的，因為哲學家想要認識的主體不是個人的意識，而是普遍的主體。參見《二十世紀哲學經典文本：歐洲大陸哲學卷》頁280，復旦大學出版社，1999年。

充滿了現成意義的、被主題化了的生活世界中。這些飽經反覆思
量、商討的意義系統,規劃了同時代和後代思想家的理論步伐,
也誘發了創造力驚人的哲學家的大規模叛逆。且不論對傳統製造
出的一大堆意義系統抱持何種態度,是對抗的、還是依循的,在
很大程度上,哲學家的工作範圍,已被前人確立的問題取徑、基
本假設和哲學命題大致釐定了,即使要提撕、消化、迎接或創造
新一浪的思潮,他也必須經歷對一系列的現成觀念,施加從接
收、到揚棄、到改造的曲折工程,在這個過程中,他非但不能繞
過這些意義系統而不接受其些微的影響和規管(儘管這些滲透性的
力量可能只是十分隱微的),還要依仗其開導出下一個哲學命題所
應遵循的路向,和啟示新命題的價值。在這個情況下,在哲學活
動裡,歷時性的因素,與個人自主性之間,便表現出既彼此疏
離,又互相依賴的雙重關係。對此,狄爾泰稱之為哲學家的歷史
意識與其創造意識與的永恒對立。

　　僧肇雖被公認是東晉時代,體達空宗諦理的佛門龍象,然而
他假借玄學為津渡,疏通佛理之功,亦實不可輕視。按照狄爾泰的
論點,僧肇之不能自外於哲學的創造意識(受般若空宗啟發的哲學
思考)與歷史的意識(遵循本土哲學理路而進行的哲學思考),其實
也只是服膺於一切哲學活動的宿命而已。如能明白這點,則《肇論》
裡舉目可見的玄佛交流現象,當不會變成談論肇公思想的忌諱。

2.1.2 玄學觀念對僧肇思想的影響表現出多樣性

　　假如吾人無法否認,兩晉「三玄」之學通過名教與自然的問
題意識,和有無、體用等哲學範疇,持續規範著探詢般若學的
路向[30],那麼吾人也無法想像,玄學業已圓熟的哲學規制,到了
僧肇手裡,竟會突如其來地發生的結構上根本變動。而事實
是,玄學觀念在肇公的學說中仍然維持著一定程度的影響力,
不過相對於前此的般若學,玄學作為通向佛學的言說和思想中

介的角色，已體現出一些前所未見的蛻變。因此，玄學在僧肇
思想裡造成的影響、呈現的面目和型態，與其說是單一的，毋
寧說是多樣的。

2.1.3 僧肇哲學是交互文化理解活動之成果

僧肇哲學，是就他所能認知的外來宗教哲理而提出之詮釋，
因此實際上，他的思想是一種交互文化理解下催生的成果，而不
是原創性的哲學理論。在進行對異文化（佛教哲理）的理解時，
他需要在傳統文化賦予的觀念之流裡，摘取一些相應的預設性概
念，以作為研探佛教深義的思維途徑。與此同時，在此等預設性
概念的引導下，他又有必要從陌生文化提供的觀念之流裡，抉發
一些他覺得重要的理念，予以闡發與省思。然而在借用傳統哲學
觀念以義解般若學的行程上，僧肇尚需肩負另一項任務：識別本
己文化與佛教思想的涇渭，也就是，它們的哲理在本質上的差異
性。為此，如何居於具有義理親和性的玄佛思想之間，卻不昧於
它們的相似性，馴至洞燭兩者不可化約的差別性，對僧肇來說，
是在窮究般若學真義的行程上，需要面對的重大挑戰。

2.2 研究目的

（1）追蹤僧肇建立詮釋般若學思想的脈路，審視傳統文化
裡，特別是魏晉主流哲學道家、玄學的觀念，如何為肇公所抉發
與應用，以達成他對這些觀念，和它們蘊涵著的各個思想向度，

---

30 李華德(Walter Liebenthal)認為，四世紀談佛教哲學的思想家繼續鑽研「三
玄」，是出於他們對哲學問題的理解使然，認為此三部經典已包含了所有哲
學問題，佛學當然不會例外(見註11，Walter Liebenthal著書，頁21)，如是
「三玄」之學便規約了探詢般若學的入路。他並指出，這情況一直持續至羅
什在402年入長安時。

包括問題意識、思維方式、概念範疇、哲學任務等之承傳、改造或者揚棄，從而踏上肇公自己開闢的義解佛理之途。

（2）對照僧肇及其前的般若學派別，所展示的格義佛教現象（依照本文的初步界定，即各家思想中的玄佛相間現象）之異同，以窺探在東晉時期綰合玄佛觀念的學術大氛圍下，僧肇義解進路的取向與特質。

（3）本論文著重探究的，是僧肇與傳統哲學，特別是玄學的具體交涉內容，如何給他的佛學理解帶來各方面的影響。為免讀者造成「玄學與僧肇理論是同質化」的誤解，本論文將不會採取學界慣用的「玄學化佛學」、「屬玄學之系統」[31]等帶有標籤化傾向的用語。

第三節　論述架構

以前述的問題意識、基本預設和研究目的為論述的基礎，本論文規劃出八個討論進程：

（1）第一章　緒論

呈現本論文的問題焦點，説明撰述的原則和方法。

（2）第二章　格義佛教新探

綜括古今學者對格義佛教概念的衡定，勾勒僧肇以前，格義佛教在東晉佛教思想史上的幾個流變階段及其主要特徵，重點在敷陳格義佛教於本論文的論述場域，為展開後續的討論奠下基礎。

（3）第三章　僧肇以前中國般若學思想裡的玄佛互涉現象

敘述羅什入關前，中國般若學裡玄佛互涉的現象，如何左右到早期的佛學理解，據以總論此時期格義佛教現象的整體型態。

（4）第四章　僧肇思想通釋

31　湯用彤：《漢魏兩晉南北朝佛教史》上冊，頁338。

概述僧肇佛學的思想淵源、中心觀念和主要理論。本章以顯豁整體學說的架構為原則，故避免落入瑣碎的、鬆散的書寫。

(5) 第五章 僧肇思想對龍樹中觀哲學的吸收

對照僧肇與龍樹中觀學在觀念、敘述方式的同異，重點在追溯僧肇吸收與重構印度般若空宗理論的思想線索。

(6) 第六章 僧肇思想與中國固有哲學、般若學之關涉的審議

從多個角度審理僧肇與中國固有哲學，特別是玄學、莊老思想，在前設觀念、討論課題、思維方式、哲學用語等幾個方面的關涉情形。

六家七宗為東晉早期般若學的代表流派。本章將根據第三章的探討結果為基礎，針對諸家闡釋般若學的取徑，及其與僧肇的異同，展示肇公對諸家義理之攝受與突破，並窺探僧肇在東晉佛教思想史上的特殊地位。

(7) 第七章 僧肇思想包含之格義現象及其與格義佛教關係之衡定

延續前章的考察，專從格義佛教的觀點，綜合地評述僧肇思想中展現之格義現象，以及它作為一項交互文化理解活動的獨特表現型態。

(8) 第八章 結束語

總結前七章的研究成果，揭櫫在當日交互文化理解的歷史情境裡，僧肇處於傳統和外來文化的夾縫中，傳遞了一幅怎樣的佛學詮釋圖景。

第四節 材料的揀擇

本文的研究範圍，以東晉時期的般若學思想為主，並以僧肇的哲學體系為討論中心。為呼應論旨，在揀擇研究對象時，除了僧肇為當然之選外，其餘對象的選取原則，一概基於理論的影響

力和深度而定。照東晉佛教理論的發展狀況來說，風行一時的格
義佛教研究方法，和獨立成派的六家七宗理論，順理成章進入本
文的討論範圍內。

　　有晉一世，佛教與儒道的衝突、融合，除了哲學層面的般若
學理論外，尚關係到因果報應論、沙門禮敬王者論、夷夏之爭、
形神死生論的思想，此外，亦有孫綽、郗超等鼓吹的佛儒調和之
論。由於本文旨在論究東晉般若學與傳統學說在思辨層面和內在
精神之交涉狀況，故圍繞前揭因果報應論等各項思想之論述，只
好暫付闕如。至於一些以布教為目的的作品，如《牟子理惑論》
等，因為宣教成分高於哲學理論價值，所以亦不列入本文的考察
範圍內。

第二章　格義佛教新探
第一節　格義佛教的原始意義和開展

　　在中國佛教思想史上，經過歷來諸家的反覆申論，大致上，「格義佛教」的概念被賦予兩重意義。第一重意義，乃資取自古代佛教文獻中有關格義研究方法的記述而加以總結者，據此，格義佛教主要指漢魏兩晉年間，僧眾在解釋佛典時，習慣取用外書(《老》、《莊》、儒家典籍)的概念，擬配內典事數的詮解方法，本論文稱之為原始的格義佛教，或狹義的格義佛教。第二重意義，是晚近學者站在格義的原始意義為起點，將格義的義界進一步放大而提出的說法。於此，格義佛教常被等同於援用中國傳統哲學概念體系來闡釋佛學的普遍作法，而這種方法，主要被應用於早期的般若學研究中[1]，有時又被稱為廣義的格義佛教[2]。

　　前揭兩重意義，分別牽涉格義佛教的兩個面向和發展階段。原始的格義佛教，是指在特定的歷史條件為背景下所展開的佛典解說手法，它仍然止於將內典附庸外書概念的初始階段；廣義的格義佛教，則為借用外學觀念，設立般若學命題的哲學詮釋方法，以謀求中國佛學觀念之重構，依此可見，原始的格義佛教，

1　類似見解，可見於以下著述：

　　森三樹三郎：《老莊と仏教》，頁47-48，講談社，2003年。

　　蜂屋邦夫：《中国的思考：儒教・仏教・老莊の世界》，頁196-197，講談社，2001年。

　　蔡仁厚：《中國哲學史大綱》，頁146，學生書局，1988年。

　　李世傑：《漢魏兩晉南北朝佛教史》，頁60-67，新文豐出版社，1980年。

　　福永光司、松村巧：〈六朝の般若思想〉，收入《講座・大乘仏教・般若思想》，頁264，平川彰、梶山雄一、高崎直道編，春秋社，1995年。

　　森三樹三郎：〈中国における空についての論議〉，收入《仏教思想7・空(下)》，頁860-861，平樂寺書店，1993年。

和一般所謂的廣義的格義佛教，就操作形式和目的而言，存在顯
著的差別。然而，由於原始資料的匱乏，目前還沒有找到可靠的
文獻証據，足以説明格義佛教的原始形態和固定形式，故此，筆
者祇能依據古代文獻的零碎記載，作為推究的基礎，嘗試釐定格
義佛教的原始意涵。

1.1 文獻記述的格義佛教

1.1.1 格義的原始意涵

　　將內典事數與外書進行配説的原始格義佛教，是漢魏以來在
中土頗為盛行的解經方法，事實上，它是由早期佛經的譯講方式
一脈演變下來的疏解形式。就目前的研究所知，隋代以前，佛典
譯場上一直盛行譯講同施的方式[3]，隋吉藏的《法華玄論》卷一，就
曾引述《名僧傳》所云講經始於譯經大師竺法護之説[4]。另外智顗的
《法華文句》卷八，依寶唱撰述的經目，指法護曾親自敷演《正法華
經》，護公並為譯者[5]，正好旁證了中國佛教尚離初創不遠之際，
沙門在講肆裡實行譯講同施之事實。隨著這種宣講經義的習慣，
興起了好些整理佛典的文本形式，例如用作開題的經序、由逐字
講説所衍生的注解等。據傳吳支謙親自譯注的《了本生死經》，首
開注經之風[6]。

　　如前所述，早期經典的譯述與宣講，自始存在著深厚的關
連。當時講習經典者，為使中土道俗對此方未聞之妙諦，易生理
解，難免採取眾人熟悉的語彙，敷陳鋪敍，格義方法，於焉誕

2　見註1蜂屋氏所著書。

3　曹仕邦：《中國佛教譯經史論集》，頁10，東初出版社，1992年。

4　《法華玄論》卷一，《大正藏》卷三四，363下。宋贊寧的《僧史略》卷上，則謂
　　僧人講經，始自朱士行宣講《道行經》(《大正藏》卷五四，239中)，但此説與
　　吉藏推竺法護為講經之祖，同屬可疑(《大正藏》卷五四，239中)。

生。後漢末至三國初年，中土講經風氣日趨隆盛，格義方法乘時並興，僧叡〈喻疑〉云：

> 昔漢室中興，孝明之世，無盡之照，始得輝光此壤，於二五之照，當是像法之初。自爾已來，西域名人安侯之徒，相繼而至，大化文言，漸得淵照邊俗，陶其鄙倍。漢末魏初，廣陵彭城二相出家，並能任持大照，尋味之賢，始有講次。而恢之以格義，迂之以配說。（《出三藏記集》卷五，長安叡法師〈喻疑〉）[7]

佛教最初經西域遠播至洛陽後，當地便成為後漢一代唯一的譯經場所。桓、靈帝頃，西域譯經師安世高與支婁迦讖均活躍於洛陽，首位漢人佛僧嚴佛調亦都在當地出家，可見當時的洛陽，是佛教弘法活動的重鎮。不過爰至漢末魏初，佛教的傳播已從洛陽迅速蔓延到丹陽、彭城、廣陵等江淮地域[8]，〈喻疑〉謂爾時廣陵、彭城有兩位貴為輔相的官員出家，引發講談佛法的熾盛風尚，而講次採行的方法，就是當日甚為流行的格義與配說。從僧叡的記述，可以推測格義的由來，原是隨著講次在長江流域大行

5　《大正藏》卷三四，114下，並參考註4《法華玄論》卷一。
6　《祐錄》卷六道安〈了本生死經序〉：「魏代之初，有高士河南支恭明為作注解。」《法經錄》六著錄支恭明撰〈了本生死經序〉一卷，又〈了本生死經序注解〉一卷。《長房錄》五載吳支謙，字恭明，〈了本生死經序〉一卷，謙自注並製序，書佚。宋贊寧《僧史略》又云：「五運圖云，康僧會吳赤烏年中，注《法鏡經》，此注經之始也。又道安重注《了本生死經》云，魏初有河南支恭明，為作注解。若然者。南注則康僧會居初，北注則支恭明為先矣。」（《大正藏》卷五四，239上）
7　《出三藏記集》卷五，頁234，中華書局。叡法師即慧叡。慧皎《高僧傳》中，將長安僧叡與建康慧叡列作二人，但鎌田茂雄認為兩者實係同一人。詳見氏所著《新中国仏教史》頁51，大東出版社，2001年。
8　江淮地方古來是齊、楚的屬地，盛行黃老之學，方術仙道信仰者眾，故較易與佛教接引。後漢光武、明帝世，「尚浮屠之仁祠」的楚王劉英，最初的轄地便是彭城(今江蘇徐州)。又，丹陽人笮融嘗在彭城、下邳(今江蘇宿遷西北)和廣陵(今江蘇揚州)間興建浮屠寺，每浴佛，就食及觀者且萬餘人(《後漢書》卷七三《陶謙傳》、《三國志》卷四九《吳書‧劉繇傳》)，是見當日在彭城、廣陵一帶，佛教已流布甚廣。

其道，以及後來的譯經活動而興起的時代產物[9]。至於直接論及格義的具體內容的原始文獻，是《高僧傳•竺法雅傳》的一段記述：

竺法雅，河間人，凝正有器度。少善外學，長通佛義。衣冠士子，咸附諮稟。時依雅門徒，並世典有功，未善佛理。雅乃與康法朗等，以經中事數擬配外書，為生解之例，謂之格義。及乃毗浮、曇相等，亦辯格義，以訓門徒。雅風采灑落，善於樞機。外典佛經，遞互講說，與道安、法汰每披釋湊疑，共盡經要。[10]（《高僧傳》卷四）

法雅的生卒年不詳，估計生活在西元三世紀後半期至四世紀前半期之間[11]。河間是今日的河北省河間縣。格義究竟為何物，關鍵在於「格」字之義。高田忠周表示：「《說文》，木長皃，从木各聲。木能長者，其枝伸展分異別各，故枝與枝。又枝格相當，故轉為扞格義也。……《論語》，有恥且格。《集解》，正也非。又為度，《蒼頡篇》，格量度也。」[12]照此，「格」有扞格、糾正、量度等數義，但前兩義不能代表「格義」的方法形式，故格義之「格」，應以「量度」為詁釋。玄應《一切經音義》引《蒼頡》謂「格，量度也」[13]。《佩文韻府》亦以「度」、「量」為「格」的本義[14]。湯用彤先生就指出，「格」有「比配」或「度量」的意思，「義」的含義是「名稱」、「項目」或「概念」，因此，「格義」就是量度、比配觀念（或項目）的一種方法或方案，或是不同觀念之間的對等[15]。溯自漢代以來，講經多依

9　橫超慧日：《中国仏教の研究•第三》，頁168，法藏館，1979年。
10　慧皎：《高僧傳》，頁152-153，中華書局。
11　湯用彤：〈論"格義"——最早一種融合印度佛教和中國思想的方法〉，收入《理學•佛學•玄學》，276-277頁，淑馨出版社，1997年。
12　高田忠周：《古籀篇》第四冊八十四，頁1980，宏業書局，1975年。
13　《大正藏》卷五四，789中。
14　《佩文韻俯》：「格，度也，量也。」（頁3943，上海古籍書店，1983年）
15　湯用彤〈論"格義"一文〉，頁275。陳寅恪先生曾經舉例說，魏晉時人以《論語》「賢者避世」、「作者七人」，配上內典的「竹林」，而得「竹林七賢」之名，也是僧徒格義之風，比附中西的結晶（《陳寅恪集：講義及雜稿》，頁450，北京：三聯書店，2002年）。

事數作訓解，所謂格義，就是僧眾將經中事數逐條著以為例，於講授時用以班喻門徒的方法[16]。「事數」一詞，劉孝標《世說新語 • 文學第四》的注解謂：

　　事數謂若五陰、十二入、四諦、十二因緣、五根、五力、七覺之屬。

　　事數，也就是法數(法門之數)，即佛經中依教義內容而序列的各項條目名相；「以經中事數擬配外書」，亦即將佛經中三界、五蘊、五位、四諦、六度等法數，與外典的觀念加以類比。這種方法的直接成因，主要是事數的艱澀難解所致，尤其對於尚未有能力辨識大小乘系統的魏晉士人和漢地佛學家來說，要破繹這些法數的真正含意，可謂甚難得其門而入[17]。好像《世說新語 • 文學第四》記載，東晉名士殷浩「被廢徙東陽，大讀佛經，皆精解，唯至事數處不解。」同篇注「殷中軍讀小品」一條，引《高逸沙門傳》曰：「殷浩能言名理」，故知當時即使通解玄理如殷淵源者，亦往往被佛經中的事數難倒，因此需要借助熟悉的外書名相，運用類比的方法，推尋佛經法數的意義。此種作法，在今日尚存之後漢、魏晉佛教經典中，也不乏其例，如後漢安世高系的小乘禪法，就多以佛理配說其時流行之「道術」，好像以「四大」配「五行」，即為一例。署名陳氏著述的《陰持入經注》，釋「五陰種」云：「五陰種，身也。⋯⋯又猶元氣，⋯⋯元氣相含，升降興廢，終而復始，輪轉三界，無有窮極，故曰種。」[18]此處以道家的「元氣」解釋「五陰種」，也顯然帶有格義配說的色彩。另外，疑是後漢獻帝時成書的《牟子理惑論》[19]，有「佛者號諡也，猶名三皇神五帝聖

16　湯用彤：《漢魏兩晉南北朝佛教史》(以後在本文的其他註腳中簡稱為《佛教史》)上冊，頁235，臺灣商務印書館，1991年。

17　塚本善隆：〈シナに於ける仏教受容の初期(A.D.400まで)〉，《佛教大學學報第31號》(1956年3月)，頁12，佛教大學學會。

18　《大正藏》卷三十三，10上。

也」[20]之說，論中又將沙門剃頭披赤布，與三皇之時食肉衣皮、巢居穴處以崇質樸的儀制，並作一觀，這些都是格義方法系統化以前，道佛名詞互相輔證的先例。除此之外，現存《弘明集》內收錄的《正誣論》，有「泥洹者，胡語，晉言無為也」[21]之語，此雖不符合在講肆中逐條著以為例，以訓示門徒的成熟期格義形制，但仍可目為格義風靡學界之際，將內典的觀念比配道書的一個事例。

四世紀末年，格義風潮逐漸走向式微，但在爾後的佛典中，仍可偶然看見其流風遺緒。例如《歷代三寶記》九略云，北魏僧人曇靜於宋孝武世(454-464)偽造的《提謂波利經》，便以五戒配五帝、五行、五方、五星、五臟，深染漢代哲學的遺風[22]。無獨有偶，自曇靜以後，中土的士人、僧徒似乎偏好將五戒與五常互相配對，像北齊的顏之推(531-590)在〈顏氏家訓‧歸心篇〉中表示：

> 內外兩教，本為一體，漸極為異，深淺不同。內典初門設五種之禁，與外書五常符同。仁者，不殺之禁也；義者，不盜之禁也；禮者，不邪之禁也；智者，不酒之禁也；信者，不妄之禁也。[23]

此後，五戒與五常是異號而一體的通說，仍斷斷續續地在中國學者撰述的論著中出現，例如北齊魏收的《魏書‧釋老志》、隋智顗《摩訶止觀》、唐法琳《辯正論》、道世《法苑珠林》、天臺湛

---

19 湯用彤先生指出，牟子約在獻帝初平四年(193)之後作《理惑論》(《佛教史》上冊，頁121)。
20 《大正藏》卷五二，2上。
21 《大正藏》卷五二，7中。
22 參見智顗《仁王護國般若波羅蜜經疏》卷二引《提謂波利經》之文(《大正藏》卷三十三，260下-261上)。《提謂波利經》已散佚，但後來的佛教著作中多引用其內容，包括：澄觀《華嚴玄談》卷四，道世《法苑珠林》卷二十三、三十七、八十八，日本證真《法華玄義私記》卷十，智顗《法界次第初門》上之下、《法華玄義》卷十、《仁王護國般若經疏》卷二，湛然《止觀輔行傳弘決》六之二，法琳《辯正論》卷一，窺基《大乘法苑義林章》卷一、《類聚三代格》卷二《年分度者事‧寬平七年太政官符》，後周義楚《義楚六貼》卷六，新羅太賢《梵網經古跡記》卷四。
23 《廣弘明集》卷三，《大正藏》卷五二，107中。

然《止觀輔行傳弘決》、華嚴宗密《原人論》、宋契嵩《輔教編》[24]。若此等皆可被認為是「格義」的餘風[25]，則反證了魏晉以後，原始的「格義」釋經方法（即以經中事數擬配外書），雖仍被學者們偶然採用，然而其被應用的範圍，也已經受到嚴格的限定。觀乎前揭魏晉以降的「格義」例子，多被應用在融通五常與五戒，這表示南北朝以後實行格義方法的人士，大率秉持著特定的詮釋意向（例如以溝通儒佛倫理觀為鵠的），是以，施行者縱然刻意配對內典外書的名相，以圖借舟明車，惟亦已清楚明白，格義僅為接引門徒的臨時津梁，不能據以明辨佛理正趣，因此多能恪守自律克制的態度，不會恣意擴充格義的應用範圍。

依照上文所揭，若謂魏晉以降，格義之學尚未完全絕跡於佛典，且仍然零散地流傳到宋代，亦殆為無可異議之論。不過，此類「格義」遺風，也不過是佛典裡屈指可數的例子而已，足證在漢魏以降蔚為一時風尚的原始格義方法，在南北朝以後，已日趨凋零。如果執持零星的證例，便斷言在兩晉以後，原始的格義佛教仍然大行於世，似乎是值得商榷的說法[26]。事實上，道宣《續高僧傳》卷十五記云：「安和上鑿荒塗以開轍，標玄旨於性空，削格義

---

24 各家就五常與五戒關係的論述，引文較長，茲不備錄。可參考聖凱法師：〈論佛道儒三教倫理的交涉——以五戒與五常為中心〉，《世界弘明哲學季刊》，2001年6月。

25 陳寅恪先生認為顏之推《歸心篇》所言，和《釋老志》云：「又有五戒，去殺、盜、淫、妄言、飲酒，大意與仁、義、禮、智、信同，名為異耳。」以及智者大師《摩訶止觀》卷六上以五常五行五經與五戒相配，事實上都屬於「以經中事數擬配外書」的「格義」之說（見氏著〈支湣度學說考〉，《陳寅恪集：金明館叢稿初編》，頁169-171，三聯書店，2001年）。照此以往，後世法琳、道世、湛然、宗密、契嵩等大家，皆贊同五常與五戒雖異名而實一體，如是都可被認為繼承了「格義」的遺緒。

26 譬如陳寅恪先生謂：「即華嚴宗如圭峯大師宗密之疏盂蘭盆經，以闡揚行孝之義，作《原人論》而兼採儒道二家之說，恐又『格義』之變相也。然則『格義』之為物，其名雖罕見於舊籍，其實則盛行於後世……」（註25《陳寅恪集》，頁173）

27 《大正藏》卷五十，548上。

於既往，啟神理於來世。」[27]這說明在道安以後，原始格義佛教的影響力，已逐漸變得衰微不振，不復東晉初年的舊觀了。

這樣看來，南北朝以降，學者們似已樹立不成文的法度，規限原始格義的操作方式。但在釋道安以前，施行格義的學者，卻還未培養出充分的自覺意識和自律態度，反而受不徹底的格義方法所誤，因而對佛經多生謬解。《高僧傳》卷五〈釋僧先傳〉記載，道安批評「先舊格義，於理多違」[28]，僧叡〈毗摩羅詰提經義疏序〉（《出三藏記集》卷八）又曰：「格義迂而乖本」[29]，另外安澄《中論疏記》三末略云：「乖本者，已成邊義也。」[30]反映格義到了道安時，已被恣意濫用，馴至弊端叢生；格義學者們在釋經時往往不得要領，只懂歪曲附會，或者一味往瑣碎的、無關宏旨的地方（邊義）鑽研。先舊釋經方法孳生的沈痾若此，無怪乎道安誓要對格義施以迎頭痛擊。比較南北朝以後佛典中原始格義用例的特色，與道安以前的原始格義方法，兩者的差別是顯而易見的，亦令後者不得環中之固的偏失，更形顯著：

一、後世的原始格義方法，因為應用範圍受到規定，所以即使將內典與外書的概念加以比附而致義解引起偏差，也不至於迂而乖本。然而道安以前，在原始格義通行的風潮下，擬配觀念的數量必然大大超出合理的範圍，其結果是重蹈了西漢章句之學「破碎大道」的覆轍，不務綜領綱維，卻專在經典的枝節和繁瑣處埋首的毛病。

二、原始的格義方法如果止於透過世法或外書事數引介佛法，而非認定兩者的內涵同一無別，則亦未必會造成對佛教思想的曲解。後世的原始格義方法，如智者大師《摩訶止觀》卷六上，

28　《高僧傳》，頁195，中華書局。
29　《出三藏記集》，頁311，中華書局。
30　《大正藏》卷六五，93上。

以世法的五常五行五經，與佛教的五戒相配[31]，以及《魏書‧釋老志》論五戒與五常同[32]，都是強調世法和佛法的社會倫理觀，有不相違悖且可共通的地方，此種作法，是為了拉近中印文化氣質(ethos)的差距，為兩者架搭橋樑，卻沒有藉事數的擬配，建構佛教哲學命題的意向，因此也沒有將佛教理論，屈從於中國本有文化的義涵。另外亦需明白，以原始的格義專務比附觀念的方法性質來看，事實上也不符合從事嚴密的哲學論述的條件。因為若透過翻譯理論的角度檢視這種格義方法的運作方式，可以發現，外

31　《摩訶止觀》卷六上(《大正藏》卷四十六，77中)：「若深識世法，即是佛法。何以故？束於十善即是五戒，深知五常、五行義亦似五戒。仁慈矜養，不害於他，即不殺戒；義讓推廉，抽己惠彼，是不盜戒；禮制規矩，結髮成親，即不邪淫戒；智鑒明利，所為秉直，中當道理，即不飲酒戒；信契實錄，誠節不欺，是不妄語戒。周、孔立此五常為世間法藥，救治人病。又五行似五戒：不殺防木，不盜防金，不淫防水，不妄語防土，不飲酒防火。又五經似五戒：《禮》明撙節，此防飲酒；《樂》和心，防淫；《詩》風刺，防殺；《尚書》明義讓，防盜；《易》測陰陽，防妄語。如是等世智之法，精通其極，無能逾，無能勝，咸令信伏而師導之。」

32　原文參考註25。

33　W.Haas在‘The Theory of Translation’一文中(The Theory of Meaning, p. 89, Oxford University Press, 1968，提出兩個翻譯理論的方案：
思指 1 →【符號 1 → 所指 ← 符號2 】← 思指2
或是：
思指 1 → 所指 ← 思指2
兩圖的差別，主要依據不同的翻譯理論前提所致。上圖假設思指(Expression)不能直接指稱所指(Referent)，須經符號(Reference)作為媒介，故屬於間接指示理論(Theory of Indirect Reference)；下圖則假設思指可以直接指涉所指，無需符號擔任仲介，故屬於直接指示理論(Theory of Direct Reference)。姑勿論直接或間接指示理論，以上方案，均強調在翻譯的過程中，一組思想和語言符號(思指1、符號1)，與另一組思想和語言符號(思指2、符號2)，乃面向同一所指。所指是從符號形式抽離出來的意義「自身」(itself)，又或所謂純粹觀念(pure ideas)，它成為兩組符號共同指向的目標、對象。舉例說，雖在翻譯的過程中，「橙色」之純粹意義沒有展示出來，卻隱含在其中，構成溝通兩組符號的意義基礎，成為英語的"orange"(符號1)和漢語的「橙色」(符號2)兩種語言符號指向的共同目標(儘管純粹觀念之存在可能只是某種本體論式的設想)。若將格義的比配概念方法，與上述的翻譯理論作比照，則不難發現，格義方法類比異質概念的理解手段，有其先天的侷限，足以製造出一些不徹底的理解結果。

書的名相(如「五行」)與內典的事數(如「四大」),在根本上並非對向同一項「所指」(Referent),而不同符號系統對向一個相同的所指,是促成有效的意義對等轉換之先決條件[33]。反觀原始的格義方法,因為只是藉類比思維為通路,企圖建立一些語詞之間的意象關聯性,無法達到有效的意義對等轉換功能,因此,僅將語詞比附的原始格義方法,最多只能提供一些啟發性的語言(heuristic language),卻無法詮定概念的嚴格意義,因而不但缺乏從事嚴密的哲學分析、標舉真理論斷的先決條件,還有可能製造一些不徹底的理解結果。

照上所述,原始格義的作用方法與其先天的侷限,已十分瞭然。假如執行原始的格義方法者,能夠自覺此種格義的功能,充其量只在提示內典外學名相語詞之間的若干相似性,和在此相似性下可容比照和聯想的意象,則這種格義,還算得上是在健全發展下表現的模式。相反,一旦主持格義者不再滿足於只展現內外典事數之間的表面連類,而妄圖宣稱兩者包含的意象、概念、命題的等價性(同一性),並且進行過度的詮釋——即罔顧佛教語彙的言說背景、不依照佛典文本本身的脈絡,來推求佛經事數的意義,反而強行將中國傳統思想的立場,加諸佛教事數之上,干擾對佛教義理的解說,並且以為這種詮釋進路是合法的,那麼這種格義,便是在不健全的發展下表現的扭曲形態,隨之而來的,很可能是對佛義的不盡不失的片面理解。

1.1.2　子注與合本

據前文所引的《竺法雅傳》記述:「雅乃與康法朗等,以經中事數擬配外書,為生解之例,謂之格義。」所謂「生解」,湯用彤先生解釋為:「《僧傳》謂康法朗等以事數與外書擬配,因而生瞭解。」[34]於茲「生解」並無特別含意。而陳寅恪先生則謂:

而所謂「生解」者,六朝經典注疏中有「子注」之名,疑與之有

關。蓋「生」與「子」，「解」與「注」，皆互訓字也。今大藏中四阿鋡暮鈔猶存，事數即在子注中。觀其體例，可取為證。

　　蓋取別本之義同文異者，列入小注中，與大字正文互相配擬，即所謂「以子從母」，「事類相對」者也。六朝詁經之著作，有「子注」之名，當與此有關。……高僧傳肆法雅傳中「格義」之所謂「生解」，依其性質，自可以「子注」之誼釋之也。[35]

　　依陳寅恪先生的說法，子注是將同本譯異的佛經中義同文異的句子抽調出來，以小注(是為子注)的形式，夾附於母本中相關的文句後面(以子注母)，以便互相參校(事類相對)的作法，故子注其實即進行合本時慣常使用的擬配文本方式。而所謂合本，是將不同佛經或同本異出、異名的佛經收錄在一起，以便研讀者相互校勘、對照，是與格義同期盛行的經典研究方法[36]。合本與子注方法，常被放在一起連說[37]，所不同者，前者是將同本異譯的經典配置一起，後者是將義同文異的句子互相配擬，惟其目的都

34　湯用彤：《佛教史》上冊，頁235。
35　〈支愍度學說考〉，《陳寅恪集》，169，181-183頁。
36　合本方法在魏晉時十分流行，《出三藏記集》收有數篇合本之經序，包括：卷七釋道安〈合放光光讚略解序〉、支湣度〈合首楞嚴經記〉、支恭明〈合微密持經記〉、卷八支湣度〈合維摩詰經序〉等。一般來說，合本有兩種情形，一是針對同一部經典的全本數種異譯互有優劣，或是部分譯本各自流散的情形，而將這些譯本集合起來，以便互相對照，像《合首楞嚴經》、《合微密持經》、《合維摩詰經》；二是針對不同經典，而經義相近者合為一部，如《合放光光讚略解》，不只將經義相近者合本，並且也為之略作解題(參考李幸玲：〈格義新探〉，《中國學術年刊》第18期(1997)，頁151，國立臺灣師範大學國文研究所)。
37　合本和子注常被用作熟語連用在一起。例如陳寅恪先生在〈讀《洛陽伽藍記》書後〉一文中說：「裴松之《三國志注》人所習讀，但皆不知其為合本子注之體。」(《金明館叢稿二編》，上海古籍出版社，1980年)周一良先生卻對陳說持懷疑態度。他在〈魏晉南北朝史學著作的幾個問題〉指出：「裴松之、劉孝標、酈道元的注，多為補遺訂誤，而非字句出入，往往連篇累牘，達千百言。這與同本異譯簡單明瞭的情況有很大不同。」「恐怕未必與佛家合本子注傳統有何淵源吧？」(《魏晉南北朝史論集續編》，北京大學出版社，1991年)。

在疏理同異，便利校閱檢索，根本還未涉及到思想的釐清，故與前揭原始格義的特質，重在利用外書擬配內典事數，以為接引佛理的舟輿，有著本質上的區別。陳寅恪先生在談到合本與格義時，亦表示：「『合本』與『格義』二者皆六朝初年僧徒研究經典之方法。自形式言之，其所重俱在文句之比較擬配，頗有近似之處，實則性質迥異，不可不辨也。」[38]然則，謂法雅傳中「格義」之所謂「生解」，可以訓為「子注」，純粹是從格義與子注在方法形式的近似性上立言，因為原始的格義是僧徒將外書概念擬配內典事數的一種注解方式，與夾附於母本的子注形式有所類似之故。

1.1.3　原始的格義方法之特徵

　　竺法雅推動的原始格義方法，是否即為道安批判格義以前，流行於僧眾之間的典型格義形態，已無從稽考。然而據法雅本傳的簡略記述，並基於前文的分析成果，吾人仍可約略推勘出格義的原始意義、其顯著的特徵和方法內容，而歸納為以下數點：

　　第一，主持格義者的學術背景：執行格義者兼善佛學和世典（傳統學問），能夠將外典內學的思想概念，遞相講說，嫻熟自如地融會貫通。

　　第二，格義的對象：均是飽覽傳統經籍的有識之士（衣冠士子，並世典有功），然而卻未善佛理，或是初受佛學啟蒙的知識分子。

　　第三，方法內容和目的：進行格義者，藉經中事數擬配外書的釋經方式，力圖在外書與內典的名相之間，建立表面上的對應關係，但還未注重分辨進行比附的兩端在本質上的異同，也未達到較高層次的哲理思辨。原始的格義方法，旨在借用聽講者熟知的儒、道、玄學等概念，闡釋佛學名數，以達到通解佛教義理

---

38 《陳寅恪集：金明館叢稿初編》，頁181。

的目的，故從其目標看來，不過是令初涉佛門者認識佛家名相的權宜之策。如果施行者明白此類格義的功能和限度，在比附觀念時，能持守克制自律的態度，則原始的格義方法，亦不必然淪為歪曲佛理的下乘工具。

第四，應用範圍：止於對事數的瑣碎比擬，而非據以對佛教哲學進行深入的疏解。

第五，應用場合：主要應用於講次。執行者在講習經義時，將擬配的事數逐條著以為例，訓誘門徒，以助宣流法化。而在講席以外，進行格義者卻未必使用格義方法敘論經要。

第六，源流和嬗變：格義是隨著譯經和講肆盛行而自然發展起來的解經方法。在竺法雅之前，已有將儒道佛名相相輔配對的作法，故知原始的格義方法，在當時業已萌芽，不過，其時的佛教徒雖然已實行擬配內典外書名相的方法，可能尚未正式提出「格義」一詞。從法雅等人伊始，格義佛教踏入明朗化的階段。格義方法開始受到系統化、固定化的規範，並書面化成為講次援用的教本。照此而論，竺法雅並不是格義的始創者，而是格義的倡導者與代表人物[39]。

1.2　原始格義方法的盛衰史

僧叡在〈喻疑〉中，曾簡述格義佛教在中國流布的歷史：

昔漢室中興，孝明之世，無盡之照，始得輝光此壞，於二五之照，當是像法之初，自爾已來，西域名人安侯之徒，相繼而至，大化文言，漸得淵照邊俗，陶其鄙倍。漢末魏初，廣陵彭城二相出家，並能任持大照，尋味之賢，始有講次。而恢之以格

---

[39] 如方立天先生說竺法雅創立格義方法(方立天：〈中國佛教哲學思維方式的類型和特點〉，《中國思維偏向》，頁178，中國社會科學出版社，1991年)，呂澂先生稱康法朗、竺法雅、毘浮、曇相等創造了格義 (《中國佛學思想概論》，頁51，天華出版，1982年)，都恐非正解。

義，迂之以配說。下至法祖、孟詳、法行、康會之徒，撰集諸經，宣暢幽旨，粗得充允，視聽暨今。附文求旨，義不遠宗，言不乖實，起之於亡師。及至符並龜茲，三王來朝，持法之宗，亦並與經俱集。究摩羅法師至自龜茲，持律三藏集自罽賓，禪師徒眾尋亦並集關中。洋洋十數年中，當是大法後興之盛也。[40]（《出三藏記集》卷五，〈喻疑〉）

　　儘管後漢桓靈帝前後[41]，安世高一系的禪法譯著裡，已出現將內典法數和外書概念交相比配的方法[42]，然而上引〈喻疑〉一段，卻表明從講次中逐漸興盛的格義方法，惟至「漢末魏初，廣陵彭城二相出家」時才漸次為人採用。故依僧叡意，格義的歷史，最早應上溯至漢末魏初。其後法祖（帛遠）、康孟詳、竺法行、康僧會等人，仍沿用格義配說的方法，撰集諸經，直至東晉道安（312-385）開始反省格義之流弊，又躬行附文求旨，義不遠宗，言不乖實的研究原則，格義配說的風氣才漸告平息。

　　孟詳、法祖、法行、康僧會四人，生卒年代跨越東漢末至西晉（265-316）末、或東晉（317-420）初年[43]，此百餘年間，照〈喻疑〉

40　《出三藏記集》，頁234，中華書局。
41　安世高在後漢桓帝建和二年(148)適洛陽，至後漢靈帝建寧五年(172)的二十多年間，譯出『安般守意經』等共三十四部四十卷經。
42　湯用彤先生推斷格義的源頭，除了是漢代學術好以概念組合成對的思考方法外，也可能與漢末安世高系的譯經，注重編排阿毘達磨和禪門法數的作風有關。見湯用彤：〈論"格義"〉一文，《理學・佛學・玄學》，頁277-281。
43　康孟詳等四人生卒年代、生平事跡略述如下：

人物	生卒年代	祖籍	主要弘法地點
康孟詳	不詳	康居	後漢靈、獻(168-220)間，以講解馳名京洛。
竺法行	不詳	不詳	竺法護(240?-317?)弟子，估計生於西晉。
康僧會	?-280	康居	吳赤烏十年(247)至建康，後居江南建初寺。
法祖（帛遠）	不詳	河內(今河南沁陽)	於長安以講習為業，西晉惠帝(290-306)末，能言之士，咸服其遠達。

所論，為原始的格義方法的全盛時期，其中生於三世紀後半期至
四世紀前半期的竺法雅，更是專善格義方法的一時俊傑。假如〈喻
疑〉所言與史實相符，保守估計，從220年東漢滅亡，至352年（或
353年），道安和同學竺法汰憩遊飛龍山（今河北涿鹿縣境），與僧
先（有本作僧光，287-396）相遇，討論「先舊格義」為止（說見下
文），格義配說的方法至少流行了一百三十餘年。至於格義流布的
具體地域，可從法雅傳中涉及格義的諸人，包括竺法雅、康法
朗、法汰、道安等人的傳法活動地點[44]，推知一二。為便利敷
陳，茲表列如下：

人物	生卒年代	祖籍	主要弘法地點
竺法雅	不詳，與法汰、道安同時	河間（今河北省河間）[45]	立寺於高邑（今河北省柏鄉縣北），僧眾百餘，訓誘無懈。
康法朗	不詳，與法雅同時	中山（今河北省定縣）	曾發跡張掖，西過流沙，後還中山，門徒數百，講法相係。
竺法汰	320-387	東莞（山東沂水東北）	與道安避難至新野（今河南新野）、下揚州，應晉太宗簡文帝之迎請，在建康（今南京）瓦官寺講《放光經》。
道安	312-385	常山扶柳縣（河北冀州西）	鄴都（師事佛圖澄）、華林園、牽口山、飛龍山等，均位於今河北省境內[46]。

　　除上舉四人外，竺法雅本傳記述，與他大約同時的毘浮、曇相，亦是不遺餘力地推動格義佛教的僧人學者。兩人的身世和行狀，史傳均無錄載，不過法雅傳的記述謂：「及毘浮、曇相等，亦辯格義，以訓門徒」，卻能佐證格義的方法系統，的確多用於訓誘門徒上。

　　綜合上表，除法汰外，法雅、法朗、道安，都祖籍河北，三人的弘法宣經活動，又多集中在今河北省境內，這顯示黃河以北地區，是格義方法的大本營[47]。在道安離開飛龍山後，又輾轉流竄到河北太行恒山、武邑、鄴都、山西濩澤、河南陸渾、南陽、新野、以及襄陽、長安等地[48]，期間於齋講和注經時，不排除他仍然沿習格義方法的可能。至於法汰和弟子曇一、曇二，在365年後南下揚州傳法，又很自然地將格義遠播至吳地。綜上所見，格義涵蓋了今河北、河南、山西、湖北部分地區，以及南京、徐州（即當日之彭城）、西安等地，覆蓋面不可謂不遼闊，傳布不可謂不廣遠。

　　在剛開始時，以配說為主要形式的原始格義方法，也許是輔助佛徒瞭解艱澀事數的有效手段，但年月一久，卻不免流弊叢

44　法雅傳曰：「(雅)與道安、法汰每披釋湊疑，共盡經要」。《高僧傳》卷五，〈釋僧先傳〉又記道安省悟格義方法，於理多違。道安、法汰與法雅既是同學，常一起研尋經旨，並且安公曾以言批評格義，故法汰與道安對於格義，必然具有相當深刻的認識。(《高僧傳》卷五，頁194-195，中華書局)

45　〈高僧傳・竺佛圖澄傳〉、《名僧傳鈔》均記法雅是中山人。中山在今河北定縣。

46　雖然並不一定符合實情，但本文暫以道安避災到飛龍山，為格義方法的終點，故安公往後的行狀，先按下不表。在隱居飛龍山(352或353)前，安公的活動範圍，大率離不開今河北省。道安一生有很長時間在避難流浪中度過，各種史料對他避難行狀的記載互有不同，甚至同一種史料的記載也自相矛盾，本文茲從方廣錩著〈道安避難行狀考〉，《中華佛學學報》第12期(1999年7月，中華佛學研究所)，頁173刊行之道安避難行狀表。各地名的現今位置，亦請參照該文。

47　湯用彤：〈論"格義"〉一文，頁277。

48　同上註。

生。道安避隱於飛龍山(352或353)期間，曾向僧先痛斥格義的害處，這番話常被認為表達了安公廢用格義的決心：

> 釋僧先，冀州人，常山淵公弟子，性純素有貞操。為沙彌時與道安相遇於逆旅。安時亦未受具戒，因共披陳志慕，神氣慷慨。臨別相謂曰：若俱長大，勿忘同遊。先受戒已後，勵行精苦。學通經論。值石氏之亂，隱於飛龍山。遊想巖壑，得志禪慧。道安後復從之，相會欣喜，謂昔誓始從。因共披文屬思，新悟尤多。安曰：先舊格義，於理多違。先曰：且當分析逍遙，何容是非先達。安曰：弘贊理教，宜令允愜。法鼓競鳴，何先何後？先乃與汰等，南遊晉平，講道弘化。後還襄陽，遇疾而卒。[49]（《高僧傳》卷五，釋僧先五）

安公看穿格義方法的弊端和限制，是無法信實、切當地（「允愜」）詮解經義，結果引致違反教理（「於理多違」）的乖謬。

道安以後，六朝人士非議格義的言論，可見於下面幾個引例：

> 自大法東被始於漢明，涉歷魏晉，經論漸多，而支竺所出，多滯文格義[50]（按：此處格者應是扞格的意思，不是格義的格[51]。）（《高僧傳》卷二，鳩摩羅什傳）

> 自慧風東扇，法言流詠已來，雖曰講肆，格義迂而乖本，六家偏而不即，性空之宗，以今驗之，最得其實。然爐冶之功，微恨不盡。當是無法可尋，非尋之不得也。何以知之？此土先出諸經，於識神性空，明言處少，存神之文，其處甚多。中百二論文未及此，又無通鑒，誰與正之？先匠所以輟章遐慨，思決言於彌勒者，良在此也。[52]（《出三藏記集》卷八，僧叡〈毗摩羅詰提經義

49　《高僧傳》卷五，頁195，中華書局。
50　《高僧傳》卷二，頁52，中華書局。
51　湯用彤：《佛教史》上冊，頁238。
52　《出三藏記集》，頁311-312，中華書局。

疏序〉)

安澄《中論疏記》疏解叡公的序曰:

> 然即什公未翻四論之前,玄義多謬,於理猶疑,故欲待見彌勒決耳。別記云:格義者,約正言也。乖本者,已成邊義也。[53]（安澄《中論疏記三末略》)

格義孳生的詮釋問題,在「文獻記述的格義佛教」一節已有詳述,茲不具論。無論如何,銳意廢止格義,平常又命令弟子廢用俗書的道安(事見《高僧傳》卷六慧遠傳),確是促使格義方法走向式微,刷新六朝般若學研究風氣的靈魂人物。不過,安公抵達襄陽後,其學風雖與前期講禪數的年代迥然有別,但尚與格義藕斷絲連,這可證諸他仍慣用老莊語言,融會般若學概念一事上[54],像他的〈合放光光讚序〉,以可道、常道與二諦相況,即是一例。事實上不惟安公如此,與他同時或略早的佛學家,不論其般若學的造詣如何,在談論佛學的名相時,總難以繞過外書,自成其說。不過,此類將外典和內典概念互相對比的研究取向,雖然帶有比擬觀念的傾向,卻與前期的原始格義佛教,頗有分別。大體上,這類「格義」多用來構造哲學論題,或撰著論疏、注釋章句,而不是為了訓喻講肆中的門徒而設,因此,在形式上,它沒有沿用將事數逐條著以為例的教本體裁,而多半透過經序、注疏、譯經等文本來呈現。其次,此類「格義」措施,不但已棄用圓鑿方枘的詞彙比附方法(如「四大」對「五行」的迂拙相配),而且在援取外書的名相之餘,進行格義者是抱著借助傳統哲學的觀念為踏腳石,最終達致正確理解般若學的期望的。

於此,吾人可以權稱這類「透過中國傳統思想,如老、莊、儒學的觀念,以證會佛學」的詮解方法,為「廣義的格義」。而與此

---

53 《大正藏》卷六五,93上。
54 湯用彤:《魏晉玄學論稿》,頁160-162,上海古籍出版社,2001年。

相對的原始格義，就是「狹義的格義」。需要強調的是，廣義與狹義的格義，在方法性質和思維取徑上，並不處在同一層次。廣義的格義援取傳統哲學的資源，開拓了一套詮釋佛學的意義系統，並藉此進行更縝密的哲學思考；而狹義的格義，嚴格來説，只是建基於直覺思維形式的觀念比配方法而已。

1.3　格義與連類

與格義方法大約同時盛行而又載於經錄者，有所謂連類。《高僧傳》卷六廬山慧遠本傳，提到慧遠援引連類來講解佛經實相義：

> (慧遠)年二十四，便就講説。嘗有客聽講，難實相義，往復移時，彌增疑昧。遠乃引《莊子》義為連類，於是惑者曉然。是後安公特聽慧遠不廢俗書。[55]

由於引文過分簡單，吾人很難辨識連類的具體內容，是否與擬配外書的格義同出一轍。關於這點，郭朋與湯用彤先生都主張連類近似格義，原因在於，兩者俱應用以外書比附名相法數的方法[56]。考諸《高僧傳》卷二鳩摩羅什傳所記，什公曾利用連類與盤頭達多論辯大乘有法皆空的道理，不過，什公使用的連類，是否與大乘教以外的典籍互相配對，卻無從稽考。而中國的文學作品向來有「取譬引類，起發己心」，「比物連類，以至無窮」的譬喻式藝術手法，所以連類也有可能等於廣義的取譬引類，而不專指解釋佛經時，援用外書比擬經義的手段[57]。即使慧遠確曾引莊子為連類，但也未必真如竺法雅般，將經中事數與外書一一機械地配

55　《高僧傳》卷六，頁212，中華書局。
56　郭朋：《漢魏兩晉南北朝佛教》，頁356，齊魯書社，1986年6月；湯用彤：《佛教史》上冊，頁236。
57　參考李幸玲：〈格義新探〉，《中國學術年刊》第18期(1997)，頁149，國立臺灣師範大學國文研究所。

對，然後逐條列出，合為教材。故此吾人揣想，慧遠使用的連類形式，縱使與原始的格義相仿，亦不必盡皆相同。按照陳寅恪先生的推測，慧遠是承接當日河外先舊格義的學統，借用《道行般若經》之意旨，以解釋莊子的〈逍遙遊〉篇[58]。照此而論，遠公的連類，應該比較接近支遁講解〈逍遙遊〉新義時，崇尚清通簡要，不滯文守句，自由發揮旨趣的作風[59]。因此慧遠借士人熟習的莊子哲學概念，鋪陳佛家實相義理的手段，容或更貼近廣義的格義方式，卻跟側重法數排比的狹義的格義方法，未必相若。

據本傳所載，道安特別聽許慧遠不廢俗書，引用連類說教，顯示安公從飛龍山幾經轉折，返回鄴都一帶時 (357)[60]，比配形式的格義已非主流的講習方法。由於是時在佛經的講肆中，俗書大多已廢，慧遠採用連類，才會變成釋門講壇上引人注目的講說方式。這樣看來，在四世紀中葉，傳統的格義方法，雖仍殘留著朦朧的影跡，但畢竟已發生根本的動搖了。其後在苻丕攻陷襄陽 (379)，道安被迎請到長安 (379-385) 之前，在〈摩訶鉢羅若波羅蜜經抄序〉中，道安舉示譯胡為秦的「五失本」及「三不易」幾大要領[61]（《祐錄》卷八），這更從側面反映了，他欲提倡附文求旨、本於佛教宗義的研究方向，全面棄止傳統格義的決心。傳統的格義方法，到此已屆被廢黜的邊緣了。

第二節　近人對格義佛教之觀點

針對格義的性質，近人在著作中屢有言及。湯用彤和陳寅恪

---

58 陳寅恪：〈逍遙遊向郭義及支遁義探源〉，《陳寅恪集》，頁96，2001年7月。
陳氏並懷疑，僧先傳「且當分析逍遙，何容是非先達」一語中，「逍遙」是書篇之名，僧先意謂不必非難昔日所受於先輩之〈逍遙遊〉格義舊說也。
59 《高僧傳》卷四支遁傳曰：「每至講肆，善標宗會，而章句或有所遺，時為守文者所陋。」（頁159，中華書局）
60 見註46方廣錩著文。安公是年46歲。
61 《出三藏記集》卷八，頁290，中華書局。

先生的看法，上文已多番徵引，於此不擬重述。以下茲介紹部分中日學者的代表性觀點。

　　任繼愈先生主編的《中國佛教史》第二卷，提到將「經中事數」——佛經中的法數、教義和概念，「擬配外書」——運用中土士人易於理解的儒家、道家等的名詞、概念、思想，以比附和解釋佛教的名詞、概念和義理，固然是格義，至於道安等人在經序中運用老莊玄學語言釋論佛教教義，自亦屬於格義[62]。郭朋先生的《漢魏兩晉南北朝佛教》，也主張「用人們比較熟悉的『外書』中所有的一些近似的語言，來解釋佛經裡所講的名相法數」，就是法雅等人沿用的格義方法[63]。兩人對格義的解說，大致上都不脫離法雅傳中「以經中事數擬配外書」的原意，接近本文所界定的原始的、或狹義的格義方法。

　　呂澂先生就格義的看法，也是本於法雅傳的敘述，但他更進一步，將格義界定為「把佛書的名相同中國書籍內的概念進行比較，以後就作為理解佛學名相的規範。換句話說，就是把佛學的概念規定成為中國固有的類似的概念。因此，這一方法不同於以前對於名相所作的說明，而是經過刊定的統一格式。」[64]然而，從現時的文獻材料來看，關於格義的形式，吾人只能得知，它包含著經中法數與外書概念時有配當的特性，卻很難考証出究竟在當日格義的運作模式下，某些佛學名相是否與某些中國哲學概念存在著固定的配對關係，兼且會成為佛徒理解佛教詞彙務需遵循的範本，因此吾人有理由相信，呂氏的見解，恐怕是出於主觀的臆測而已。

　　在近人的佛學論著中，對格義的理解通常並不囿於法雅傳所揭載的佛教傳入中國初期所形成的特殊釋經方法，反之，格義的

62　任繼愈主編《中國佛教史》第二卷，頁201，中國社會科學出版社，1985年。
63　見氏著《漢魏兩晉南北朝佛教》，頁356。

含意往往被擴充至用來指稱一切利用中國哲學的思想內容(不管是
世學的個別觀念抑或思維模式、理論主張等)，來詮解佛教義理的
作法。按照這樣的界定，「格義」將會脫離其原初的歷史時代脈
絡，轉化為一個幾乎普適於任何中國佛學詮釋方法的概念。以下
幾位學者，即是沿此進路，理解格義之意義：

> 眾所周知，中國人在接受和理解印度佛教之際，啟動了中國
> 固有的思想作為其媒介，這種做法叫做「格義」，而依「格義」建立
> 的佛教就叫做「格義佛教」。[65](伊藤隆壽：《佛教中國化的批判性
> 研究》)

> 按照一般理解，格義開始於東晉時代，可是利用外典用語和
> 觀念表現佛教思想的嘗試，在東晉以前的漢譯經典，已經實行起
> 來了。譬如古譯涅槃作「無為」、真如作「本無」，都使用了老莊語
> 言來配對、迻譯梵語。⋯⋯從這點看來，漢譯經典業已實行了格
> 義方法，並沾上了濃厚的老莊色彩。⋯⋯東晉時，通過老莊的
> 「無」來理解般若的空的作法，十分盛行，但實際上，這不外是格
> 義風潮下的一個現象而已。[66](森三樹三郎：〈中国における空
> についての論議〉)

> 竺法雅、康法朗等人，將佛經與中國古典的內容並舉，互相
> 配當而生解，這種做法，就是格義。照此定義，雖然以老莊的無來
> 理解佛教的空，未必就會歸入格義的範圍內，但是，談到以中國古
> 典學問的用語，來跟佛典內容並舉、配當的格義作法，則老莊之學
> 自然是最名符其實的代表了。[67](鎌田茂雄：《中國佛教史第二卷》)

伊藤氏、森氏和鎌田氏的說法，代表了從狹義的格義延伸出

64 呂氏著《中國佛學思想概論》，頁51。
65 伊藤隆壽：《佛教中國化的批判性研究》，頁128。
66 森三樹三郎：〈中国における空についての論議〉，《仏教思想7・空(下)》，頁
860-861，平樂寺書店，1993年。
67 鎌田茂雄：《中國佛教史第二卷》，頁152，東京大學出版會，1983年。

來的更廣闊的界説，於此格義也者，已不單指中印哲學名相交相比擬的手段，更泛指任何起用中國固有思想的材料作為媒介，詮釋印度佛理的實質方案。在上述各説中，並無規定格義之執行，必須假借老莊的用語為媒體，但有個別學者，卻限定格義的釋義，為借取老莊之學以説明般若學空義的方法：

　　佛教傳入中國，最初只依附神仙方技，活動於宮廷民間。至魏晉玄學興起，成為接引佛教教理之津梁，佛學乃漸次進入中國士人之心靈。於是出現「格義」，以中國之思想（老莊易理）比擬配合，以説般若性空之義。[68]（蔡仁厚：《中國哲學史大綱》）

　　通過老莊理解的佛教，是為格義佛教。[69]（森三樹三郎：《老莊と仏教》）

　　以外書，即老莊之書擬配、解釋、説明經中之理，使它變得易於理解，這種方法，叫做格義。它最終導致的理解結果，是以老莊的「無」，闡釋般若經的「空」。[70]（宇井伯壽：《佛教思想研究》）

　　所謂格義，係指以老莊之學解釋佛教。由於這個原因，佛教本來的精神便得不到適當的發揮。直到道安改革格義之前，可以説，（中國的）佛教一直在傳習著老莊的思想。[71]（常盤大定：《支那佛教的研究》）

　　以上四説的共同特徵，是將格義假借的傳統思想，規定為老莊之學。但是，這樣的界説不但顯得過分狹窄，兼且與事實相違，因為考諸經錄和文獻，除了老莊語詞外，儒家的用語，亦常充斥於中國佛教學者的著作當中。假如説，中國早期的佛教思想是格義佛教，乃因為它必須透過本土的哲學概念為中介而展開對佛法的認識，那麼考諸魏晉佛教史，除道家外，儒家思想其實亦

---

68 蔡仁厚：《中國哲學史大綱》，頁146，學生書局，1995年。
69 森三樹三郎：《老莊と仏教》，頁47-48，講談社，2003年。
70 宇井伯壽：《佛教思想研究》，頁669-670，岩波書店，1940。
71 常盤大定：《支那佛教的研究》，頁4，春秋社，1938年。

擔任了從傳統文化通向佛義的中介角色，因此自然不可以按前揭諸說所示，謂格義方法，只限於借用老莊為理解印度之學的舟輿。反而伊藤氏、森氏、鎌田氏就廣義的格義現象定下的界說，排除了蔡氏等前揭四說，替廣義的格義設下的不必要限界，因而顯得更為恰當，更符合格義在歷史上的實際狀況。

　　然而不論如何，前揭諸說尚未涇渭分明地標別狹義與廣義格義之殊異。近人著作中，正式提出這個區分的觀點，可見於以下兩段引文：

　　如上面所述，格義是「以經中事數，擬配外書，為生解之例」。換言之，即借用老莊等學說來敷衍解釋佛經道理。這是格義一詞的最基本的意義。可是，這係約狹義說。但約廣義說，則不但解釋佛經借用老莊等學說叫做格義，就是翻譯佛經時，借用老莊等學說的名詞術語，也是屬於格義。不但這樣，推而廣之，佛教人士著書立說，消極的、被動的，以世學擬配佛義，可稱之為格義。反之，積極的、主動的，以佛義融合世學，自亦可以算是格義。[72]（林傳芳：〈格義佛教思想之史的開展〉）

　　三家以前，雖有將關乎事數的印度觀念，與中國固有觀念配當，以進行解釋的格義，但如果利用中國思想解釋印度佛教的廣義的格義也包括在內的話，中國初期的佛教就是格義佛教，而三家的教義就是其典型。[73]（蜂屋邦夫：《中国的思考：儒教・仏教・老莊の世界》）

　　比較林傳芳和蜂屋氏對「廣義的格義」之界說，可以看到，後者立下的義界，已不惟局限在透過老莊之學來敷衍佛理，並推而

72　林傳芳：〈格義佛教思想之史的開展〉，《華岡佛學學報》第一卷第二期1972年，頁60。林氏另有類似見解，刊於〈書評：塚本善隆著《中國佛教通史》第一卷〉一文中（《華岡佛學學報》第一卷第一期，頁243）。

73　蜂屋邦夫：《中国的思考：儒教・仏教・老莊の世界》，頁196-197，講談社，2001年。

及至一切通過中國思想來研治佛義的作法，基本上，這跟伊藤氏、森氏、鎌田氏三人的格義界說，可謂不謀而合。至於林傳芳先生，仍然將「廣義的格義」之內容，規定在老莊概念與佛經教說的聯繫與配當上。不過，林氏的說法有一個可取之處：它提示了在廣義格義的操作原則下，配說外學內容與佛理的形式，可以是多種多樣的，不但借用老莊等學說翻譯和解釋佛經叫做格義，就是著書立說時，以世學的任何內容擬配佛義，也可稱為格義；再推下去，甚至以佛義融合世學，亦可以算得上是格義。按照林氏的義界，廣義的格義方法，幾乎囊括了魏晉時代，老莊之學與佛教理論在詮釋活動中的所有互動景象，而且，不論道學、玄學與佛學發生互動接觸的規模是大 (例如以某個思想的論理架構和理論前設為藍本，進行符順佛學理論的重構工程)，還是小 (不同思想系統裡個別觀念之間的比擬配對)，均無一掛漏，統統被列入廣義的格義之內。此外，無論以世學擬配佛學 (在這個場合下，佛學處於被動位置)，抑或佛學融合世學 (佛學處於主動位置)，同樣都可稱為廣義的格義，由此可見，依林氏的論點，在廣義的格義方法下，進行觀念類比的兩端之主客關係，乃是浮動的，而非固定不變的。

　　按照林氏對廣義的格義之界說，在交互文化理解、比較文化、比較哲學的語境中，格義的語意邊境，大可不必為漢末魏晉時玄佛交流的特定歷史背景所拘限，而可無遠弗屆地拓展下去。照這樣推論下去，從一種文字轉換成另一種文字的翻譯活動，都可算是「格義」；此外，所有通過熟知的觀念和陌生的概念加以類比，來達到領悟新學說的方法，也可一概統稱為「格義」；甚至乎向別的文化吸收資源，移接到本己文化的土壤上，經過改造、轉化，再創造出一個全新的文化形式，也可算得上是文化互為理解中的「格義」行為。

　　不過對於格義內容的衡定，馮友蘭先生卻不專從交互文化的

觀點著眼。他將格義概念的內涵，擴展為所有文化體系(不一定是異文化)之間互為理解的方法論概念。在《中國哲學史新編》中，他將「格義」解釋為所有以今釋古、以古釋今、以中釋西、以西釋中的作法。馮氏的說法，無疑是使「格義」在文化理解活動中的義涵層層鋪開，推向極致的表現[74]。據此以往，一個文化體系，為求認識另一個陌生的文化體系，因而借助自身的文化資源和立場為出發點，對他文化進行的詮解活動，都可被界定為廣義的格義。

第三節　本文對格義之釐定

　　綜觀當代學者的觀點，關於「格義」一詞的適用範圍，可得出以下的結論：

　　(1) 各家對於格義的看法，儘管有寬、狹程度之不同，不過有一點是幾乎可以肯定的，此即：縱然未必所有學者，都有論到狹義、廣義格義的區分，不過大抵上，他們都將竺法雅的格義之法，與藉中國傳統學問證會佛義的方法，區別開來，這是當代學者論述格義問題時的共識。

　　(2) 如以竺法雅的格義方法定為狹義的格義，那麼照諸家的觀點看來，格義的歧義大都是圍繞著廣義的格義而產生的。綜合諸家的觀點，在交互文化理解的語意場域下，廣義的格義既指涉認識和綜合新學說的手法，也是認知、吸納外來文化的態度取向，同時，它還涵括了在中國佛教傳布史上，運用擬配、附會、比較、翻譯等手段來進行文本詮釋的實然現象，這使得「格義」一詞，在各家的歧見下，不但蘊含著多個層次的意涵，並擁有廣闊的詮釋空間。

　　據上可見，「格義」一詞之所以難於釐定，端在其寬、狹之分

74　馮友蘭：《中國哲學史新編》，第六冊，頁152-156，人民出版社，1989年。

寸，甚難恰如其分地掌握。太寬鬆的話，譬如將文本翻譯、乃至在歷史上，一切起用中國本己思想的材料，以達到對佛教義理理解的措施，都視同格義，則勢難避免漫散至中國佛教的整體思想發展問題[75]，以致失落了「格義」一詞受制於歷史文化情境下的特定意涵。相反若太狹窄的話(例如以竺法雅的格義方法為唯一標準)，又將失去藉「格義」為切入點，審視早期般若學如何借外學究明佛理的參照作用。因此，如何依據恰當的寬、狹分寸，適切地替「格義」劃下外延的界線，是筆者亟思解決的問題。

　　研究者應該如何面對這個困境呢？或許從廣義格義和狹義格義的共同性質，能夠找到一個解開問題糾結的入手處。首先，無論是廣義的抑或狹義的格義方法，其標的只有一個，就是達到對一種陌生難懂的外來文化——對東晉的知識分子而言，就是新興的佛教思想——的充分理解。其次，在操作形式方面，格義主要是透過動用本己文化的思想格套，包括核心觀念、思維方法、價值理念、哲學課題等，作為主動地格量異文化內容的媒介。第三，由於格義是借用本己文化的某些現成材料，去衡量外來文化的方案，因此，在起步階段，格義必然是先立足於本己文化，作為「以己度人」的出發點。如果到了最後，以本己文化為中心的格義立場，仍繼續隱匿本己與外來文化之間的差異性，而不是意圖將歧異性開顯，則這樣的格義活動，便成為不究竟的格義，它最終會造成對異文化的不究竟理解。

　　據上所陳，則「格義」的本質意義，並不在其外延的寬、狹，而應該表現在本己文化理解他文化的先設角度上。在文化交流剛開始的階段，本己文化理解陌生文化的起點，總是建立在一種自他的不對等關係上。很多時候，本己文化是自處於有利的主動位置，從自己的思想格局出發，去考量陌生文化的內容。這種觀

75　參考蔡振豐：〈魏晉佛學格義問題的考察〉，《中國佛教學術論典(100)》，頁7。

點，往往不是在個人身上發生的，而是在交互文化的場合中，為某時某地的人共同體現。所以「格義」除了是一詮釋種方法，也代表一個文化在理解陌生文化時，一種集體的、連續性的精神方向。假使這就是「格義」的本質意義，那麼凡是東晉年間於漢地發生的、在根本上無法完全放下本己文化中心主義的視點，因而透過本己文化固有的思路、觀念、價值和意義系統(即使它們是經過局部修正的)，去格量般若學奧義，以進行佛教理解，甚且意圖促使理解所得的佛教義理，符合本己文化允准的標準和範式等的思想活動，都應該屬於格義佛教的範疇，此亦是本論文遵循的「格義佛教」的一般性定義(也即「廣義的格義佛教」之定義)。據此界說，竺法雅的研究方法固然是格義，甚至六家七宗、慧遠、僧肇等諸家義理，假如仍未能盡從「以一己之思想格局，去考量外來文化」的窠臼中釋放出來，他們亦理當被歸類為格義佛教的學者。不過有必要強調，格義佛教雖然會導致有異於印度佛學的「中國化」理解，但並不必然推導出違悖般若空宗宗趣的哲學判斷。此外，格義的起點，雖然是將外來文化，納入本己文化的既有模式裡，進行格量，不過，並不排除在哲學活動的論理過程中，從事格義者最終可以克服本己文化格式的圍限，真正領略到異文化內容本身的涵意，以及它與本己文化的根本殊異處。因此筆者並不擬將格義佛教，與能否允當地理解般若空義這個問題完全掛鉤。

第四節 「格義佛教」在本文之意義

「格義佛教」一詞的用法，常見於近人的佛學史論著中，以下茲舉數例：

(1) 鎌田茂雄著《新中國佛教史》，其第三章第三節直接使用「格義佛教—竺法雅」為題(頁四九)[76]。

---

76 鎌田茂雄：《新中国仏教史》，49，大東出版社，2001年。

(2) 李世傑的《漢魏兩晉南朝佛教思想史》，以「格義系統」涵括六家七宗，又提到「格義的佛教」(頁六四至六七)[77]。

(3) 塚本善隆在《支那佛教史研究 • 北魏篇》，用「格義佛教」代表六家七宗，又謂般若之「空」與老莊之「無」互相擬配，是為格義佛教(頁二五至三四)[78]。

另外，在本章「近人對格義之觀點」一節，引述了伊藤氏、森氏、蜂屋氏三人的格義論點，也分別提出「格義佛教」一語，於此不再贅述。

為使格義問題的焦點更趨清晰，本文擬配合題旨的設定，對「格義佛教」做討論上的限制。考慮東晉的交互文化理解場景，再結合前揭格義的本質性意義，「格義佛教」在本文的意義，係指從東晉年間，中國學者們從傳統文化的立場出發，借用本己文化的觀念、思路、價值系統等做為媒介，去衡量佛教義理，以達到對般若學的理解，甚至更進一步，欲令理解所得的佛教義理，盡量符應本己文化所贊同的傳統典範的思想活動，此亦為本文論題中之「格義佛教」，和內文中對「廣義的格義(佛教)」的界說。至於「原始的格義(佛教)」，或「狹義的格義(佛教)」，是專指竺法雅以經中事數擬配外書，以為生解之例的格義之法。

本文使用「格義佛教」一語，是因為不打算另外賦予一個新詞，因此承襲了前人習用的語彙。在此，「格義佛教」係指以格義方法詮解佛學的思想活動。「佛教」是一個對佛學思想的通稱，並不意謂個別佛教宗派，或個別宗派的學說。

77　李世傑：《漢魏兩晉南北朝佛教思想史》，頁64-67，新文豐，1980年。
78　塚本善隆：《支那佛教史研究 • 北魏篇》，頁25-34，清水弘文堂，1969年。

第三章　僧肇以前中國般若學 思想裡的玄佛互涉現象

　　中土大乘般若學之始盛，肇端於漢末支讖出《道行經》，逮至三國吳支謙重譯為《大明度無極》，仿老莊之義，全黜胡音，曲得教義，般若學説與玄學之交涉，當濫觴於此時。至西晉中葉 (惠帝)、東晉初，是般若學踏入衍盛的階段，尤其步入東晉，佛門才儁之士輩出，支遁、道安、僧肇，以及心無、識含、緣會、幻化等諸宗，均是斯日般若學的大家，他們提出的般若理論，均攸關中國佛教哲學的發展命脈。本章首先論述僧肇以前般若學説的格義現象，接下來數章則集中著墨僧肇般若學的要義，及其中的格義成分，從而尋繹出東晉時期，格義佛教嬗遞的線索。

　　鳩摩羅什來華 (401年) 以前，中國的佛教學者是基於以下五種漢譯般若經典，進行般若學的研究的：

　　(1) 東漢竺朔佛、支婁迦讖等譯《道行般若經》(179年) (《大正藏》卷八，NO.224)

　　(2) 吳支謙譯《大明度經》(222-253年頃) (《大正藏》卷八，NO.225)

　　(3) 前秦曇摩蜱、竺佛念等譯《摩訶般若鈔經》(383年) (《大正藏》卷八，NO.226)

　　以上三種屬小品系。

　　(4) 西晉竺法護譯《光讚般若經》(286年) (《大正藏》卷八，NO.222)

　　(5) 西晉無羅叉、竺叔蘭等譯《放光般若經》(291年) (《大正藏》卷八，NO.221)

以上兩種屬大品系。

羅什來華以前，兩晉般若學者詮解空義所依從的經文根據，一概出自上述五種譯典。

第一節　早期漢地的禪觀思想與漢人
理解佛學的初步架構

東漢末年，輸入漢地的佛典主要包括兩大系統：安世高的小乘阿毘曇、禪觀派系，和支讖的大乘經典派系。自桓帝頃，隨著佛教逐漸與黃老養生術牽合，禪法大暢，漢魏佛徒開始從禪經裡摸索出詮譯佛教思想的初始架構。吳國的康僧會 (?-280) 是安世高系統的代表論者[1]，他所敷衍的〈安般守意經序〉[2]（《祐錄》卷六），頗能代表早年漢地佛徒理解佛學的基本前提和思想結構。

康〈序〉論安般之法，可綜括為兩點：第一，安般數息法，是為了對治由五陰、六情默種於心上的染習；第二、通過四禪的修行次第，令垢濁逐步消除，當穢欲寂盡，心即回復如明鏡般清淨朗澈，無幽不照 (其言云：「由其垢濁，眾垢污心，有蹢彼鏡矣。

1　康僧會之師，不知是何許人。湯用彤先生在《佛教史》上冊頁136推斷，韓林、皮業、陳慧、康僧會師承於安世高。但《高僧傳》安清本傳引康僧會〈安般守意經序〉之文曰：「此經世高所出，久之沈翳，會有南陽韓林、潁川皮業、會稽陳慧，此三賢者，信道篤密，會共請受，乃陳慧義，余助斟酌。」如引文可信，據「此經世高所出，久之沈翳」一語，康僧會之師承未可上推安世高。高雄義堅《中國佛教史論》指出，安世高一系在三國時傳給韓林、皮業，支讖一系傳至陳慧，康僧會是三人學說的集大成者。湯先生在前揭書頁137，也以為支謙是康僧會的前輩：「《道樹經》者，支謙所譯，會為之注，可見為支謙之後輩。」故知康僧會的研究領域，兼綜安世高、支讖兩系，高雄氏謂他是兩大學派的集大成人物，應為可信，惟從〈安般守意經序〉、〈法鏡經序〉的行文來看，康僧會似乎尤服膺世高之學。高雄氏意見轉引自橫超慧日《中國仏教の研究》，頁198註13，法藏館，1958年。
2　以下皆本《出三藏記集》卷六，頁242-244，中華書局。

若得良師剗刮瑩磨，薄塵微曀，蕩使無餘。舉之以照，毛髮面理，無微不察，垢退明存，使其然矣。」）單憑這兩點看來，康僧會不一定將「心」賦予自我本體的意義。這裡的「心」，似乎接近巴利《增支部》所言，被外來諸隨煩惱所染污的本來淨潔（巴利語paṇḍaram）的有分心（巴利語bhavaṅga-cittam），是一個需依緣起才能起用的清淨心，而非具有常住不變的心性本體[3]。

若問康僧會序文中，展示了何種源於中國哲學思想的原型？答案應該是：他提揭了一個純然虛靈的心體，作為修行禪法的主體。今憑康〈序〉對心之簡述，其繼承傳統心性哲學中，宗標心鏡、神明之主體性的觀點，是十分顯然易見的。

在中國哲學史上，撇除泛指天地的客觀精神一義（例如《莊子‧天道》云：「天尊地卑，神明之位也」），神明一般係指人的主體精神，比如《莊子‧齊物論》所云「勞神明為一」。此外，「神明」一辭更深刻的意義，是主體深察天地間陰陽不測的密意和價值秩序的靈明智慧。此如王弼所說：「聖人茂於人者神明也，同於人者五情也。神明茂，故能體沖和以通無；五情同，故不能無哀樂以應物。」（何邵《王弼傳》）神明即是聖人尋極幽微的智照之能（《老子》四十九章注）。與此相通的，是以明鏡喻心的鑑照之功。《莊子‧應帝王》云：「至人之用心若鏡，不將不迎，應而不藏，故能勝而不傷。」心如鏡鑑般映照所遇之境，但不將之蘊積於內，故能虛應萬物而不勞神——此意約可跟王弼所言「聖人之情，應物而無累物者也」（同上《王弼傳》）的意思相通。

若將〈安般守意經序〉心鏡蒙垢、垢退明存之意，與康僧會所著的另一篇〈法鏡經序〉（《祐錄》卷六）中「夫心者眾法之源，臧否之根，同出異名，禍福分流。……專心滌垢，神與道俱。志寂齊乎

3　《佛教教理研究——水野弘元著作選集(二)》，水野弘元著，頁277-287，法鼓文化，2000年。

無名，明化周乎群生，賢聖競乎清靖，稱斯道曰大明，故曰法鏡。」⁴這一番話，合而觀之，康僧會所說的「心」，可歸納成三個要義：⑴以心為體悟眾理、道德價值之根源；⑵心體明靜而周遍群物；⑶垢濁滌除後，神明與道遊化為一──這三點所呈示之心的特質，同為一個靈虛透明的主體心性所包容。從康僧會的著作可以窺見，在其佛學思想中，「心體」享有一個中心的地位。而從他對「心」之推崇，可見他解讀佛義的取向，主要循著主觀認識論的路子。從康僧會的序文來看，這個路數，似乎在漢地禪法流行之初，已大致成形，而且一直下貫至東晉的般若學思想，影響不可謂不深遠。關於這點，將在後文的討論中逐步豁顯出來。

第二節　佛教存有論與玄學「有」、「無」之關聯

　　眾所周知，在兩晉時期，「空」與「無」兩個分屬佛、道的概念，在哲學詮釋活動裡，構成了形影不離的伙伴關係。本來，佛教的「空」旨在撤銷事物的自性，玄學的「無」揭櫫現象背後的存在根據，論理的向度是有差別的。不過，「空」與「無」兩個概念，同樣擁有豐富的義涵，是可容詮釋者各逞其智慧和學養，創造性地闡發箇中哲學涵意的觀念。其次，「空」與「無」均屬遮詮性的字眼，俱利用正言若反的方法，企圖開顯各自的真理觀念。由於論理進路相近，加上兩個概念給出的表面印象，似有若合符節之處，故當時的般若學者，認為「空」與「無」有著互相證會的可能性，也就不足為奇了。

　　僧肇以前的東晉般若學家，大多未能清楚地意識到，佛典的「空」原是牽涉存在的真實性問題。他們探究般若空義的理路，大部分都不是循緣起理法為契入點，亦不一定領略到存在皆無自性

的旨趣。不過，縱然釋空的路徑與緣起理法並不相應，承玄學有無之辨的餘緒，當日的般若學者，多試行透過有、無等論議，探討存在的根據、憑依、原理或根源等課題，此誠為東晉早期般若學研究的一大特色。

入東晉後，解釋空義的派別，首推著名的六家七宗。此名稱係根據劉宋曇濟著述的《六家七宗論》(此論已佚，梁寶唱《續法論》曾經引用[5]) 而來，指代當時研究般若學的本無、本無異、即色、識含[6]、幻化、心無、緣會諸宗。僧肇〈不真空論〉大別為心無、即色、本無之三家，亦是包含在此六家七宗內。曇濟、僧肇並無列明代表各宗的人物，但陳慧達的《肇論疏》[7]、隋吉藏的《中觀論疏》、唐元康的《肇論疏》、安澄 (日本) 的《中論疏記》、智光 (日本) 的《中論述義》等，均載錄三家或六家七宗的稱謂和論者姓名，然諸書卻互有出入。其次，劉宋僧鏡作《實相六家論》(元康《肇論疏》引寶唱《續法記》[8])，按照時人對「空」(無、真諦)、「有」(俗諦) 之諍，將每家分成二系。南齊周顒的《三宗論》，依各派如何處理「空」、「假名」之關係，判辨理論之高下[9]。據此，般若學確為東晉的顯學，已不俟言。現據曇濟區分的六家七宗，兼及可確信為該

4　《出三藏記集》卷六，頁254-255。
5　元康《肇論疏》卷上：「梁朝釋寶唱作《續法論》一百六十卷云：宋莊嚴寺釋曇濟作《六家七宗論》，論有六家，分成七宗。第一本無宗，第二本無異宗，第三即色宗，第四識含宗，第五幻化宗，第六心無宗，第七緣會宗。本有六家，第一家為二宗，故或七宗也。」(《大正藏》卷四五，162中)
6　宋淨源的《肇論集解令模鈔》(真福寺文庫藏，寫本二卷)作「識合義」。
7　此疏今存《卍續藏》冊150，原題「晉慧達撰」，一度被誤為晉并州竺慧達，和陳朝小招提寺慧達法師(即現存〈肇論序〉作者)撰著。中田源次郎認為是同一人，松本文三郎反駁其説(見伊藤隆壽：〈肇論をめぐる諸問題—特に慧達の注釈書について—〉，駒澤大學佛教學部研究紀要第四十號，1982年3月)。石峻先生在〈讀慧達《肇論疏》述所見〉一文(《現代佛教學術叢刊》冊四八，大乘文化出版社，1979年)，認為晉慧達和陳朝小招提的慧達，都不可能是本論疏的作者，應係別有一沙門陳慧達撰，但究是何人，尚待後考。
8　《大正藏》卷四五，163上-中。
9　吉藏《中觀論疏‧因緣品》，《大正藏》卷四二，29中。

宗之論者(主要據湯用彤先生的《漢魏兩晉南北朝佛教史》上冊第九章為藍本)，綜述晉世般若空觀的理論內容，和玄佛互涉的格義情狀。

2.1　支遁的即色義

　　僧肇〈不真空論〉批判的三家之一為「即色」，曇濟《六家七宗論》列為第三宗，慧達疏、元康疏、《山門玄義》(安澄所引)、《中論述義》均明言支遁(道林)唱即色論(或曰即色義)。吉藏《中觀論疏》則謂即色義有關內(長安)即色義，與江南支道林的即色遊玄論二家，肇公呵斥的是前者[10]。但是，元康《肇論疏》、宋淨源《肇論中吳集解》[11]、宋遵式《注肇論疏》[12]，均表明《肇論》所呵責的即色義，是支道林的學說。關內即色義的論者究是何人，不得而知，今人談及即色義，多半陳論支遁的主張，惟即色義向來流傳二個說法，故此在現存涉及即色義的文獻裡，仍有需要辨識何者是屬於支遁的學說，未可將冠以即色名號的論議，盡視作支法師的主張。

　　支遁(314-366)，字道林，與道安同時的東晉佛教思想名家，六家之一即色宗的代表人物。其學擅於老莊，好談玄理，精通般若，孫綽《道賢論》將之比為向秀，才氣清言，為諸賢敬慕。支公一生著作頗多，曾注《安般》、《四禪》諸經，著《即色遊玄論》、《釋即色本無論》、《聖不辯知論》、《道行指歸》、《學道誡》、《逍遙論》等談理作品十餘種，除〈大小品對比要鈔序〉外，餘已佚

10　「但即色有二家，一者關內即色義，明即色是空者，此明色無自性，故言即色是空，不言即色是本性空也。此義為肇公所呵。肇公云，此乃悟色而不自色，未領色非色也。次支道林著《即色遊玄論》，明即色是空，故言《即色遊玄論》。此猶是不壞假名，而說實相，與安師本性空故無異也。」(吉藏：《中觀論疏卷二末》，〈因緣品第一〉，《大正藏》卷四二，29上)
11　羅振玉輯宸翰樓叢書五種本及八種本所收。
12　《大日本續藏經》第一輯第二編第一套第二冊所收。

失，現有序、書、讚、銘之殘篇，保留在《弘明集》、《廣弘明集》、《祐錄》、《世說新語》文學篇注[13]。

支道林思想之核心，包括談論本體性空的即色義、神明說和至人觀，今先論其即色義中「無」與「空」之關聯。

2.1.1 即色義的空觀：即色是空，色復異空

支遁著《即色遊玄論》、《妙觀章》、《道行指歸》闡發即色性空，和即色觀空的旨趣[14]。但諸論已佚，現存評說即色義的斷句殘章，夾雜了不少他人的論點，是否即為支公自己的看法，還有待商榷。《世說新語》文學篇注引述的《妙觀章》語句，可被視為記錄了支公即色義的原語，其言曰：

　　夫色之性也，不自有色。色不自有，雖色而空，故曰：色即為空，色復異空。（《世說新語》文學篇注）

慧達《肇論疏》卷上亦引《即色遊玄論》，曰：

　　支道琳法師即色論云：「吾以為即色是空，非色滅空，此斯言至矣。何者？夫色之性色，雖色而空，如知不自知，雖知恒寂也。」[15]

安澄《中觀疏記》轉述的《即色論》，與慧達疏的內容大同小異，云：

　　其制《即色論》云：「吾以為即色是空，非色滅空。斯言矣，何者？夫色之性，不自有色，色不自有，雖色而空。知不自知，

13　王曉毅先生著有〈支道林生平事蹟考〉（《中華佛學學報》第八期，1995年7月），搜集並整理了有關支氏全部生平事蹟資料，並對事件的時間、地點、人物、過程進行綜合考證，很有參考價值。
14　《廣弘明集》卷二十八王洽致林法師書云：「因廣異同之說，遂令空有之談，紛然大殊，後學遲疑莫知所擬。今道行指歸通敘色空，甚有清致，然未詳經文為有明旨耶。」（《大正藏》卷五二，323上）可知《道行指歸》敘色空之意，與《即色遊玄論》、《妙觀章》旨趣一致。
15　慧達：《肇論疏》卷上，《卍續藏》冊150，866上。

雖知恒寂。」[16]

綜合以上諸條，《即色論》與《妙觀章》同為申明「色即空」之著作，固已可知。若上引三條果為論中原語，其即色義的核心命題，可作如下概括：

(a) 夫色之性也，不自有色。色不自有，雖色而空，故曰：色即為空。

支公意謂：現象(色)是依因緣和合而後有，不能憑依自身而存在，所以雖有現象存在，現象卻都是不實在的(雖色而空)。換言之，現象受制於因果律，故是「空」。此點出「色之性空」。

(b) 即色是空，非色滅空

「即」是「就在」的意思。支公意謂：現象的體性自身便為空，不待吾人主觀地隔絕或斷滅外在的現象，方為空。此點出「即色空」。「即色宗」或「即色論」一詞，當來自「即色是空」一語之省略。

(c) 色復異空

此句語義不詳。照初步理解，支公說「色即為空」畢，下不接「空即為色」，而謂「色復異空」，此但使色即空，然色、空不相即，支公似乎有意將色、空分而觀之，突出色異於空的特殊性。相信就是這一點，最令支遁的般若思想招來物議。

支公既說即色是空，然而又偏說色復異空，究竟理據何在？揆其用意，似乎是想強調色與空尚有不對等之處。然則，支公究竟是否意在讓色空隔絕為二呢？在考察其他佛教學者的評述前，宜先探明支遁現存最重要的著作〈大小品對比要鈔序〉的思想。序曰：

夫無也者，豈能無哉？無不能自無，理亦不能為理。理不能為理，則理非理矣；無不能自無，則無非無矣。……若存無以求寂，希智以忘心，智不足以盡無，寂不足以冥神。何則？故有存

---

16 安澄《中論疏記》，《大正藏》卷六五，94上。

於所存，有無於所無。存乎存者，非其存也；希乎無者，非其無也。何則？徒知無之為無，莫知所以無；知存之為存，莫知所以存。希無以忘無，故非無之所無，寄存以忘存，故非存之所存。莫若無其所以無，忘其所以存。忘其所以存，則無存於所存，遺其所以無，則忘無於所無。忘無故妙存，妙存故盡無，盡無則忘玄，忘玄故無心。然後二迹無寄，無有冥盡。是以諸佛因般若之無始，明無物之自然；眾生之喪道，溺精神乎欲淵。悟群俗以妙道，漸積損以至無，設玄德以廣教，守谷神以存虛。齊眾首於玄同，還群靈乎本無。[17]

照魏晉佛學家的語言習慣，此處「無」應訓為「空」。〈要鈔序〉中雖未有提及「即色空」的字眼，但實際上，通篇卻表達了「即色觀空」的意旨。引文所示的內容，是闡述在般若的鑒照作用下，有無相冥的境界。照序文所言，在般若智照澈現前境況時，所有現象與本體、有與無、色與空等在認識過程中常被執取為實有的對立、分野，都隨主觀心智之運轉，冥除對待（「二迹無寄」）。一旦橫亙於主觀精神中的有、無對待被泯沒，真正虛通寂滅的空境，便會無遮無蔽地呈現出來。照此而見，支公描述的般若觀照活動，頗類似郭象的「遺彼忘我，冥於群異」，以「忘」、「冥」為用。不過，郭象的玄冥是使物我、物物保存其獨特性，主體不執任何一方為絕對，如是可各不相待，各不相妨，而能各安其分、各各自化。至於支公援用郭子玄「忘」、「冥」等述語，是意在說明即色觀空、即空觀色的智心妙用，能直下遣除空、有的隔閡，因此，支遁與郭象「忘」、「冥」的形態雖然相若，但發動的徵向是相異的，其歸趣也是有別的。

故知〈大小品對比要鈔序〉並非主要從存有論的角度，論証空與色相即不二的關係，但此序明言，般若智的運作，是通過

---

17 《出三藏記集》卷八，頁298-299，中華書局。

「存」(色)體認「無」(空)，又通過「無」來體認「存」的，所以在主觀的智照作用中，空、色的對列將被徹底蕩除，並在性空實相中獲得統一。分析序中所論，此意體現在「忘無故妙存，妙存故盡無」一語中。所謂「忘無」，是不需執著於一個現象以外的「無相」為「無」之本體，因為「徒知無之為無，莫知所以無」——此即謂，假如以「無」是實有的「無」，便沒法契會「無」之所以為「無」的根據(「所以無」)，其實是「當體即無」(當體即空)，反而在「無」之上迂曲地賦予一個實體，徒添執「無」為實的歧想與魔障，將令一心與「無」的妙境，更加無法相應。因此之故，吾人欲體認真實不虛的「無」，便應該「無其所以無」——將利用理性思慮得來的一切關於「無」之虛妄概念，譬如「無」的實相、抽象觀念、客觀根據、表現形態等，統統捐棄，方可冥「無」之相而體達「無」之究極境。其次，「知無之為無」固然不可取，但寄托於存(色)以「忘存」(「寄存以忘存」)——希望藉分析現象存在的根據(「所以存」)，期求與「無」一體俱化，也無異於緣木求魚。支遁指出，欲「忘存」，須先要「忘其所以存」——摒棄用理智思惟萬物存有的所以然，這樣，在第一步來說，至少容許主觀精神擺脫虛妄分別的羈絆，去除尋求「忘存」的造作相。

支公繼續指出，吾人在「無其所以無，忘其所以存」後，並非陷於斷滅的頑空，而是神妙感應，化度眾生。當思維計慮中的「所以無」、「所以存」概念被取消後，「無」即不囿限為「無」，「存」也不復囿限為「存」，而且，在般若的觀空作用中，「無」、「存」還可以互為表裡，換言之，體道者乃可即「無」求「存」(即空觀色：通過現象之當體性空來體認現象之假有)、即「存」求「無」(即色觀空：通過現象之假有來體認當體空)，馴至「二迹無寄，無有冥盡」的妙境，此正是「忘無故妙存，妙存故盡無」一語之深意。綜上所述，在般若智照的涵蓋下，支公所言之色空是一體不二的，蓋般若既可即空觀色，復可即色觀空，在這個意義下，空與色自然不是互

相隔絕，而是在智悟境中呈現為圓融無礙的。

除撰作經序外，支遁也善以詩歌闡釋佛理。當中有部分亦彰示了即色空、色空不二的要旨，以下是其中數例：

能仁暢玄句，即色自然空，空有交映迹，冥知無照功。（〈善思菩薩讚〉，《廣弘明集》卷一五）

棲神不二境。[18]（〈不眴菩薩讚〉，《廣弘明集》卷一五）

以上明確地闡發了「即色自然空」、「空有不二」之意。

亹亹玄心運，寥寥音氣清，龐二標起分，妙一寄無生。[19]（〈不二入菩薩讚法作菩薩讚〉，《廣弘明集》卷一五）

閒首齊吾我，造理因兩虛，兩虛似得妙，同象反入粗。何以絕塵迹？忘一歸本無。空同何所貴，所貴乃恬愉。[20]（〈閒首菩薩讚〉，《廣弘明集》卷一五）

所謂「妙一」，指有無的結合，「龐二」是有無的分離，與「妙一」相對。

「兩虛」是有無雙遣。從這些詩句看來，支道林是試圖從有無雙遣、即有即無的角度，去掌握般若性空的原理的[21]。這樣看來，支公並無將色空割裂，以色從空的意向。

現在試看後世學者對支遁即色義的評斷。僧肇在〈不真空論〉評說即色義曰：

即色者，明色不自色，故雖色而非色也。夫言色者，但當色即色，豈待色色而後為色哉？此直語色不自色，未領色之非色也。[22]（僧肇：〈不真空論〉）

18 以上均引自《中國佛教思想資料選編》第一卷，頁69-70，石峻等編，中華書局。
19 《大正藏》卷五二，197中。
20 《中國佛教思想資料選編》第一卷，頁69，中華書局。
21 任繼愈主編：《中國佛教史・第二卷》，頁244，中國社會科學出版社，1985年11月。

　　僧肇的話應分成三部分理解。首先，「即色者，明色不自色，故雖色而非色也」一句，覆述了《妙觀章》與《即色論》言「夫色之性也，不自有色。色不自有，雖色而空」的宏旨。次句「夫言色者，但當色即色，豈待色色而後為色哉？」，元康疏云：「此猶是林法師語意也」[23]然觀其行文語調，吾人似應如文才《肇論新疏》、德清《肇論略疏》般，將次句看成肇公的破辭，方為合理[24]。至於第三句：「此直語色不自色，未領色之非色也。」是僧肇對即色義之總結性批判。

　　略言之，僧肇批評支遁即色論之理據，惟在「夫言色者，但當色即色，豈待色色而後為色哉？此直語色不自色，未領色之非色也。」一語中。僧肇的批判到底有何所指？前引《妙觀章》中有「色即為空，色復異空」之說，這樣看來，支遁似有割裂色空的嫌疑，但從〈大小品對比要鈔序〉的論述，卻又反証了支公是抱持色空不二的觀點的。另外，安澄疏記引《即色論》，謂「吾以為即色是空，非色滅空。」而支公的信徒郗超，對支遁極為讚譽，其著《奉法要》云：「豈滅有而後無，階損以至盡哉？」[25]（《弘明集》卷十三），與支公「非色滅空」的論調甚相吻合。要之，支公之「非色滅空」，與僧肇在《注維摩經》「色即是空，不待色滅然後為空。是以見色異於空者，則二於法相也。」[26]的論點一樣，都是反對「拆法明空」的小乘教法[27]，否定以分解現象的方式闡釋空。故此，截斷色空、析法求空，都不該是僧肇呵責支遁即色義的地方[28]。

22　《大正藏》卷四五，152上。
23　元康：《肇論疏》卷上：「第二破晉朝支道林即色遊玄義也。今尋林法師即色論，無有此語。然林法師集，別有妙觀章云，夫色之性也，不自有色。色不自色，雖色而空。今之所引，正此引文也。夫言色者，但當色即色，豈待色色而後為色哉者，此猶是林法師語意也。」（《大正藏》卷四五，171下）
24　橫超慧日：〈魏晉時代の般若思想—僧肇の不真空論に見える三家異說を中心として—〉，《福井博士頌壽紀念東洋思想論集》，頁134，1960年。
25　《大正藏》卷五二，89上。

對於僧肇所言「夫言色者，但當色即色，豈待色色而後為色哉？此直語色不自色，未領色之非色也」，元康《肇論疏》是這樣理解的：

> 若當色自是色，可名有色。若待緣色成果色者，是則色非定色也。亦可云若待細色成麁色，是則色非定色也。此直悟色不自色，未領色之非色者，正破也。有本作悟，有本作語，皆得也。此林法師但知言色非自色，因緣而成，而不知色本是空，猶存假有也。[29]（《肇論疏》卷上）

元康認為，支遁之所以以現象是空，是從萬物因緣相生的角度進行思考的。因為萬物必須依賴形形色色的條件，才會經歷成住異滅的過程，所以這些緣色而形成和消滅的現象（「果色」、「麁色」），都是不實在的（「非定色」）。故知支遁的空觀，是從現象必須仗緣而生的形成過程，分析而得（《妙觀章》所謂「色不自有，雖色而空」），換言之，支公是在現象的發生上，觀察到萬物不能自己決定其存在（「色非自色」），所以萬物是不實在的，即謂之空。僧肇說「豈待色色而後為色哉」，指的就是支遁從緣色而成的角度（「色色」），剖析現象生成經過來詮解空的取向。如是，支遁之空，是止於分析現象的所以然而得出的，而非直就觀物之時，當下體認物之非實在性、虛幻性而悟得之自性空，這可謂是其空觀的不究竟處。另外尚有一點，在現實層次顯示出各式形態的色，與在實相層次是空的色，在體性上，應該如何通貫為一，是支遁還沒有認真觸及的課題[30]。支遁的空觀，說到底，只分析出現象

---

26 僧肇：《注維摩經》卷八，《大正藏》卷三八，398上。
27 吉藏《三論玄義》卷上：「一者小乘拆法明空，大乘本性空寂。」（《大正藏》卷四五，4上）
28 安澄《中論疏記》亦云：「然尋其意，同不真空，正以因緣之色，從緣而有，非自有故，即名為空，不待推尋破壞方空。」（《大正藏》卷六五，94上）但支遁的即色是空，是否同於僧肇的不真空，仍有疑問。
29 《大正藏》卷四五，171下。

從因緣生起，故有不可自決的性質，但面對現前的森羅萬象時，卻沒有從存有論的觀點出發，論究它們到底是有抑或無、是真實抑或虛假。針對這個問題，僧肇批評支公「此直語色不自色，未領色之非色也」，「非色」即色之本性空，也就是說他未曾真正諦解空的本義。元康則認為支道林「不知色本是空」，可見他對支公的批判，與肇公的詰難基本上是一樣的，所不同者，由於支遁沒有表明色的本體是空，元康遂懷疑支公沒有完全抹煞現象的實在性，是「猶存假有也」，而僧肇則不作此指摘。

　　對於僧肇評論即色義的內容，元康疏雖有自己發明之處，但與肇公的要旨，卻沒有很大出入，惟「猶存假有」的評語，是否公允愜當，又其能否代表支公「色復異空」的本意，仍有待深究。不過慧達在談到支遁學說中色的存在(有)問題時，與元康的立場便有著明顯的分歧：

　　彼明一切諸法，無有自性，所以故空。不無空，此不自之色，可以為有，只已色不自，所以空為真耳。[31]

　　慧達不但沒有非難支遁的即色義，反而認為他從「色不自」，能夠合理地推導出「無自性空」的概念。另外在對待色的存在論問題上，慧達不認為支遁是現象的實在論者，他說：「不無空，此不自之色，可以為有」，這表示在「空為真」的前提下，依附條件假合存在的現象，雖然不是永恒不變的真實存在，但仍可承認幻變無常的事物，是擁有外在的表象的(「可以為有」)。在慧達看來，支遁只是基於認同事物表象存在的觀點，因而才沒有執意破壞色相之假有。

　　依上文所見，對於即色義中「色」的本質為何，元康與慧達可謂各執一詞。不過，縱使支公在〈大小品對比要鈔序〉嘗言「夫物之

30　註24橫超慧日論文，頁134。
31　慧達：《肇論疏》卷上，《卍續藏》冊150，頁866上。

資生，靡不有宗，事之所由，莫不有本。宗之與本，萬理之源矣」無論如何，但憑序中遣除有無對待、即空觀色、即色觀空的陳意來看，單單依據「宗」、「本」等玄學式用語，並不足以判定支公具有本體、存在根源（如元氣、陰陽說）或現象實在論的傾向[32]。首先，正如前文分析，序中言色空雙運的觀空方式，既不取有，亦不取無，已推翻了支遁贊同任何類型的實在論的可能傾向。其次，推尋原語，此句的「宗」、「本」，乃承接上文，指聖教的宗緒和本旨（「若苟任胸懷之所得，背聖教之本旨，徒常於新聲，苟競於異常。異常未足以徵本，新聲不可以經宗，而遺異常之為談，而莫知傷本之為至。傷本則失統，失統則理滯，理滯則或殆」），馴至引伸為事物之道理所由，而與實存不變的本體或根源性存在，根本沒有干係。

　　照目前的分析，支遁即色論的要義大致可總括為幾點：一、在主觀的體道境中，即色觀空，即空觀色；二、從現象的成住壞滅流程上析論萬物不能自生自有，故具有空的性質，但還未領略到空即是色，也未嘗直言色的本體是空；三、支公僅從主觀認識論的一邊，講色空一體不二，而在客觀真理論一面論證萬物的存在狀態時，他只言即色是空，但色空之間卻不存在著往復互証，一體不二的關係，足見支遁般若哲學的漏洞，是未能在本體論上建構色空一體的全面性表述，即所謂「色即是空，空即是色」此命題[33]。究其原因，可能是支遁猶受到郭象崇有思想的薰陶之故[34]。郭象講獨化於玄冥之境、自生、各據性分等義，莫不即就群有自

32　有學者舉出《大小品對比要鈔序》中「夫物之資生，靡不有宗，……」一句，認為這顯示萬物之後還有一個更為根本之物的存在。參閱彭自強：《佛教與儒道的衝突與融合——以漢魏兩晉時期為中心》，頁125，巴蜀書社，2000年8月；伊藤隆壽、奧野光賢：〈般若中觀思想の受容と變容〉，《仏教の東漸：東アジアの仏教思想Ⅰ》，頁91，春秋社，1997年。

33　任繼愈主編《中國佛教史》，頁245。

生自爾的狀態以明之，其心思是放在當前的現象之流上，偏重萬物自然其然地呈現的性分。支遁因受郭子玄之學影響，故其般若思想，也重在由現象的生滅流轉，作為義解空理的入手處，因此他闡述即色是空，亦以事物不自有的現實情狀為理解空義的起點，而未及直接徹入現象的自體空性。然而在主觀的體認工夫中，色空的差別和對立卻可被冥知化除，達於「棲神不二境」（《不眴菩薩讚》），這在理境的形態上，仿如郭象的「物我相冥」，玄同為一，在智照之用中消解萬物之殊異性，讓物我皆得以同化於玄冥的智悟之境。

2.1.2　支遁的空觀與本無及崇有

　　入東晉後，般若思想代替了有無之辨，成為談玄理者最關注的課題。當時的僧侶承接江左以前的玄風遺緒，再融會佛家精義，往往有卓然標新理於眾家之表的獨創之見[35]。以下試將討論的焦點，集中在支遁空觀與玄學崇有、貴無思想的關係，藉以檢視支公般若學對玄學理論的承傳與回應。

　　從現今流傳的支遁作品可見，他完全蹈襲了玄學家的寫作風格。在其著作中，「玄同」、「理」、「道」、「齊物」、「仁義」等道、儒用語，固然不勝枚舉，而永嘉時期的顯學——向、郭的術語，更如過江之鯽，多不勝數。緣此可知他受玄風薰習之深，尤其是

34　支遁與郭象的理論形態十分相似，學者多有論及。如蜂屋邦夫：《中国的思考—儒教・仏教・老荘的世界—》，頁237-293，講談社，2001年；湯用彤：〈崇有之學與向郭學說〉，《魏晉玄學論稿》，頁192-193，上海古籍出版社，2001年；許抗生：《魏晉思想史》，頁274，桂冠圖書，1995年。

35　劉勰《文心雕龍・論說》概括了魏晉學術的更替。入正始後，有無思想接連代興，其言云：「魏之初霸，術兼名法，傅嘏王粲，校練名理。迄至正始，務欲守文，何晏之徒，始盛玄論，於是聃周當路，與尼父爭塗矣。……然滯有者全繫於形用，貴無者專多於寂寥。徒銳偏解，莫詣正理。動極神源，其般若之絕境乎。建江左群談，惟玄是務，雖有日新，而多抽前緒矣。」

向、郭之學對其思想的潛移默化，更不俟言。

　　世知支遁與向秀 (227?-280?)、郭象 (253-312) 一樣，同以闡發莊子思想著稱，而其學也頗挹向、郭的流風，因此孫綽《道賢論》將支公媲美向秀[36]，絕非無因。支道林生活於西晉末年至東晉時期，當時玄學的潮流，是調和何王貴無派與郭象崇有派的思想，比如張湛 (生活於東晉朝，生卒年不詳) 的《列子注》，講何王派的「有之為有，恃無以生，言生必由無」(《列子 • 天瑞注》)，但又仿效郭象，說「形聲色味，皆忽爾而生，不能自生者也」(同上)，就是代表這時期玄學主流思想的著作。支遁的般若思想，在某程度上，也是承此揉合有、無時風的產物，但不同的是，支遁既不像張湛那種強行調和有無的生硬作風[37]，也偏離了當時以貴無論作主導，去融合崇有論的主流趨向。簡言之，支公是巧妙地借取郭象「無有更無無」[38]的雙遣觀，作為調和有無二者的進路。他將此雙遣觀應用於空觀裡，構成了即有見無 (也即郭象之「無有」)、無其所以無 (見於〈要鈔序〉) (也即郭象之「無無」)，這種略帶玄學崇有論意味的即色空義。

　　支遁講即色是空，與郭象哲學的共通點，首先表現在兩人同樣否定貴無派以「無」為體的主張。如前所述，對待天地間的千差萬別的現象，支遁的眼光總是先停駐在事物的生成過程，而非現

36　《高僧傳 • 支遁傳》記：「孫綽道賢論以遁方向子期。論云，支遁向秀雅尚莊老，二子異時風好玄同矣」。(《高僧傳》卷四，頁159-164，中華書局)

37　表面上，張湛是揉合崇有與貴無兩派，實質上，他只擷取了郭象說萬物「皆忽爾而生，不能自生者也」的陳述，然後融入貴無派「無生有」的主張之內，將郭象的「自然生」，等同天地萬物的「本同於無」(《列子 • 天瑞注》：「忽爾而自生，而不知其所以生；不知其所以生，生則本同於無。本同於無，而非無也。以明有形之自形，無形以相形也。天地無所從生，而自然生。」)這樣，張湛實質上是犧牲了郭象「無待而獨化」的自生哲學，回到貴無論的基調上去。見許抗生著《魏晉思想史》，頁211-212。

38　此辭出自唐君毅先生的《中國哲學原論 • 原道篇卷二》，頁382，台灣學生書局，1993年。

象背後的本體。在這一點上，郭象亦無異於支公，觀事物之生成變化，唯是自生自爾，而不在現象之外，企慕一個本體意義的「無」。在〈齊物論注〉裡，他直言貴無理論的缺點，是在於「無中生有」，其言曰：

> 無既無矣，則不能生有；有之未生，又不能為生。然則生生者誰哉？塊然而自生耳。……則我自然矣。自己而然，則謂之天然。天然耳，非為也，故以天言之，所以明其自然也。（《齊物論》注）

王弼《老子指略》云：「夫物之所以生，功之所以成，必生乎無形。」《老子注》一章又說：「凡有皆使於無，故未形無名之時，則為萬物之始。」這些文字，皆表達了貴無派推崇「無」為一切事物的本源，認為由「無」生出一切「有」的思想。對此，郭象從邏輯上提出駁斥，他主張，「無」既然什麼都沒有，又如何能生出「有」呢？由此他破斥了作為根源存在的、絕對意義的「無」。至於「有」之為有，必須憑依他物而生，然而作為第一因的「無」既不存在，則「有」便不可被無端地生出來。如是，欠缺了前因的「有」，既不能被憑空地生出，則「有」亦不能為「有」(存在)。假如說，不能為「有」(存在)的「有」，亦可生出別的「有」，則亦不過是無稽之談而已。所以若以「有生有」來解釋事物的起源，同樣也不合理。照上所見，在郭象的玄學體系裡，他不但否定「無」，也同時否認「有」，也就是說，他是同時取消作為實體的「無」與「有」的，這亦即前文所指，郭象「無有更無無」的雙遣觀。

「無」既不可生「有」，「有」也不可生「有」，此外，事物亦不生於「道」、「自然」等形上實體、或「自己」等實在之物[39]，故《知北游》注謂，物物不過是自爾而已：

> 不際者，雖有物物之名，直明物之自物耳。物物者竟無物

---

[39] 《大宗師》注：「然則凡得之者，外不資於道，內不由乎己，掘然自得而獨化也。」

也，際其安在乎？……既明物物者無物，又明物之不能自物，則為之者誰乎哉？皆忽然而自爾耳。

不際者，謂物物之間不存在著相資的關係，不但物不能生物（「物物者無物」），物亦不能自己生出自己（「物之不能自物」），故在郭象而言，宇宙間的所有事物，都是在偶然中自生自滅、自成其現前的狀態的（「忽然而自爾」）。不過所謂偶然者，卻又不等於事物完全脫離因果網絡。《秋水注》說：

夫天下莫不相與為彼我，而彼我皆欲自為，斯東西之相反也。然彼我相與為脣齒，脣齒者未嘗相為，而脣亡則齒寒。故彼之自為，濟我之功弘矣。斯相反而不可相無者也。

事物彼此相因相待，猶如脣齒互相依存一樣。一方面，脣與齒均是獨化自為的，脣不為齒而存在，齒亦不為脣而存在，故在表面看來，兩者似乎互不相干，但另一方面，它們雖沒有刻意製造彼此之間的關聯（「相為」），卻又有著脣亡則齒寒的相依關係。質言之，這是一種無待的相待，無聯繫的聯繫，即獨化而又相因的關係。郭象的意思是：若一物能獨化自為，它才可兼使他物的性分（個物依其性質，所應盡的定然之理），得以保存。反之，若一物連獨化自為亦做不到，則他物的獨化自為，亦必然受到牽連與干擾，這就如脣雖不主動侵害齒，但脣若先亡，則齒亦必遭其害，此即為獨化相因——事物雖不相為，卻彼此依存之義。在郭象略帶神祕主義色彩的筆觸下，獨化相因說所欲強調的，是物物的無待獨化，各據性分，乃可自然而然地成就宇宙整體的和諧，此中要義，並非如佛家般，使人領悟因果的規律，馴至體達存在的真相，而在於提出，假如物物各明其性分，則天下萬物自然趨於諧協之理。蓋依郭象看來，若性分淪喪，必然綱紀崩壞，秩序紊亂，此時徒藉因果規律，以謀求解決之道，實亦無濟於事，反而忘此因果相待的關係，回到個別事物的本然之理上去，使物物各守性分，則在萬物的獨化自為中，反而能撥亂反正，重建和諧

協調的整體秩序。

　　郭象的思想體系甚為豐富，在此不能全面縷述，今只取其與支遁即色義相關之處，加以考察。

　　循上所論注莊之旨，郭象並非鼓吹絕對論的學者。他從宇宙論的角度出發，據其自然主義世界觀，著眼於眾物在生滅之流中，自然呈現出來的差別性與個體性，同時取消了任何凌駕於現象之上的第一因、形上實體，或存有根據，使宇宙總體，散落為各各分殊的、自生自理的群有，而向來有統攝總體意義的天地，卻只淪為綜攬萬物的虛名[40]。此即表示，在郭象眼中，天地相等如萬物的總和，除此之外，別無多於現象萬有的總和以外的、一個主宰事物生成流轉的超越性實有。就此所見，或許可以說，郭象解消絕對實有的哲學主張，與其說是出於抨擊貴無派理論的結果，倒不如說，是因其專注群物在現實上的分殊性的理論取態使然。

　　考察郭象與支遁思想的共通處，第一點，是前文所述的，兩人均破除本體意義的「無」與「有」。郭象由物之獨化自為，切斷「有」、「無」等物之所以然的先在原因或本體，而達致雙邊破除「有」、「無」。至於支遁，則由物之不可自生，推論物雖「有」而實「無」，然亦不是真「無」，猶存「有」的外殼 (此如南齊周顒提出的「不空假名宗」[41])，藉此雙邊破除「有」、「無」。郭象的雙遣形式，表現為「無有亦無無」，而支遁的般若學，則是非有非無的「空」。

---

40 《齊物論》注：「天也者，萬物之總名也。」《天地》注：「天地者，萬物之總名也。」

41 周顒(?-485?)，汝南安城人。《南齊書》本傳中，稱他「汎涉百家，長於佛理。著《三宗論》，立空假名，立不空假名。設不空假名，難空假名；設空假名，難不空假名。假名空難二宗，又立假名空。」《三宗論》的第一宗「不空假名」，即支遁義：「不空假名者，但無實性，有假，世諦不可全無，為鼠嘍栗。」(《大乘玄論》卷一) 鼠嘍栗，栗肉盡，但仍存「有」的外殼，狀表即色義不完全廢棄世諦。

　　第二個共通處，是兩人同樣藉開顯經驗界事物的存在形態，展現其世界觀和境界論。郭象之學，恒著眼於經驗之流，此前已言及。至於其境界論，提出乘現象萬物的「獨化」，與物俱遊，消除彼我之殊異，則亦與其立足於現象的自然主義世界觀，一脈相通。這就跟貴無派恒言歸根、復命、返本，使人回到「無」的虛靜本體，並以「無」為用，務令群物復歸極篤的體道進路，始終將形上、形下裂為兩層，截然不同⁴²。至於支遁由色不自色以明空，乃從現象的因緣和合，見色之不能自決以說空，其論調之所由，固亦是注目於現象分析的結果。

　　依上文分析，支遁著作裡雖然不乏「本無」等術語⁴³，但支公所資取的玄學思維方式，和他的問題意識導向，主要是來自西晉永嘉年間 (307-313) 向、郭崇有派的要義。支遁即色觀講非有非無，並歸結為即色之表象以明空的論理通路，不論在消融形上實體，抑或從現象分析的角度，考究事物存在狀態是不自有的入路方面，都鐫刻著郭象玄學思想的印記。湯用彤先生曾表示，郭象思想在當日狂放愈甚、輕忽人事的貴無風潮中，儼然此洪流的反動⁴⁴。無獨有偶，在東晉的般若學流派中，支遁即色義也是罕有地不大談本無，也非通過全盤否認經驗世界以詮解空的學說。在東晉初年，談佛理未離崇無的風氣下，支遁亦如郭象一樣，是佛學研究的圈子裡，抗衡玄學本無餘緒的中流砥柱，從此事亦可窺知，郭象與支道林的哲學性格，確有暗合符節之處。

　　儘管支遁沿習了郭象哲學的一些論理進路，但在兩人的理論

42　王弼《老子注》十六章：「以虛靜觀其反復。凡有起於虛，動起於靜，故萬物雖並動作，卒復歸於虛靜，是物之極篤也。」

43　〈大小品對比要鈔序〉：「夫般若波羅蜜者，……明諸佛之始有，盡群靈之本無，登十住之妙階，趣無生之徑路。何者？賴其至無，故能為用。」(《出三藏記集》卷八，頁298-299，中華書局)

44　《魏晉玄學論稿書》，頁174。

裡，存在著一些無法疏通的本質性歧異，此等差異，正為玄、佛不同宗趣之反映。

支、郭都不是絕對論者，但在對待因果律一事上，支遁的即色義，卻似乎隱含著因果實在論的傾向，為此，僧肇才會批評他仍然停留在分析緣起法則的層次，來論証事物是空的道理。與此相反，郭象的玄學根本上是邁向對因果律的超越的。他從分析經驗事物的成因，得出的結論是，萬事萬物皆獨化而相因，但其理論的重點在於成就獨化，而不在透析因果鏈的規律，以及當中含有的對生命的啟發性意義。蓋郭象談相因的原意，唯使人忘因果，安然順從物我的自然性分，以主觀的自足自得，撫平物我由因果對待生出的壓迫感、消解因果加諸物我身上的負累，以體得精神上的逍遙自適。順郭象相因說發揮的解脫觀，只是止於渾忘經驗事物中的因果，以凌虛地獲得忘因果之曠然無滯，故實際上，郭學的境界論只得經驗界一層，而無超越經驗以上的一層。若套用佛教的用語表達，郭象之學，是將真俗兩層，化歸真俗不二一層[45]。然而，支遁的〈文殊像讚並序〉中，卻明言有一經驗以上的「真宰」存在，所謂「雖真宰不存於形，而靈位有主；雖幽司不以情求，而感至斯應」[46]，此處的「真宰」，應指體悟至理所得之般若境。由是觀之，支遁之即色義，是欲使人通過經驗事物的因緣相生，體得色即是空的正理，由俗入真，達至感應無方的超驗境界，所以，在支公的哲學體系裡，猶清晰分明地保留了真諦和俗諦兩個層次。反之，郭象則未肯定此「真宰」之有無[47]，窺其用意，乃係明萬事萬物之自然自爾。如從哲學的宗趣而言，郭象與

45　唐君毅：《中國哲學原論・原道篇二》，頁381。依唐先生意，莊子猶有工夫次第可說，近似漸教，而郭象似最高一層的頓教，近乎真俗不二的圓教。

46　《廣清涼傳》卷下，《大正藏》卷五一，頁1125。

47　〈齊物論注〉：「萬物萬情，趣舍不同，有若真宰使之然也。起索真宰之朕迹，而亦終不得，則明物物皆自然，無使物然也。

支遁對真宰的差異立場絕非微殊，乃是迥別。蓋前者的旨趣，在於窮究天人之際[48]，以達物我之相冥渾化，而非標舉自現實世界的人事，向上超脫。究其實，此亦一切玄學家論學的本懷。至於後者的旨趣，則在証悟諦理，去除個我生身之貪愛，自生死流轉的輪迴中解脫出來，故支法師的懷抱，雖不泯滅經驗，然恒對向自經驗事物之超脫。就其與郭象哲學在宗趣上之判然歧異看，支遁哲學中的玄學特徵，並不足以淹沒它本諸佛家義理的立論精神；或者更可反過來說，支公的學問，其實是披上玄學外衣的般若學體系，是玄學的理論模型，被注入佛學內涵的變奏。

2.1.3　支遁空觀呈現的格義特徵

　　在談論玄佛之間廣義的格義現象時，「玄佛合流」常常成為一個中心課題，而且往往暗示了一些格義佛教的特徵：玄學化的佛教等於玄學、玄學單方面影響般若學、玄學和般若學失去各自的特點而融合為一[49]。簡言之，都是把玄佛合流簡單地理解為玄學主動影響佛學，或者是以玄解佛、站在玄學的立場建立般若學的理論基礎。但是，在檢視過支遁的即色義後，吾人對於以玄解佛的論點，當產生一個新的看法。固然即色義中討論到的無與有、因果等問題，都是沿襲玄學早已設定的議題，並且套用了玄學家的思考途徑，向佛教叩問答案。不過有一點很清楚，即支公的用意，是希望對於這些論題，給予般若學角度的解答。其中一個明顯的例子就是，支遁、郭象雙方對現象的本質持有迥然不同的立場。支遁雖承認色的形相是存在的，但照前文的析論，卻未肯定色的實在性，而郭象卻肯認經驗界事物的性分，故知支公的立

48　這可概括為「天人之際」的問題，事實上也是魏晉知識分子所矚目的課題。劉貴傑：《支道林思想之研究──魏晉時代玄學與佛學之交融》，頁27。
49　洪修平：《中國佛教與儒道思想》，頁19，宗教文化出版社，2004年。

場，明顯建築在拒拆經驗實在論的般若學空義上，相反，郭象的
哲學雖然排斥了本體等概念，卻仍然多少殘留著肯定經驗事物的
實有形態意味[50]。從支遁學展現的格義狀況，並不能推導出早期
般若學只是被動地接受玄學的影響，完全無法辨識玄佛之別，這
是吾人尤須注意的。

2.2 支愍度、法蘊、道恒的心無義

心無義是七宗的第六宗，在兩晉之間南方頗為風行。陳寅恪
先生〈支愍度學說考〉有極為翔實的論述。今基於〈支〉文部分考證
成果，就心無義的思想源頭、義理內容、和格義特徵，作一番審
視。

2.2.1 心無義內容分析

心無義由支愍度(又作愍度、敏度)初唱，法蘊、道恒踵繼其
學[51]。支愍度是晉惠帝(291-306)時沙門(《祐錄》卷二)，東晉成帝
(326-342)世與康僧淵、康法暢俱渡江[52](《世說新語‧假譎篇》、
《高僧傳》康僧淵傳)。竺法蘊是釋法琛(286-374)弟子(安澄《中論
疏記》三引《二諦搜玄論》)，「悟解入玄，尤善《放光般若》」[53](《高僧
傳》竺法潛傳)。道恒約於穆帝永和十一年(355)前後與慧遠論辯心
無義(事見《高僧傳》竺法汰傳)。據傳支愍度在過江後始立心無
義，此後其學在江東一帶流傳不衰，直至被慧遠駁難而次第止息
(說見法汰本傳)，故東晉初年至中葉，是心無義最隆盛的時期。

心無義的學者似乎都從事般若經的研究。上文提及，按法潛

50　劉貴傑：《支道林思想之研究——魏晉時代玄學與佛學之交融》，頁58。
51　鎌田茂雄：《中國佛教史第二卷》，頁170-171。
52　陳寅恪先生推斷，愍度等三人之過江，至遲應在成帝初年咸和之世(326-
　　334)。
53　《高僧傳》卷四，頁157，中華書局。

本傳所記，法蘊精通《放光般若》。至於與支愍度一同過江的康僧淵，誦讀《放光》、《道行》二般若經，又講說《持心梵天經》，兩人既為志同道合的友儕，可以推斷，支愍度亦是一名般若學者。《祐錄》卷二記愍度合《維摩詰經》五卷及《首楞嚴》經八卷[54]，今錄中猶存他替兩合本撰述的序和記。《維摩經》立足於般若空思想，宣揚大乘菩薩入不二法門的實踐道路；《首楞嚴三昧》講大乘禪觀，論菩薩應治心猶如虛空，鑑照現在眾生之諸心、分別眾生諸根之利鈍、決定了知眾生之因果。據此可見，愍度之論學，常穿梭於般若性空，與大乘禪觀的旨趣之間。至於道恒的生平事跡已不可詳考。依《高僧傳》道祖傳記述，道恒似是慧遠的弟子[55]，然而此說猶存疑義，蓋果如是，他便不可能持心無義與慧遠對決。不過，由於史料闕遺，究竟道祖傳和法汰傳的道恒是否同一人，已不得而知[56]。

　　心無義似乎是當時甚具影響力的學派，故此僧肇才會在眾多的般若學派別中，特意提揭出來，加以評論。關於心無義的主

---

54 《祐錄》對愍度法師集《首楞嚴》頗為存疑，云「其合《首楞嚴》，傳云，亦愍度所集。既闕注目，未詳信否。」然而自東漢末支讖翻譯《首楞嚴》二卷後，此經已數度被迻譯，包括魏時白延、孫權時支謙(支越/恭明)、西晉元康時的竺法護、竺叔蘭、東晉咸和年間的帛延與支施崙、以及姚秦時的羅什。以上譯者，除竺叔蘭是天竺人外，餘皆祖籍月支或龜茲，反映出大月氏國人特別崇敬《首楞嚴》的大乘教傳統(見拙著〈龜茲與西域的大乘佛教──從兩漢至鳩摩羅什時代〉，《中華佛學研究》第十期，頁71-104，中華佛學研究所，2006年3月)。史傳雖無錄載愍度身世，以其支姓，恐怕與大月氏不無關係。由是觀之，愍度極有可能曾輯錄此經合本。

55 《高僧傳》卷六，頁238，中華書局。

56 不過，即使道恒果是慧遠弟子，亦不排除他有執心無義的可能。考《祐錄》十二陸澄《法論目錄》第一帙，載桓敬道(桓玄)和劉遺民都有釋心無義的著述，可見兩人同是心無義學者，亦同樣與慧遠過從甚密。桓玄與慧遠屢通書簡(見《弘明集》)，而劉遺民遇慧遠後入廬山修行十五年(《廣弘明集》卷二七〈與隱士劉遺民等書〉)。以上可能反映了一個事實：心無義的理論基礎在當時尚未完全被推翻。在道恒被慧遠辯難後，學說一時影寂，其後心無義可能修正了不空色的說法，但仍繼續依附般若經旨和玄學神明論為理論基礎，發展心無之說，是以在東晉一代，此派始終流行不輟。

張，見於如下諸條：

僧肇〈不真空論〉：

心無者，無心於萬物，萬物未嘗無。此得在於神靜，失在於物虛。[57]

元康疏釋此節云：

心無者，破晉代支愍度心無義也。……無心萬物，萬物未嘗無者，謂經中言空者，但於物上不起執心，故言其空。然物是有，不曾無也。此得在於神靜，失在於物虛者，正破也。能於法上無執，故名為得，不知物性是空，故名為失也。[58]

安澄《中論疏記》對心無義的記述如下：

《山門玄義》第五云：第一，釋僧溫著《心無二諦論》云：「有，有形也。無，無象也。有形不可無，無象不可有。而經稱色無有，但內止其心，不空外色。」此壹公破，反明色有，故為俗諦；心無，故為真諦也。

《二諦搜玄論》云：晉法溫，為釋法琛法師之弟子也。其製《心無論》云：夫有，有形者也。無，無象者也。然則有象不可謂無，無形不可謂無(按，「無」疑當作「有」[59])。是故有實為有，色為真色。經所謂色為空者，但內止其心，不滯外色。外色不存餘情之內，非無而何？豈謂廓然無形，而為無色者乎？[60]

從這些材料可以看出，支愍度、竺法蘊所提倡的心無說，有很明確的立義，大體而言，是宣揚心不滯於外物，止滅色想（「但於物上不起執心」），就是經中所謂的空。依據他們的詮說，所謂空者，是斷除主觀心神對色之執取，而非空掉萬物。略言之，心

57 《大正藏》卷四五，152上。
58 《大正藏》卷四五，171中。
59 慧達《肇論疏》記：「竺法溫法師《心無論》云：……有象不可言無，無形不可言有。而經稱色無者，但內正(疑當作「止」)其心，不空外色。但內停其心，令不想外色，即色想廢矣。」(《卍續藏》冊150，866上)可資為証。
60 《大正藏》卷六五，94中。

無義是主張「空心不空色」，相對於當日般若學主要空掉物質世界、猶存心神的「空色不空心」之主流思想來說[61]，心無義可算是標新立異的流派，其中與本無派的立場，更是大相逕庭，呈對立之勢，難怪引來道安一系的法汰、慧遠、曇壹等人的群起攻難。但以上諸條，僅指愍度過江後宣講的心無說新義，以及法蘊的心無義主張。在此之前，原來還有迥異於前揭心無義的舊義。《世說新語‧假譎篇》前條注云：

舊義者曰：種智有是，而能圓照。然則萬累斯盡，謂之空無。常住不變，謂之妙有。而無義者曰：種智之體，豁如太虛。虛而能知，無而能應。居宗至極，其唯無乎。

據上引注文，舊義和新義的分歧主要在於論心體的有無。舊義說種智（般若智）是實在的妙有，常住不變，能圓照一切並盡累，即謂之空無。另外亦有所謂「無義」，反對心體實有，謂種智虛而能知，無而能應。照上文看來，似乎除了論心體的性質，存在有與無的分歧之外，二義都講種智虛照群物，陳義沒有甚麼分別。而依〈假譎篇注〉，亦未見心無說如各家的評述所針對般，不空外境，執色為有，故當時的心無義，是否已成為其他學者論難的對象，未可得知。事實上，在早期的般若學家中，部分亦持存神空色之旨[62]，若心無義果如〈假譎篇注〉的二義般，只鼓吹種智應物而虛，而未言境不空，當未至於與其他般若學派，勢不兩立。像道安〈人本欲生經序〉云「神變應會，則不疾而速」[63]（《祐錄》卷六），與後來的心無論者劉遺民（說見下文）所言的「夫聖心冥

61　僧叡〈毗摩羅詰提經義疏序〉云：「此土先出諸經，於識神性空，明言處少，存神之文，其處甚多。」（《祐錄卷八》）道出了羅什入關前，中土般若學家普遍不空識神的主流學風。

62　如支遁力主凝神，于法開言位登十地，道壹謂心神猶真，三者之空，皆不在心神。（參見湯用彤：《佛教史》上冊，頁277）。

63　《出三藏記集》卷六，頁249-250，中華書局。

寂，理極同無，不疾而疾，不徐而徐」(〈劉遺民書問〉)，頗有意趣
相投之處。另外僧肇〈不真空論〉，亦推許心無義「得在神靜」，故
在學者眼中，心無義非全無可取之處。而該派其後招來佛教學者
群起攻訐的禍端，可能在愍度過江後，大唱空心而不空境開始。

　　按竺法汰本傳所陳，持心無說的道恒，與法汰弟子曇壹往復
辯論，足足一整天，至日暮仍不肯受屈。道恒之所以未輕易屈折
於曇壹的機鋒下，除了是「仗其口辯」外，相信在其學說中，亦當
有據經引理，難被析駁之處。

　　陳寅恪先生在〈支愍度學說考〉一文中，舉出心無義依據之經
文，包括以下數條：

　　一、《放光般若波羅蜜經》二十卷(西晉無羅叉共竺叔蘭譯)之
假號品：「色空故，無所見。……痛想行識，則亦是空。」等說(原
文過長，茲不重錄)；

　　二、《道行般若波羅蜜經》十卷(後漢末支讖譯)：「何以故？
有心無心。舍利弗謂須菩提：云何有心無心？」(《道行品》)；

　　三、《持心梵天所問經》四卷(西晉竺法護譯)：「而無有心，
因慧名心心本清淨」(《問談品》)。

　　陳寅恪先生還特別指出，心無義可能是出於將上引第二條之
「有心無心」，誤讀成「有『心無』心」而來。然而尋夫原文的意旨，
一直強調心亦不有亦不無，亦不能得知[64]，意義甚為明白，故此
將文句錯讀成「有某種心」的可能性，似乎不大。而據前引〈假誦篇
注〉的心無說二義，俱主張種智寂而能照，顯示持心無義者，除唱
說「內止其心，不滯外色」之外，也推崇心的寂然能照之功。查心

---

64 「舍利弗謂須菩提：云何有心無心？須菩提言：心亦不有，亦不無，亦不能
　得，亦不能知處。舍利弗謂須菩提：何而心亦不有亦不無，亦不能得，亦不
　能知處者？如是亦不有亦不無，亦不有有心，亦不無無心。須菩提言：亦不
　有有心，亦不無無心。」(《摩訶般若波羅蜜道行品》第一，支婁迦讖譯，《大
　正藏》卷八，425下)

無義學者之一康僧淵偏加講說的《持心梵天所問經》(事見《高僧傳》卷四康僧淵本傳)，其《論寂品》中有以下一段說話，頗堪玩味：

　　所謂法者無為無形，所謂聖眾賢聖寂然也。……心無所念於一切法，斯則名曰賢聖寂然[65]。

　　如將以上引文，與法蘊的《心無論》(見安澄《中論疏記》引《二諦搜玄論》)對照，兩者的關係便判然瞭明。《論寂品》的「法者無為無形」，相當於法蘊的「色為空」、「外色不存」；「心無所念於一切法」，相當於法蘊的「但內止其心，不滯外色」。而「所謂法者無為無形，所謂聖眾賢聖寂然也」一句，略與〈假譎篇注〉的種智萬累斯盡，而能圓照，意義相仿。然則吾人或可推定，心無說據以立義之經文，從法護在太康七年(286)譯出的《持心梵天所問經》裡，可以找到一些端緒。

　　除此之外，漢譯的《持心經》和《般若經》，經常出現心是本淨

65　《大正藏》卷十五，19下。
66　《持心經》云：「心之本淨無能污處以無能污，是故名曰本末清淨。設不染污故曰本淨，是故解脫為解脫也。斯族姓子，清淨世界而普等入。彼時世尊為諸菩薩。而分別說聞斯三昧。心則趣法光明之耀。」(《大正藏》卷十五，21上)支謙譯《大明度經》上行品亦云：「是意非意，淨意光明。」(《大正藏》卷八，478中)但將這句與支讖譯本對勘，則發現讖譯本「云何有心無心」下，並無相當於「淨意光明」之語，如是可以推想，謙譯的胡文原本，可能是增廣般若經，「淨意光明」乃後加語。此句的梵文原語為tac cittam acittam prakṛtśi cittasya prabhāsvarṝ，以現代漢語翻譯，應作「心非心，心之本性光明」(按，acittam 同時有不可被確認、不可被認知、unnoticed , inconceivable, not an object of thought等意，這正與下文「亦不能得，亦不能知處」呼應) Prakṛti 是「本性」、「自性」義，原出自印度數論學派，指根本物質。支謙《大明度經》在222-253年間譯出，為貴霜王朝末年，印度本土哲學派系如數論等，開始醞釀復興運動之際。謙與天竺沙門康僧會、竺將炎(持炎、律炎)、維祇難等，在譯經事業上合作無間。難從天竺齎來《曇鉢經》(《法句經》)梵本二卷，炎與謙共譯出。當時天竺、罽賓已歸屬大月氏的勢力範圍(《魏書》卷三十記：「罽賓國、大夏國、高附國、天竺國皆並屬大月氏。」)，以此推論，支謙所譯諸經中，除《曇鉢》外，應有不少是從月氏國(包括印度)傳來的原本。因此，《大明度經》的胡本可能受當日印度哲學風習的感染，因而吸收了Praktri一語，亦不足為奇。

之說[66]，這可能也是心無義者主心體澄明遍照所依據之經文。查漢譯經典中「心」之原義，原不一定如心無義者般，標示主體的心靈、心性或心體之意。漢譯佛教的「心」，大概指「六識」，原涵有知覺、認知意味。例如《持心梵天所問經》的梵名為 viśe-ṣacintabrahma-paripṛcchā[67]，viśeṣacinta意謂「一種意」或「一種思考」。僧叡〈思益經序〉云：「會其名旨(按，即《持心梵天經》的名稱)，當是『持意』，非『思益』也。」[68](《祐錄》卷八) 叡公按其正解，也不將「持心」的「心」作心靈或心性觀，故佛經中的「持心」者，本來與主體的心性或心體，沒有關係。不過，中土佛學者卻偏好作這方面的聯想，因而據以發揮心無之說，亦屬可能之事。

　　按陸澄《法論目錄》所示，道恒被法汰等人攻難後，心無義之風雖稍戢，惟非完全銷聲匿跡，據說劉遺民(程之)和桓玄(敬道)就是該派在東晉後期的繼承者[69]。《肇論》的《劉遺民書問》有云：「聖心冥寂，理極同無，不疾而疾，不徐而徐。……故其運物成功化世之道，雖處有名之中，而遠與無名同。」這是劉遺民據心無義之旨，抉發心性本寂之理。而在同書中遺民向肇公請益的，主要是環繞心體的有無、和心體之性質等問題，例如他提出：「欲求聖心之異，為謂窮靈極數，妙盡冥符耶？為將心體自然，靈怕獨感耶？」照此內容而觀，心無義的義理依據，雖然最初是本於《持心經》及《般若經》的經文，但發展到後期，此派學者已由上述兩經主張的不執思慮，不惑取相之義，經過一番思路的轉折，進入對超越意義的心體本質之思考。此外，依劉遺民書及上引各項材料，心無義者看來也不是真的意圖空掉心神之功能，蓋不論〈假誦篇

67　據《佛書解說大辭典》，東京大東出版社。
68　《出三藏記集》卷八，頁308-309，中華書局。
69　說見註56。彭城劉遺民(程之)，晉孝武帝太元(376-396)中，遇釋慧遠，後入廬山十五年，專事修道 (《廣弘明集》卷二十七，慧遠《與隱士劉遺民》等書，《大正藏》卷五二，304上)。

注〉陳述的二種心無義，抑或遺民的書問，都講心的無思無為，有
作用而不顯形跡。〈假誦篇注〉所謂種智是有是無之辯，可能是繫
於心體是常住不變還是虛而能應之諍，但無論如何，二義均主心
神有豁然盡累之功能，此為無可疑義者。

　　在劉遺民的書簡中，已不見有色不空之說。可能當時的心無
義學者，在道恒之說被摧折後，已修正了不空境的論點，但仍繼
續附麗般若經和玄學的神明論，發展心無學說。是以在東晉末
年，此派仍可流行不輟。心無義在東晉還未被全盤廢止一事，亦
從側面說明了晉世的佛學家尚未能充分體察釋教的「神靜」，與道
家的「神靜」之細微區別。不過到了南齊的周顒，申言「然則老氏之
神地悠悠，自悠悠於有外；釋家之精和坐廢，每坐廢於色空。」[70]
(《重答張長史書》，《弘明集》卷六) ，已可辨識二教論「神靜」之迥
異處：道家在神靜中趨於心神之遊化物外，而佛家則在止滅顛倒
想，體證色空。

2.2.2　心無義與崇有論

　　表面看來，心無義倡色不空之實在論立場，似乎可以跟裴頠
(267-300) 的崇有思想遙遙相應[71]。然而實情是否如此？今摘錄裴
頠《崇有論》(《晉書》本傳引) 數語，試與心無義的理論，作一勘
照。

　　裴頠撰述《崇有論》的動機，是深患時俗放蕩，乃著論以釋其
弊 (《晉書》本傳) ，其立論之標的，是替「有」成立根據，以對治老
莊之「無」。在其論中，有數條直接論証「有為實有」，略如下陳：

　　　形象著分，有生之體也。化感錯綜，理迹之原也。

70　《大正藏》卷五二，40下。
71　至於本無義和即色義，則似乎可跟玄學中的貴無派和崇有獨化派對應。當
　　然，這祇是一種很粗淺的對應關係，還未仔細地進入思想內容的具體分析。

理之所體，所謂有也。

有之所須，所謂資也。

夫至無者，無以能生。故始生者，自生也。自生而必體有，則有遺而生虧矣。生以有為己分，則虛無是有之所謂遺者也。

故養既化之有，非無用之所能全也。理既有之眾，非無為之所能循也。心非事也，而制事必由於心，然不可以制事以非事，謂心為無也。

據裴頠之意，「理」是具體事物存在的理迹，「有」是具體事物之存有，及其所憑藉而有的根據，這兩個概念都不含有形而上的超越意義。至於他謂「有」既是有，則不能由「無」生，則是尅就「無」與「有」在邏輯上之互相矛盾，故論斷「無」不可以生「有」。所以裴頠的「無」只是一個邏輯概念的「非有」，與道家帶有超越形態的形上本體的「無」，並不處在同一層次上[72]。另外他又認為，因為事物必待「有」為其所以然，心既能處事，則一定是事之所以然，這樣由果溯因，則知心自然是有，不可為「無」。據此觀點，裴頠又反對「釋心體為無」的論調。

綜上而論，裴頠是一名素樸的現象實在論者，這跟心無義者素樸地主張「色不空」，可謂有不謀而合之處。所不同者，在裴頠的學說裡，現象實在性之證立，猶經過一些邏輯推理的步驟，反之，心無義者只從「心無」一點，推想「色不必為無」，然後得出「色不空」的結論，不但沒有正面確立「色不空」的邏輯前提，而且論理過程亦顯得疏漏百出。由論理進路之差別看，心無義的素樸實在論觀點，應是般若學者們逕行發揮佛教經義的結果，而不是擷取自裴頠的《崇有論》。

但另一方面，裴頠思想裡「以有為體，以無為用」的立場，卻

72　牟宗三：《才性與玄理》，頁368-369，學生書局，1997年8月。牟先生表示，裴頠「徒欲以物類存在之有而抵堵道家之無，是乃根本不相應者」(頁367)。

又與心無義頗有契合之處。《三國志‧魏志》卷二十三《裴潛傳》裴松之注記載，裴頠除著《崇有》外，原亦有《貴無》一論 (後者已佚)。這表示他雖然崇有，然而實際上並不放棄「心神以玄虛為用」的思想。而心無義的空觀，同裴頠既崇有，又強調精神「靜一」的觀點，是遙相呼應的，可謂白黑殊唱，異曲同功。

　　崇有論和心無義之間，展示了另一形態的格義佛教。心無義並無直接吸收崇有論的哲學命題和理論根據，但卻與裴頠「以有為體，以無為用」的造論本旨，不謀而合。兩者思想的交會處，是對體、用的認同上，這是玄學的體用理論模型，分別體現在玄理和佛理的典型例子。

2.3　本無義與道安的般若空觀

　　本無宗與本無異宗，分別屬於曇濟《六家七宗論》的第一家和第二家。湯用彤先生的《漢魏兩晉南北朝佛教史》，依唐人章疏，定法深、法汰為本無異宗，道安屬本無宗[73]。但在前人章疏裡，「本無」的代表人物究竟屬誰，存在著很大分歧[74]。梁陳以來，這個莫衷一是的情況，大概亦反映了晉世「本無」一辭，相當於般若實相學之別名[75]。也許由於當時附從本無名目的論者甚眾，彼此之間的陳義亦可能不乏相通之處，連時人亦很難一一峻別開來，故只好統統歸於本無義的名目下。

　　由於史料闕遺，目前已無法明確地推究出，現存疏記中哪些

73　《佛教史》上冊，頁241-241。又，法深，有本作琛，當誤 (頁251)。
74　慧達《肇論疏》認為僧肇所破的本無宗是道安，別列慧遠著〈本無義〉。元康《肇論疏》、文才《肇論新疏》謂是竺法汰。吉藏《中觀論疏》謂是琛法師。安澄《中論疏記》謂深法師(本無異)。關於六家七宗之說，曇濟〈六家七宗論〉分為本無、本無異，吉藏謂道安、琛法師是本無，安澄謂道安是本無、深法師是本無異。
75　湯用彤《佛教史》上冊，頁273-274。其實不只是本無義，有關其他各家的理論和代表人物，自梁陳以來即莫衷一是，充滿疑義。

本無義的理論內容，是由哪些論者提出。不過從《祐錄》道安的經序裡，至少提供了一些判分安公與其他本無論思想的線索。照現存材料所示，道安的本無說，與僧肇〈不真空論〉所破之內容、及疏記中部分沒有指明出自安公的本無說，在對般若空觀的理解上，是不盡相同的。譬如《祐錄》卷五《新集安公注經及雜經志錄》，載有道安作《答法汰難》二卷[76]，就是道安與法汰的思想，雖同屬本無義一系，猶存歧見的明證。

2.3.1 法深和法汰的本無義

「本無」是「如」(tathatā) 的古譯，在般若經中，用以指示諸法的實相。本無義的主旨，是關涉到事物存在憑藉之論議。竺法深之本無義分別見於吉藏《中觀論疏・因緣品》和安澄《中論疏記》卷三：

> 次琛法師云：本無者，未有色法先有於無，故從無出有；即無在有先，有在無後，故稱本無。此釋為肇公〈不真空論〉之所破，亦經論所未明也。[77]

> 《二諦搜玄論》十三宗中，本無異宗，其製論云：夫無者何也？豁然無形，而萬物由之而生者也，有雖可生，而無能生萬物。故佛答梵志，四大從空生也。《山門玄義》第五卷《二諦章下》云：復有竺法深，即云：諸法本無，豁然無形，為第一義諦；所生萬物，名為世諦。故佛答梵志，四大從空而生。[78]

合以上兩段引文而觀，法深之學就是本無異宗，其說兼收漢代氣化的宇宙論和王弼老學的餘韻，從宇宙生成論的角度，闡說由無(空)生有，無在有先。照其所論，本無是諸法的元始，為第

---

76 《出三藏記集》卷五，頁228，中華書局。
77 《大正藏》卷四二，29上。
78 《大正藏》卷六五，93中。

一義諦，所生萬物是為世諦。吉藏認為，〈不真空論〉批評本無宗的一段：「本無者，情尚於無，多觸言以賓無。故非有，有即無；非無，無即無。尋夫立文之本旨者，直以非有，非真有；非無，非真無耳。何必非有，無此有；非無，無彼無。此直好無之談，豈謂順通事實，即物之情哉？」[79]是針對法深思想的評語。然而正如前文所言，本無宗的系統甚為龐雜，論者解空的路數，也不拘一格。竺法汰談本無的取徑，與法深又略呈不同。推敲肇公評語所指，應不是針對法深而發的，反而與竺法汰的說法更形脗合[80]。在〈不真空論〉中，僧肇指摘法汰先假設有、無對列，然後以不執有(非有)為無，又以不執無(非無)亦為無，依僧肇看，這既犯了在認識活動中先執定有、無對立的過失，而且又過份偏重無的優位性，只是一些好無之談而已，不能契入雙破有、無二邊，直下體悟一切法本性皆空的諦理。不過據僧肇的評說，法汰的理論雖然有好無之缺點，但他尚嘗試假藉辯證思維，超越相對之「有」與「無」，並臻至絕對之「無」。反觀法深視空是眾形的始源，則還未脫離漢人宇宙生成論的桎梏，其理論水平，仍未達到處理非有、非無的辯証關係，所以有理由相信，法深不是僧肇在〈不真空論〉裡所要評破的對象。肇公破斥的，應是竺法汰的本無義。

2.3.2 道安的本無義

次述道安的本無義。安公的思想在一生中經歷幾個重大的轉折，加上他又勤於精思，好作多層面的撰述，理論內容十分豐富，實非「本無」一詞可以綜括。綜觀道安一生的治學歷程，早年

---

79 《大正藏》卷四五，152上。
80 竺法汰的說法，詳見元康《肇論疏》「第三破晉朝竺法汰本無義也」一段(《大正藏》卷四五，頁161-171)。另外，宋淨源《肇論集解令模鈔》引述法汰致都超書簡的話：「汰嘗著書與都超曰：非有者，無卻此有；非無者，無卻彼無。」這與元康、文才疏記所述之「故非有，有即無；非無，無即無」略有出入，然亦可從側面說明，法汰確有假立非有非無的論議。

專研禪觀、小乘思想，此時期撰作的禪修類著述多達十種，小乘經類十種，毗曇類七種，後期的佛學研究以般若學為主幹，有關的注疏、經序達十四種之多[81]，其涉獵經論之深廣程度，可謂一時無兩。因安公最初是以禪法為入道之基，所以在一定程度上，他的般若學是禪觀思想深化後的產物。

　　道安對般若空義的瞭解，在目前可考的文獻中，以〈道行經序〉與〈合放光光讚略解序〉的敘述最為完整。〈合〉序說明達成無上正等正覺的心要，是要修証不二入的等道，他分別從法身、如、真際三個層面，剖析此等道的三重意義，其言曰：

　　　般若波羅蜜者，成無上正。真道之根也。正者，等也，不二
　　入也。等道有三義焉：法身也，如也，真際也。故其為經也，以
　　如為首，以法身為宗也。如者，爾也，本末等爾，無能令不爾
　　也。佛之興滅，綿綿常存，悠然無寄，故曰如也。法身者，一
　　也，常淨也。有無均淨，未始有名，故於戒則無戒無犯，在定則
　　無定無亂，處智則無智無愚，泯爾都忘，二三盡息，皎然不緇，
　　故曰淨也，常道也。真際者，無所著也，泊然不動，湛爾玄齊，
　　無為也，無不為也。萬法有為，而此法淵默，故曰無所有者，是
　　法之真也。[82]

　　不二入等道的第一義，是「如」。如即真如 (tathatā)，指「如斯這般」(「爾」) 的真諦。道安首先以「如」揭示諸法的實相，均是無分別的如如呈現，任何語言、思慮、施設造作出來的對立相、破裂相，都不會令實相增減分毫。這正如佛之興滅，也是超越存無的，既不可以言說分解地表示出來，也不會因言說分解而有所損益。由於「如」是修証等道不二入法門的總綱領，故安公謂「以如為

---

81 方廣錩的《道安評傳》考証出道安著作共有六十六種，涵蓋禪修、小乘經、毗
　曇、般若、大乘經、律儀、經錄、法苑等諸部，本文只舉出部分類別。參見
　該書頁273-277，昆侖出版社，2004年。
82 《出三藏記集》卷七，頁266，中華書局。

首」。第二義，是法身。這是指實相遠離一切名相、對待相的恒常清淨性、不變異性，故以一、常淨來況喻。因為這是修道的宗趣，故安公謂「以法身為宗」。第三義，是真際。這是無分別實相所呈現之功德境，它是無所著、靜極淵默、泊爾不動、無為而無不為的——易言之，就是不施加分別造作(「無為」)、在般若智的澈照中體證的無分別(「湛爾玄齊」)真如實相。考察這段引文的主旨，應是闡釋成就圓滿般若(不二入)智慧的幾大綱目，及其內在意涵。從這點來說，如、法身、真際這三個概念，都蘊含著超越的境界論意味。但另一方面，這三個概念，又都是緊扣著「實相不落入二邊對待的等一無差別性」這個要領而說的，此三者提揭的，是不論在證悟境中或證悟境外，離於一切差別、不受分別施設等假相動搖的真如實相。緣此，亦可以謂安公提出的如、法身、真際幾個概念，分別從三個面向，綜合地表述了他對佛教客觀真理論的觀點。

在〈道行經序〉中，道安亦有申論〈合〉序所言，證得智度即「泯爾都忘」，不取有無，契會法身的觀點：「既外有名，亦病無形，兩忘玄漠，塊然無主，此智之紀也。」[83]其次他又說到：「執道御有，卑高有差，此有為之域耳。非據真如，遊法性，冥然無名也。據真如，遊法性，冥然無名者，智度之奧室也。」(同上)這也許是他對早年撰著的〈安般注序〉，謂「階差者，損之又損之，以至於無為；級別者，忘之又忘之，以至於無欲也。」[84]，主張沿著減損慾念的修行階差，循序漸進地證入正道，而不是直契真如、法性的無生空性，以登入智度的奧室之工夫論，所作的自我反省。

就上引兩序而言，道安既不像法深般執無在有先，也不像法

---

83 《出三藏記集》卷七，頁263，中華書局。
84 《出三藏記集》卷六，頁245，中華書局。

汰般情尚虛無。此外，從兩序對智度境界(實相)的論說來看，真
如、法身、真際，都只是從不同角度，象表法之如如真性，未足
以顯示他有建立一個現象背後的常住本體之意圖。關於本無宗的
唱說，曇濟〈六家七宗論〉(梁寶唱《名僧傳抄‧曇濟傳》引)云：「本
無立宗曰：……無在元化之先，空為眾形之始，故稱本無，非謂
虛豁之中，能生萬有也。夫人之所滯，滯在末(末)有，苟宅心本
無，則斯累豁矣！夫崇本可以息末者，蓋此之謂也。」[85]吉藏《中
論疏》[86]和慧達《肇論疏》[87]均認為，曇濟指的是本無義，就是道安
的思想。不過，睽諸道安所遺疏記，並不見他措意於成立一個萬
物本源，或者以空是眾形源始之類的宇宙論式運思。而照曇濟的
敘述，亦指本無宗並不贊同從虛豁(無)中生出萬物之義。如果再
結合下文「滯在末有」、「崇本可以息本」等語句進行解讀，則「無在
元化之先，空為眾形之始」一語，大概可以理解為：本無即空，是
諸法的本性，是本；而元化、眾形等現象，是憑藉此「本」而存在
的「末有」。如是，本無(空)就是事物存在的最後根據。依照這樣
的解釋，「空」不是時間上先於有的形上實體，也不是一切經驗萬
物之第一因，毋寧說，它是萬物存在的根本原則。如果這樣的解
讀可以成立的話，或許就能跟經錄中呈現的安公般若思想的軌跡
相埒，蓋道安經序中亦每每流露出本末對舉的端緒[88]。

　　本文並不打算考證曇濟敘述的本無宗，是否即為道安思想，
惟想強調一點：若曇濟所述的本無義，果為安公之般若思想，似
亦應從本末的角度進行理解，方不違悖安公思維空義的一貫脈

---

85 《卍續藏》冊134，頁9。
86 《大正藏》卷四二，29。
87 《卍續藏》冊150，866上。
88 例如〈合放光光讚略解序〉：「如者，爾也，本末等爾，無能令不爾也。」
　　〈安般注序〉：「夫執寂以御有，崇本以動末，有何難也。」〈道地經序〉：「覩
　　末可以達本。」

路。

　　吉藏《中疏論 • 因緣品》評安公本無義，云：「一切諸法，本性空寂，故云本無。」[89]談到道安論本無的著述，元康《肇論疏》說：「如安法師立義以性空為宗，作《性空論》。」[90]另外，安澄《中論疏記》又稱道安撰述《本無論》[91]，《祐錄》卷十二亦載道安著《實相義》[92]。《肇論 • 宗本義》言：「本無、實相、法性、性空、緣會一義耳。」[93]觀乎以上三論，性空、本無、實相，名義相類，可見即使不是安公的同一著作有三個異名，也恐怕也是闡明同一主題的三部著作。

　　總的來說，後人將安公歸入本無宗，是因其總標性空之學，而不是由於他鼓吹貴無所致，故他的本無之論，不可與法深、法汰的本無義混為一談。

2.3.3 道安與貴無之學

　　在現存的經序中，可清楚看到道安標舉事物本性空寂之般若學立場，和關於真如、法性、真際、智度等的觀點，然而他究竟依據經中哪些文義，得出性空、不二入的結論？吾人似無從直接得見。從安公的經序所示，初步推斷，性空、不二入的提法，並不基於「在緣起中一切法空無自性」一義而立說的。

　　在〈十二門經序〉中，道安在論述禪定的脈絡下提出「空」義：「定有三義焉：禪也，等也，空也。」[94]不過這裡所謂的「空」，是為了療治心的末流、惑亂、懸念、狂病的「四空」修行法

---

89 《大正藏》卷四二，29上。

90 《大正藏》卷四五，162中。

91 「釋道安本無論云：如來興世以本無弘教，方等眾經，皆明五陰本無。本無之論，由來尚矣。」(《大正藏》卷六五，92下)

92 《出三藏記集》卷十二，頁429，中華書局。

93 《大正藏》卷四五，150下。

門，跟實相的「空性」沒有意義上的關聯。在經序中，安公直接言及緣起理法的文字有兩處，一是〈人本欲生經序〉：「《人本欲生經》者，照乎十二因緣而成四諦也。本者，癡也；欲者，愛也；生者，生死也。」[95]另一處是〈陰持入經序〉：「以慧斷知，入三部者，成四諦也。十二因緣訖淨法部者，成四信也。」[96]由此兩序看到，道安所瞭解的緣起法內容，就是十二因緣和四諦說。前者揭示人生的流轉和還滅兩類緣起，後者側重在還滅緣起，然在道安來說，十二支緣起和四諦都是跟修行連貫起來的証悟法門。此見他所著重的，是緣起法的實踐性格，和它在修行工夫中對治欲愛的作用，而不是它發明存在的非實在性之客觀真理論性格。亦有可能，安公從一開始已將有特定內容的緣起法——十二緣起和四諦說，與說明一切事物依因待緣的緣起理法，視為等同，這樣便障礙了他對佛家緣起觀的正確理解，最終造成他與「無自性空」觀念的格格不入。

從道安解說真如、法身、真際的內容看來，吾人固然未察覺到緣起法在其中擔當的論理角色，但仍可見安公依其理解，提出一些表述無分別的「本性空」之意象。照此推論，安公似能多少領會實相無差別的觀點。而道安進行理解的基礎，與其說是佛家的緣起理法，毋寧說，他是從貴無派的本末架構尋得索解的通路。

道安〈安般注序〉云：「執寂以御有，崇本以動末，有何難也！」[97]可知在道安的存有論思考中，已預設了寂是本，有是末的二元論。揆其意思，寂即是本無或空。而本末之意，魏晉玄學家多有暢論，如王弼云：

復者返本之謂也。天地以本為心者也。凡動息則靜，靜非對

94　《出三藏記集》卷六，頁251，中華書局。
95　《出三藏記集》卷六，頁249-250，中華書局。
96　《出三藏記集》卷六，頁248-249，中華書局。
97　《出三藏記集》卷六，頁244-245，中華書局。

動者也。語息則默，默非對語者也。然則天地雖大，富有萬物，雷動風行，運化萬變，寂然至無，是其本矣。(《周易‧復卦》注)

　　天下之物，皆以有為生。有之所始，以無為本，將欲全有，必反於無也。(《老子》四十章注)

　　依王弼，無是天地之本，是萬物的始元。其性是靜，是寂然。所以，靜不是相對於動的靜，不與動等位，而是絕對意義的、根源意義的靜。靜謂之本，涵著對萬物的實現義、終成義(如《老子》第一章注:「凡有皆始於無，故未形無名之時，則為萬物之始……言道以無形無名始成萬物。以始以成，而不知其所以，玄之又玄也。」)無既是本，則有便是末，是憑依本而有的第二義存在。依王弼注，天下事物，運化萬變，最終必以返本為歸宿。

　　道安的佛教存有論，察其理路，是將玄學家以無為本的哲學架構，轉化為佛學式的詮說。安公禪法主張的宗致，就是使人復歸於無的本真狀態，這點與王輔嗣之所論，一無異致。另外〈安般注序〉云:「夫執寂以御有，崇本以動末。」〈陰持入經序〉又說:「以大寂為至樂。」〈合放光光讚略解序〉亦以真際為無所著、無為、淵默，以上所陳，莫不崇尚靜極之妙境實相，就是究竟解脫的淵府，在這方面來看，安公確是王弼老學的隔代知音。

　　至於安公之論實相無差別，似乎是建基於「作為天地萬物的存在根據、實現原理之無，既沒有一定之形體，也不可被言詮」這點上立言的。〈合〉序言「如者，爾也，本末等爾，無能令不爾也。佛之興滅，綿綿常存，悠然無寄，故曰如也。」考諸王弼《老子》六章注，亦云:「欲言存邪，則不見其形;欲言亡邪，萬物以之生，故緜緜若存也。」綜合王注與安公的序言來看，道安說「如」是「綿綿常存，悠然無寄」，也有暗喻真如超越形相、不可名狀的絕對真實性之意，此與《老子》十四章所云，「無狀之狀，無物之象」的道，在形態上大致相若。既然真如是不可被限定的一物，它自然不用附麗於任何概念、條件、言說的施設相，而能夠如如自爾地

呈現本身——這一點，應該是道安體察真如是不二入等道的契要。固然，〈合〉序說「本末等爾」、「有無均淨，未始有名」，看來頗能契合不落二邊的中道實相義，但是，徹底的中道精神應是《大智度論》卷六說的「非有亦非無，亦復非有無，此語亦不受，如是名中道」[98]，連「非有非無」的遮撥言詮方式亦須遣除，方是真正的不取著諸相[99]。然而察乎安公〈道行經序〉說「據真如，遊法性，冥然無名者，智度之奧室也。」〈合〉序又云「真際者，無所著也，泊然不動，湛爾玄齊，無為也，無不為也。」此兩段引文，均顯示安公在採取非此非彼的不二入觀法之餘，還意圖外騖一個寂然無為、沖虛淡泊，與有為之域相對的形上光景，這便不符合佛家雙遣有無之中道觀法的原意。

　　綜上所言，吾人未能承認，安公了解「不二入」的實相、等道，是基於對緣起理法和不偏一邊的中道實相之恰當理解。檢討其存有論的內容，似與玄學貴無派的本末概念，在論理的進路上更形密切。不過安公與王弼之學也存在著很明顯的別異。例如，王弼的「無」是萬物的創造兼實現原理，帶有實在論的意味，而安公卻沒有將「無」實體化的傾向。據前文的分析，安公的本無，可能是指存在的究極原則之義，而歷來有學者認為安公如貴無派一樣，以道家的「無」為本體，是很值得商榷的。

2.4　識含、緣會、幻化三家的空觀

　　識含、緣會、幻化三家，所知資料甚少，其說不易明瞭。識含宗的代表人物為于法開。他是于法蘭弟子，善《放光》、《法華》(《高僧傳》于法開本傳)，每與支遁爭辯即色空義，曾數度令弟子論難支道林講《小品》，使支公為之辭屈(同上，並見《世說新語‧

98　《大正藏》卷二五，105上。
99　參照印順法師著《中觀今論》，頁10-11，正聞出版社，2004年。

文學篇》)。識含之說可略見於《中觀論疏》及《中觀疏記》，其言曰：

  于法開立識含義：三界為長夜之宅，心識為大夢之主。今之所見群有，皆於夢中所見。其於大夢即覺，長夜獲曉，即倒惑識滅，三界都空。是時無所從生，而靡所不生。[100]

  第四于法開著著〈惑識二諦論〉曰：三界為長夜之宅，心識為大夢之主。若覺三界本空，惑識斯盡，位登十地。今謂以惑所睹為俗，覺時都空為真。[101]

  法開指出心識所睹為幻，惑識滅(覺時)時三界空為真，其意要人滅識見空，位登十地。本宗得名於「識含於神」。[102]

  幻化宗，《中論疏記》曰：

  《玄義》云：第一釋道壹著〈神二諦〉云，一切諸法，皆同幻化，同幻化故名為世諦。心神猶真不空，是第一義。若神復空，教何所施？誰修道？隔凡成聖，故知神不空。[103]

  道壹是法汰弟子(事見《高僧傳》竺道壹本傳[104])。據上引文，幻化與識含義的空觀沒有大別，猶是不空心神，視諸法幻化是世諦。

  緣會宗的主要代表是于道邃，與法開同師事于法蘭(事見《高僧傳》于法開、于道邃本傳[105])。《中論疏記》述其主張如下：

  《玄義》云，第七于道邃著〈緣會二諦論〉云，緣會故有，是俗。推折無，是真。譬如土木合為舍，舍無前體，有名無實。故佛告羅陀，壞滅色相，無所見。[106]

100《中觀論疏》卷第一，《大正藏》卷四二，29中。
101《中觀疏記》，《大正藏》卷六五，94下。
102湯用彤：《佛教史》上冊，頁265。
103《大正藏》卷六五，95上。
104《高僧傳》卷五，頁206，中華書局。
105《高僧傳》卷四，頁167-170，中華書局。

　　照上所引，于道邃的路數，是分析諸法由緣會而成，所以是但名無實，是俗。與此相反，摧破色相，就是真。

　　約言之，此三家均由緣起分析出色空，唱說世諦幻有。解脫的關鍵，是覺悟色相虛幻不實。就此而見，三家的空觀，乃上承原始佛學觀諸法幻化不真之意，譬如《雜阿含經》卷十一有言：「諸行如幻如炎，剎那時頃盡朽，不實來實去。」[107]此亦如三家所謂，人之心識未見真實，如在夢中，當求夢醒出三界。而識含、幻化特主心神不空而諸法空，無疑屬存神之論。僧叡〈毗摩羅詰提經義疏序〉曾感嘆：「識神性空，明言處少，存神之文，其處甚多」，證諸識含、幻化的空思想，皆未經過一個論理的程序，便提挈識神的優位，故可了解，東晉初年，類似的素樸存神學說，必然是學者普遍採行的解空路數之一。

2.5　小結：此時期佛教存有論中展示的格義現象和意義

　　佛家存有論有其特殊的內涵，略言之，亦即緣起和空的問題。綜觀此期般若學者詮解佛教存有論的思想和取徑，展示了一些玄佛交涉的格義現象，其特質略如下文所示：

　　(1) 本末對舉之格式：大體上，這時期般若學者談論存有問

106《大正藏》卷六五，95中。

107《大正藏》卷二，72下。

108 王弼《老子》三十八章注：「本在無為，母在無名。棄本捨母，而適其子，功雖大焉，必有不濟；名雖美焉，偽亦必生。……萬物雖貴，以無為用，不能捨無以為體也。捨無以為體，則失其為大矣。……守母以存其子，崇本以舉其末，則形名俱有而邪不生，大美配天而華不作。故母不可遠，本不可失。」就本末的對顯性而言，本末確實不相混同。不過，王弼本體義的「無」並不純是抽象思維的產物，也是萬物實現自身的形上根據，故王弼不認為能夠孤懸或離開萬物而說一「無」的存在。質言之，在萬物的生成過程中，本末、有、母子等，是在體用一如的狀況下，統合了相即不離的體用關係。參考曾春海：《兩漢魏晉哲學史》，頁166-168，五南圖書，2002年。

題，仍有依循著魏晉玄學中本末對舉的格套。玄學本末論的思維，是崇本舉末，本末對顯，本末不相混同[108]。魏正始中以降，王弼、何晏祖述老莊，大唱貴無之議，流行以本配無，以末配有的論說。影響所及，般若學者也有盛言本無即空、真諦，末有即有、俗諦之論。不過，玄學中的本末論議，不論貴無崇有，都是本體之學，但被佛家吸收後，「本末」便轉化為真俗之議，淡化了本體實在論的意味。在這個情況下，「本」不一定指謂本體，也表示事物的本性或真實性。例如道安的本無，指的是真諦理境，本性空寂，泯一無別，而非著意建立一個寂然不動的本體。這個例子說明一個事實：儘管佛教學者沿用了相同的概念，但在早期般若學中呈現的玄學式觀念叢，未必就從玄學那裡，原封不動地移植了此等概念蘊含之原意。易言之，當時的佛教非唯被動地接受玄學的影響，般若學在輸入玄學的語言和概念的同時，也有主動地改造玄學語彙的原意，變成「玄為佛用」，以承載佛家的哲理內容，對此，吾人誠不可不察也。

　　(2) 論理取徑對詮解空義之結果有著決定性的影響：佛家存有論的中心思想，一言以蔽之，就是「緣起性空」。早期中土般若學的各家說法，有的側重論「緣起」，有的偏重「性空」。今試就諸家的論旨、論理取向、及其與傳統哲學的關聯，列表明之於後：

論旨： 存有論立場	般若學派	論理取徑	義理相關之中土哲學
即色是空	支道林即色義		郭象哲學
心不空 色空	識含義	從因緣析空	—
	幻化義		—
色空	緣會義		

心空色不空	心無義	有無之議	崇有派
真諦本性空寂	道安本無義	有無、本末之議	玄學貴無派「本無末有」之議
本體空無	法汰本無義	有無之議	同上
	法深本無異義	有無之議、宇宙生成論	漢代氣化的宇宙生成論及玄學貴無派「本無末有」之議

　　因為受玄學本末有無之學的格套左右，又或者與緣起理法的真義根本不相應，中土般若學家慣常繞過因緣相生的緣起理法，透過本末、有無之辨，直接辯解性空之義。好像本無一系的道安、法深、法汰，都是直就有無之辨，論議「無」的體性，其中法深、法汰之說，因特別強調本無的實存性，令其學說沾上本體實在論的色彩。而心無義未經論證，便堅持現象實有，又不免墮入素樸的經驗實在論之偏蔽。緣此可見，直接依有無本末的進路解說空性的內容，似乎較易掉入實在論的泥淖中，造成與佛家緣起性空之理的隔閡。

　　與此相對的，是透過現象的因緣相生，以理解空義的取徑，即前揭所謂偏重從「因緣」解空的另一路數。即色、識含、幻化、緣會四家，都是採用這個論理路徑，他們的結論亦大致相若，皆歸諸現境幻化不實，色相本空之說。當中支遁之說尤見精巧細緻，不落俗套。他提倡即色觀空，同時又不偏言本無一邊，雖還未達致「色空一體」、「色空不二」的思想高度，但已多少步出老莊思想的矩矱，略契般若空宗的真詮，而且已超越了不少同時代義解空理學說的水平。由此觀之，就早期中土的般若學家而言，循因緣的理路去推敲空的本義，較諸從有無之辨論空的取徑，有兩

點較為優勝的地方：第一，循緣起觀理解「空」的學者，即使未能真正符契佛家的緣起空義，但普遍來說，他們對實在論思維的認同較輕，不會如本無系的竺法深一般，推導出全面的實在論思想（雖然識含、幻化持識神實在論，但因其主張空色，故僅是局部的實在論思想）。其次，他們頗能直就佛家本身的宗趣，敷衍對空義的理解，因此相對來說，他們的學說較能開示佛教所異於傳統文化的理論價值，並減輕了佛教對傳統哲學的依附性。

以上的情況大概說明了，在大小乘學理體系尚未被判分清楚、梵文原典蘊在域外、漢譯經籍又乖謬重出等條件的限制下，早期般若學者能否成功契接空義的關鍵，應在於他們如何抉擇理解經義的路徑，而這又得取決於，學者們能否運用對比的角度，去認知佛教與中國哲學的相異觀念。照前文所示，能夠把握到中國思想中本來沒有的緣起觀念的學者，在解空之路上，較少機會走入歧途。

(3) 中國學者較難契會緣起理法和一切法空的義蘊：在佛教傳入中土以前，中國哲學家亦非對遷變不住的無常現象，毫無感觸。面對世法遷流不息，頃刻代謝的萬象，《莊子‧寓言篇》云：「萬物皆種也，不同形相禪，始卒若環，莫得其倫，是謂天均。天均者，天倪也。」這是承認物物相因之語。不過，道家哲學向來以萬物之相因相待為自然自爾，只令人安而順之，而不措意於破解因果的規律。職是之故，像佛家般分解地究明因緣的種類、性質，並利用因果律解構現象事物等的言說進路，在傳統哲學中並沒有先例可援，致令中土般若學者，難以跟緣起理法洽浹無間。此期的佛教學者，即使如道安等大家，也多數未能從因緣理法的原則出發，詮釋作為佛家存有論基礎的根本空義，亦未能諦知一切法空、自性空的義理，極其量在析論十二因緣、四諦等關乎到生命現象的法數時，緣起觀念才被提揭出來，不過，在這個場合中被論及的緣起，卻已無關自性空的宏旨，而是被當成修

行標的來闡述，如道安〈人本欲生經序〉所言者，正為其中一例。

　　(4) 早期佛典譯文引致的理解誤謬：在佛教傳入漢地的初期，主持譯業的均為來自中亞西域地區的外國僧人。這些世居葱外的學者大多不諳漢文，像鳩摩羅什、曇無讖般能博通華言的，委實屈指可數[109]。因此在迻譯典籍的過程中，他們只得依仗中國譯語之員的助成，通過他們的領悟，去重構佛教的法數和觀念，因而令漢譯佛經裡，大量滲入中國思想的顆粒，造成中國佛徒契入佛教本義的隔閡。

　　考查漢地僧眾與緣起性空之理不能相應的原因，除了傳統哲學觀念的干擾外，亦應歸諸佛典譯語的失誤。舉例説，梵語的śūnya是形容詞，意為空虛、欠缺，佛經用以表示事象不具有實體和自性，後世的漢譯經典通作「空」。至於空無自性是事物的真相，佛家謂「如」(tathatā)。羅什以前的漢譯，常將「如」翻譯成「本無」。例如羅什《小品般若》的《大如品》，《道行經》、《大明度經》、《摩訶般若鈔經》都作《本無品》。考「本無」一辭，東漢末的支讖已用以迻譯《道行經》[110]，不過其時玄學風潮尚未高張，「本無」未必就應解釋為貴無派的「本體為無」義，或應取其最簡單的語意，解作「本性是無」[111]，像東晉郗超的《奉法要》，解釋空諦為「一切萬有，終歸於無，謂之為空」[112]，「終歸於無」就是「本性是無」，似與

<hr />

109 曹仕邦：《中國佛教譯經史論集》，頁3，東初出版社，1992年1月。
110 支讖譯《本無品》：「為隨怛薩阿竭教，隨怛薩阿竭教是為本無。本無亦無所從來，亦無所從去。怛薩阿竭本無，諸法亦本無。諸法亦本無，怛薩阿竭亦本無。」(《道行經•本無品》，《大正藏》卷八，453上)羅什將此段譯成：「隨如行故，須菩提隨如來生。如如來如不來不去，須菩提隨如從本已來，亦不來不去。是故須菩提隨如來生，又如來如即是一切法如。一切法如即是如來如，如如來者即非如。」(《小品般若波羅蜜經•大如品》，《大正藏》卷八，562中)，以「如來」代替「本無」。
111 參考蔡振豐：〈魏晉佛學格義問題的考察〉，《中國佛教學術論典章(100)》，頁47。
112《大正藏》卷五二，88中。

支讖的「本無」意蘊相通。於此可管窺東漢末年的譯者，是通過認識「經驗事物為虛妄」的思路，來詮解胡文原典中的「如」、「空」等概念的意蘊。果如是，在玄學大興以前，譯典中的「本無」一詞，未必會帶來曲解空義的誤謬。然而在玄學興起之後，「本無」的意義卻與貴無派的解釋縐合起來，滋擾了學者們對空義的正確理解。

其次，梵語的svabhāva（自性）、asvabhāva（無自性），在漢譯中常被轉換成「自然」一語[113]。在佛經中，「自性」原有兩義：一是指事物內在固有的本質、本性，如世間法的地堅性、水濕性；其二，是指符合緣起性空的勝義自性（真如法性），後者又稱作「無自性」，如《維摩經》云：「知諸法如幻相，無自性無他性」[114]。

支讖譯的《道行經•泥犁品》有這樣的一句：「般若波羅蜜，於一切法悉皆自然」，羅什的《小品般若經•泥犁品》譯作：「般若波羅蜜能示一切法性」，其梵本原句為：

sarva-dharma-svabhāva-vidarāani⋯⋯prajñāpāramitā[115]

此文原意，是「智慧完成，示現一切事象自性」，與羅什的譯本並無很大出入。但對照支讖的譯語，可見《泥犁品》將「自然」等同於「自性」（svabhāva）。另外，《道行經•泥犁品》又有一句提及「自然」的譯語：「色之自然，故⋯⋯」[116]，其梵文原句是「色者，因色自身無自性⋯⋯（rūpam）rūpāsvabhavātvāt⋯⋯」[117]這裡再次看到，支讖將「無自性」（asvabhāvatvāt）翻譯成「自然」。西晉時竺法護所譯的《光讚經•等三世品》，亦有「一切諸法皆無所有悉為自然」[118]之語，此「自然」一語應是因襲前揭《道行經•泥犁品》的譯文

---

113 福永光司、松村巧：〈六朝の般若思想〉，頁259。
114 羅什譯《維摩詰所說經》，《大正藏》卷一四，540中。
115 註113福永光司等所著論文，頁259。
116《大正藏》卷八，444下。
117 同註113。
118《大正藏》卷八，206下。

而來。循上可知，漢譯典籍習慣以「自然」比配佛教的「自性」，迨至兩晉，已成譯者的慣用術語。

在魏晉哲學思想中，「自然」的意義為何？王弼《老子注》二十五章：「道不違自然，乃得其性。法自然者，在方而法方，在圓而法圓，於自然無所違也。」簡而言之，玄學家眼中的「自然」，是維護個物在現實中的分殊相和個體性，免其受外境宰制和干預的超越的終成原則，這個精神，與佛家言「無自性」，意圖撤消任何形上或形下實體的深義，是恰恰相左的。因此，若將玄學趣味的「自然」概念，比附佛典中的「無自性」或勝義「自性」，便可能引發一個很嚴重的後果：以為無自性或勝義自性本身，也具有一個符順自然之道（「不違自然」）的「體性」，這種見解，勢必與佛家談緣起理法、自性空的奧義，齟齬難入，無法相合。

不論從否定現象的實存性（本無），或肯定個體自爾（自然）的角度來探討空義，都表示了此期的中國學者，尚未能真正領略到在因緣相待的原則下，一切法當體是空的旨趣。佛教存有論宗尚的根本道理——緣起法的真義——仍有待六家七宗的後學，向中土道俗彰示出來。

第三節　存神之說：關於主體性的思考

3.1　原始佛教、部派佛教的無我與假施設我

佛教主張無我（anātma），是對自我，包括靈魂、人格我、常住主體的否定。原始佛教從眼、耳、鼻、舌、身、意六處，說明身心集結的生命總體，又從五蘊的聚集說明內外相知的認識關係，藉此闡明生命現象都是各種元素的暫時和合，沒有一個常住的東西存在於其中，所以凡夫執緣起無常的因果持續相為實在的自我，即是顛倒之見。從經典所示，原始佛教始終恪守著無我的

立場。在《相應部經典》裡，當提到誰有受或有想之類的問題時，釋尊即答道，他並不能確定究竟誰有受，但受者畢竟是存在的[119]。即使面對作業受報者是一是異的疑問，佛陀始終不承認有一個常住不變的獨立自主意識存在[120]。

　　儘管「無我」的論點是早期正統佛教執持的說法，但認識到生命某種形態的持續性還是必要的，因為唯有這樣業報輪迴的理論才不致落空。到了部派佛教時代，為了解答佛教倫理學中的業報和受者的核心課題，學者不得不正面提絜生命的相續性問題。此期佛教學者論証生命在流轉下的一貫性，可歸結為三條主要的理路[121]：1. 說一切有部及犢子部立體用義：法體本然恒爾，約體生剎那生滅和合相續的用。有部立假名的世俗補特伽羅 (samvṛti pudgala)，犢子部立不可說的補特伽羅 (pudgala，我，意譯為數取趣)，作為業或經驗的保持者。從說一切有部分出的說轉部，又立勝義補特伽羅 (paramārtha pudgala)，都是一脈相通。2. 大眾及分別說系立理事義：染則緣起，淨者道支，唱一心相續之說，在心心所的相續演化中，發現覺了心性內在之常一。此義與心性本淨有關，後來發展成大乘如來藏思想，以及淨樂常我的真如佛性說。3.說經部立種現義：不離現在諸行而有能生自果之功能性，名曰種子。種子不離現在之諸行，每一剎那都將其自身的影響複製到後續的剎那上，並薰染它。這個主張剎那因果相續的理論，乃從另一個角度，意圖迴避生命現象是常是斷的兩難問題。不過，經部提出的相續身 (samtāna) 觀念卻不是小乘所有部派同意的。無論如何，在無我的根柢上提出假施設的我，始終存在著極

119 A.B.凱思：《印度和錫蘭佛教哲學──從小乘佛教到大乘佛教》，頁64，上海古籍出版社，2004年。

120 同上，頁67。

121 以下參見印順法師：《印度之佛教》，頁149-158，正聞出版社，1992年；及氏著《性空學探源》，頁170-182，正聞出版社，1993年。

大的理論困難，而且勢必會掀起派系間激烈的論諍。

　　以上扼要地回顧大乘佛教以前，佛教內部牽涉無我與假施設我的論諍情況，從中可以概括出關於佛教主體哲學的幾個特色：第一，說一切有部等對自我的描述，主要是對生命現象的分析和歸類後所得的經驗之我，著眼於自我物質性、心理性的形構之理，簡言之，都是依蘊說我。第二，佛教宗奉無我之說，所以小乘論師縱使說假名我，或偏重假有，或在即體之用，或在體用不離上建立我，都是從分別假實關係的觀念出發的[122]。第三，已證得解脫者，固然達到超越經驗限制的精神狀態，但印度佛教並不特別論述個體精神與宇宙精神之貫通情形。以上三點，是貫穿印度佛教主體哲學的軸心理念，若跟六家七宗的存神說對照，便可發現，它與在中國心靈構設下的主體精神哲學，展現著天差地遠的迥別。

3.2　六家七宗的存神說：心神的體與用

　　總的來說，晉世般若學是約體、用兩端替心神說立義的，即使表面上以空心為宗要的心無義，也沒有忽略心靈的虛豁妙用，只是未曾如別家般詳論心的體性。「體用」是魏晉玄學裡討論本體論的中心範疇，語見王弼《老子注》三十八章：「萬物雖貴，以無為用，不能捨無以為體也。捨無以為體，則失其為大矣。」王弼的體與用，表詮道體的雙重性：道之無形無名的本體，是一切事物存在的形上根據；而用，是依體而成就之無限妙用。王弼云「不能捨無以為體」，這就是說，萬物雖貴，必須以無為用，才能盡其德，不能離開無而自以為用，亦即不能「棄本捨母，而適其子」（《老子注》三十八章），所以，用必以體為本，以體為最終的依歸。在王弼的本體論用語中，有時體用又被稱為無有、母子、本末等對顯

122印順法師：《性空學探源》，頁181。

性概念。

在形式上，脫胎自玄學體用模式的佛教存神說，也沿習了附著於體用結構的部分玄學觀點。雖然諸家未有明言「體用」的字眼，但分析漢地般若學的神明觀內容，大率都是取靜極的靈明為體，神應無方的感通為用，這正襲取了王弼哲學裡「以靜為本，以動為末」的基調。至於心的體性，般若學家的存神說，多強調心之澄明虛豁，能隨時向外起用，與萬物虛應無間之特質。中國般若學者從體用的角度出發，安立人的神明為一個寂然通透的心體，並且側重論述心神超拔於經驗以上的能動性，察其理路，明顯與原始佛教、部派佛教只論經驗主體之構造和性質，自始存在著不可消弭的分歧。以下試綜述六家七宗的存神說要義。

兩晉般若思想中，開宗明義地維護心神是真諦的，有識含宗和幻化宗。識含宗以惑所睹為俗，覺時都空為真。幻化宗倡一切諸法，皆同幻化，是世諦，心神猶真不空，是第一義。這兩家都是東晉宣揚「神不空」的典型般若學說[123]。至於緣會宗從緣會說有，是俗，摧折萬法則為無，是真，卻未見有力主心神不空的確証。而支遁在〈要鈔序〉中，論神之言極多，如「神悟遲速」，又曰「智不足以盡無，寂不足以冥神」、「神王之所由，如來之照功」，可見支公也是主存神說的般若學者。

由於文獻材料短缺，識含和幻化二家論心神的具體內容，已無法據實了知。憑現存資料揣測，識含宗或因「識含於神」得名，也許是將神與識分開而論之故，照此推斷，則幻化宗未必有論到神、識的區分。考慧遠《形盡神不滅》，有辨神、識、情的關係，神是體，圓應而生，情、識是感物、數求的功用[124]，由此推斷，當日的學者，或以神或神明為統一的主體，識、心、情等，是依主體發用的功能。

123關於各家學說的文獻材料，參見前一節，於此從略。

　　至於支遁存神之義，見於〈大小品對比要鈔序〉：「神王之所由，如來之照功」、「智不足以盡無，寂不足以冥神」、「且神以知來，夫知來者，莫非其神也。機動則神朗，神朗則逆鑒，明夫來往常在鑒內。」《釋迦文佛像讚》又曰：「圓著者象其神寂，方卦者法其智周」[125]，是其持神說之確証。《即色遊玄論》又云「知不自知，雖知而寂」(安澄《中論疏記》引)，故神明是寂然之體，雖有知，但也不離其靜斂之本。關於神明之用，〈要鈔序〉有這樣的形容：

　　　夫至人也，覽通群妙，凝神玄冥，靈虛響應，感通無方。建同德以接化，設玄教以悟神，述往迹以搜滯，演成規以啟源。或因變以求通，事濟而化息，適任以全分，分足則教廢。……故千變萬化，莫非理外，神何動哉？以之不動，故應變無窮。

　　照支公的說法，佛教的悟道，也不外是「漸積損以至無」、「守谷神以存虛」、「還群靈乎本無」(〈要鈔序〉)，這就是說，解脫之道，唯是保持神明的至無冥寂，靈虛不滯，而不關係到對緣起實相的正當認識，或者煩惱障蔽的滌除、善念正見的增長。究其原因，或許支公相信，只要心神棲於本無，超越一切相對之形質，便自然會生起悟道的覺智，所謂「明諸佛之始有，盡群靈之本無，登十住之妙階，趣無生之徑路。何者耶？賴其至無，故能為用。」(〈要鈔序〉) 又云：「無物於物，故能齊於物，無智於智，故能運於智」(同上) 是以在支公心目中，體道的徑路，在冥神於本無，即是以寂然的神明心體，託於本無至虛之境，凝神專注，乃

---

124 慧遠《形盡神不滅論》：「夫神者何耶？精極而為靈者也。……神也者，圓應無生，妙盡無名，感物而動，假數而行。……有情則可以物感，有識則可以數求。數有精粗，故其性各異；智有明暗，故其照不同。推此而論，則知化以情感，神以化傳，情為化之母，神為情之根，情有會物之道，神有冥移之功。但悟徹者反本，惑理者逐物耳。」(《大正藏》卷五二，31下)
125 《中國佛教思想資料選編》第一卷，頁66-67，石峻等編，中華書局。

可聖凡相應，感而遂通，遍潤無方。支公存神論，言神明冥寂不動，而能響應無方，與王弼體用論中知常御變、存靜制動的思想，同一旨趣，同時，又似吸取了《易經•咸彖》「柔上而剛下，二氣感應以相與」，論感通之義。

除支法師外，道安也是約「寂然不動，感而遂通」兩端，言神的本體與發用之雙重性格：

故《修行經》以斯二法而成寂。……夫執寂以御有，崇本以動末，……（〈安般注序〉）

以大寂為至樂，五音不能聾其耳矣；以無為為滋味，五味不能爽其口矣。

其為行也，唯神矣，故不言而成；唯妙矣，故不行而至。（〈陰持入經序〉）

邪正，則無往而不恬。止鑒，則無往而不愉。無往而不愉，故能洞照傍通。無往而不恬，故能神變應會。神變應會，則不疾而速。洞照傍通，則不言而化。不言而化，故無棄人。不疾而速，故無遺物。物之不遺人之不棄，斯禪智之由也。（〈人本欲生經序〉）

大寂、無為等，都是象徵靜極之語詞，表達聖人在體道中對至無至虛的本體之証會。樓神此境之證悟主體的，是寂然為本的神明，她能隨時在不言、不行、不疾的冥寂狀態中，洞照傍通，神變應會，發揮妙用。道安認為，在神明的起用中照物而不遺，就是禪智的極致。

然而與支遁略有不同的是，安公提到般若空境，往往是與禪觀連繫在一起而說的。由於安公從禪修的進境說空，故相對於支法師，他較關注相應於不同的修行階別，所得智慧之不同階差，並較強調在工夫中以慧探本，諦知十二因緣和四諦的深義。這也許因早年精研印度小乘禪法的關係，安公受老莊之薰習程度，總的來說，及不上支公般深厚。不過，道安所言之般若體証境，也

是歸趣於絕對的冥寂無寄，清淨無為，換言之，在談到淵默的神明，復返其本真狀態時，安公也離不開老莊至人觀的調子：

> 泯爾都忘，二三盡息，皎然不緇，故曰淨也，常道也。真際者，無所著也，泊然不動，湛爾玄齊，無為也，無不為也。萬法有為，而此法淵默，故曰無所有者，是法之真也。（〈合放光光讚略解序〉）

> 據真如，遊法性，冥然無名者，智度之奧室也。（〈道行經序〉）

從客觀意義的存有論角度來說，真際、無為、真如、法性皆代表諸法平等無別的如如實相，從主觀意義的認識論角度而言，此四者皆詮表清淨無為的神明本體(在此即為般若智)，照徹萬物本空的真相，體認空寂常住的般若智度境地。若自神明內在的體、用關係來看，在證悟境中，寂然無著的本體，發動為能照之用，與泊然淵默的無為境，感應無間；在由體轉向用的過程裡，神明之體與用始終相即不離，此中體用之關係是：由靜極之體，生靜極之用；此靜極之用，亦即與神明本體渾無間地相應的所照境。如是，道安將神明的體、用、能、所，貫徹為一，此種體用一如的觀點，是上接傳統心性學理路，和玄學的本體論架構，講心性的體、用、能、所，相即互通，旨趣是一樣的。可是，基於此神明體用論所建立起來的超越的體道境，其缺點就是，只偏於肯定至虛神明之主觀照功，和所觀照的理境，卻未觸及般若智徹悟之宗要，其實應該是「一切皆空」、緣起無自性的義蘊。此外，此種形態的存神說尚有另一失當的地方，就是未有認真地對待早年小乘禪法要典，如《安般守意》等申明之淨慧等差之具體內涵，而將般若空境，一概籠統地擬配為近乎道家無狀無名的「觀照之空」。此與緣起真義的不契應，和過份偏重道家式的超越主觀理境，究其原委不能不歸結為當日道安、支遁等般若學家，借用玄學的體用論模型，立神明為主體，進而論體用一如的般若空境，

所引致的缺失。

　　心無義所言的心神，與其餘各家最大的分別，是主心體空無。此家舊義謂「種智是有，而能圓照」，新義謂「種智之體，豁如太虛」(《世說新語‧假譎篇》注引)，可見新舊之爭，在於心體的虛與實。然而，在心的起用這點上，無論是心無宗的新舊義(見《世說新語‧假譎篇》注引)，均主張令心體虛無，不執外物，使外色不存餘情之內。考其「色想廢」之說，與各家論心之用，須以本無玄虛為主，並無大異，此亦為魏晉思想的大本也。

3.3　存神說所顯示的格義問題

　　六家七宗的神明主體，與前述印度佛典所論的自我，有兩點大異之處：

　　(1) 在內容上，「神明」已超過了原始佛教和部派佛教依蘊說的「我」，或從經驗分析所見之常識的、經驗的自我[126]，她是超越的精神主體、清虛寂然的靈明，在即寂即感中，與萬物接應無窮，與造化俱冥。這個義蘊，自然是上承中國哲學的固有觀念，而不是來自印度佛教。

　　(2)「無我」是佛教的正統說法，在部派佛教內，雖採取有我說，但也說得十分善巧，未有公然成立一個「常我」[127]。不過，依東晉佛教學者的立場，他們不但不抗拒在教義裡設立一個精神主體，而且還覺得有其必要，蓋如幻化宗所言：「若神復空，教何所施？誰修道？隔凡成聖，故知神不空也。」他們認為，若無神明作

---

126 立補特伽羅的說一切有部、犢子部、說轉部等學派，是走依蘊說我的路線。大眾部、分別說部、一說部、說出世部、雞胤部等宣說心性本淨的學派，是依心說我。但他們所說的心，是種種心，一切內心作用，都是可稱為心的。所以「心」是作為統一各種意識活動的通說，常是未加分析的用法，而且也是屬於現象論立場的。以上參考印順法師的《如來藏之研究》，頁67-78，正聞出版社，1993年。

127《如來藏之研究》，頁47。

為主體，則修道者誰、成佛者誰的問題，就不可解決，因此必須成立一真實不虛的神明，作為體道之主。從中國學者沒有經過反覆的論辯，和充分的反省，便公認持神之說，反映了他們將主體心神之實有，看成是理所當然的先入之見。

晉世般若學的存神說，能否在漢譯佛典中找到根據？查支謙《大明度經》有「譬如虛空無心無念」之語[128]，漢譯《持心經‧論寂品》又曰「所謂法者無為無形，所謂聖眾賢聖寂然也。……心無所念於一切法，斯則名曰賢聖寂然」[129]，以上兩經，確實提出聖心虛空寂然，然而，這是指心無繫於內外諸法，亦即心不向外進行分別，但並沒有正面確立心有寂然之體，感通天下之功。

道安〈人本欲生經序〉，嘗言「神變應會，則不疾而速」(《祐錄》卷六) 支遁釋《逍遙遊》，謂「玄感不為，不疾而速，則逍然靡不適。」(《世說‧文學篇》注引) 同類思想，也表現在慧遠的言論中：「神通既廣，則隨感而應。……若法身獨運，不疾而速，至於會應群粗，必先假器」[130](《大乘大義章‧七問法身感應並答》) 至於心無義，亦主心是「不疾而速」[131]，故心神不疾而速，是存神論的共議。「不疾而速」，出自《易‧繫辭上》，其言曰：「易無思也，無為

128「善業白佛言：極大究竟明度無極，無量無與等者。佛言：然如來無師一切智，是故明度不可稱量，安隱究竟無與等者。善業白佛言：云何天中天，如來無師一切知無量無邊？佛言：五陰不可計量諸法亦爾。五陰無邊諸法邊幅無獲其際者，用何等故五陰諸法亦盡盡。云何善業？虛空可計盡不？對曰。不可盡天中天。佛言：諸法亦然。用是故如來法諸法無邊量。用法無量故，發心起學無量明度，如是本無心念。譬如虛空無心無念，有心有念因隨作是說不可稱計時。」(《大明度經》不可計品，《大正藏》卷八，492中)
129《大正藏》卷十五，19下。
130《大正藏》卷四五，129下。
131 慧遠在攻難道恒時，以「不疾而速，杼軸何為」反諷其人(見《高僧傳》竺法汰本傳)，意謂「『心無』既能不疾而速，又何須苦費思索！」道恒常宗標心無「不疾而速」，固可知矣。另外，《肇論》的《劉遺民書問》提到「夫聖心冥寂，理極同無。不疾而疾，不徐而徐。」劉遺民同是心無義學者。由此可見，心是疾速，蓋為心無義之通說。

也，寂然不動，感而遂通天下之故。非天下之至神，其孰能與於
此？夫易，聖人之所以極深而研幾也。唯深也，故能通天下之
志；唯幾也，故能成天下之務；唯神也，故不疾而速，不行而
至。」唐•孔穎達疏「唯神也，故不疾而速，不行而至」一句云：
「此覆說《上經》下節易之神功也。以無思無為，寂然不動，感而遂
通，故不須急速，而事速成；不須行動，而理自至也。」循上得
知，般若學家論心體空無所依從的，是《周易》等傳統經典的哲學
思想，六家七宗的存神說，實際上是來自外學的心性論。

《周易》的心性論是以聖人神明觀的形態呈現的，其大意謂，
聖心是一冥寂的靈明，能洞悉宇宙和人事深微奧秘之朕迹、先覺
尚未著於形動變化的先兆[132]。在漢代，聖人神明觀有政治哲學為
其理論的支柱。《春秋繁露•立元神》曰：「故為人君者謹本詳始，
敬小慎微。志如死灰，形如委木，安精養神，寂寞無為；休形無
見影，掩聲無出響。虛心下士，觀來察往。」此段說人君本乎寂寞
無為的「神」，治天下而不現形跡，即聖人心志，是在神妙不測
中，周遍無方，這與《易•繫辭》「冥寂為體，感通為用」的立義，
並沒有兩樣。此外，此段自動靜言神，似乎亦隱含了「體」、「用」
對顯之義蘊。

存神說對東晉初期理解般若空義造成的影響，可分析出以下
三點：

(1) 以道家的忘我無為等同涅槃究極境

依佛經所說，涅槃是解脫的究極境地。在原始聖典裡，涅槃

---

132 能察知天下事物未形諸於外的微細變化端緒，即引文「夫易，聖人之所以極
深而研幾也。唯深也，故能通天下之志；唯幾也，故能成天下之務」中的
「極深」與「研幾」。韓康伯注曰：「極未形之理則曰深，適動微之會則曰幾。」
133 此三十二個異名是：終極、無漏、真諦、彼岸、巧妙、極難見、不老、堅
牢、照見、無譬、無戲論、寂靜、甘露、極妙、安泰、安穩、愛盡、不思
議、希有、無災、無災法、涅槃、無損、離欲、清淨、解脫、非住、燈明、
窟宅、庇護、歸依、到彼岸。(日本《南傳大藏經》，相應部經典五，頁89-96)

的意涵十分豐富。南傳《相應部》第九《無為相應》第二品，列舉涅槃的三十二個異名[133]，包括無漏、真諦、彼岸、巧妙、極難見、不老、堅牢、照見、無譬、無戲論、寂靜等。漢譯《雜阿含經》舉出二十種異名[134]，《大般涅槃經》亦臚列異名二十五種[135]，種種名字，都是表示進入涅槃者所體悟的究極境內容。涅槃也有約勝義說的，如巴利語聖典《自說》（Udāna）之涅槃四經，謂涅槃是無緣、苦滅、明四諦、正斷煩惱、遠離渴愛、邪見，不生不死[136]；另外，亦有約法門義說，謂涅槃滅諦，意在使人觀一切有漏法（苦集）為無有，滅者，非謂無義，而旨在對治有法[137]。

廣義地說，涅槃是佛家統攝解脫的究竟地、果境的名詞。在涅槃的種種意義裡，晉世佛學者最能契會的，相信就是空寂之義。早期漢地佛教稱涅槃作無為，《正誣論》說：「泥洹者胡語，晉言無為也。」此處的「無為」，是取自道家義。《老子》四十八章曰：「為學日益，為道日損，損之又損，以至於無為，無為而無不為。」無為者，乃不斷捐棄妄念、知識、成見，以達到無有所著的靜極之地，依道家，此中工夫重點在「損」與「忘」。「忘」，是來自《莊子•大宗師》：「墮肢體，黜聰明，離形去知，同於大通，此謂坐忘。」郭象〈齊物論注〉云：「夫任自然，而忘是非者，其體中獨任天真而已，又何所有哉？……其於無心而自得，吾所不能二也。吾喪我，我自忘矣；天下有何物足識哉？故都忘內外，然後超然俱得。」道安〈安般注序〉，說「損之又損之，以至於無為」，

---

134 此二十個異名大多數已包含在南傳相應部中，見《大正藏》卷二，224中。

135 《大正藏》卷十二，563下。

136 片山一良：〈パーリ仏教における涅槃〉，《駒澤大學佛教學部研究紀要》(59號)，頁469。

137 《阿毘曇心論》卷第四智品：「有無有者，所謂涅槃。是故智者觀有無有。有者一切有漏法謂苦集義，有無有者謂滅諦也。一切有無有，故名有無有，於彼中無有義也。此說有對治謂是滅，是故滅非無也。……對治說滅，是有物如是涅槃一切有對治。」(《大正藏》卷二八，852中)

「忘之又忘之，以至於無欲也」[138]（《祐錄》卷六），乃將老莊的損、忘，變為修證禪法的階梯，而最高的階段，就是恍如道家言無為無欲之究竟境地。漢地佛學家，常以道家的自忘、去知、無心，為思議解脫境的起點[139]，加上受早期禪經，不念內外境的「無為」禪法之啟蒙[140]，故甚偏重涅槃寂靜無為的一面，因此，如道安〈合放光光讚略解序〉所言之法身和真際，最終與道家的淵默無為境相類，也非不可理解了。

　　由於中土般若學家過度重視涅槃的空寂義，故難以領會涅槃還包括了究悟四諦、十二因緣、滅苦、除煩惱、離欲等深義，形成漢地般若學對涅槃的不究竟理解。此外，徒以道家的無心無為擬說涅槃境，顯示當時的中國般若學者，亦與玄學家一樣，只重在讓一心浮游於順適輕靈之境，卻忽略了涅槃尚須經過莊嚴的工夫次第，和重重對治無明的禪修法門，方可達致[141]。這種情況發展下去，其結果是，到了康僧會以後，安世高所傳的安般禪，已幾乎被浸沒在般若學中，成為後者的附庸，禪學遂淪為下乘。晉世，般若學在南方愈盛，輕蔑禪法的風氣愈甚[142]。道安〈陰持入經序〉（《祐錄》卷六）嘆曰：「于斯晉土，禪觀弛廢，學徒雖興，蔑有

138《出三藏記集》卷六，頁245-246，中華書局。

139 支遁〈要鈔序〉說到達般若智，是要：「忘無故妙存，妙存故盡無，盡無則忘玄，忘玄故無心，然後二迹無寄，無有冥盡。」道安〈合放光光讚略解序〉：「法身者，……泯爾都忘，二三盡息。」都以「忘」通達究極境。

140《安般守意經》卷下：「問曰：何等為無為？報：無為有二事。有外無為，有內無為。眼不觀色，耳不聽聲，鼻不受香，口不味味，身不貪細滑，意不志念，是為外無為。數息、相隨、止、觀、還、淨，是為內無為也。問：現有所念，何以為無為？報：身口為戒，意向道行，雖有所念，本趣無為也。問：何等為無？何等名為？報：無者，謂不念萬物；為者，隨經行。指事稱名，故言無為也。」（《大正藏》卷十五，169下）這種無念內外境的工夫，是很接近道家的坐忘去知的。在早期的般若學家中，道安是最重視由禪智趣般若，得解脫。〈人本欲生經序〉謂：「物之不遺，人之不棄，斯禪智之由也。故經曰：道從禪智，得近泥洹。豈虛也哉，誠近歸之要也。」所以，亦不能抹煞彼從小乘禪法受啟悟，進而論究竟空寂之可能。

盡漏。何者？禪思守玄，練微入寂，在取何道，猶眎于掌。墮替斯要，而恌見證，不亦難乎！」[143]這番話，是當日晉土禪法弛廢不興的真實寫照。

歸根究柢，漢地般若學思想側重涅槃的無為空寂義，與存神論不無關係。因為由神明自體顯用、即體即用地彰顯出來的冥寂境，照道家至人觀的「果地」看，是心之體用，易簡而遂通地一以貫之的結果，故不勞經歷對苦、四諦、無我等論題的深刻反思而後成。其次，因以為偏言藉心神的靈虛，便能會契涅槃的無為究極境，以致輕視嚴肅的修証工夫。綜上所見，存神之說實造成了對中土學者領會涅槃義的妨礙。

(2) 不能了契無我義

佛家無我義之中心思想，是否認一個恒常自主的我存在。對於中土佛教學者來說，這是甚難了契的義理。因為在中國傳統哲學裡，沒有以分解經驗主體的身、心、意為理論中心的學說，更沒有出現否定主體精神之實在性的思想。相反，不管儒家講「人生而靜，天之性也」(《禮記•樂記》) 的人性，或是孔門以外說「生之謂性」的自然之性，都從人的品類出發，認為人性具有一個普遍的本質。在中國哲人眼中，人性的普遍性與真實性，是不言而喻的。傳統哲學之所以必主張人身有主，而未出現過無我之論，是因為各家都以普遍的人性，為探討主體的立足點，至乎兩晉般若學的存神說，亦不能例外。六家七宗論心有寂然至無的體性，有

---

141 例如嚴佛調的《內習六波羅蜜經》以安般六事配菩薩內修的六度，以強化自我的完善，主要以生死無常為基本觀念和禁制內外六入為主要修持的範圍。而康僧會通過六度，將安般外在化，當作治療病態社會、病態心理的一帖良方，都是強調對治作用的禪修法門。(參考杜繼文釋譯《安般守意經》，頁169-174，佛光山，1997年) 這些修持方法的種類、名目，比單純地講忘、損的修養，較有系統，也包含著清晰的階梯。

142 橫超慧日：《中國仏教の研究》，頁200，法藏館，1958年。

143《出三藏記集》卷六，頁248-249，中華書局。

感通外物的功能，仍然是從人的普遍稟性出發，承認主體真實不虛，此跟印度佛教藉分解經驗主體，得出完全相反的無我之議，路數迥然不同，於是造成東晉般若學者固守持神說，與佛家的無我義，始終有隔。

　　(3) 偏重從超越的主觀認識論一面理解空義

　　前節提到，東晉學者甚難領會緣起理法涵蘊的「一切法空」、「自性空」要義，再加上神明說深根固柢的主體性立場，在中國般若學者的理解中，空義被慣常理解為在主觀觀照下一個不二的、無分別的清淨世界，如支遁說「忘一歸本無」（〈閑首菩薩讚〉），「棲神不二神」（〈不眴菩薩讚〉）、道安言淵默無著的真際，泯爾都忘的常道（〈合放光光讚略解序〉），莫不如是。以上二家，皆從般若智徹入超越有無相對的不二境來詮論空境。於茲「空」的意義，主要顯現為與超越的主體認識作用相應的一境。然而這種思路，只能突出主觀理境的空義，卻未能體悟依緣起理法彰顯之「一切皆空」、「自性空」之客觀真理論意義。在羅什來華前，自性空、假名空等闡明空之客觀真理義的概念，一直無法進入中國般若學者的理解核心內，就上所見，應歸咎於存神說隔障了性空實相的真諦。

第四節　真俗二諦：

可道與不可道的世界

　　佛法常說二諦，阿含經早已有「第一義」、「世俗」的名目。佛家以第一義為絕對的真理，稱為真諦（satya）或勝義諦（pāramārthikā），確認無我、相依緣起等教義的真實性。世諦或俗諦（saṃvṛti-satya）則是相對的真理，包括依經驗、常識或約定俗成而建立的俗情世間的真理觀，只在個別情況下，如生活世

界、知識世界中，被有限度地承認是真實的，然而說到底，它們都是虛假不實的。六家七宗雖未正式確立真、俗二諦的界限，但各家論存有的真相，恒出入於有無、本末、真俗兩邊，且幻化宗更明言「世諦」與「真」的區分，故真俗二諦實已進入東晉般若學的討論範圍了。

　　東晉般若學主要藉兩個課題涉足二諦的討論，一是客觀的存有論，一是語言與真理的關係。關於前者，各家都有發表己見，前文已作詳細考辨，茲從略焉。後者則僅道安與支遁的撰述中略有提及。以下集中審視兩人就可道世諦，與不可道真諦所發表的觀點。

4.1 道安與支遁論語言與真理的關係

4.1.1 真俗不二

　　道安〈合放光光讚略解序〉，替不可道的絕對真理，與可道的相對真理，劃下涇渭分明的界線，其言云：

　　　諸五陰至薩云若，則是菩薩來往所現法慧，可道之道也。諸一相無相，則是菩薩來往所現真慧，明乎常道也。可道，故後章或曰世俗，或曰說已也。常道，則或曰無為，或曰復說也。此兩者同謂之智，而不可相無也。斯乃轉法輪之目要，般若波羅蜜之常例也。[144]

　　此言從五陰到一切智 (薩云若，sarvajña)，是菩薩為救度眾生，所表現的權智，是可以言說的道。至於萬法真實本體的虛寂實相，則是菩薩在救度眾生過程中表現的真實智慧，是無為的，永恒不變的道。因為「無為」的真諦，是不用附麗於任何概念語言的，它不屬於可被理智解悟的領域，因此它的內涵，只可藉言說點撥，而不可被言說道盡。此見道安對真俗二諦的區分，從大處看，頗能符合般若經指陳第一義無言說，世諦故有的教義[145]。另依《大般若經》，真俗二諦有多種意義，其中之一，是將俗諦目為

對眾生之權宜說法[146]。在〈略解序〉裡，道安指出可道之道，是菩薩為使眾生拔除妄想的方便教誨，顯示他亦秉承了般若經所云，世諦是對應眾生說法的教義。從這段引文的內容看，法慧、可道、世俗，似相當於世諦，真慧、常道、無為，似相當於真諦。不過道安並無明確使用二諦的字眼，他將可道、不可道二域稱為「智」，這是安公對真俗二諦逕自敷演的新解。

印度佛教傳統向來嚴守勝義諦與世俗諦的分野[147]，然亦不無例外。《中觀》四諦品云：「若不依俗諦，不得第一義。」[148]《大般若經》卷五六九曰：「凡有言說名世俗諦，此非真實。若無世俗即不可說有勝義諦，是諸菩薩通達世俗諦不違勝義諦。由通達故知一切法無生無滅無成無壞無此無彼，遠離語言文字戲論。天王當知，勝義諦者離言寂靜。聖智境界無變壞法，若佛出世若不出世性相常住，是名菩薩通達勝義。」[149]此皆倡言必須依賴權變的世諦，方可點撥和啟示真諦。從接化眾生的角度來說，世諦與真諦自當並行不悖，此誠無疑義，不過大致上，印度佛典罕言真俗不二的觀點，而偏向對二諦的峻分。但道安〈略解序〉，言菩薩運行

144《出三藏記集》卷七，頁267，中華書局。

145《摩訶般若波羅蜜經》卷二十四：「佛告須菩提：世諦故分別說有果報，非第一義。第一義中不可說因緣果報。何以故？是第一義，實無有相無有分別亦無言說。所謂色乃至有漏無漏法，不生不滅相不垢不淨，畢竟空無始空故。」(《大正藏》卷八，397中)

146《大般若波羅蜜多經》卷三百六十五：「諸菩薩摩訶薩修行般若波羅蜜多，隨世俗故顯示諸法若有若無，非隨勝義。世尊，世俗勝義為有異不？不也，善現。非異世俗別有勝義。何以故？善現。世俗真如即是勝義，諸有情類顛倒妄執，於此真如不知不見。菩薩摩訶薩哀愍彼故，隨世俗相顯示諸法若有若無。」(《大正藏》卷六，882下)。另見卷五二六，《大正藏》卷七，699下，有幾乎一致的經文。

147 參照玉城康四郎：《中国仏教思想の形成 • 第一卷》，頁476，筑摩書房，1971年7月。

148《大正藏》卷三十，32下。

149《大般若波羅蜜多經》，《大正藏》卷七，939上。

於真俗二諦的智慧(分別與無分別二智)，不可相無，是「轉法輪之目要，般若波羅蜜之常例」。道安之議，或承自玄學雙遣二邊，又不離二邊的圓極中道而來[150]，故此特別注意在菩薩智照之功中的可道與不可道二境，實即相涵互攝，一體無別，以致與印度之論，罕談真俗一體的一貫立場，迥然有別。

4.1.2 寄言出意

對於語言文字相與實相的關係，佛家的正統態度，是採取否定的立場，拒斥名實對應的可能。佛教認為假託語言、概念、文字，極其量只能觸摸到絕對真理的皮相，卻不能與實相完全符應。因此之故，真諦是超離任何語言文字相的，如《大般若經》所云「勝義諦中既無分別亦無戲論，一切名字言語道斷。」[151]，道安的經序亦言：「據真如，遊法性，冥然無名者，智度之奧室也」(〈道行經序〉)，強調要泯滅一切名稱概念，方能契會真如與法性，可見他已掌握到般若經所言，第一義諦遠離一切名字言語的奧義。

不過，佛家對於言說文字，亦有採取融通的看法。箇中理由在於，佛教將文字當作傳布教說的必需器具。因為文字雖然不是第一義，但離開言語文字，則連唯一可以表顯義理的工具亦會喪失，因此在教化的領域裡，文字語言的功能性也是不可取締的。另外一個更根本的理由，是關涉到文字的本質問題。固然佛家論文字語言，基本上都承認它是「但名無實」的，然而，謂文字虛假，只是因為眾生執取文字為實義。若人不取著於相，則文字的本性便為如如空寂，既不可言真，也不可言假，以此觀之，文字不也就是寄託於符號名稱的實相？如是，豈不可說文字與真諦，

---

150 參考牟宗三：《才性與玄理》，頁192。
151《大般若波羅蜜多經》，《大正藏》卷七，758中。

相通不二？是故經云：

　　佛告須菩提：菩薩摩訶薩行般若波羅蜜時，觀是十方如　河
沙等國土皆空。是國土中諸佛性亦空，但假名字故諸佛現身。所
假名字亦空。若十方國土及諸佛性不空者，空為有偏，以空不
偏，故一切法一切法相空。以是故，一切法一切法相空。[152]

　　　所謂偏空者，不唯守文滯辭之徒，也包括以為領契到十方
國土及諸佛性不空者。此段經文指出，假如偏空(滯於空)的話，
不管對象是文字相抑或空相，都是有所執守；如不偏空，不管所
觀的是文字相抑或空相，因以無分別智觀之，也都可以諦見實
相，所以連文字也可說是解脫相[153]。這是在文字相與空相都是空
無自性上，說語言文字和實相，都是平等不二的。

　　道安了解到，語言文字是枝末，不能代表實相本體，是以在
〈道行經序〉中，他以「迹」表示有為的名稱、概念、言教，認為是
智度的旅社(「蘧廬」)，真如、法性，才是智度的真正奧妙所在
(「奧室」)。不過，道安不滿足於真如與名教遠想兩個境域的隔
閡，他期望衝破教說文字相的樊籬，從閱讀經典中提揀出般若的
密義。〈道行經序〉曰：

　　然凡諭之者，考文以徵其理者，昏其趣者也；察句以驗其義
者，迷其旨者也。何則？考文則異同每為辭，尋句則觸類每為
旨。為辭則喪其卒成之致，為旨則忽其始擬之義矣。若率初以要
其終，或忘文以全其質者，則大智玄通，居可知也。[154]

　　道安反對讀經時執著於文句。他認為如果期望從文字名相
中，便研尋到般若的理趣，不但是緣木求魚之妄想，到頭來更會

152《摩訶般若波羅蜜經》，《大正藏》卷八，410中。
153《維摩詰所說經》觀眾生品：「天曰：言說文字皆解脫相。所以者何？解脫者
　　不內不外不在兩間。文字亦不內不外不在兩間。是故舍利弗。無離文字說解
　　脫也。所以者何？一切諸法是解脫相。」(《大正藏》卷十四，548上)
154《出三藏記集》卷七，頁263，中華書局。

迷失旨趣。他勸導道俗，若要掌握經文的宗旨，應要統貫全體（「率初以要其終」），兼且要忘卻文字，顧全大義（「忘文以全其質」），這樣自然可以玄通於般若真諦。

簡言之，道安融通經義的手法，可概括為：得魚忘筌，得意忘言，不滯於末而忘其本，此方法的原型，自是玄學常用的寄言出意。唯因不欲黏著文句，期望做到附文求旨，故而安公對格義比配事數的研究方法，較諸同代的學者，更易產生反感（事見《高僧傳》釋僧先本傳），這是不難了解的。

支遁談語言與真理的問題，大體也順著「寄言出意」的路線措思，但言辭更加精巧絕紗。〈大小品對比要鈔序〉言：

般若之智，生乎教迹之名。是故言之則名生，設教則智存。智存於物，實無迹也。[155]

此言般若智雖然依存於教迹，但本身是沒有迹象可尋的，唯在施設言教後，才有所謂般若智。從第一義諦的立場出發，支遁表示般若是超越語言文字的：

苟慎理以應動，則不得不寄言，宜明所以寄，宜暢所以言。理冥則言廢，忘覺則智全。若存無以求寂，希智以忘心，智不足以盡無，寂不足以冥神。……徒知無之為無，莫知所以無；知存之為存，莫知所以存。希無以忘無，故非無之所無，寄存以忘存，故非存之所存。莫若無其所以無，忘其所以存。忘其所以存，則無存於所存；遺其所以無，則忘無於所無。（同上）

「理冥則言廢，忘覺則智全」，是與「不以言害意」，「寄言出意」同義的表述。支遁深獲玄學「得意忘言」詮釋法之精粹，重視忘卻言教的末迹，這點與安公一致，但其論卻更加徹底，蓋支公更進一步，鋪陳出「忘」的次第。依其說法，首先是忘存與忘無：必須做到泯滅「存」、「無」的文字相，其次，還要徹底去掉追求

155《出三藏記集》卷八，頁299，中華書局。

「存」、「無」的念頭，甚至連「所以存」、「所以無」等有關形上範疇的心行思議，都一併棄掉，沒有絲毫執著與凝滯，這樣才算得上真正超越了「存」、「無」之對揚。這是獲致般若無分別智的第一步，接下來的步驟是：

> 忘無故妙存，妙存故盡無。盡無則忘玄，忘玄故無心。然後二迹無寄，無有冥盡。是以諸佛因般若之無始，明萬物之自然。（同上）

易言之，支遁言到達無心的進程是：忘無 → 妙存 → 盡無 → 忘玄 → 無心

此中的歷程是：超越存無的相互對待（非有非無），便能證入真空妙有（即有即無）；由真空妙有，便能體證綜合非有非無，即有即無的徹底之「無」（盡無）；由盡無，則不會因希玄而滯守於虛空玄冥之境（忘玄）；由忘玄，而可體達精神的絕對自由（無心），出入無礙。據支遁所述，無心乃直透般若智境的最高階次。

道安的「寄言出意」，乃憑藉語言，會通本義，是順文本並超越文本的解悟方法。其謂率初以要其終，忘文以全其質，仍然懷有從文本中辨名析理的強烈意圖。依照這種方法，即使得意忘言，猶不能自免於言外之教是本（或所以迹），言說之教是末（或迹）的對壘。兼且，他仍存有希智的欲求，故其玄通大智的路途上，仍藏「有」，而不是泯爾都忘。至於支遁所言，在通向般若智的進程上，棄絕言語相在忘無一環中業已完成。由忘無開始，接下來的階梯，已超離言意之辨的畛域，即已無關乎意義能否被辯以示之，或如何突破文本的封限，以追尋根本義理的問題，而全是描述隨著存、無、玄的層層剝落，與層層綜合，逐步遞進的聖證境界。因為聖證之智，能圓融地即空見有，即有見空（見前述「真俗不二」部分），非徒黜言教，方可觀空，在此境地，實已超拔言教（有）與真諦（空）之隔別。故支遁所陳般若智冥契真諦之路，既不需憑藉慎審文本以達成（道安則仍認同疏通經教，有玄通大智

之功)，且已不向言外之意趣，此是支公的「寄言出意」，進乎道安之處。

4.2　真俗對揚與形神分殊

般若經言二諦，有兩個路向，一是言不及道：事物的真實狀態是處於言說之外的，一切法都不可說；一是道不離言：藉言教啟示實相，於此而可不壞假名，說諸法相[156]、真俗不離。不管怎樣，般若經都在提示人遠離假名，蕩相遣執，就算對待文字般若，亦不應例外[157]。因此，止滅虛假的觀念，是般若經論二諦的主要意旨。至於滅想後的絕對實諦，究竟是一個怎樣的存在，則是不可想像的。般若經中，常以「觀色非常非無常，非樂非苦，非我非無我，非空非不空，非相非無相，非作非無作，非寂滅非不寂滅，非離非不離，受想行識亦如是」[158]等話頭作喻意式的開示，卻沒有曉諭真理境的內容。

實相是離言離相的，不論中印的佛教學者，都無法利用思想和文字來形構實相之內容。但與印度佛教比較，東晉般若學者論二諦，特別著重般若智之融通真俗義，以及般若智悟境的意蘊。當中主宰彼等的哲學趣味的，有兩個思想傾向，一是遺言忘名，一是循智用以會通超言絕相的象外義蘊，由此兩點，東晉般若學者遂生起特重視由俗通真，真俗相融，以及玄智照境之哲學興趣。吾人揣想，與此兩點相通的本土哲學思想，即所謂宅心玄遠，重神理而遺形骸的精神取向。神形分殊，本是玄學立義的基

156《摩訶般若波羅蜜多經》散花品：「佛告釋提桓因：色但假名。須菩提，不壞假名而說諸法相。受想行識但假名。須菩提，亦不壞假名而說諸法相。所以者何？是諸法相無壞不壞故。」(《大正藏》卷八，277中)
157《摩訶般若波羅蜜多經》具足品：「我為眾生故受生死，憐愍汝等故具足大悲。行是大悲饒益眾生，亦不得實定眾生相，但有假名字故，可說是眾生。是名字亦空，如響聲實不可說相。」(《大正藏》卷八，406上)
158《摩訶般若波羅蜜多經》無生品，《大正藏》卷八，270中。

石[159]。所謂形者，是可睹的形式，是迹；神者，是形迹所不可窮盡的內在精神，與根本意趣，或自然之真性。魏晉名士的人生觀，是得意忘形骸，轉而在哲學思維上，表現為不拘文句，融通文本之內與文本之外的意義，繼而再輾轉影響般若學觀二諦之可道與不可道兩個層次，將印度佛教裡真俗之間的界限，理解為神形之間的分殊。而得意忘言的主體，在玄學是心[160]，在佛家是智。道安言般若智貫穿於可道與不可道之間，又言忘文全質；支遁言忘無至無心的歷程，考兩人之意，也同是主張遺言忘名，以智用遺忘形骸，融通二諦。要之，將二諦轉化為神、形之分殊，並將絕對真理與相對真理的對揚，以得意忘形骸的理路融通之，是東晉初年佛教學者論二諦觀的進路。

東晉般若學家，承玄學的餘緒，悟理尚清通簡要，不願以辭害義，所以研讀經典，也不喜好守文滯句。《高僧傳》本傳指出，支遁「善標宗會，而章句或有所遺，時為守文者所陋」，是見支公談理標宗，不愛尋章摘句，偏好取神而捨形，自由闡發己意。然此風日長，到了後來，學者難免養成輕視事數名相的陋習。僧叡的〈十二門論序〉(《祐錄》卷十一) 就指出，玄通至理的訣竅，在於落筌喪我，其言云：

> 理極於虛位，則喪我於二際。然則喪我在乎落筌，筌忘存乎遺寄。筌我兼忘，始可以幾乎實矣。幾乎實矣，則虛實兩冥，得失無際。冥而無際，則能忘造次於兩玄，泯顛沛於一致，整歸駕於道場，畢趣心於佛地。[161]

---

159 參考《魏晉玄學論稿》，頁35。
160 郭象注莊曰：「夫心之全也，遺身形忘五臟，忽然獨往，而天下莫能離。」(德充符注)「夫任自然，而忘是非者，其體中獨任天真而已，又何所有哉？……其於無心而自得，吾所不能二也。」(齊物論注) 二注皆以心是忘身遺骸，任自然的主體。
161 《出三藏記集》卷十一，頁403-404，中華書局。

這是說，要玄通至理，就必須要忘我，而忘我在於拋棄一切語言名相 (落筌)，與得道的希求 (遺寄)。僧叡遺言絕想的態度，除了來自羅什反毗曇的立場[162]，相信也深得道安等得意忘言之旨。除叡公外，當日般若學家皆服膺形神分殊的觀點，遂由重神輕形，廢言落筌，演變成解經時輕忽事數的傾向[163]，其結果是：

● 喜用玄思通釋佛理的風習，不注重鑽研名相概念的實質涵意；

● 藉神形之辨論二諦，而與般若經所言的二諦義，顯然有隔；

● 企慕宅心玄遠，偏好將佛家的存有論、存神說、二諦觀等，籠罩在對主觀境界的玄想式表述當中。

第五節　小結：此時期格義佛教的普遍內涵與形態

5.1　對空義的理解與其局限

以上分別從佛家的存有論、主體論 (存神說)、二諦論三個方面，檢視在僧肇以前，晉土般若學者對般若空義的理解情況。綜而言之，此期漢地學者藉廣義的格義佛教方法，對般若空義之理解，可概括為以下幾個要點：

(1) 存有論

主要順因緣相依與本末、有無之辨兩條路線，解釋性空與實

---

162 參考《魏晉玄學論稿》，頁40-42。
163 除叡公外，曇影〈中論序〉(《出三藏記集》卷十一，頁401，中華書局)亦言：「故至人以無心之妙慧而契彼無相之虛宗，內外並冥緣智俱寂，豈容名數於其間哉。」曇影於晉義熙中卒(見《高僧傳》本傳)，反映晉世輕視事數者，是普遍情況，不唯僧叡一人而已。

相之義。部分學者並已關注到存有論上的真俗二諦，即空與假的區別。不過，他們還未能正確認識緣起相依的真義，也不能即因緣以說空，反而與十二因緣等，對具體的生命現象進行經驗分解的緣起概念，較能相應。

(2) 主體論 (存神說)

順體用之辨，立心神為虛照的精神主體，且將道家忘我無為的體道境，與涅槃的究極境互相比況。與此同時，般若學者們亦未能契應無我義。玄學家好談心神能直趨輕妙之境，般若學家因循其風，也著眼於神明自本體向外之智照，便可凌駕於對諸法的分別之上，通達平等無別的清淨世界，故特重義學，而輕視禪法的修行階次。

(3) 二諦論

順形神之辨義解二諦真理觀，並順得意忘形骸的玄學意趣，融通真俗。

據前所述，中國學者未能透徹地解悟般若經中「緣起性空，一切非真」的非實在論立場，仍然局部地執持境界、主體之實存義，從絕對空的眼光出發，這無疑是晉世學者理解空義的最大失誤。

5.2 與玄學的交涉情狀

誠然六家七宗所領悟的空義，與印度般若空宗所論，頗有差距，至於他們與玄學理論的關係又如何？是對玄學機械地照本宣科，抑亦有鑰啟般若學的深義，而獨自悟得的意趣？

無可否認，東晉之世，玄佛交融活動的外在表現，是十分顯然易見的。此時期的般若學雖嘗試為佛家義理，進行獨立的哲學論述，但就問題意識與思維方式上看，他們仍然依從玄學的論理路徑為矩矱。玄學貴尚虛無、談體用、本末、神形、無心、得意忘言、以智用遺忘形骸等觀念，都被般若學家當作重要的哲學方

法和論題，納入研治的範圍內，繼而藉此等玄學名理為媒介，鋪敘佛家的空義。此時期玄佛在哲學方法、理論形態和觀念內容上的交涉，本章已作詳贍的探究，茲不重論。

　　今吾人更須注意者，是促成玄佛兩家進行會通的根本接合點為何。如果單從時代風氣、思想史的共時性等層面，來考慮導致兩者交涉的因素，則玄佛交融似乎並無必然性，只是歷史事件偶然會集的結果。然而，假如玄佛二學徒具論理形式上的相似性，而缺乏內在思想的共鳴，那麼彼此在思想取徑、問題意識等各方面，實已殊難相應，互相詮說的空間亦將十分有限，更遑論借玄說佛，重構佛學命題了。是故六家七宗與玄學哲理之所以能夠產生深入的交會與融通，必然存在著較諸歷史共時性此因素，更深層的理由。筆者認為，晉世玄佛兩家之交融，除了是時代此因素外，亦是本質問題使然。此本質即為：般若學與玄學，同屬於智悟型態的哲學。玄佛兩派在義理上能達致會通，乃立足於這個相同的根柢，再加上歷史的機遇，才得以開展的。

　　智悟型態的哲學之旨趣，是體證至理，離惑見真，簡言之，是宗標主體消除虛妄，回到真實的自我和存在實相之哲學理論。本乎循智悟道的宗致，智悟的哲學開出主客兩個層面的真理論。在客觀的真理論上，辯示自我與萬物的存在真象，消解常識的、世俗的認知所觸發的非合理性，從而破顛倒、解知見之惑，以契達正觀。在主觀的真理論上，倡言修養工夫，使主體循自我真實化的過程，最後開敞出與終極實在相契的主觀精神，此為內在於智悟主體自身所證悟的究極真理境。

　　般若學的宗趣，在客觀真理論上，是開示真如實相，在主觀真理論上，是啟發成道後的一切智。而玄學所欲究悟的，是存在的究極真理，與心的超曠虛廓，於此可知，兩者在本質上皆屬於智悟型態的哲學。晉代玄佛兩家環繞體用、本末、神形、迹與所以迹、言意之辨、神明、真俗、二諦等課題鋪設的哲學思想，放

諸思想史的前後關係上看，固然是因為時代因素的關係，致使中土的般若學，產生跟印度般若學迥別之處，然而這些函著特定意趣的觀念和論題，究實而言，莫不是由於玄佛兩個智悟型態哲學，皆有循智悟道的宗致，而被廣泛地應用於兩家的哲學論說裡的。因此促進玄佛會通的真正交匯點，最先並不在於兩者俱對於玄學體用、本末、有無等議題表示了共同的關注，而應該在於，同屬於智悟型態哲學的玄佛思想，根本上在客觀的真理論(體道的理論根據)和主觀的真理論(包括超越主體的認識論、或曰體道論)兩面，已擁有相近的立說宗旨，因而在共時性的背景下，才發生義理交相證會的可能。

循智悟道，是玄學和般若學共通的方向，但智與悟的內容，可隨兩家教下的定向而各有不同的表示。般若學的宗致，歸趣「緣起性空，破一切執」；至於玄學的要旨，除遵行客觀主義路線的裴頠、歐陽建外，大率是「貴尚自然，宅心虛無」。玄佛的定向既有殊異，故兩者所言智與悟的內涵，蘊含著不可化約的根本差別，致令玄佛兩學的要義，雖同到受重智悟的魏晉時代精神之薰習，卻仍互有異同。今撇除對兩家觀念和理論內容的瑣碎比較，扼要言之，擁有相同哲學型態的玄學與中國般若學，在東晉前期，呈現出如下相似的面貌：

(1) 玄佛皆欲使人摒除惑妄，上達終極的理境。不過玄學是談本體之學，或崇有，或貴無，又多談本末之議。影響所及，六家七宗談論存在實相，也多藉有無本末的對顯而申論之。不過，也因為受玄學的薰化，漢地佛學家不能完全根絕本體論式的思考，例如本無宗的竺法琛，便以「無」為實體的「無」。此外，即使不公開宣稱一個實有形態的本體，但建基於本體論式思考，般若學者仍總不免具有玄學崇本抑末的哲學意識，因而容易向偏無或偏有趨，鮮能雙觀有無。支遁的即色論既不偏於有，也不偏於無，環顧當日的般若學派，算得上是獨得之見。

　　(2) 在主觀真理論上，玄學的宗致是虛心無為。玄學理論慣從靈虛的心體出發，開顯證悟境界的形上學 (如郭象的至人觀)。中土佛教學順此智悟哲學的格範，亦特重以般若智綜攝圓照下的究極境，又試圖彰顯離言絕相的超驗理境內容。

　　以上是在東晉前期的玄學和般若學，建基於共同的哲理型態 (智悟型態的哲學)，在共同的歷史背景下，採取相近的哲學思考進路，所呈現的相似面貌。前已言之，雖然在循智悟道的立論方向上是一致的，但玄佛兩家仍有各自宗標的定向。依據兩者各別的定向，導致兩家的智悟哲學，存在相異之論：

　　(1) 玄佛都力求去除世俗之知的非理性成分，但玄佛所觀解的真理境是有別的。般若學倡言斷滅一切戲論，玄學家卻側重在寄言出意，試圖思議絃外之音，故玄學的要旨唯在忘言，般若學卻尚要廢言絕慮。支遁〈要鈔序〉表述由忘無到無心的歷程，則已超乎玄學得意忘言的階段，在廢言落筌之上，還要斷除一切隨言語興發的思議和玄想，甚至包括對言外意境的追求。支遁〈要鈔序〉對治從俗情之知倒影出來的虛假幻象，較諸玄學企慕離言意境，更徹底地破除心的一切攀緣相，是佛教理境有進於玄學之處。

　　(2) 玄學言喪我忘身，無心而自得，追求寂然空曠、順適無累的心境，此中卻仍橫亙希智忘我的欲求，而玄學家卻未能省思此點。支道林從佛家空義出發，能省悟到玄學家尋求逍遙無為這個願望本身，已相當於仍有欲望的牽繫。例如對於郭象解逍遙為適性自足，支公〈逍遙論〉評之曰：「若夫有欲，當其所足，足於所足，快然有似天真，猶饑者一飽，渴者一盈，豈忘蒸嘗於糗糧，絕觴爵於醪醴哉？苟非至足，豈所以逍遙乎？」(《世說新語》文學篇注引) 此言郭象的足性逍遙，說穿了，不過是提倡欲望之滿足，然而人的欲望是永無饜足的，如果單純無止境地滿足一己之欲，又怎能達到真正的逍遙呢？另外支公〈要鈔序〉又云：「若存無以求

寂，希智以忘心，智不足以盡無，寂不足以冥神。」此亦是點出，
須徹底脫盡希無忘無的微細念頭，才算得上是真正的虛通心志。
支道林所以能省察到，玄學家追求心境的玄虛與逍遙，亦是一種
執滯，溯其思想原委，是他藉雙觀有無，來闡釋般若之空境使
然，所以，他不會如玄學家般，偏向好無或崇有，同時能了知，
真正的破執，亦應連「無」亦一併撤去，方為完全無滯。職是之
故，他能體會到，玄學家追求心無之欲求，也是一種出於好無的
精神罣礙。此為玄學理論之缺陷，為早期格義佛教所克服的典型
例證。

（3）晉代玄學家每論有為與無為的對列[164]。前文曾論及，道
安〈略解序〉借道家的「無為」譬喻常道（或不可道之道），他又指
出，此道與世俗的可道之道並不相離。〈略解序〉所針對的雖是真
俗二諦的問題，但道安的用心，是闡明「有為與無為之不二」，即
真俗互通之義，因此其說略異於玄學以有為、無為相對的精神。

前揭第一、二點，分別展示般若學者破斥對言外之意的攀
緣，以及玄學尚無的希求，第三點，是雙觀有為與無為之一體不
二。在僧肇以前，東晉佛教學者有進乎玄學的新義不算很多，而
以上三點可為代表。此中般若學者的精神，是徹底消除對一切名
言和言外之意象的攀緣，以破除對「無」之執著。這是般若學在「破
一切執」之定向下，有別於玄學「宅心虛無」的宗致所表現出來的異
趣。緣此可知，此期般若學雖仍然依附著玄學的形式，開展對般
若學之理解，但已略略呈現出由於兩家宗趣之不同，所衍生出的
義理分歧了。

---

164 例如郭象說「用其自用，為其自為，恣其性內，而無纖芥於分外，此無為之
　　至易也」（〈人間世〉注），無為是各任其事，而自當其責（〈天道〉注）。「各當其
　　能，則天理自然，非有為也」（同上），這點出無為與有為是相對的。

5.3　此時期格義佛教的整體形態

　　此時期的格義佛教，仍然大量蹈襲了玄學的觀念叢、命題和論點。在論題方面，般若學大體上也沒有擺脫本末、體用、有無等學的格範，而在哲學的意趣方面，仍多尚宅心玄虛、存智用而忘形骸。故此綜上所論，就思想的結構形式、思維取徑以觀，此時期的般若學，仍未走出玄學的格套。

　　雖然如此，吾人也不宜將此時期的般若學，簡單地配上一個「玄學化佛學」的刻板標籤。究其緣故，東晉的佛學家，雖然仍依賴玄學的格套發揮佛教哲理，但是也沒有一成不變地重蹈玄學的轍跡。至於理論內容方面，般若學亦有發明在玄學以外的獨創之見。舉例說，支遁謂般若乃離言絕相之論，乃至其他般若學者關於真俗的論議，都是在玄理體系外，從佛教的角度開拓的新義，可見晉土佛學家雖仍假託玄學的哲學形式來辨名析理，故正式來說，還未算已經建立一個獨立於玄學的哲學體系，但也不致於單純地以玄解佛，完全看不到般若學逕自開出的思考路向。另外，道安反對格義、支遁批評向郭的逍遙觀，都是以佛學者的身份，欲與玄學劃清界線。安公、支公二人之所以自覺地肩負起維護佛門宗義的使命，是因為他們已醒覺到，玄佛各有思想的分際，不可並為一談。從道安、支道林的覺識，顯示作為格義佛學的般若學，已漸次向佛教義理進行深入的挖掘，標示格義佛學開始步入醇熟的階段，與竺法雅等學者，但以道家語詞比附佛理的粗淺格義方法，已不可同日而語。此外，安公對道家玄理滲入佛教義理的高度警惕，也透露了佛教學者有意掙脫傳統文化的約束，讓般若學走上獨立發展的道路。

　　由於受到智悟型態哲學性格的規定，但另一方面，又與般若經典的自性空義始終不能符應，故總的來說，東晉早期般若思想發展的主導態勢，是重智悟，或者說，偏重透過主觀的體道精神，來思維空義的取向，其思想內容主要表現為：

◎確立一個真實的智悟主體——心神(此幾乎共通於各家)；

◎以智照形態透觀真俗二諦的相融不二；

◎藉智悟的作用，通向言外之意趣(這主要是道安的思想)；

◎由智悟的作用，體達離言絕相境(此是支遁義)；

◎建立體道境界——近似道家至人的無為忘我境(支遁、道安的經序對此皆有詳論)；

◎空義相當於主觀執著之化除(如心無宗之所述者，另識含、幻化似乎亦持相類的態度)。

照上所陳，在羅什入關前，六家七宗之學可被歸結為「偏重主體精神的智悟型態哲學」，與玄學的精神大本，意趣相通，唯因其過份側重從主體一邊立義，以致與循緣起理解的空義未能剴切相應，是此期格義佛教在詮解佛理上最嚴重的缺失。

第四章　僧肇思想通釋
第一節　歷史上對僧肇的評議

歷代對僧肇的評價，據其意見之不同，略可分成以下三類：

(1) 讚揚肇公之學發明幽致，著述精妙洽通。如有人評云，精難則觀 (慧觀)、肇 (僧肇) 第一[1]，稱道肇公善以辯難為務。部分學者尤其推許其解空之論，最能契合般若真義，如羅什譽之為「解空第一」[2]。明末藕益智旭著《閱藏知津》，於中土大乘宗論述作，僅收入僧肇及南嶽天台二師，讚嘆為「醇乎其醇」。這些評語均突顯僧肇哲學為中國佛教思想史上的重鎮。

(2) 準乎宗派的立場，追述肇公為先師。如隋代三論宗集大成者吉藏稱許曰：「若肇公名肇，可謂玄宗 (此指三論宗、空宗) 之始。」[3]另外，天台大師智顗在《法華玄義》云：「今古諸釋，世以光宅為長，觀南方釋大乘，多承肇什。肇什多附通意。光宅釋妙，寧得遠乎。」[4]這是將梁武帝時光宅寺 (位於梁都建康) 名僧法雲 (466-529) 宣講的法華學，納入遠承肇公、羅什的「通教」內，以跟自家的圓教法華學峻別。這番話本是智者大師斥難光宅之語，卻從側面反映了南朝學者普遍祖習肇公學問的情況。

(3) 譏嫌僧肇思想是資取老莊語辭和玄理，疏解佛義的格義之學。此等非議，似乎由來甚早。小招提寺慧達為維護肇公所明哲理，作〈肇論序〉曰：「莊老所資猛浪之說，此實巨蠹之言。」[5]

1　《高僧傳》釋慧觀本傳，《大正藏》卷五十，368中。
2　慧達〈肇論序〉，《大正藏》卷四五，150下。
3　《百論序疏》，《大正藏》卷四二，232上。
4　《法華玄義》，《大正藏》卷三三，691下。
5　《大正藏》卷四五，150中。

「莊老所資」，即是資於莊老的語辭或觀念以明佛理。慧達痛斥將僧肇思想低貶為「借老莊說佛」，是無的放矢的言論。招提寺僧或是陳朝人[6]，可知以「資取老莊學」為由詰難僧肇的言論，最早不晚於南朝末年，業已可見。唐時，元康《肇論疏》又提到：

且秦人好文，譯經者言參經史。晉朝尚理，作論者辭老莊。言參經史，不可謂佛與丘且同風。辭涉老莊，不可謂法與聃周齊致。肇法師一時挺秀，千載孤標。上智貴其高明，下愚譏其混雜。是謂宋章而適越。露形之俗見嗤，抱荊玉而致，無目之徒致晒，信可悲也。[7]

元康竭力地替《肇論》的老莊式說理風格辯解，是為了回應肇公學「混雜不純」、摻道入佛的譏諷。不過，元康的申辯未能完全平息歷代譏評者之論議。好像憨山大師的〈觀老莊影響論〉尚云：「至於肇四論，則渾然無隙，非具正法眼者，斷斷難明。故惑者非之，以空宗莊老孟浪之談宜矣。」[8]原來在個別佛教人士眼中，僧肇借玄解佛、不契般若正義的嫌疑，即使到了一千多年後的明代，仍然不容易洗擦掉。

僧肇生當兩種文化——般若與玄學——的交涉激盪之間，少雅好莊老，後由道歸佛，長師事羅什，思想因臻圓熟。苟審察其論，每發現肇公遣詞造句，輒引老莊以抒發其意，此等莊老式概念和語言群甚夥，大量雜陳在《肇論》的佛家用語與佛法義理當中，很容易予人道佛理路交纏攪雜的印象，相信是招致「莊老所資」等責難的主要原因。究竟此等評論能否成立，茲姑不論，但無論如何，這些不可勝數的莊老語言，總是暗示肇公思想與道家、玄學，必然存在著某程度上不可分割的聯繫。本文的重點不在探

6　詳見第三章註7。
7　《大正藏》卷四五，167中。
8　德清：《觀老莊影響論》，頁6-7，廣文書局，1974年。

究僧肇是否已脫離玄學或莊老的格範，而是審視作為中國早期佛教思想史裡具有劃時代地位的般若學者，肇公如何起用傳統哲學的思想材料來理解般若學，另一方面，又如何立基於般若學的義理，為中國傳統哲學注入新義。然而在此之前，吾人對僧肇思想的本質和內涵，亦不宜存而不論，為此，須先謀求對僧肇思想作一總體的瞭解。本章將集中敘述僧肇般若思想的旨趣和主要內容，以作為後續數章，將其思想分別與印度中觀學、玄學、六家七宗對觀的討論基礎。

第二節　傳略與著述

2.1　傳略

僧肇生平，《高僧傳》卷六僧肇本傳云[9]：

釋僧肇，京兆(陝西西安)人[10]，家貧以傭書為業。遂因繕寫，乃歷觀經史，備盡墳籍，志好玄微。每以莊老為心要，嘗讀老子道德章，乃嘆曰：美則美矣，然棲神冥累之方，猶未盡善也。後見舊《維摩詰經》，歡喜頂受，披尋翫味，乃言，始知所歸矣。學善方等，兼通三藏，及在冠年而名振關輔。時競譽之徒，莫不猜其早達，或千里負糧，入關抗辯。肇既才思幽玄，又善談說，承機挫銳，曾不流滯，時京兆宿儒及關外英彥，莫不挹其鋒辯，負氣摧衄。

準此，在前往姑臧(甘肅武威)拜會羅什之前，僧肇前半生的經歷略如下述：

9　以下僧肇本傳之引文均出自《高僧傳》卷六，頁248-252，中華書局。
10　宋曉月「夾科肇論序」云，係俗姓張氏。《大日本續藏經》，第一輯第二編第一套第二冊，頁九十五。

(1) 僧肇祖籍長安。早年備覽傳統學問的經史典籍，尤其醉心莊老，獨愛道家哲理的元微。但老學意境雖美，又覺其宅心本無，冥除牽累之方，尚未盡究竟之道。換言之，道家思想雖幽渺空靈，但對僧肇來說，並不足以成為安頓生命的終極歸趨。

(2) 肇公由道入佛的機緣，是披讀支謙舊譯的《維摩經》。幾許細意翫味後，終於找到了生命理境的歸宿，於是毅然出家。

(3) 及後勤勉不倦，二十歲不到，便洽通大乘和小乘三藏。肇公憑著獨步當世的才思和辭鋒，旋時之間，名振關輔。時欲競譽而入關抗辯之徒，絡繹不絕。

後羅什至姑臧，肇自遠從之，什嗟賞無極。及什至長安，肇亦隨返。姚興命肇與僧叡等入逍遙園助詳定經論。肇以去聖久遠，文義多雜，先舊所解，時有乖謬，及見什，諮稟所悟更多，因出大品之後，肇便著〈般若無知論〉，凡二千餘言，意以呈什，什讀之稱善，乃謂肇曰：『吾解不謝子，辭當相挹。』時廬山隱士劉遺民見肇此論，乃嘆曰：『不意方袍，復有平叔（何晏）。』因以呈遠公（慧遠），遠乃撫几嘆曰：『未嘗有也。』因共披尋翫味，更存往復，遺民乃致書肇⋯⋯肇後又著〈不真空論〉、〈物不遷論〉等，並注《維摩》及製諸經論序，並傳於世。及什之亡後，追悼永往，翹思彌屬，乃著〈涅槃無名論〉⋯⋯晉義熙十年（414）卒於長安，春秋三十有一矣。

僧肇得悉羅什滯留在姑臧（案：羅什在385-401年停住姑臧，前後共十六、七年光景），即離開長安，前赴該地，追隨羅什左右。後秦弘始三年（401年）十二月，姚興迎羅什入長安，僧肇亦隨侍入關。回到長安後，僧肇一面助譯經典[11]，一面從事著述，期間解悟日多，逐漸邁向思想的醇熟期。義熙十年（414），僧肇卒於長安，享壽三十一歲，為羅什辭世後的事[12]。

以上為僧肇之略傳。此外，有關肇公的生卒年，歷代亦有異說。僧肇之生卒年，《高僧傳》作384-414年。但塚本善隆按其在姑

藏師事羅什的時間向上追溯，推論僧肇十二、三歲時，便深解莊老，實在早慧過甚，殊可致疑，再加上古人抄寫四十為「卌」，與「卅」相似，可能造成手民之誤，錯將享年四十一歲當作三十一歲。基於上舉理由，塚本氏將僧肇的生年推前十年，訂正為374-414年[13]。據悉塚本氏的意見，得到學界的廣泛承認[14]。不過，鎌田茂雄卻對塚本說提出異議。他根據吉藏《百論序疏》所言「在什公門下十有餘年，亦云十有二年者」[15]，推定僧肇追隨羅什的年份是398年，因此將其生卒年修正為378-414年[16]。然而吉藏「亦云」十二年，究其而論，只是舉其圓數而已，未必就是史實的記錄[17]，

---

11 《魏書·釋老志》卷一一四記述了僧肇參與羅什譯場的事蹟，其言曰：「是時，鳩摩羅什為姚興所敬，於長安草堂寺集義學八百人，重譯經本。羅什聰辯有淵思，達東西方言。時沙門道彤、僧略、道恆、道標、僧肇、曇影等，與羅什共相提挈，發明幽致。諸深大經論十有餘部，更定章句，辭義通明，至今沙門共所祖習。道彤等皆識學洽通，僧肇尤為其最。羅什之撰譯，僧肇常執筆，定諸辭義，注《維摩經》，又著數論，皆有妙旨，學者宗之。」由此段可見，僧肇在譯場的角色是十分吃重的，不但執筆裁決辭義，而且撰述的妙旨，也受到學者的尊崇。

12 羅什的卒年也有種種異說。《祐錄》卷十四載「以晉義熙中(405-418)卒於長安」，是現存什公卒年的最早記錄。《高僧傳》鳩摩羅什本傳記弘始十一年(409)，《百論疏》、《維摩經義疏》五記弘始七年(405)，《法華遊意》記弘始八年(406)，《鳩摩羅什法師誄》(《廣弘明集》卷二一)作癸丑之年(413)。塚本善隆推定為409年(見氏著《仏教史上における肇論の意義》，《肇論研究》，頁130-135)，其理由是，姚興致安成侯姚嵩的書信，似乎顯示羅什去世已久，其次什公致變後，「自爾喪戎相尋」之語，與史實相符。若如誄所記，弘始十五(413)年四月什公卒，則姚興信函所述，便流於難以理解。

13 《肇論研究》塚本氏論文，頁120-121。

14 奧野光賢：〈僧肇の生卒年について〉，《駒澤大學大學院佛教學研究會年報》第18號，1985年2月。

15 《大正藏》卷四二，235下。

16 鎌田茂雄：《中国伝教史》第二卷，頁285-288，東京大學出版社，1983年6月。

17 吉藏《維摩經義疏》卷五云：「有人言，佛十二年，説小乘法，十二年已後，説大乘法。吾止此室十二年，常聞大乘，況十二年後耶。有人言，十二年是圓數之名。故莊周云，十二年不見全年矣。僧肇云，什公門下，十有二年。然羅什，弘始三年至七年亡，而云十二年，舉其圓數也。」《大正藏》卷三八，969中。另註14奧野光賢論文對這個問題有詳盡分析。

所以也不能構成確鑿的証據。無論如何，學者質疑《高僧傳》的生卒年，大抵是出於對僧肇早慧之不可思議。然而在魏晉思想史上獨步千古的王弼，也是「年十餘，好老氏[18]，通辯能言」(《三國志‧魏書‧鍾會傳》注引)，如是僧肇的幼而察慧，便非絕對不可索解了。準此，除非另有確證，否則《高僧傳》上終年三十又一的記述，便不應被輕易推翻。

除生年外，僧肇的歿年亦有各樣別說。茲列舉如下：

在什公門下十有餘載，十九事什公，三十一亡，十餘年也。(元康《肇論疏》[19])

肇卒年三十有二，當時惜其早世云。(《隆興佛教編年通論》，卷三[20])

肇卒年三十有二，當時惜其早世云。(《佛祖歷代通載》卷七[21])

義熙十年歿，壽三十二。(《六學僧傳》十一[22])

元康疏以下，《隆興佛教編年通論》等餘書，分別成立於南宋、元代(《通載》和《僧傳》)和明代。由是觀之，在唐以前，僧肇卒年三十一，恐是定說，爾後才次第衍變為三十二，然箇中原由，卻不明所以，因而是否足以採信，頗令人置疑。此外值得注意的是，歷代史傳，均敘明肇公早逝，如是僧肇卒歲三十一的可信性，應較四十一大得多。基於以上各種分析，本文最後仍從《高僧傳》的記載，即僧肇的生卒年是384-414，春秋三十一。

又《景德傳燈錄》第二十七卷記僧肇為秦主所殺，臨刑前曾留下偈語：

四大元無主，五陰本來空，將頭臨白刃，猶似斬春風。[23]

---

18 《世說新語‧文學篇》注稱「好莊老」。
19 《大正藏》卷四五，190中。
20 《大日本續藏經》二編乙三套三冊，228右上-下。
21 《大正藏》卷四九，530上。
22 《大日本續藏經》二編乙六套四冊，309左下。

然而宋曉月《肇論序》注云：「復造《寶藏論》三章，進上秦王姚興，秦王答旨慇懃。」可見宋人尚不知僧肇被殺之事。明憨山大師云，《傳燈錄》載「肇被殺時，乞七日假著《寶藏論》」，但《御選語錄》謂「典刑之人，無乞假著論之理……偈非師作，蓋訛傳焉。」查《傳燈錄》無此語，證明僧肇被秦主殺害的事，純粹是後人捏造[24]，或者是為肇公的早逝尋找合理解釋而故意杜撰者，亦未可知。

2.2　著述

今日傳為僧肇的著述，有肇公親著的，也有託名偽撰的，亦有已亡佚不存者。現分就其真偽撰著，略加陳述。

2.2.1　僧肇親撰的作品

◉〈百論序〉(404年)

羅什翻譯《摩訶般若經》完畢，至動手迻譯《大智度論》期間出。

◉〈般若無知論〉(405年前後)

陸澄《法論》目錄將「知」誤為「名」，並載「劉遺民難，肇答」。本論的緣起，是僧肇在譯場參預聽次，所悟日多，在羅什出《大品》後，便將解悟所得，著成〈般若無知論〉以呈什公，什公大加讚賞，曰：「吾解不謝子，辭當相挹。」(事見《高僧傳》僧肇本傳) 其後竺道生南歸，僧肇託道生將論帶返。廬山慧遠與劉遺民經反覆披尋後，翌年十二月，遺民向僧肇致函發問(408)，此即現今收錄於《肇論》的〈劉遺民書問〉。次年十一月(409)，僧肇將《注維摩經》，連同回信一併送予遺民，是為《肇論》所錄的〈答劉遺民書〉。

◉《注維摩詰經》十卷並序 (407或408年)[25]

---

23 《大正藏》卷五一，435上、中。
24 湯用彤：《佛教史》上冊，頁332。
25 以下所記年份，主要依從註13塚本氏論文。

現存收錄在《大正藏》第三八卷的版本，揉合羅什、僧肇、道生、僧叡、道融的註，彙編而成，是此注的廣本。肇公在序中自敘曰：「什以高世之量，冥心真境，既盡環中，又善方言，手執胡文，口自宣譯。……余以闇短，時預聽次，雖思乏參玄，然麁得文意。輒順所聞為之注解，略記成言述而無作，庶將來君子，異世同聞焉。」[26]聲言本註乃本人依從羅什在譯場講授的內容，照本宣科地筆錄下來，絕不摻雜私見。因為本書以肇公輯錄的羅什註，和肇公自己的附註為主，因此題為僧肇選[27]。

除了以上版本，另有從敦煌遺書中發現唐代資聖寺道掖所撰《淨名經集解關中疏》二卷 (或四卷)，是對僧肇《注維摩詰經》的刪補之作，但其內增加了原來未收的僧睿、天臺湛然和道掖自己的解釋與科文。本疏以往未為我國古代經錄所收，但見於高麗沙門義天的《新編諸宗教藏總錄》和日本僧人所作《東域傳燈目錄》等。從敦煌發現整理後，被收入《大正藏》第八五卷之中。但此本缺漏較多，校勘不精[28]。

　● 〈物不遷論〉、〈不真空論〉(409年或以後)

以上二論，陸澄《法論》目錄均有錄載。按《高僧傳》，二論是作於〈般若無知論〉後，但具體年份不詳。二論有引及《中論》。曇影〈中論序〉(《祐錄》十一) 記：「羅什法師以弘始十一 (409) 年於大寺出」，或可能成立於409年後，然而可以肯定的是，二論必然在大小品般若譯畢之後作成[29]。

　● 〈長阿含經序〉(約413年)

《長阿含經》為弘始十五年 (413) 由罽賓三藏佛陀耶舍譯出，

---

26 《大正藏》卷三八，327中。
27 《大正藏》卷三八，327上。
28 參考楊曾文：〈《維摩詰經釋論》序〉(http://ccbs.ntu.edu.tw/FULLTEXT/JR-AN/102747.htm)，2008年2月26日。
29 羅什譯經的年份，參照下文「羅什之大乘佛學」一段。

肇公之序可能在413年前後作成，無論如何，必然成於肇公晚年。

2.2.2 疑偽著作

● 〈涅槃無名論〉(分〈奏秦王表〉及九折十演)

陸澄《法論》目錄載有〈涅槃無名論〉，而未言及〈奏秦王表〉。灌頂《大般涅槃經玄義》記：「古來傳譯什師命世，升堂入室，一肇而已。肇作〈涅槃無名論〉，其詞虛豁，洋洋滿耳，世人翫味，卷不釋手。」[30]似乎自六朝之還，本論已一直流傳。至於製論由來，據《高僧傳》本傳記述，是僧肇受姚興致安成侯姚嵩的答書所啟發而撰作。由於論中頻涉涅槃無名之義，因以為名。苟慧皎傳所言屬是，本論必然係僧肇晚期的撰述。本傳沒有具明製論的年份，但據說作成於什公去世之後，照此推測，不會早於410年[31]。

本論是僧肇著作中最具爭議性者，有關之真偽問題，中日學者的觀點頗不一致。湯用彤懷疑並非僧肇所作，理由如下：第一，據《肇論疏》等，均謂此論中引及《涅槃論》，但肇公之圓寂(414)卻在《大經》出世(421)及《泥洹》六卷本譯出(417至418)之前。第二，肇公在什公逝後一年而亡。而他在上秦王表中，引及姚興〈與安成侯書〉，據書中所言，似乎什公去世已久。第三，〈無名論〉十演中反駁之頓悟，顯為生公之說，而九折中所斥之漸說，則為支公七住頓悟說。據今日所知，生公以前，並無持大頓悟說者，生公之立說應在江南，且亦遠在肇公死後。第四，就〈無名論〉是否肇公所作，《大唐內典錄》亦有存疑，其言曰：「涅槃無名，九折十演論，無名子(今有其論，云是肇作，然詞力浮薄，寄名烏有)」第五，本論雖不出肇公手筆，要亦宋初頓漸爭論時所

---

30 《大正藏》卷三八，5上。
31 《高僧傳》記什公卒於弘始十一年(409)八月二十日。姚興致安成侯書，暗示什公去世頗久(參照註12)，由此推之，〈無名論〉不可能成書於410年或以前，估計是僧肇一生中，最後兩三年的作品。

作。難差以下六章，有名主頓，無名主漸，反覆陳述，只陳理本無差，而差則在人之義，此外了無精意，辭力浮薄，似非僧肇所作[32]。以上五點，為湯氏質疑本論係真撰的理由。另一中國學者石峻，則更斷言〈無名論〉是偽作[33]。

　　與中國學者的態度有別，日本學者似乎普遍認同〈無名論〉是僧肇親撰。橫超慧日力陳本論是肇著，理由包括：涅槃與三乘、十地等課題，本來存在著理所當然的關連性，不需俟宋世頓悟漸悟的爭議尖銳化後，方被學者提揭出來。其次，考諸慧觀的漸悟思想，係順承〈無名論〉的餘韻。另外，論中〈譏動〉十四有指南為北的譬喻，況比自相矛盾。宋世，慧觀、謝靈運以背南停北之喻，辯示開悟有無次第的問題。橫超氏認為，若〈無名論〉果是偽託之作，造假者刻意無視已成定說的熟語，偏要將字眼改造成指南為北，是幾無可能之事[34]。除橫超氏外，塚本善隆、鎌田茂雄，也傾向承認〈無名論〉是肇著[35]。

　　對此問題，李華德則提出異說。他在"Chao Lun, The Treatises of Seng-chao"一書中推測，長安城被毀(430年)後，肇著〈涅槃無名論〉殘缺不全，後人或許截取慧觀〈漸悟論〉的章句，與〈無名論〉的斷片拼合在一起，湊組成今本〈無名論〉[36]。

　　在參照各家說法後，本文認為，不宜全盤斷定〈無名論〉是託名肇著的偽撰。這是因為：一、縱然僧肇在世時，《涅槃經》尚未譯出，然僧叡〈喻疑〉（《祐錄》第五）已明言：「什公時雖未有《大般

32　湯用彤：《佛教史》下冊，670頁。
33　石峻：〈讀慧達《肇論疏》述所見〉，《現代佛教學術叢刊》第四十八冊，大乘文化出版社，1979年8月。
34　橫超慧日：〈涅槃無名論とその背景〉，《肇論研究》，頁190-199。
35　《肇論研究》，頁154-155；鎌田茂雄：《中國仏教史》第二卷，頁294-295。
36　Walter Liebenthal: "Chao Lun, The Treatises of Seng-chao: A Translation with Introduction, Notes and Appendices", pp. 150-152, Hong Kong Universtiy Press, 1968.

泥洹》文，已有《法身經》，明佛法身即是泥洹，與今所出，若合符契。此公若得聞此，佛有真我，一切眾生，皆有佛性，……」[37]證明涅槃思想早在出《大經》之前，已流入漢地。二、《高僧傳》記述，僧肇認識涅槃義，是從講壇聽習得來，此在標榜為什公言教的忠實記錄的《注維摩經》，可得印證。如〈弟子品〉曰：「涅槃無生死寒暑饑渴之患，其道平等，豈容分別。」[38]同品又言：「什曰：明泥洹義也，由生死然盡故有滅，生死即不然。無泥洹滅，泥洹滅真寂滅也。肇曰：小乘以三界熾然故滅之以求無為，夫熾然既形故滅名以生。大乘觀法本自不然。今何所滅，不然不滅，乃真寂滅也。」[39]於茲，什公宣化涅槃義，僧肇時預聽次，兩事皆有所證。三、細覈〈無名論〉，確有引述《華嚴經》和《涅槃經》的內容，以下略舉數條以為例：

位體第三：「經曰：法身無象，應物無形，般若無知，對緣萬照。」

※文才《肇論新疏》[40]，謂是出自《華嚴經》三十一卷的：

清淨法身，非有非無，非方便，非不方便。隨眾生所應，悉能示現。(《大正藏》卷九，599中)

僧肇《注維摩經》序也有類似說法：「法身無象而殊形並應，至韻無言而玄籍彌布，冥權無謀而動與事會。」[41]

位體第三：「經曰：菩薩入盡三昧，盡見過去滅度諸佛。」

※《中吳集解》卷下：晉譯《華嚴經》，安住長者普見去來今佛無涅槃者，明無盡佛性三昧。(《宸翰樓叢書》第八冊)

考得十八：「經云，眾生性，極於五陰之內。」

---

37 《出三藏記集》卷五，頁236，中華書局。
38 《大正藏》卷三八，348上。
39 《大正藏》卷三八，354中。
40 《大正藏》卷四五，234上。
41 《大正藏》卷三八，327上。

　　※文才《肇論新疏》舉經文「離五陰已無別眾生」[42]，出自《大般涅槃經》卷二十九（《大正藏》卷十二，537上）。

　　同篇：「又云：得涅槃者，五陰都盡，譬猶燈滅。」

　　經文出處為：「如燈油盡明焰則滅。眾生愛盡則見佛性。」，《大般涅槃經》卷二十九（《大正藏》卷十二，537上）。

　　上述數例，證明〈無名論〉確有援用《大經》和《華嚴》的地方，不過只是取其大義而已，而非逐字不漏地徵引，似乎作者只是索解經文要義，然後利用自己的方式重新詮說，這顯示有可能著作者在當時，尚沒有文本可循，因此止於筆錄耳聞所得。

　　四、《大乘大義章》第十七〈問遍學並答〉中，菩薩「遍學」問題，凸顯了慧遠偏重菩薩「頓悟」的觀點，與羅什不廢「漸次」的立場[43]，這表示羅什之學中，已有涉及頓漸的思想。也許在日常的講次中，他亦有敘說頓漸之義，如是，僧肇將之融進〈無名論〉中，亦不足怪矣。

　　綜上而言，吾人似乎沒有足夠理據，全盤否定〈無名論〉是真撰。不過，正如李華德所言，本論在流傳過程中添加了後人的補綴，也非可能之事。總之，本論存在頗多疑點，不能證實全部出自肇公手筆，似是真偽相間居多。不過對本文來說，本論最重要的意義，在於透顯出僧肇對涅槃問題之重視，因此，吾人在評論僧肇的般若哲學時，亦當一併審視其涅槃觀，方算完整無缺地把握肇公思想的全貌。由於對〈無名論〉的真偽，中外學者的考證結果不一，為審慎起見，今不擬據以作為可靠的文獻材料。在論到僧肇的涅槃思想時，本文將利用《維摩經注》裡涉及涅槃的注文，以及《高僧傳》本傳所引〈涅槃無名論〉之內容，作為論述的根據。

42《大正藏》卷四五，242上。
43《大正藏》卷四五，140上。另參看賴鵬舉：〈中國佛教義學的形成──東晉外國羅什「般若」與本土慧遠「涅槃」之爭〉，《中華佛學學報》，第13期卷上・中文篇（2000.05）。

◉《寶藏論》

傳為僧肇所作。湯用彤先生經詳細考証後，斷言「《寶藏論》之為偽托，固可不俟再煩言取證而即決也」[44]，學者對此已達成共識。

◉〈宗本義〉

舊錄未見錄載，慧達《肇論疏》亦闕此篇。此文與《肇論》各篇迴然有別，經石峻先生考證，判斷其為偽作[45]。學界並無疑義。

下列各篇亦被冠為僧肇撰述，但一般公認係疑偽著作[46]：

◉〈鳩摩羅什法師誄〉[47]

◉〈梵網經序〉

◉〈金剛經註〉一卷

◉〈法華翻經後記〉（《法華經傳記》二所收）

◉《老子注》

2.2.3 亡佚：

◉〈丈六即真論〉

宋明帝年間 (466-473) 編纂的陸澄《法論》目錄（《祐錄》十二）中，載有釋僧肇撰〈丈六即真論〉，今已不存。

大致上，今日可確定為肇著的作品，按成立先後排列，分別為：〈百論序〉、〈般若無知論〉、《注維摩經》並序、〈物不遷論〉、〈不真空論〉、〈長阿含經序〉。其中〈般若無知論〉和《注維摩經》，

---

44 《佛教史》，上冊，頁332-333。

45 參見石峻：〈讀慧達《肇論疏》述所見〉一文。

46 見註13塚本論文及湯用彤《佛教史》，332頁。

47 湯用彤先生則視為肇著，見《佛教史》上冊，頁331。因質疑者眾，本文仍將之撥歸疑偽著述內。

48 僧肇作〈無知論〉，竟以呈什，什甚稱善。《維摩經注》強調述而無作，與〈無知論〉，同是祖述什公思想之著作。竺道生南歸時，肇公托其將〈無知論〉帶返廬山；其後在回信中，又附寄《維摩經注》予劉遺民，看來僧肇對於義承羅什的撰述，別具自信。

僧肇自評是祖述羅什之學的撰著，肇公對兩篇的論學水平，看來深具信心[48]。

第三節　學問素養

　　僧肇著述中，每見融協儒道理念，發皇般若學、中觀學精義的趣向。《高僧傳》載，少年僧肇備盡墳籍，好以莊老為心要，後讀《維摩經》出家，及長學善方等、兼通三藏，師事羅什後，入印度空思想之門，學問更趨醇熟。是見僧肇的學養，攝納儒、道、玄、小乘學、般若學、中觀學等於一身，故此可以說，僧肇的佛學思想，是融貫內外兩學、大小乘教精義的結晶。不過，作為不諳胡語，又無從直接接觸梵文經籍的中國僧侶學者，僧肇所承襲的般若思想，其實是羅什透過在長安的譯經事業和講學，在中土傳播的大乘空宗和中觀哲學，換言之，亦即是羅什所詮解的空宗和龍樹學。以下分就羅什之大乘佛學、小乘毗曇學、儒道哲學三個方面，簡述僧肇的學養與思想淵源。

3.1　鳩摩羅什弘傳之大乘佛學

　　羅什（350？-409？）七歲隨母出家，此後前二年先讀頌阿含經及阿毗曇，九歲時，隨母至罽賓，遇槃頭達多，受學《中阿含》、《長阿含》、《雜藏》。年十二，其母攜還龜茲，中途經過月氏北山，之後到疏勒停留一年多，除學習一切有部的阿毘曇、迦旃延的《發智論》（《八犍度論》）、四吠陀和五明外，又從僑居疏勒的莎車國王子、同時是大乘行者的須利耶蘇摩聽講《阿耨達經》，初聞蘊處界三科皆空而無相，方知理有所歸，遂捨小乘而改奉大乘，並開始研習《中論》、《百論》、《十二門論》。離開疏勒後，羅什先到溫宿，因論敗一知名學者而名揚葱左。後還龜茲，年二十，受戒於王宮，從卑摩羅叉學《十誦律》[49]。

　　有頃，羅什在龜茲新寺得《放光經》，花兩年時間研讀。不久，連什公的老師槃頭達多，亦受什公之教化而改宗大乘。《祐錄》卷十一〈比丘尼戒本所出本末序〉的夾注，指拘夷國「有年少沙門鳩摩羅，乃才大高，明大乘學，與舌彌是師徒，而舌彌阿含學者也。」[50]此年少沙門即是羅什。

　　羅什之大乘學屬於般若空宗，但其師承系譜，卻欠缺翔實的史料資證。啟導羅什進入大乘空門的恩師——蘇摩的其人其學，已無迹可考。現存的史傳，僅提及什公受學大乘的場所，最先是疏勒，接著是龜茲[51]。疏勒本屬小乘教國，但唐時于闐沙門實叉難陀所譯的《大方廣佛華嚴經》第四十五卷第三十二品，有論及疏勒國：「疏勒國，有一住處，名牛頭山，從昔已來，諸菩薩眾，於中止住。」這段記述透露了華嚴類經典在彼邦傳播的痕跡[52]，羅什或者亦在當地初稟華嚴部的經教。至於龜茲，在什公時，舉國上下開始瀰漫著一股尊崇大乘的風氣。當時，王宮中已庋藏了《放光經》的原本。此外，隋朝的闍那崛多，又認為什公所譯之《妙法蓮花經》原

49　以上按《高僧傳》羅什本傳述要(《高僧傳》卷二，頁45-54，中華書局)。記述羅什受學《十誦律》的經過，有幾個不同的版本，《高僧傳》說是在龜茲王宮從卑摩羅叉學習，《祐錄》的〈羅什傳〉則記載是在龜茲受學於佛陀耶舍，但同書的〈佛陀耶舍傳〉卻又謂什公在疏勒受教於耶舍。各種版本的正誤，難以定奪，亦非本文討論範圍，本文茲從《高僧傳》。

50　《出三藏記集》卷十一，頁410-412，中華書局。

51　另外，什公十二歲從罽賓回國時，曾途經月氏北山，可能就在彼邦初聞大乘教法。

52　不過，此段經文其實夾雜訛謬，查牛頭山本不屬疏勒，實位處于闐境內(參考張廣達、榮新江：《于闐史叢考》，207頁，上海書店，1993年。另見釋東初：《中印佛教交通史》，175頁，中華佛教文化館、中華大典編印會出版，1968年) 然從其將疏勒、于闐相提並論來看，似乎暗示了《華嚴經》同時受到兩國民眾的信奉。

53　隋朝闍那崛多、笈多共譯的《添品妙法蓮花經》序曰：「昔敦煌沙門竺法護於晉武之世譯《正法華》，後秦姚興更請羅什譯《妙法蓮華》。考驗二譯，定非一本。護似多羅之葉，什似龜茲之文。余檢經藏，備見二本，多羅與《正法》符會，龜茲則共《妙法》允同。」(《大正藏》卷九，134頁下)

本，係來自龜茲[53]，緣此該國大乘學之駸駸日盛，可見一斑。

較羅什晚生數十年的中天竺人曇無讖(385-433)，在沮渠蒙遜僭據涼土，自立為王(401)前，曾將《大涅槃經本》前分、《菩薩戒本》、《菩薩戒經》齎往罽賓，遭當地人擯斥後，讖又挾著此等經典前赴龜茲和姑臧[54]（《高僧傳》卷二，曇無讖本傳），所以在羅什進入長安前，有可能已研讀過《大涅槃》的經卷，並在後來，於譯場講述過經中思想。若此事足以採信，前述〈涅槃無名論〉成立於《大涅槃》譯出之前的謎團，應可刃迎縷解。

以上簡介羅什修學大乘教的歷程。但什公對中國佛教之最大貢獻，當推其佛典譯業之功。後秦弘始三年(401)十二月，羅什被姚興迎入長安，以十二年時間，先後譯出約三十五部、三百卷佛典[55]，涵蓋經、律、論，兼綜大小二乘。按《祐錄》卷二，什公所出三十五部大小乘佛典，如下表所列：

大乘般若部：
《新大品經》(二十四卷)、《新小品經》(七卷)、《金剛般若經》(一卷)、《大智度論》(百卷)
大乘法華部：
《妙法蓮花經》(七卷)
大乘華嚴部：
《十住經》(五卷或四卷)、《十住毗婆沙論》(十卷)
大乘方等部：
《賢劫經》(七卷)、《華首經》(十卷)、《維摩詰經》(三卷)、《首楞嚴經》(二卷)、《思益梵天所問經》(四卷)、《持世經》(四卷)、《自在王經》(二卷)、《菩薩藏經》(三卷)、《稱揚諸佛功德經》(三卷)、《無量壽經》(一卷)、《彌勒下生經》(一卷)、《彌勒成佛經》(一卷)、《諸法無行經》(一卷)、《文殊師利問菩提經》(一卷)、《菩薩呵色欲經》(一卷)

大乘中觀部：
《中論》(四卷)、《百論》(二卷)、《十二門論》(一卷)
大乘律部[56]
《佛藏經》(三卷)
小乘經部：
《遺教經》(一卷)、《雜譬喻經》(一卷)、《坐禪三昧經》(三卷)、《禪秘要法》(三卷)、《禪法要解》(二卷)、《十二因緣觀經》(一卷)
小乘論部：
《成實論》(十六卷)
小乘律部：
《十誦律》(六十卷)、《十誦比丘戒本》(一卷)

　　在此三十五部佛典中，屬於大乘教者壓倒性地佔了廿六部，這樣看來，什公無疑可歸類為大乘佛典的翻譯家，當中又以方等經尤佔多數，此正與龜茲的大乘教傳統一致[57]；其次，就是什公自己最為重視、並竭力弘傳的般若部經典，以及龍樹、提婆一系的中觀部論書。實際上，不但對羅什本人，甚至對中國學者來說，般若部和四論，都是最值得珍視者，這從翻譯的先後序列上，已可略窺一斑[58]。羅什入長安後，首先著手迻譯的，便是《大

54　《高僧傳》卷二，頁76-81，中華書局。

55　什公傳譯佛典的數量，《祐錄》卷二記三十五部二百九十四卷，《開元錄》卷四則記七十四部三百八十四卷，又有傳達一百部以上，但不甚可靠。現存共有三十九部三百三十三卷。不過，《祐錄》卷二所載的三十五部，已大致上反映了什公的佛學興趣。

56　《高僧傳》、《眾經目錄》卷一都提到羅什翻譯《菩薩戒本》(《梵網經》)二卷，但近來的研究卻認為，此大乘戒本應在五世紀劉宋時代的中國成立，因為下卷強調孝道的不可忽略性，儒家色彩十分鮮明。參考水野弘元等編集《佛典解題事典》「梵網經」一條，春秋社，2001年4月。

57　參考拙著〈龜茲國與西域的大乘佛教：從兩漢到鳩摩羅什時代〉，《中華佛學研究》第十期，2006年3月，中華佛學研究所。

品般若》的註釋書、傳為龍樹菩薩撰作的《大智度論》(402夏~405年十二月訖)，接著是《大品般若》的傳譯(403年-404年校正檢括完畢)。《百論》在402年初次譯出，404年再治。《小品般若》(八千頌)於408年譯畢。409年，修訂《中論》的首次翻譯(未詳何時)，與《十二門論》大概同時譯訖。般若系經典和四論，不是安排在羅什甫抵長安的初期譯出，便是一而再地加以修治。溯其原因，實乃漢地學者久已迷失於格義佛教中，亟需西來佛學權威的匡正指導[59]，羅什選擇率先從事《大品般若》和龍樹系數論之翻譯，應該是為了回應中國學者對西來聖典的迫切訴求使然。緣此，也顯示中土學者渴望借助賫自葱外的大乘教深經，糾正漢譯經文的闕失，以圖了契空宗義蘊的熱忱。

羅什譯經甚夥而著述甚少。《高僧傳》本傳，謂著有《實相論》二卷，今已佚失，又有《注維摩經》，存於肇注中。另外，現存的《大乘大義章》(又名《鳩摩羅什法師大義》)，載述慧遠關於法性、法身、造色法、住壽等的提問，及羅什的解答，內容多為識別大小乘，闡揚大乘空宗的通義。羅什之學，大開中國佛教學人的新思路，此中最為弘深的影響，包括如下數點[60]：

(1) 澄清大小乘教義的根本分歧

兩晉般若學者，例如道安、慧遠，對大小乘的用語容或相當熟悉，但是由於早期譯經的曲解錯訛，對於兩家的畢竟區別在哪

---

58 各部佛典翻譯次序，參見平井俊榮：《中国般若思想史研究─吉蔵と三論学派─》，頁81-90，春秋社。

59 道安在〈摩訶鉢羅若波羅蜜經抄序〉(《出三藏記集》卷八，頁289-291，中華書局) 便表達了閱讀漢文般若經典時，與空思想隔靴搔癢、迷惑不通的感慨：「昔在漢陰十有五載，講《放光經》，歲常再遍，及至京師，漸四年矣，亦歲二，未敢墮息，然每滯句，首尾隱沒，釋卷深思，恨不見護公叉羅等。」沒有先匠通鑒匡正，單憑一己有限學養，無法通解滯句，其困惑可想而知。難怪中國學者，對西域大乘教巨匠羅什入關一事，賦以極大的期許。

60 參考湯用彤：《佛教史》上冊，頁314-323。

裡，學者們似仍不大知曉[61]。羅什早年研習有部，後改宗大乘，於大小乘學養皆極為湛深[62]。在《大乘大義章》中，他時而援引《發智論》、阿含等辨明小大乘之別，時而呵斥有部之説，維護大乘宗義[63]。如〈問實法有並答〉云：「有二種論，一者大乘論，説二種空，眾生空，法空；二者小乘論，説眾生空。」[64]以寥寥數語，便簡要地闡明了大小乘最根本的理論分歧。中國學者能夠真正明瞭大小乘的根本歧異，實肇始於羅什在中土弘布大乘學以後。

(2) 明「識神性空」

僧叡〈毗摩羅詰提經義疏序〉(《祐錄》卷八) 曰：「此土先出諸經，於識神性空，明言處少，存神之文，其處甚多。中、百二論，文未及此，又無通鑒，誰與正之？」此言蓋是實情。本文在前章已陳論，漢至魏晉之世，學人多談識神、住壽等議[65]，流行色空而神不滅的觀念。羅什在《大義章》明言：「諸佛身皆從眾緣生，無有自性，畢竟空寂，如夢如化。」[66](〈次問念佛三昧並答〉)，並強調佛經中關於法身三十二相、十住國土之類的論述，乃是為了

---

61 橫超慧日：〈大乘大義章研究序說〉，《中國佛教の研究》第二，頁214至227，法藏館，1971年。

62 《高僧傳》本傳云：「……遂停沙勒一年。其冬誦《阿毗曇》，於《十門》、《修智》諸品，無所諮受，而備達其妙，又於《六足》諸問，無所滯礙。」當時的羅什，不過是個十來歲的小沙彌而已。

63 《大義章》曰：「言有為法四相者，是迦旃延弟子意，非佛所説。」(《大正藏》卷四五，135中)。又曰：「如幻化色，雖是不實事，而能誑惑人目。世間色像，亦復如是。是以過五百年後，而諸學人多著於法，墮於顛倒，佛以幻化為喻，令斷愛法，得於解脱。是故或時説有，或時説無。……佛説，一切色，皆虛妄顛倒不可得觸，捨離性，畢竟空寂相。」(同上，133上) 此處教人抉擇大小二法，不要墮於有無的偏見中。

64 《大正藏》卷四五，136下。

65 住壽之説，見《四十二章經》：「阿羅漢者，能飛行變化，住壽命，動天地。」(《大正藏》卷十七，722上)。道安〈陰持入經序〉：「住壽成道，徑至應真」(《出三藏記集》卷六，頁248，中華書局)《大義章》中，又有慧遠問住壽義一章 (《大正藏》卷四五，142中)。

66 《大乘大義章》，陳揚炯釋譯，頁147，佛光文化，2000年。

因應眾生需要施設的權宜教法，都是俗諦，不應視如真諦。什公深斥存神的論議，令無我義逐漸大明於東晉末。

　　(3) 明言語道斷、一切法空

　　羅什在長安的佛典翻譯事業，不但令譯經數量大幅提昇，更將全新品類的大乘佛典引進中土，其中最令人矚目者，莫過於中觀系統的論書。中觀學的精神之一，是離言絕相，諸法但名無實。《大義章》內，羅什每假般若經和龍樹論書，彰明大乘教一切法空的妙旨[67]。此大乘之空，既不是去有而存空，也不是非有非無的空，而是一切法都不可得的第一義空。〈次問分破空並答〉曰：「爾時佛言：捨非有非無，亦如捨有無，一切法不受不貪，是我佛法。」[68]即所有談空、說實相的計度和言象，不論有相無相，常見斷見，都要全體斷絕，不取不受，方能悟解實相法性，這是中觀學派徹底否定知識的基本立場，跟漢地般若學者普遍追尋言外之意的趨向，迥然有別，可謂一新中國學人的耳目。

　　僧肇義承羅什的大乘學，所受般若學教育偏向印度空宗一脈，與道安等中土學者比較起來，肇公理解般若思想的基礎，實有顯著的分別。對於正解空宗義理，較諸向來只浸潤於玄學風尚的中國學者，僧肇無疑擁有更優越的客觀條件。無怪乎其解空之論，能夠在當日的般若學派中，超群拔類，獨出機杼，觀乎其學問的根柢，則知誠有所由矣。

3.2　小乘阿毗曇學

　　在什公入關以前，前秦建元年間(365～384)，小乘阿毘曇學系統的西域沙門，僧伽提婆、僧伽跋澄等陸續來到長安[69]。時道

67　諸如《大義章》〈次問如、法性、真際並答〉章、〈問遍學並答〉篇。
68　《大乘大義章》，頁190，佛光文化。
69　僧伽提婆、僧伽跋澄是罽賓人，出生地屬一切有部教區境域內。

安法師住地襄陽為苻堅之兵攻陷，道安被迎請至長安
(379~385)，甚受國主苻堅禮遇。諸西域僧侶共譯出多種有部的
經論，道安參與校正，並為所譯出經論作序。據《祐錄》卷二「新集
撰出經律論錄」載，建元間，西域沙門在長安所出有部阿毘曇典
籍，包括：《雜阿毘曇毘婆沙》(《雜阿毘曇心》)十四卷(僧伽跋澄於
383年譯出)、《阿毘曇八犍度》二十卷(僧伽提婆在383年譯出)、
《婆須蜜集》十卷(僧伽跋澄等在384年譯出)。因此，即使在什公抵
達長安前，京兆一帶的小乘阿毘曇學問，已呈頗為發達之貌。實
際上在公元四世紀頃，中國與迦濕彌羅的宗教交流，漸開其端
[70]。建元間，與僧伽跋澄等三人同期東來長安的罽賓僧侶，尚有
弗若多羅(與羅什共譯《十誦律》五十八卷)、卑摩羅叉(在什譯《十
誦律》加序三卷成六十一卷)、佛陀耶舍(出《四分律》六十卷)數
人，故什公時的長安佛教界，已見有部學說源源流入中土之勢。
而三八四年生於長安的僧肇，出家後曾學善方等、綜習小乘三
藏，可以想像，適逢長安小乘學的盛化，僧肇也應當多少受益於
毘曇之教學。

　　羅什雖弘贊大乘畢竟空的理趣，深斥小乘有部的實在論傾
向，但作為什公高弟的僧肇，亦嘗稱譽毘曇論的新穎精奇。〈答劉
遺民書〉中，僧肇提及了一些新近從西域齎來長安的聖典，在談到
罽賓沙門曇摩耶舍，與天竺沙門曇摩掘多在弘始九年(407)頃寫出
的梵本《舍利弗阿毘曇論》時(事見《祐錄》卷十〈舍利弗阿毘曇
序〉)，他以「雖未及譯，時問中事，發言新奇」[71]，稱善毘曇論的
新異義旨。看來當日長安佛教界的學術研究路向，也非全為什公
門下的空宗般若學壟斷，小乘的毘曇學，亦甚得秦主姚興(見〈舍

70　羽溪了諦：《西域之佛教》，頁229-231，商務印書館，1999年。
71　《大正藏》卷四五，155下。
72　《出三藏記集》卷十，頁372-373，中華書局。

利弗阿毗曇序〉) [72] 和佛教學者的推崇，包括「秦人解空第一」的僧肇在內。

3.3　儒、道哲學

僧肇悟發天真，幼年遍觀經史墳籍，儒家意識根深柢固。及長，雖身入空門，在佛學著作中，仍每每流露出儒門教誨的印記，以下即是數例：

其人(富蘭那迦葉)起邪見，謂一切法斷滅性空，無君臣父子忠孝之道也。[73]（《注維摩經 • 弟子品》）

若能同彼六師，不見佛，不聞法，因其出家，隨其所墮，而不以為異者，乃可取食，此蓋窮理盡性(案：語出《周易 • 說卦》)，極無方之說也。（同上）

大乘在有不有，在空不空，理無不極，所以究竟空義也。（同上）

僧肇或徵引孔門語錄剴切佛法，或借助儒家哲學，如「理」的觀念，演化空義「本體」，故肇公的般若學，固有淵源自儒家思想的成分。

與儒家相比，對早歲遊心玄微的僧肇而言，道家和玄學對其佛學思想的影響，更為昭然可見。僧肇著述中，莊老用語甚夥，數量遠在儒家詞語之上：

天地一指，萬物一觀，邪正雖殊，其性不二。[74]（《注維摩經 • 弟子品》）

（案：「天地一指」，語出《莊子 • 齊物論》：「天地一指也，萬物一馬也」）

豈謂滌除萬物，杜塞視聽，寂寥虛豁，然後為真諦者乎？

---

73 《大正藏》卷三八，350下。
74 《大正藏》卷三八，350下。

（〈不真空論〉）

（案：「滌除萬物」，出自《老子》十章：「滌除玄覽，能無疵乎」）

恬淡無為，而無不為。（〈般若無知論〉）

（案：《老子》三十七章：「道常無為而無不為」，《莊子‧天道》：「夫虛靜恬淡，寂寞無為者，天地之平，道德之至，故帝王聖人休焉。」）

重為輕根，靜為躁君，非三昧之力，無以運神足之動。[75]（《注維摩經‧菩薩行品》）

（案：《老子》二十六章：「重為輕根，靜為躁君，是以聖人終日行不離輜重。」）

夫執本以知其末，守母以見其子。[76]（《注維摩經‧弟子品》）

（案：源出《老子》五十二章：「既知其子，復守其母」，另外王弼《老子注》三十八章：「守母以存其子，崇本以舉其末」）

綜上得知，僧肇藉道家、玄學語辭以發揚空義，其思想中明顯帶有導源於老莊和魏晉玄理的意趣。至於道、玄哲學，在肇公的般若學中表現出哪些特質、如何形塑其思想脈路等問題，有待在第六章詳考。

第四節　僧肇思想的要義和特質

《肇論》四篇，各剖析一個鮮明的主題。〈物不遷〉檢視無常的真義，〈不真空〉究明不真即空，〈般若無知〉審察般若智的體性，〈涅槃無名〉顯揚涅槃的真常境界。四論的課題和排列次序，經過著者的篩選和後世編纂者的抉取，形成一個前後呼應的組

---

75 《大正藏》卷三八，413上。
76 《大正藏》卷三八，356上。

織。根據古代注釋家的說法，以真俗教法分類，〈物不遷〉是「觀俗
入真」的俗諦教，〈不真空〉是直觀不真是空的真諦教。以境智分
類，〈般若無知〉說智，其餘三論說境。以因果分類，〈般若無知〉
及〈涅槃無名〉明示佛果，〈物不遷〉、〈不真空〉分別闡釋生死中的
流轉因果—無常，和還滅因果—諸法實相—兩個側面[77]。依此，
僧肇四論既縱向地揭示由俗轉真、由流轉邁向還滅的進程上，所
牽涉的假、實對待的問題，以標揭教門宗趣，同時，又橫向地分
別辯示主觀境、客觀境中的真如實相，以開示教門法相。《肇論》
循上述兩條理路，敷設教下名理，是魏晉般若學流行以來，中國
佛學著作中，最有組織、最嚴謹地鋪陳佛義的學術論著。而就僧
肇個人的思想來說，四論中的四個獨立題旨，已囊括了其般若學
理論的精粹。以下分就四論的題旨：動靜相即觀、即物自虛觀、
般若聖智觀、涅槃聖證觀，順次通解僧肇思想的要義和特質。

4.1 動靜相即觀

　　動靜相即是〈物不遷論〉提出的中心觀點。「物不遷」的命題，
源自《莊子‧德充符》的「審乎無假，而不與物遷」。郭象注曰：「明
性命之固當，任物之自遷」，原意是謂心神與物相應俱化，則心不
為物所擾動。僧肇的〈物不遷論〉，亦有歸趣於心與外境俱遷俱往
的意味，但其中心要趣，係研探一般所謂事物的變化、運動、生
滅、遷移的真實性之問題，換言之，是以常情理解的動靜觀念為
討論起點，進而說明佛典裡無常的真義。

　　本論作成的動機，固然是對治世俗之人，妄執動靜兩源而產
生的顛倒想，也有可能是為了辯破玄學貴無派和小乘教的運動觀
而敷演。王弼將靜等同形上的絕對本體，是世間一切運動的生起

77　參考元康疏及慧達疏譯〈物不遷論〉條，分別見《大正藏》卷四五，166下，及
　　《卍續藏經》冊150，892上。

之源、和終極的歸向。小乘有部、犢子部等講三世實有，認為「三世諸法，因性果性，隨其所應，次第安立。體實恒有，無增無減，但依作用，說有說無。」[78]這是說，在穿梭於過、現、未三世的行程中，事物的實體是沒有增減生滅的。此說不但承認與運動相對應的時間格式有客觀實在性，也聲言遷化不住的事物，擁有靜止的體性。依僧肇的看法，常識中的動靜觀跟王弼的主張無異，同樣是憑藉理性的知解，將運動分拆為動靜兩極，未了解實相原是動中涵靜，靜不妨動的道理。如前文所言，僧肇早歲出入莊老，及長遍習大小乘教典，必曾涉獵貴無派、有部的運動觀及其哲學理據，且有相當深刻之瞭解，因特撰文闡發「動靜未始異」的觀點，辯破動靜二分的生滅觀，使人不復拘囿於動靜、去留的假象中，如實認識無常的本來面目，是為〈物不遷物〉的標的。本篇多徵引《中論》、《大智度論》、般若經的文言，成立論據，是義承般若空宗教法的佛學論著。

4.1.1　論旨：即動求靜，即靜求動

本論開首，便申明題旨。僧肇首先指出，人之常情，總認為「生死交謝，寒暑迭遷，有物流動」，即現象界一切事物無間斷的遷化流轉，都是歷歷自明，毋用懷疑的事實，但是，僧肇卻提出另一個與常識牴牾的反題：事物是沒有遷流變動的，此所謂「物不遷」。僧肇認為，一般而言，流轉即是變動，在變動中找不到靜止，反之，湛然常住即是靜止，在靜止中找不到變動，所以，變動和靜止，是互相排斥的，不可以共時俱在。這種觀法，其實是離動求靜，捨靜求動，將動靜拆解成互不相干的兩極，以致引伸出動中無靜，靜中無動的常見。而僧肇提出的另一種論點，就是考諸存在的實相，動、靜非但不是不相容的，而且這二者，只是

---

78 《阿毘達磨大毘婆沙論》卷七六，《大正藏》卷二七，395下-396上。

同一事物的一體兩面，吾人既不應離開運動以說靜止，也不應捨掉靜止以言運動。在這動靜相涵的前提下，假如說「事物是沒有遷流變動」(物不遷)，也就不會成為無法理解的悖論了。〈物不遷〉全文，乃是緊扣「必求靜於諸動，故雖動而常靜。不釋動以求靜，故雖靜而不離動」這個題旨，對「物不遷」進行論證和說明。

4.1.2　昔不至今，靜而非動

　　一般來說，常人看見眼前川流不息的遷變現象，很容易便會感知到世事變幻無常，認為事物更迭交替，日新月異，動而非靜。然而常人卻沒有注意到，所謂「變動」一事，原來不過是出於主觀分別的虛設之物，是人們抽象思維所經營出來的虛構觀念而已，原非與具體事物相符順應。那麼，常情所言的有物遷移，到底是怎樣一回事？論云：

　　　　夫人之所謂動者，以昔物不至今，故曰動而非靜。[79]（〈物不遷論〉）

　　常識堅持有物遷流，究其緣故，是從今物中尋求昔物，發現以往的事物，並沒有原封不動地延續至現在的時態和事物中，遂認為以往的事物，已經遷動、已經消失。易言之，往日的事物沒有延伸至今，造成今昔的差異，就是常識所認定的有物遷流現象。可是若然細加分析，卻不難發現，如此理解運動和變化，其實是假託於一套虛擬的座標觀念來進行的，其操作程序，是首先假立一個事物座落在時間直線上的某個方位，並在時間之流上，由一個方位A，推移至另一個方位B，再推移至方位C，……如此永不止息地遷移下去。當人站在C點時，已不見B點之該物，於是覺得它沒有原封不動地延續到C點，所以說該物，已自B點流動至C點。而當人處在C點上，回望B點時，發現在B點的事物已不

79　本論文中出現的〈物不遷論〉引文，皆取自《大正藏》卷四五，151上-下。

可得，遂將此點命名為昔時，對照C點上事物正位處的方位，命名為今時。簡言之，常識謂一物在時空中產生運動，是由於站在該物目前所處的方位，並回顧它之前所在的方位，透過對照事物在兩點之間呈現之差異，於是產生了昔物不至(延續)今，遂往而不來今的「運動」概念。故此時空、運動、變化等概念之所以能被認知，乃是通過主觀之回憶與比較一物，在時間座標上處在不同方位之差異，所認取之結果。相反，假如不專事於這種回溯與對照，則對運動之認識，便無從生起。

除了假設一個時間的直線座標，並透過對比此座標上之不同方位，判斷事物所發生之差異，以認取事物之遷流運動外，常識中的「運動」概念，又慣性地假定發生運動的一物，在由此至彼的推移過程中，其本質是常住不變的，可以由一點延續至下一點上。這正如《婆沙》卷七六所言：「如譬喻者分別論師，彼作是說：世體是常，行體無常，行行世時，如器中果，從此器出，轉入彼器。諸行亦爾，從未來世入現在世，從現在世入過去世。」[80]此表示，事物由一個時空推移至另一個時空之間，雖然外在的屬性有變，但內在的本質卻不起變易，情形就如將果實由一個器皿，轉放入另一個器皿之內，位置是變換了，可是果實的自性卻絲毫沒有改變。

職是之故，常情所認知的運動和變化，乃是站在今時，順「昔物不至(來)今」(即昔時的事物並沒有延續至今時)的觀法所獲致的認識。為檢討常識中的運動和變化概念，僧肇採取另一個角度，改為站在昔時，觀昔物不去今，以重新察看常人站在今時，觀「昔物不至今」的立場，是否毫無過謬，彼謂：

　　我之所謂靜者，亦以昔物不至今，故曰靜而非動。動而非靜，以其不來；靜而非動，以其不去。然則所造未嘗異，所見未

80　《大正藏》卷二七，393上。

嘗同。……既知往物而不來,而謂今物而可往。往物既不來,今物何所往?何則?求向物於向,於向未嘗無;責向物於今,於今未嘗有。於今未嘗有,以明物不來;於向未嘗無,故知物不去。覆而求今,今亦不往。(〈物不遷論〉)

僧肇表示,當吾人從今時觀昔時的定位,轉移到自昔時觀今時,則會獲得完全相反的結論:事物並沒有從昔時的某一個方位,轉移到今時的另一個方位。僧肇的推論是:在昔時尋求昔時的事物,此物在昔時未嘗不存在,即昔物自在昔時;但在今時尋求昔時的事物,卻不可得,故知今時並沒有昔物的存在。由於今時不存在著昔時的事物,所以昔時的事物,並沒有延續到今時;因昔時之物僅在昔時存在,故知昔時之物不曾遷往別處去,也就是昔不至今。如此類推,今時的事物,亦僅在今時存在,不會轉往別處,所以僧肇說:

是謂昔物自在昔,不從今以至昔;今物自在今,不從昔以至今。故仲尼曰:回也見新,交臂非故。如此,則物不相往來,明矣。既無往返之微朕,有何物而可動乎?(〈物不遷論〉)

既然昔時的事物唯在昔時,不能延伸到今時;今時的事物亦唯在今時,不會延至將來(更不會跑到昔時去),則今昔的事物,是兩個完全不相干的獨立個體,兩者之間,沒有由此至彼的連貫性可言,此即「昔物自在昔,不從今以至昔;今物自在今,不從昔以至今」之意。在這個情況下,事物的運動、往來、遷移、變化,皆無從說起。因此,僧肇斷言:「既無往返之微朕,有何物而可動乎?」事物沒有往來遷移的跡象,等於說,沒有一物可以發生由此至彼,由昔至今的遷化運動,也就是「物不遷」。

表面看來,僧肇是要推翻「有物遷移」的常見,但在篇首,肇公開宗明義地聲言「即動求靜」,可知本篇提示「物不遷」的目的,非在肯定萬物靜止不動,或全盤否定現象之運動,唯是使人轉而自「物不遷」的出發點,觀解同一動相,從而揭破常識中運動觀念

暗藏之認知困境。

　　就上述僧肇破斥常情之例子中，顯示在同一個前提「昔物不至今」之下，由兩種相反方向的觀法，所得出完全相反的結論。一種觀法是，是責昔於今，即在今中求昔物，以見昔物不至今，而謂事物有遷動。另一種觀法，是站在昔以觀今，見昔物之不去今，而謂昔物自在昔，未嘗去今，故沒有發生遷動。這個例子反映出，日常之見的有物遷流觀念，隱藏著以下問題：

　　(1) 在時間的座標上，一物在不同方位之間所表現的只是一些差異，不能就此推定為一些變動；

　　(2) 而一物是否被衡定為變動，取決於對其在時間方位上展現之差異性，採取哪一個方向之觀法而言。假如站在今時的定位上，責昔於今，以為昔物之不至今，相當於昔物沒有負載著昔物而趨於今時，如是將會視昔物已往 (已發生遷動)，並影響及於作為昔時之後續者之今時。相反，假如站在昔時的定位上，觀昔物之自在昔時，以為昔物尚未負載著昔物，投向未來 (今時) 而形成一個流向，則會視昔物不動，與未來 (今時) 未曾發生關聯。

　　前文指出，世俗之知所把握的運動和變化，是將事物套牢在時間座標的方位上，回望它在前後往來的行蹤上展現之差異，然後尋求認識的。在此座標上，事物的原初方位在哪裡，事物由哪一點遷移至哪一點，方被界定為值得注意的運動與遷移，乃至事物遷動的起點，應反溯至哪個位置等，諸如此類的基本概念，都依賴認知主體的主觀經驗、背景知識來釐定。需要認清的是，它們都是一些彈性的觀念，是決定於認知者的取向而界定的突出處 (saliences)，就如「昔物不至今」的前提，含蘊著兩個方向相反的觀法一樣，究竟採取哪一個觀法，也是有待認知者的主觀判斷的。既然構成運動與變化概念的基礎原則，是依靠主觀經驗和判斷給取的，那麼常識視為不證自明的運動觀念，其實只是建築在缺乏堅實基礎的流沙之上而已。

4.1.3　交臂已謝，無物常住

　　承上所說，常識以為從現象事物，便直接悟知到的變動和遷移，實際上，是經由主觀意識將事物的流動歷程，劃分成無數方位，然後編列各方位的前後次序，分析它們之間展示的差異，方能構想出一幅有物遷流的圖像。但是，前節末段已指出，這樣的設想，無疑不可能代表事物流動的真象。那麼僧肇又如何理解萬物的生滅現象呢？今觀〈物不遷論〉，僧肇的意思是，非謂現象諸法沒有遷流，但絕非常情所領悟的有物流動。他說：

　　故仲尼曰：回也見新，交臂非故。

　　聖人有言曰：人命逝速，速於川流。

　　然則莊生之所以藏山，仲尼之所以臨川，斯皆感往者之難留，豈曰排今而可往？

　　以上出自〈物不遷論〉。《注維摩詰經》又言：

　　新新生滅，交臂已謝，豈待白首，然後為變乎？[81]（菩薩品）

　　諸法如電，新新不停。一起一滅，不相待也。彈指頃有六十念過，諸法乃無一念頃住，況欲久停。無住則如幻，如幻則不實，不實則為空，空則常淨。[82]（弟子品）

　　上引諸條，都在表達一個訊息：現象事物，都是瞬間生滅，念念不住，就如濯足溪流，此水已非前水，川流不息，無物可留，豈有定著的一剎那？又豈待吾人為變化、流動劃下界線，才算得上是遷流呢？常人認為，事物的形態、屬性，此有彼無，昔有今無，於不同的時間方位上，此形態或屬性之同一性既不可一直延續下去，即代表事物發生了運動與變化。僧肇卻指出：由始至終，流變不住的事物，根本不具有甚麼同一性，不但事物的屬性沒有同一性，連事物本身亦沒有同一性可言。僧肇在〈物不遷

81　《大正藏》卷三八，361中。
82　《大正藏》卷三八，356中。

論〉舉出一個例子：「梵志出家，白首而歸，鄰人見之曰：昔人尚存乎？梵志曰：吾猶昔人，非昔人也。鄰人皆愕然，非其言也。」鄰人以為梵志只是容貌有變，但梵志還是那個梵志，他的內在同一性是不變的。然而僧肇借梵志的回答，表達了現象雖有前後的聯繫（吾猶昔人），但不具有內在同一性（非昔人也）之意。僧肇想提出的是：不能夠通過同一性、本質等假想，去理解現象的流變，因為這是不符合實相的顛倒之見。

　　同一性之理路既走不通，那麼應該如何看待現象之遷化呢？僧肇認為，吾人應該揚棄在固定的時空座標上，去理解事物的運動，同時亦應該領會到，現象的存在狀態，原無頃刻停住，也沒有內在的統一性。自其動者觀之，事物原無一剎那不在更迭，斯可謂動而非靜；從另一個角度看，現象本來緣生性空，法法當體，每一剎那皆變幻無常，既無一事一物可被執取，也就沒有所謂由此至彼之遷移，故自其靜者觀之，則可謂常靜不變[83]，此如他所謂：「然則四象風馳，璇璣電捲，得意毫微，雖速而不轉」，即是在動相中也可得其靜相。吾人於眼前的現象，既了解其動相之非絕對，亦領悟其靜相之非絕對，乃可自動中觀靜，靜中觀動，進而可以超越動靜，不再執滯於以動靜、去留、生滅，觀解諸法，而可如實地就現象之無常，見諸法之無常遷流。

4.1.4　事各性住於一世

　　按前文的分析，僧肇一改常人責昔於今的方向，變為自昔視今，因而見昔物自在昔，今物自在今，今昔之物不相往來，緣此否定了常人有物遷流的觀念，故他表示：

83　德清《肇論略注》云：「所謂無有一法可動轉者，以緣生性空，斯則法法當體，本自不遷，非相遷而性不遷也。能見物物不遷，故即物即真，真則了無一法可當情者。」（頁15，香港佛經流通處）

是以言往不必往，古今常存，以其不動；稱去不必去，謂不從今至古，以其不來。不來，故不馳騁於古今；不動，故各性住於一世。（〈物不遷論〉）

常識中的時間觀念，是依仗有物遷流觀念而建立的。如今運動觀念的正當性既被質疑，與其唇齒相依的時間觀念，亦將一道被破斥。肇公破斥古今實有的言論如下：

人則求古於今，謂其不住；吾則求今於古，知其不去。今若至古，古應有今；古若至今，今應有古。今而無古，以知不來；古而無今，以知不去。若古不至今，今亦不至古，事各性住於一世，有何物而可去來？（〈物不遷論〉）

此段意云：如現在能溯至過去，則過去必包含現在，如過去能延至現在，則現在必包含過去。但現在僅是現在，不包含過去，故知過去並不延至現在。而過去僅是過去，也未包括現在，故無法由現在溯至過去。故此，事物只存在於現在或過去，但不可在現在和過去中遷流、延續。僧肇由過去與現在的不相往來，否定時間的觀念，進而否定事物在時間中之遷移。

此段文字套用了龍樹的詭辯思想。青目在〈中論‧觀時品〉的注釋中說：

若因過去時，有未來現在時者，則過去時中，應有未來現在時。何以故？隨所因處有法成，是處應有是法。如因燈有明成，隨有燈處，應有明。如是因過去時，成未來現在時者，則過去時中，應有未來現在時。若過去時中，有未來現在時者，則三時盡名過去時。何以故？未來現在時，在過去時中故。若一切時盡過去者，則無未來現在時，盡過去故。若無未來現在時，亦應無過去時。何以故？過去時因未來現在時，故名過去時。[84]

此謂：若承認過現未三世，有因果相續的關係，那麼，過去

時理應包含現在、未來時，否則現在、未來時不能因過去時而有。但果真如此，現在、未來時也就成為了過去時，而既無現在、未來時(因現在、未來已包含在過去中)，也就不可能有過去時，按照這番考察，《中論》總結曰：「三世皆應無」，否定過、現、未三世的實在性，也就是否定時間的實在性意義。

僧肇秉承《中論》的論辯手法，由今古的互相隔閡，解消今古之間的連續性，同時否定事物在時間中的遷流活動，繼而歸結為「各性住於一世」，再一次證成「物不遷」的論調。

4.1.5　因果不遷，業果不失

在破解了事物由昔至今，由此到彼的延續性後，僧肇無法規避一個在理論層面上的難題：延續性是成立因果律的先決條件，若連繫生滅的紐帶遭切斷，即代表前因與後果勾連不住，那麼佛教主張的因果業報，豈非淪為空談？更嚴重的是，假使因果爽失，如來的功德，又怎樣流布至萬世以後，永垂不朽呢？至於求道者夙夜匪懈地修行，到頭來，又會否落得勞而無功的下場？

為解決此等疑問，僧肇首先批判了常識中因果觀念的謬誤。常人理解之因果律，反映於前述梵志出家的故事裡：

人則謂少壯同體，百齡一質，徒知年往，不覺形隨。是以梵志出家，白首而歸，鄰人見之曰：昔人尚存乎？梵志曰：吾猶昔人，非昔人也。鄰人皆愕然，非其言也。所謂有力者負之而趨，昧者不覺，其斯之謂歟？(〈物不遷論〉)

這個故事顯示，常情認為事物在穿越因果串的過程中，雖然呈現了千差萬別的表象，但其本身，始終涵有一個內在的統一性，或稱為自性、或稱為本質。事物貫穿於因果之流的同時，同時持守此同一性，以維繫個體自身的前後一致性。循此思路發展下去，梵志自然也有梵志的內在同一性(所謂「少壯同體，百齡一質」)，皓首與童顏，不過是表象的變化，卻完全沒有動搖到梵志

的根本體性。為此，當鄰人聽到梵志回答「我好像是當年的我，卻又不是當年的我」時，頓感錯愕費解。

對於因果關係，僧肇與常情的觀念有別，他說：

果不俱因，因因而果。因因而果，因不昔滅。果不俱因，因不來今。不滅不來，則不遷之致明矣。（〈物不遷論〉）

元康疏曰：

因果不同處，故曰不俱。由因而得果，故云因因果也。因不昔滅者，在昔不滅。因不來今者，昔因不來至今果也。既不滅失，又復不來，故言不遷也。[85]

據此，對於因果關係，僧肇與常識論者有兩點相同之處：第一，承認因導致果，果出自因（「因因而果」），因果之間存在承續的關係；第二，因對於果而言，曾產生過作用力（「因不昔滅」），故而在過去促成果的出現。但與常識論者相異的是，肇公主張「果不俱因」，意思是，果雖然由因而來，兩者並不同處。何以故？因為因對於果，只有影響和作用力，然而因與果是異質的，因果之間並無貫徹著某種一致性。這好比種子和果實的因果關係。種子不是果實，但能生出果實。一旦果實生出後，種子的作用力隨即消逝，不會繼續停住在果實中，僧肇所謂的因果不遷，乃是在這個意義下宣稱的。質言之，僧肇因果觀想要表示的是，因果之間既有承先啟後的相續關係，同時又是兩個獨立的、別異的事件。事物的運動和遷化，基於因果律的毫釐不爽，誠是有跡可尋。然而，吾人卻不可由因果之不失，推論出因中有果，果中有因，有一恒常不變的事物——例如自性——貫徹其中。蓋佛家的因果說，是以緣生性空的特有形態出現的，它的主要立意，不是循一般因果律的論理路徑，證成一個事物內在不滅的本質，相反，它意在展示現象事物的每一刹那，都不外是一堆因緣條件的臨時和合。這些由刹那聚合的條件，

---

85 《大正藏》卷四五，170中。

編織成一個個因果關係網絡，雖然沒有自性、本質或絕對的一致性貫串於諸條件中，唯就諸條件對於一物的作用力而言，由於與該物的親緣性、相應性、關聯性存在著等差，不同條件對該物構成的果報力有異，是判然瞭明的事實。比如說，灌溉泥土能使種子發芽，卻不能讓泥土生出金幣來，這是基於水跟種子的因果親緣性，較金幣要密切得多之故。所以，即使種子和金幣，對於水來說，同為異質的事物，水仍然只能與種子發生因果上的關聯性；而且基於因果之親緣性，因果兩者表現出某程度上的規範關係，故此，水也不會無緣無故地突然變成生出金幣的因。由此可知，佛家因果說的著眼點，是保住業力與果報間的吻合性、關連性、相對穩定性和相互規範性，但不支持事物自身一貫不變的「有性」，並將此「有性」貫穿在其前因與後果中，而這亦是僧肇論述因果不遷，果報不失的要義。緣此對因果之理解，僧肇雖否定了因果、古今、運動觀念之實在性，但如來功業之長存，眾生業力之不移，修行功德之不朽，仍可獲得保證[86]。

4.1.6 〈物不遷論〉述評

僧肇借物不遷的論議，考察與無常最有密切關連的幾個課題，包括生滅(變化)、遷流、時間、因果，以直探無常的本質，同時對世俗知識談運動、因果、時間的咎誤，一一加以評破。其陳述的路徑，是先駁斥常識中包含著種種假象：假立時空座標的方位，藉此尋求事物由此到彼的移動變化軌跡，兼且誤解事物在

---

86 在《注維摩經》中，可清楚看到僧肇持果報不失的論調。例如〈弟子品〉云：「夫有無為之果，必有無為之因，因果相同，自然之道也。」(大正卷三八，357下)〈佛國品〉云：「夫欲響順，必和其聲；欲影端，必正其形，此報應之定數也。」(同上，337中)故僧肇之意，不在否定因果的必然性，而是指摘常情構築之因果相的虛妄性，包括以為因中有果，果中有因，或由因到果，自有不變的一致性貫徹其中。

時間、因果串連之流裡，能成功規避他物的干預，始終執持著自己的同一性。這些誤謬的成因，乃出於常情滯念於現象生滅的剎那中。常人的意識先駐足在這微細的一剎那上，投影出事物具有實在性的影像，進而設想，此實在的一剎那，會攜帶著事物的本質，一剎那又一剎那地，接續運行於時空座標和因果的串連裡，由此而形成一幅圖像，以為現象雖變易無常，但發生變動的，只是事物從一剎那往下一剎那的遞遷，至於在該剎那上的瞬間，事物的本質或統一性，是沒有受到動搖的。是以，在常識論者眼中，運動是發生在剎那與剎那的間隙中，而非在某一剎那上。僧肇〈物不遷論〉的貢獻，在於扭轉這種觀法。他提出無有一剎那是定常的，也無有一物有不變的內在一致性。這是因為，每一剎那本身，都只是一眾條件的暫時聚合，而這些條件亦為別的條件的臨時和合，順此分析下去，每一剎那本身，都沒有維持其堅實存在的支撐物，如實體、同一性、本質等物根植其中，所以每一剎那自身，恒處於受他物影響的不穩定狀態中。在這個情況下，事物的每一剎那，都是空無自性的。唯因其空無自性，畢竟空寂，故在這個意義下，不管說事物是動，是靜，即動即靜，乃至非動非靜，超越動靜相對，皆互不妨礙。事實上，此意已早為羅什申述，《注維摩經》云：

凡說空則先說無常，無常則空之初門。初門則謂之無常，畢竟則謂之空。旨趣雖同而以精麁為淺深者也。何以言之？說無常則云念念不住，不住則以有繫住，雖去其久住而未明無住，是麁無常耳，未造其極也。今此一念若令繫住則後亦應住，若今住後住則始終無變，始終無變據事則不然。以住時不住所以之滅，住即不住乃真無常也。本以住為有，今無住則無有，無有則畢竟空。畢竟空即無常之妙旨也，故曰畢竟空是無常義。[87] (弟子品)

---

87 《注維摩經》，《大正藏》卷三八，353下。

從此段文字所見，僧肇物不遷論無常之義，乃承自什公，固已可知。什公見解與僧肇論點極其接近，原文自明，茲不詳敘。

如將〈物不遷〉與玄學對觀，則本論有幾點值得注目之處：第一，玄學家總是釋動求靜，釋靜求動，認為在本質上，動靜不可相混，而僧肇則雙觀動靜，合二者為一，發玄學之未見。第二，玄學家以靜為本體，意在使人契神於玄遠間，向超越的境界趨，僧肇則打消本體，還原諸法無自性的實相，使人向存在的實相趨。第三，僧肇取消本體，歸趣畢竟空，因此可於動靜二端，出入無礙，不必拘限於「動為假，靜為真」二分法的掣肘。雖然〈物不遷論〉云：「故談真有不遷之稱，導俗有流動之說」，但此所謂不遷之靜，說的是超越動靜的「寂滅無相」，歸趣於拔乎動靜，而非要在息動，以求絕對之靜。這亦如《放光般若經》所云：「所言摩訶衍，亦不見來時，亦不見去時，亦不見住處。何以故？諸法不動搖故。」[88]「不動搖」是譬喻諸法空寂的本性，非真謂諸法是一個絕對的靜止之物。相對來說，在玄學中，動靜、本末的區分，卻湛然不可逆轉，如是依玄學家意，動中不可觀靜，靜中不可言動，於茲動靜的統一，需要透過引入體用架構，使動承靜體，生起動用，在體不離用，用不離體的俱行俱轉中，動靜乃可相涵為一。至於僧肇的動靜說，乃直就動靜皆空，觀動靜相即，如是，動靜不構成玄學的體用關係，故肇公非藉體用一如，以論證動靜相即之理，而吾人亦不宜套取玄學的體用論，來詮解〈物不遷〉即動言靜，即靜言動的義蘊，但觀其「動靜一源」、超越動靜之相對，即可領會僧肇撰作本論的深意。

4.2 即物自虛觀

〈不真空論〉是僧肇思想最重要的基石，是闡發般若空宗「畢

---

88 《大正藏》卷八，32下。

竟空」義理之論作。所謂「不真空」，元康疏云：「諸法虛假，故曰
不真，虛假不真，所以是空耳。」[89]本論的宗旨，是聯繫「不真」談
空，以不真即空，空故不真，說明真諦。論中三次覆述「即物之自
虛」，乃是論證「不真空」義的中心命題，通篇陳論，不外環繞此命
題所代表的主旨而加以發揮[90]。在中國佛學史上，〈不真空〉首先
以真假之論，代替有無之辨，為漢地般若學談「空」之理路，引入
一個前所未有的嶄新格局。以下嘗試陳述僧肇即物自虛觀的思想
脈路和義理內涵。

4.2.1　物之本質：自虛

　　僧肇首先指出，一切現象，包括人、事、物，其本質都是自
虛的，所謂「即萬物之自虛」。彼云：

　　尋夫不有不無者，豈謂滌除萬物，杜塞視聽，寂寥虛豁，然
後為真諦者乎？誠以即物順通，故物莫之逆；即偽即真，故性莫之
易。性莫之易，故雖無而有；物莫之逆，故雖有而無。雖有而無，
所謂非有；雖無而有，所謂非無。如此，則非無物也，物非真物；
物非真物，故於何而可物？故經云：色之性空，非色敗空。以明夫
聖人之於物也，即萬物之自虛，豈待宰割以求通哉？[91]

　　自虛，謂事物本身是性空不實的，內裡不包含一個獨立的自
體。即萬物之自虛，是強調應直就虛假的萬物，體證性空的真
諦。因為萬物本來就是假有的存在，就其自身即能展現幻化不實
的本質，故此「不假虛而虛物」——不必破壞事象以明虛，也不必
從外面尋求致虛的實體或根源（例如本無宗的空無本體）。此外，
亦不需洗滌外境，閉目塞聽，別求無聲無色，豁若頑空，然後以

89　《大正藏》卷四五，170下。
90　湯用彤《佛教史》上，頁336。
91　本論文中出現的〈不真空論〉引文，皆取自《大正藏》卷四五，152上-153上。

為能體得性空真諦。復如小乘學派的「析色明空」，將事物解剖為「極微」，以為是理解萬物本性皆空的作法，也是未能契會般若空義的真諦。然則何以諸法皆即物而自虛？蓋宇宙萬物，均依賴眾緣之暫時和合而成，緣聚則合，緣散則滅，起與諸法共起，滅與諸法共滅，於中並沒有恒常不變的主宰：

> 諸法緣生，聚散非己，會而有形，散而無像，法自然耳。[92]
>
> 萬物紛紜，聚散誰為？緣合則起，緣散則離。[93]
>
> 故童子歎曰：說法不有亦不無，以因緣故，諸法生。（〈不真空論〉）

一切有為法無不是因緣的和合聚散而生滅，並無真宰常主其中，故名為「空」，也就是即物自虛。由於事物待緣而成，遷流不定，虛幻不真，所以，「有」並不是真有，「無」也不是真無：

> 夫有若真有，有自常有，豈待緣而後有哉？譬彼真無，無自常無，豈待緣而後無也？若有不能自有，待緣而後有者，故知有非真有。有非真有，雖有不可謂之有矣。不無者，夫無則湛然不動，可謂之無。萬物若無，則不應起，起則非無，以明緣起，故不無也。（〈不真空論〉）
>
> 有有故有無，無有何所無？有無故有有，無無何所有？然則自有則不有，自無則不無。[94]（《注維摩經 • 佛國品》）

這是約因緣義，以明事物非有非無。因為若說有是實有，則一向自有，不待緣會而後有。若謂有不能自有自生，須依賴各種條件和合而成，則有非實有。反之，若說是無，則無應是湛然不動，不會構成任何生滅起落，但萬物既在緣起中，並非凝然不變，則無亦不是實無。以上〈佛國品注〉一段，說的亦是同一道

---

92 《注維摩經 • 文殊師利問疾品》，《大正藏》卷三八，377中。

93 同上，376中。

94 《大正藏》卷三八，332下-333上。

理:「有『有』故有『無』」,「有『無』故有『有』」此兩句中的「有」與「無」,不是邏輯意義上的「有」與「無」,乃是因緣聚散下的非實有與非實無,兩者均不是獨立的存在,但正因它們不是獨立的存在,乃可互相轉化,互相依存,相輔相成。概言之,事物的形成,是透過因緣和合而虛妄名有,因緣離散而虛妄名無,無論有無,皆是假而非實。因為有無皆不真,故名為「空」:

> 欲言其有,有非真生;欲言其無,事象既形。象形不即無,非真非實有。然則不真空義,顯於茲矣。故《放光》云:諸法假號不真。譬如幻化人,非無幻化人,幻化人非真人也。(〈不真空論〉)

僧肇並不否認虛假事象的存在。在因緣條件下,事象既形,所以也不可說是無。不過,這些事象只是幻化的影像,沒有絕對的真實性,自身虛幻,僅為假號,因此是不真的,是空。復次,事物虛假不實,非由於現象遮蔽真相而致,而是現象本身即為幻相,根本沒有凝然不動的真相或本質,承托著諸相的起滅變化,因此僧肇說「即物之自虛」,此謂,事物在其自身便是虛幻不實,不待毀壞萬法才使萬法假有。這正如即泡是水,非泡滅水,幻色本空,不待析色方為空。

4.2.2 有無畢竟齊同

萬法的生滅,無有短暫的停留,然又不能泯除其起滅的痕跡,因此,無論說事物是有,是無,都不能反映存在的實相:

> 然則萬物有其所以不有,有其所以不無。有其所以不有,故雖有而非有;有其所以不無,故雖無而非無。雖無而非無,無者不絕虛;雖有而非有,有者非真有。若有不即真,無不夷跡,然則有無稱異,其致一也。(〈不真空論〉)

萬物有其所以不存在的一面,也有其所以非不存在的一面。有其所以不存在的一面,所以雖存而非定存;有其所以非不存在

的一面，所以雖無而非定無。萬物雖有而非真有，雖無而非真
無，故知從絕對空的立場出發，有、無僅為一物的不同稱謂，並
無實義，因之有、無可同時作為一物的代稱而並存不悖，因此〈不
真空論〉云：「萬象雖殊，而不能自異。不能自異，故知象非真
象。象非真象故，則雖象而非象。然則物我同根，是非一氣，潛
微幽隱，殆非群情之所盡。」有無雖異稱，其致畢竟齊同，正是此
意也。

　　據僧肇，即物自虛的不真空觀精神，不是要否定諸法的呈
現，也不是要保住一個太虛永絕的斷空、頑空，而是要即色明
空，在事物幻變不息的假相中，既見虛幻的事象，同時看破事相
僅是依因待緣的呈現。若明白空不在色外，空色互為表裡，便可
契會當體明空、有無不二之中道了。

4.2.3 「人無我」義

　　無我有二義，一是指人由五蘊構成，沒有永遠不變的真宰，
名「人無我」；一是指諸法由因緣和合而生，無有堅固的自性，稱
為「法無我」，此如僧肇所云「無我者莫主之也」[95]。〈不真空論〉集
中剖析「法無我」義，未見論辯「人無我」，然不表示僧肇未嘗言及
此義。凡宇宙萬法，無不依因待緣，人身與自我固亦不能例外，
因此言即物之自虛，理當包羅「人無我」，方算得上是完整的論
述。在《注維摩經》裡，僧肇就本諸畢竟空義，闡述「人無我」之
旨：

　　　妙主常存我也，身及萬物我所也，我所我之有也，法既無
　　我，誰有之者？[96]（入不二法門品）
　　　法從因緣生，緣則無自性，無自性則無主，無主則無我人壽

---

95 《注維摩經‧弟子品》，《大正藏》卷三八，353下。
96 《大正藏》卷三八，397上。

命。[97](法供養品)

四大和合，假名為身耳。四大既無主，身我何由生？譬一沙無油，聚沙亦然也。主我，一物異名耳。[98](文殊師利問疾品)

從現有資料顯示，六家七宗並不關注四大和合，人身無主的課題，反而主張人的生命中包藏著一個堅實的心體，在遷流萬化中，湛然常住。於般若學大行其道的四世紀中葉，郗超撰寫的《奉法要》，將「無我」解作「非身」，與無常、苦、空，合稱「四非常」，云：「神無常宅，遷化靡停，謂之非身」[99]，謂「神」沒有固定的住所，隨肉體壞滅，不斷遷居，此明是典型的靈魂不滅思想。慧遠、宗炳在這個基礎上再造一新，推導出寄存於人身裡常住不變的「神」，等同佛性、法身和涅槃[100]。上引《注維摩經》裡「人無我」的說法，是否認妙主常存的自我之真實性，這樣看來，僧肇宣說人無我義，是向神不滅思想提出論難，評破學者視靈魂、神識等為生命真宰的過謬，是中國佛教學者中，正視「人身無我」的第一人。不過，僧肇雖然打破了神不滅理論的中心概念——「神」，在〈般若無知論〉裡，他又別立一個「神」的觀念，以指陳直觀真諦的絕對精神，此意下文再詳。

4.2.4 物我俱冥

僧肇立足於即物自虛的宗旨，提出萬法畢竟空、非有非無的理據，大致如上文所鋪陳者。接下來的問題是，了悟大乘佛教的物虛觀，對於吾人，究竟意義何在？佛家解答這個疑難，自有種種法門，或宣言通於成佛之路，或清除煩惱障蔽，擺脫無盡輪

---

97 《大正藏》卷三八，415下。
98 《大正藏》卷三八，376上。
99 《弘明集》第十三，《大正藏》卷五二，88中。
100 梶山雄一：〈慧遠の報應說と神不滅論〉，《慧遠研究‧研究篇》，木村英一編，頁95，創文社，1962年。

迴。而僧肇生當玄佛交替的時代，關於性空的宏旨，與主體生命發生何等意義的問題，他的思維方式，也很自然地受到玄學的主觀冥鑒精神之薰習，因此跟大部份玄學家一樣，僧肇仍然聚焦在主客體的玄同彼我，渾化合一上，並視之為解悟般若真諦的最終鵠的。在〈不真空論〉裡，他將玄學的物我冥然一如，提揭為主體觀物之自虛之佛家式智照意趣，但其空虛心神，妙契物性的鑒照，就形態而論，基本上與玄學言物我相冥，沒有異致[101]，論中數言，可以為證：

　　是以至人通神心於無窮，窮所不能滯；極耳目於視聽，聲色所不能制者，豈不以其即萬物之自虛，故物不能累其神明者也。是以聖人乘真心而理順，則無滯而不通；審一氣以觀化，故所遇而順適。（〈不真空論〉）

　　在《注維摩經》的〈文殊師利問疾品〉，也發現類似的說法：

　　若能空虛其懷，冥心真境，妙存環中，有無一觀者，雖復智周萬物，未始為有，幽塗無照，未始為無。[102]

　　故能齊天地為一旨，而不乖其實，鏡群有以玄通，而物我俱一。物我俱一，故智無照功，不乖其實，故物物自同。[103]

　　三段文字的旨趣無有兩樣，都是高唱致心之虛廓，冥契真境，破障通理，物我俱一，如是，一則心物不相隔閡，二則心靈遂通萬物的自虛，而可超拔於一切執著之上，不復為虛妄的幻境所困囚勞役。通過僧肇的闡釋，佛家即物自虛的萬法皆空原理，跟玄學言主觀的玄鑒理趣，相通為一，使前者沾上濃烈的主觀主義色彩。此宅心玄冥的思想取向，溯其本源，在僧肇早期的修學歷程中，其實已流露若干朕兆。《高僧傳》記載，僧肇悟發天真，

---

101 唐君毅：〈僧肇三論與玄學〉，《現代佛教學術叢刊》四十八冊，大乘文化出版社，1979年。
102《大正藏》卷三八，372下。
103《大正藏》卷三八，372下。

早翫莊、老，嘗讀《道德經》，歎曰：「美則美矣，然期棲神冥累之方，猶未盡善。」對肇公來說，《道德經》的玄境確有幽渺高妙之處，唯尚拈滯有無之名，是故老學仍未能提供寄神玄遠，冥除物累的上佳方策。另一個反映僧肇好言心物兩冥的例子，是他在〈不真空論〉裡對心無義的評價。他揚言心無義的缺失，是錯認萬物實有（「此失在於物虛」），但其可取的地方，是「得在於神靜」。此處所謂神靜，應是延續了前述空虛其懷，妙契環中的物我雙冥思想，可想而知，這亦是強調棲神冥累、玄覽妙趣的理路。僧肇不真空說的要旨，最後委之於玄智中冥化彼我的理境，這個安排，營構了他本人極其特殊的思想線索。以僧肇理論體系的內部邏輯言，物我冥一的思想，是一個關鍵性的轉捩點，將〈物不遷〉、〈不真空〉言存在理法的客觀面向，引入超越主體開顯的另一個面向——般若智之體性和照境（〈般若無知論〉）。此外，對於僧肇的思想系統，物我冥一說尚有一個不可忽略的重要意義：由於冥契外境的主體——心（或神），與照鑒中的諸物，相融為一，所以物之不真，實際上，是心所體察的物之不真；物之不遷，實際上也等如心所證悟的物之不遷[104]。心與物冥，通於物之自虛，成為了統貫《肇論》思想的其中一大主軸。印度佛教本無冥心造物的玄思，僧肇將證悟真諦的理境理解為心物兩冥，顯然擷取了郭象物我玄同理論的精髓，並附麗於佛教的物虛觀，構成中土獨有的玄智式般若空觀，替東晉的般若學，締造一個嶄新的理論結構。

〈不真空論〉指出，惑者以為，真諦存在於色法以外的世界，不過真正悟解即色是空，即空是色的聖者，很清楚萬物的真實本性，並不需離開事物本身，向外求取，對此，僧肇稱之為「觸事而真，體之即神」。前一句是指實相不假外求，在當前的事物中已經體現真諦；後一句指的，是如能體證真諦，自心即是神妙的理

----

104 孫炳哲：〈肇論通解及研究〉，頁21，北京大學哲學博士論文，1996年。

體。「觸事而真」指出真理與世法，皆為畢竟空寂；「體之即神」標誌聖智的主體是神，在悟道境中，能與事物渾無隔閡。

4.2.5　假名與二諦

〈不真空論〉主要談有無的問題，兼及假名和真俗二諦的意義。僧肇嘗從假名的觀點，闡述不真空之意，其言曰：

> 以夫物物於物，則所物而可物，以物物非物，故雖物而非物。是以物不即名而就實；名不即物而履真。（〈不真空論〉）

名實相應，是指在經驗世界裡，語言概念能夠有效地指謂對象。所謂相應，是要求語詞或觀念，跟對象物具有固定的，且被公認為對當的意義關聯。名實相符論的主張者相信，擁有固定紐帶的名號和事物，可以構成對當的能指和所指關係，在這個假設下，語詞或語句能有效地代表事物的內涵，這種觀點，跟歐陽建倡說的「言盡意」一致，同樣服膺於客觀主義的語言論。假如「名能指實」可以成立的話，反過來說，通過分析語詞的意義，就可掌握事物的內涵，也即「循名」，便可「責實」了。

對於名實相符的思想，僧肇是絕不贊同的，他的態度，非常清晰地表現在上段引文當中。他先從物的非確定性、非真實性（「非物」），論證名不可符實。他表示，假使以「物」之名去指稱「物」，被指稱的物固然可稱為「物」；但是，如以「物」之指謂「非物」——緣起虛幻、非真實的物，那麼，這個所謂的物雖被附加上稱謂，可是它不會因為被冠上一個名號，便由「非物」演變成「物」的。同樣，這個附著於「非物」的名號，也僅為一個假名而已，不會變化成足可指實的語詞。故依僧肇的意思，名實不存在著相應的關係，以佛家意，即為「但名無實」。

不但客觀的事物是非實在的，僧肇更揚言，名言概念本身亦是虛假不真的，它們產生於人心虛妄分別的顛倒想，宛如海市蜃樓一般，純粹是人們在攀緣取相後，構造出來的泡沫幻影而已：

法無美惡，虛妄分別，謂是美是惡，美惡既形則貪欲是生也，法本非有，倒想為有，既以為有，然後識其美惡，謂之分別。[105]（〈注維摩經 • 不思議品〉）

名言概念既是根據人們的主觀設想而敷設出來的，那麼它們的性質，無庸分說，當然是虛假的了。語詞、語言的非實在性格，使它們不足以達成指代客觀世界的任務。另一方面，作為能指的對象事物，諸法的本質是因緣和合，沒有自體的；它們是流動不息的現象，本來就是非真非實有，沒有恒常性質的對象，自然也不能跟擁有固定意涵的名言概念扣連起來，形成名實對應的關係，所以僧肇說：

夫以名求物，物無當名之實；以物求名，名無得物之功。物無當名之實，非實也；名無得物之功，非名也。是以名不當實，實不當名，名實無當，萬物安在？（〈不真空論〉）

這是說，若以名求與它一樣的事物，則不能獲得與名相當的實物。由物求與它對當的名號，也沒有與某物完全符契的名詞概念，因此名號和對象事物，並不相當。對此，文才《肇論新疏》有這樣的一段釋文：

名自情生，好惡何定？或於一物立多名，或以一名召多物。物雖應名，亦無當名之實理，如以地龍木賊等名藥也。又名雖召物，亦無得物之實功，如談水不濡唇，言穢不污口。應知名是假號，物為幻化。但順世俗，不入實相。[106]

一般人以為名實相應，名能指物，殊不知名字只是出於眾生的無明顛倒，罣空在事物外層的造設之物而已，與萬法的真象根本殊不相應。這正如文才所述，談到水時不會真的有水濡唇，證明名言逸離它要指涉的對象以外；又如被配上地龍、木賊之名的

105《大正藏》卷三八，386中。
106《大正藏》卷四五，212上。

藥材,也不真的具備與龍、賊有關的特性,這說明命名方式的隨意性,不足以承當人們以為名可符實的期許。故此可知,物既沒有當名的實質內容,名也沒有反映實相的功效。既沒有相當於名言概念指涉的確定之物,則物便不足以成為實物。名詞和概念因為不能盡其指稱事物的職份,也只淪為一個失效的名相。因此究極言之,名實俱空。既知現象界中,一切名字和事物都不是真實存在的東西,那麼眾生日常執取為有的經驗世界,又有何實在性可言呢?

　　故《中觀》云:物無彼此。而人以此為此,以彼為彼,彼亦以此為彼,以彼為此。此彼莫乎一名,而惑者懷必然之志。然則彼此初非有,惑者初非無。既悟彼此之非有,有何物而可有哉?故知萬物非真,假號久矣。(〈不真空論〉)

　　名言與事物原是緣起幻有,在其自身,沒有甚麼彼此、差異的區分,不過,眾生以妄心分別諸法,卻導致了現象界的千殊萬異,而且還以為這些驟眼看來歷歷分明的差別,是包含於事物自體的真實狀況。究諸法之實,它們原是清淨無染的,眾生加諸事物身上的虛假名號,也不能遮掩它們清淨無染的本相。唯因惑者執守經驗事物的彼此之別,於是在世俗知識中,是非、高下、美醜、善惡的對立乃應運而生,若從名實俱空的立場以觀,這些互相對揚的概念群,不外是如幻如化的鏡花水月而已,根本無法有效地象表萬法的真相。是故,徹知語詞文言是虛幻不真的智者,絕不會執滯於文字名號的假相中:

　　夫文字之作,生於惑取,法無可取,則文相自離,虛妄假名,智者不著。[107](〈注維摩經●弟子品〉)

　　這段文字十分扼要地概括了僧肇否定名實對當、名實俱有的理據。鑒於名字是妄心惑取假象所製造的成品,而緣起性空的

─────────────

107《大正藏》卷三八,352下。

法,完全沒有可以被認知主體把握的固定本性,所以名號根本不能與本體性空的事物,掛搭在一起。至於物的本質,乃欠缺固定的自性,倘若以為藉著名相可以捕捉對象之實,也就是緣木求魚、不切實際的妄想。由於智者了悟假名的虛妄,所以不會誤認為名相語言能反映存在的真象。

超離於名言教化、語詞概念之外的諸法實相,屬於真理的境域,佛家名為真諦。僧肇在〈不真空論〉曰:「然則真諦獨靜於名教之外,豈曰文言之能辨哉?」僧肇又給真諦和俗諦下了更精確的界說:「《放光》云:第一真諦,無成無得;世俗諦故,便有成有得。」意謂,就佛家的真理(真諦)言,世間萬法,沒有甚麼成立,也沒有甚麼得著,一律是緣聚則生,聚散則無的。當然就世俗的見解(俗諦)言,世間萬法,總是有所成立,有所得著的,不過從萬有性空的觀點來看,經驗世界林林總總的現象,一概生非實有,滅非實無,其實哪有甚麼真諦、俗諦的絕對分野?僧肇續說:

> 夫有得即是無得之偽號,無得即是有得之真名。真名故,雖真而非有;偽號故,雖偽而非無。是以言真未嘗有,言偽未嘗無。二言未始一,二理未始殊。故經云:真諦俗諦,謂有異耶?答曰:無異也。此經直辯真諦以明非有,俗諦以明非無。豈以二諦二而二於物哉?(〈不真空論〉)

無論真諦與俗諦,一概符應於萬法性空的原理,只不過真諦的著眼點是現象的非定有,俗諦的側重點是現象事物有其表象,故此也不是定無。易言之,真俗的分殊乃是相對而不是絕對的,它們本是互相包攝的:萬有是性空的假名,性空是萬有的真號;談真未嘗有,說假未嘗無,真俗未始互異,也並不矛盾,因此,假如勉強割裂真俗,硬要將兩者對立起來,就不瞭解畢竟空的真義了。唯有審識有無不二,真俗不異,不偏重有,也不傾向無,徹見有無兩端,圓融相攝,才是入中道不二法門,僧肇《注維摩

經》多陳此意，其言曰：

> 有為虛偽法，無常故名盡。實相無為法，常住故不盡。若以盡為盡，以不盡為不盡者，皆二法也。若能悟盡不盡俱無盡者，則入一空不二法門也。[108]（入不二法門品）

> 有心必有所受，有所受，必有所不受，此為二也。若悟法本空，二俱不受，則無得行，為不二也。[109]（入不二法門品）

只執著於有無、真假的分殊而起心動念，此心自然會產生封限，有封限則不可透達超越有無、真俗的絕對真理。倘若吾人能悟入中道不二法門，了知任何人為的限隔，都不可通於萬法皆空的第一義真諦，故於一切妄心營構的分殊相，俱不受、俱不著，視諸法平等一如，渾無差別，照此以往，吾人乃可衝破由妄心築起的壁壘，重重無盡地透入真如實相的世界，與此同時，也不會再受制於知識塵網的羈絆。

4.2.6　即物自虛觀述評

僧肇的即物自虛觀念主要濃縮在〈不真空論〉這篇論文裡。跟六家七宗的存有論，止於談有說無相比，此論無疑在深度和廣度上，均超越前人諸說。僧肇以物虛觀作為主線，串連起無我、有無不異、名實不符、二諦相攝，與及中道不二等觀念，其中甚多論議，非前人所能及。肇公提揭的論題雖然頗為豐富，然約其中心精神而說，是假「非真非實有，非實有亦非無」的中道空觀，辯示存有的真境。因此，僧肇不真空觀的關鍵是：既不被萬法隨緣生滅的表象蒙蔽，以為耳聞目睹的現象，真簡等如諸法實相本身，與此同時，也不採取偏激的態度，強要拆解諸法以析空，或詆誣幻現的事象為空無所有。他提倡掃除一般只見有為有，只見

108《大正藏》卷三八，397下。
109《大正藏》卷三八，397上。

無為無的情見，於萬象不執其實，也不執其無，以非有非無的中道觀法對待萬法，洞知真諦不超離現象之外，真俗不相離之理，是為契入不二法門。緣此，僧肇導入〈不真空論〉的其中一個結語：「觸事而真」，此謂徹見眼前因緣散聚的萬物，就是事物本來的真相。

〈不真空論〉的另一項結語，是「體之即神」，此跟玄學「物我俱冥」觀念，同導源於「心物相生相即」之意趣。前已言之，僧肇一方面純就物的自虛論說性空，另一方面，強調心與萬物的本質，都不包藏著質礙義的實體[110]，故心可以隨時虛通萬法的無染自相，與物冥合，相攝無礙。「體之即神」，是謂契悟性空之理，乃心的妙用，心能順通萬法，使物我冥然一如。是知，「體之即神」與「物我俱冥」一樣，所發明的都是心物相生相即，心物不二的道理。在〈不真空論〉裡，僧肇以「體之即神」為不真空理論歸趣的真理境，反映他仍然追隨著玄學家藉由虛豁的一心，以遂通萬物的思想跡轍，是故肇公的般若空思想，始終不廢除覺知無相真諦的無限心之功能，或者說，一個能夠洞悉性空真諦，復又超然物外的主體精神構造。這個基調，是營造僧肇哲學思想的一大磐石，〈般若無知論〉對於此意，尤其論之甚詳。

---

110 〈注維摩經・弟子品〉是這樣論析心的本質的：「心者可也？惑相所生。行者何也？造用之名。夫有形必有影，有相必有心，無形故無影，無相故無心。然則心隨事轉，行因用起，見法生滅，故心有生滅，悟法無生，則心無生滅。」(《大正藏》卷三八，353中) 心與萬法一樣，沒有恒常不變的自體，心隨事轉，心有生滅，指的都是經驗心，認識心；事實上，心的真正本性，是與性空的諸法一無異致，其生滅的現象，俱屬浮現於表面的幻象，隨起隨滅，既不定有，也不實無。

111 除〈僧肇傳〉外，《高僧傳》卷二〈鳩摩羅什傳〉亦記曰：「既覽舊經，義多紕僻，皆由先度失旨，不與梵本相應，於是興使沙門僧䂮、僧遷、法欽、道流、道恒、道標、僧叡、僧肇等八百餘人，諮受什旨，更令出《大品》。」(《大正藏》卷50，頁332中)

4.3　般若聖智觀

　　《高僧傳》僧肇本傳記載，〈般若無知論〉寫成於《大品》譯出之後，代表僧肇參與譯場時「諮受什旨」的直接解悟[111]，其意在清理先舊乖謬。本論開首即云：「夫般若虛玄者，蓋是三乘之宗極也，誠真一之無差，然異端之論，紛然久矣。有天竺沙門鳩摩羅什者，少踐大方，研機斯趣……」[112]這裡紹述了僧肇標舉羅什為權威，沙汰舊義，顯示他自視為三藏異論批判者的身分，與莊老哲學，及般若學各派異端對峙的用心。

　　三國時劉劭的〈人物志・材理〉分理為四家：道理、事理、義理、情理[113]。道理即天道變化盈虛消長之理，此當屬於哲學的形上學、宇宙論之領域；事理就是法制政事之理，此當屬於政治學之領域；義理即禮樂教化之理，此當屬於倫理學、道德哲學之領域；情理即人情樞機之理，此當屬於社會學、心理學，也牽涉藝術、文學等領域。此四家，係從理的性質上，分辨世間學問所追尋的幾大類別的真理。佛家的般若智，是透達真理的最高智慧，故此跟世俗之知有各別對應的真理一樣，般若智亦相應於某種類型的真理，然而，此理卻與劉劭所言的四家，有著本質上的大別。蓋四家之理，均為循知識與學問的途徑，索求而得的結果。至於般若洞徹的真理，是諸法實相，緣起性空的存在理法，非由理智、感性攫取得來的對象，故而不落言詮，亦不墮入知識的羅網中。因此，般若之知與經驗世界的一般認知，在本質上是迥然有別的。〈般若無知論〉的大旨，即是識別作為智照之能、不取諸相的般若聖智之體性和本質，以跟常人惑取眾相之知，作一清楚的峻別。本論清通簡要，層次分明，現條列其中要義，並在適時援引〈答劉遺民書〉，以明其論旨。另外為配合闡釋上的條理，以

112《大正藏》卷四五，頁153上。
113劉劭云：「夫理有四部，明有四家。……若夫天地氣化，盈虛損益，道之理也。法制正事，事之理也。禮教宜適，義之理也。人情樞機，情之理也。」

下引文次序將與〈般若〉原論略有出入。

4.3.1 對惑取之知的分析

惑取，在佛家意思，是指眾生對一切事物，包括我、人、法的執取貪著。「惑」有迷惑而致誤，不能覺知萬法實相之意，故所謂惑取之知，亦即常情於萬事萬物進行妄心分別，顛倒現象的原貌，然後執守個別特徵、形相、概念為實，構成以偽當真的虛假認知。眾生在日常生活的經驗之知、世俗之情見，乃至古往今來智者們窮究研探的理則，究實而言，一律是成心偏見生起分別所造就的產物，因而都可撥歸惑取之知的行列。常人仗此惑取之知，對內尋覓自我之主，對外探索客觀世界，從正面而言，是建設了高度的物質和精神文明，從反面而言，則是眾生自甘於以幻為真，以偏概全，在委曲實相之餘，一頭栽進自己製造出來的對立、紛爭、邊見中，卻仍然懵然不知，繼續起心動念，惑取人我、自他、彼此的分別，以致與萬象的真境真相，越趨乖離。此一般的惑取之知，信為眾生罔見真相的亂源，它總是體現為對一切法進行二分，或理解為諸法之間的彼此對立，此等深根固柢的成見，往往導致常情在認識上的嚴重缺陷。例如，因為認知者預取了一切事物是二分、對列的立場，所以只能見有之為有，不見有中之無；只能見動之為動，不見動中之靜；只能見昔之不來今，不見昔之不去今，凡此皆造成偏取一邊的情見。另外，基於二分法的排中律，以為「一物同時非是一物」，不可索解，由此假立事物定常的自性和實在性，又推想指代該物的名言，亦有定常的自性和實在性，因而造成了事物和名言內具固定不變的實體的惑見。另外，常人不知即物之自虛，或會宰割萬物以求通，或滌除萬物，杜塞視聽，假虛物以求虛，此則是基於萬物互相對立的預設，認為求此則要失彼，不可即此而彼，因此粗暴地析取諸法，破壞人、我、一切法的整體性。還有，因為立足於內外二

分、互相對待的錯覺，認知者在接應萬法時，由外向內，折射出一個作為能知主體的自我，並將事物對象化、外在化，成為被知的客體，為主體所統轄和籠罩，形成一幅主客對列的圖像，這亦是常情普遍的惑見。

　　以上所陳，都是惑取之知的咎誤。既知惑取眾相是招致顛倒見的罪魁禍首，若去此亂源，則種種妄見、邊見、情見，自可歸於平息。〈物不遷論〉與〈不真空論〉，論證外境沒有實在的定相可取，指出若以惑取諸相來認識萬法，無異於徒勞無功。至於〈般若無知論〉，則另闢一路，直就般若作為一個純然觀照萬法實相之能，闡明其順應萬物而又不取相的體性，這是從主觀精神的能照一邊，論說境智雙泯的無知之知，以跟主客對立的一般之知，作出明確的區別。

4.3.2　對般若體性的衡定

(1) 無取無知的智照真諦之能

　　〈般若無知論〉在開首處，已給般若智的體性或本質，下了明確的註腳：

　　《放光》云：般若無所有相，無生滅相。《道行》云：般若無所知，無所見。此辨智照之用，而曰無相無知者，何耶？果有無相之知，不知之照，明矣。何者？夫有所知，則有所不知。以聖心無知，故無所不知，不知之知，乃曰一切知。故經云：聖心無所知，無所不知。信矣！是以聖人虛其心而實其照，終日知而未嘗有知也。故能默耀韜光，虛心玄鑒，閉智塞聽，而獨覺冥冥者矣。然則智有窮幽之鑒，而無知焉，神有應會之用，用無慮焉。……然其為物也，實而不有，虛而不無，存而不可論者，其

---

114 本論文中出現的〈般若無知論〉的引文，皆取自《大正藏》卷四五，153上-154下。

為聖智乎。[114]

此段屬定義性的文字，大體上規範了本論闡述般若智的角度。就般若智的特性而言，本段舉出了幾個清晰的綱領：

第一，與惑取之知的有相有知不同，般若是無相無知的；

第二，儘管無相無知，般若卻別有不知之照，兼且無所不知；

第三，般若無狀無名，似有若無；

第四，雖然如此，般若智同時又俯仰順化，應接無窮。

據此，吾人可初步得出以下幾點論議：

一，惑取之知與般若之知，無論在認知的操作方式、形態、目的、功能、乃至「認知者」的體性上，都存在著霄壤之別。

二，是故，般若聖智之知與世俗之知，根本屬於兩個互不相干的層面，吾人既不可藉惑取之知，或常識之知來論斷般若之知；反過來說，聖智之知也不可取代一般之知的功能。

三，在論說取徑方面，僧肇主要分就聖智的運作方式 (無取無知)、形態 (無狀無名、存而不有)、性質 (虛照之能)、功用 (應會之用、無所不知) 等幾條線索，衡定般若智的體性。

在以上三點中，〈般若無知論〉特別強調的，是般若智無取無知的本質，故下文先就這點，進行論說。

聖智無知而無不知，歸根結柢，是因為它不惑取諸相的特質，僧肇在論中表示：

> 然經云般若清淨者，將無以般若體性真淨，本無惑取之知，本無惑取之知，不可以知名哉？豈唯無知名無知，知自無知矣。(〈般若無知論〉)

般若聖智無惑取之知，即是說，它不緣取事物的形相，換言之，不攀緣和執取虛假不真的事相，作為客觀認識的對象。前已言之，凡夫認識外境時，總是要割裂諸法，顛倒真相，執以為實，方可構成客觀的知識。然而般若聖智，不是以現象萬法為客

體，也不是以認知事物的特徵、性質等為鵠的，因此它不需藉著一般惑取之知的操作方法，如思慮、辨析、分別、執滯事相，從而攫取事物的形相與名言。反之，它不執著心的內外、不滯於情境，惟是一心朗然，無作無為地洞照萬法因緣性空的真諦。故在體性而言，般若是本性虛寂、不具材質義，超越經驗現象之上，能觀照真諦無相的大用，或曰智照之能。但是，般若既能照徹萬物，為何又說它是無知呢？在解答這個問題前，宜先了解般若虛照作用的進行形態，與惑取之知的殊異，〈答劉遺民書〉曰：

> 若如來旨，觀色空時，應一心見色，一心見空。若一心見色，則唯色非空；若一心見空，則唯空非色。然則空色兩陳，莫定其本也。是以經云非色者，誠以非色於色，不非色於非色。若非色於非色，太虛則非色，非色何以明？若以非色於色，即非色不異色，非色不異色，色即為非色。[115]

常情睹物，總是毫不例外，於同一場合，只能偏取邊見，或執取某些概念與形相，是以見空則不見色，見色則不見空，誤解法法互相排斥，彼此隔閡。如來智慧瞭然於緣起性空的義理，不圖支解諸法，不執心於外境，故於一心同時契悟色空，徹見色空不二的真諦。般若智卸除了構造知識的一切手段和工具，惟於萬法洞照實相無相，除此以外，別無一事一物可予確認、可予否定。假若從世俗之知有所是，有所不是的標準來看，聖智確實無是無當，無有所見，故可謂是無知。但倘若換個角度看，以一般之知執心於物，不契無生性空義，而謂其無知於實相真諦，這樣則反而是凡夫無知，般若有知了。所以無知與知，只是相對而言，原沒有一個定說，但僧肇為了區別般若無一般之知所知的內涵，和致知的方式，故此才特別弘顯聖智無知的一面。元康疏是

115《大正藏》卷四五，156下。
116《大正藏》卷四五，174下。

如此解說般若無知的：

> 無知者，無有取相之知耳。常人謂般若是智，則有知也。若
> 有知則有取著，若有取著，即不契無生。今明般若真知，雖證真
> 諦，而不取相，故云無知。[116]

元康解釋道，般若有知於真諦，卻無知於一般之知。一般之
知有知，但因為有所取著，所以不契無生。般若所有的知，正為
惑智之無；惑智所取著的知，卻正為般若所摒棄。在認知之路
上，般若與惑智行進的方向，恰好是一正一反的。

嚴格來說，般若不是真的無知，而是無知於惑智之知，它所
知的，乃是實相真諦，此為惑智永不可契會的真理。若謂般若的
無知，是仿如木石瞽其懷，冥若夜遊的愚昧無知，又或者先有所
取有所知，經過自身省察後，卻捨除所取所知，凡此，即是從惑
智的無知，來評定般若的無知，不瞭解般若之所以無知，乃根據
其「無緣無作」的特質──不緣取對象，不妄造分別而來，而決不
是因為閉目塞聽，無知無覺所致。

般若撤除了惑智追求的攀緣相，在不起分別的無染狀態中，
如同明淨光潔的鏡鑒一樣，如如地朗現出萬法本來的面目──那
個未受客體化、概念化過程扭曲的真如實相。正如明鏡顯現景象
的方式，完全是直接的反映，鏡鑒與影像，相與並生，相與並
起，無前後、內外、主客的區別，般若徹照諸法的真境，也是不
待主體的一番思慮、省察、辨析，方使後者現起，惟是主體放下
了欲決定萬物、宰制諸法的意圖，然後在此純淨無私的般若智照
中，讓未經偽知染污的萬物原貌，如如地呈現出來。就其體性而
言，般若智純粹是一個恒照萬法性空的光耀之能。般若智最殊勝
的地方，就是它這種超拔經驗認知之上，不假取相，直接虛照實
相的能力。

(2) 不知之知，無所不知

在本論中，僧肇復以聖心不知而照，進而論述般若無所不

知：

　　夫有所知，則有所不知。以聖心無知，故無所不知，不知之知，乃曰一切知。故經云：聖心無所知，無所不知，信矣。(〈般若無知論〉)

　　倘有所知，自然有所不知。聖心不攀緣任何事相，所以沒有甚麼具體可知的事物，故云無知。但是，無知卻反而造就了般若的無所不知，何以故？僧肇的解釋是：

　　夫無當則物無不當，無是則物無不是。物無不是，故是而無是；物無不當，故當而無當。故經云：盡見諸法，而無所見。(〈般若無知論〉)

　　這是因為，藉著分析的作用，惑智總是將自己困鎖在非此即彼的樊籬裡，反之，般若卻瞭然於執心於排斥與對立，是不契無生的愚昧行徑，是以，它不循分判彼此、自他的手段，以圖認知萬法。實相既然無相，則在本質上，諸法是無分別的，故此，自其肯定萬法的一面而言，般若不只可以肯認、對應若干事物，而且是遍應於諸法的，然而，諸法既被遍應、被肯定，亦即沒有一法可被個別地肯認、對應，所以佛經說，般若盡見諸法，又無實質的法可見。分而言之，前句所謂「盡見」，是依止「實相無相」為原則，領悟到萬象紛陳的事物，其實都是無相的，故其所遍應者，是遍見諸法皆為緣起性空。後句所謂「無所見」，是於物物個別的性質、特徵、相狀，皆無所知，無所見。易言之，般若之知，不是在量上兼容並蓄、包通天地的無所不知，而是在質上的虛通遍照，一以貫之地洞知諸法本相。僧肇在〈般若無知論〉，是如此描述聖心照而不知，又無所不知的特性：

　　是以聖人以無知之般若，照彼無相之真諦。真諦無兔馬之遺，般若無不窮之鑒。所以會而不差，當而無是，寂怕無知，而無不知矣。(〈般若無知論〉)

　　般若能夠無所不知，關鍵是沒有自封其心於一法、一物或一

境之內。聖心對境,只是不加造作,任順萬物,直心洞照,一方面,見因緣和合下眾法之假有不真,與此同時,又了悟眾緣聚合,非是實無。般若先不封限自心,不執於有無,如是,此無有間阻的聖心,自然能夠虛通一切法,既應會無相的實理,亦不排除緣生緣滅的眾多事相之個別呈現。般若之知,雙離於有無兩者的邊見而達致中道,在這個意義下,乃可言聖智觸事而真,在真俗兩諦之間,出入無礙。可見僧肇謂般若無不知,乃有一切知,除了因般若契悟實相無相外,還應包含般若証見妙存即真之義。

(3) 知之能動義

僧肇稱頌般若智的獨尊,是就其能照之用以言的,而不是就其清淨的本性以言,他説:

> 若有知性空而稱淨者,則不辨於惑知。三毒四倒皆亦清淨,有何獨尊於般若?若以所知美般若,所知非般若。所知自常淨,故般若未嘗淨,亦無緣致淨,歎於般若。(〈般若無知論〉)

就現象界的生滅而言,一切變化,本來就是自如自顯的。天地萬物,琳瑯滿目,緣聚緣散,似乎無暫輟之跡,不過,一切法來去匆匆之態,只是常情的主觀感知而已,在萬法本身來說,緣聚則有,緣散則無,從來自然自爾,真實無妄,即使不為聖智照顯,仍然自顯自明,又何須要般若知照,方顯得潔淨無染?

另外,假若有人以為,般若獨尊,是因其性空清淨,這也是不對的。因為三毒、四倒,乃至宇宙萬法,本質上也一樣是性空清淨的,如單以體性空寂來稱美般若,將無緣領會聖智的尊貴。

事實上,僧肇是就般若對不惑取事相的覺知之能,來揭示它與惑智「有知可無」的差別的:

> 夫聖心虛靜,無知可無,可曰無知,非謂知無。惑智有知,故有知可無,可謂知無,非曰無知也。無知即般若之無也,知無即真諦之無也。是以般若之與真諦,言用即同而異,言寂即異而同。同故無心於彼此,異故不失於照功。是以辨同者同於異,辨

異者異於同，斯則不可得而異，不可得而同也。(〈般若無知論〉)

　　在認知活動中，惑智起心攀緣，所獲得的知，仿似定有，實際本無自性，所以惑智的認識，是「知無」——因有所知，所以「有知可無」，也就是有可被否定的假相之知、片面之知。至於聖心無知，從一開始就透達萬法皆空，不向外境妄起執著，妄圖取相。所謂不取相，包括不預設立場，或不需通過若干中介，如理智的判斷與分析，以尋求對事物之認知。由於般若並無通過這些方式向外取相，因此沒有形成所知；復因其「無知」——即沒有執相之知，故此也「無知可無」——沒有假相之知，片面之知可予以否定。儘管般若透達的性空實相，與惑智相應的萬法，就本質而言，都是空無自性，但此中的差異在於，萬法性空，只是寂然自無而已。至於惑智所知，雖亦是性空，卻永遠與虛假的事相，陳陳相因，糾纏不清。唯有般若聖心，體性空寂，同時也具有自外於緣取諸相的覺知能力，它能夠自我決定，不行使「惑取之知」的手段，擺脫攀緣取相的認知方式，這就充分顯示出其遍照一切的主體能動意義。此處所謂主體，非為一般之知中主客對揚的主體，而是隨順萬法的如如實相，直下鑒照空境真諦，內在地自明自照之主體。此智照主體的活動相，實即般若在其自己的本相。

　　聖智之知的觀照方式，非如惑知一般，分別地、割裂地知，而是超臨於經驗分別以上之知，整全地、通盤地知。惑智之知，在量上言，有多寡、有廣狹之別；在質上言，有深淺、同異之別，然不管如何，總是涉及強度之知。聖智之知，則是依止於實相無相的真諦，卸去一切強度之別，平等地看待諸法，還原事物本相的整體之知。顯然，般若之知，不是替萬法定性，以尋求經驗知識之知，而是不規定事相為某物、某性，並消融一般之知的非理性成分之知。要之，它是一種解消性的、超越經驗束縛的智慧，而非凡夫擁有的建構性的認知能力。

4.3.3 般若之照功：動與事會，妙存即真

般若剝掉諸種分別的方法，不是要摧毀它們，也不是要強行與它們對峙，唯是捨離惑知織造的邊見，臻乎處中莫二之道：

> 萬物雖殊，然性本常一，不可而物，然非不物。可物於物，則名相異陳；不物於物，則物而即真。是以聖人不物於物，不非物於物。不物於物，物非有也；不非物於物，物非無也。非有所以不取，非無所以不捨。不捨故妙存即真，不取故名相靡因。名相靡因，非有知也；妙存即真，非無知也。[117]（〈答劉遺民書〉）

《夢庵和尚節釋肇論》(尊經閣藏) 釋「聖人不物於物」以下幾句，云：

> 不物，不執也。不非物，不壞也。不執為有，不壞為無。緣相非有，緣起非無。非無則不壞假名，非有則而明實相。[118]

可見聖智並非要與惑智互相頡頏，也不是要否決一般認識心所形成的知識，而是在兼容惑取之知的認識結果下，突破一邊之見，以致乎不偏不倚的中道。因心不捨於物，雖妙存事相，不離日常之知，同時卻又不因不輟事相，而妨礙對無相真諦的鑒照。是故聖智之知在証見真諦之際，已超越邊見之所存，與執守片見的惑智，是畢竟有異的，不可混為一談。

聖心既不肯定，也不否定諸法，這就是般若智即就現象的形相，觸事即真的徹照之能。在〈般若無知論〉中，肇公總括了聖智大用的幾個方面：

> 般若可虛而照，真諦可亡而知，萬動可即而靜，聖應可無而為。

般若微妙無體，故能虛通與應會一切境況。它既有覿變之知，隨時乘運撫化，不離事相；同時，又能雙觀有無、動靜、生滅、今昔的遷變，與萬法推移，不取於物，又不捨於物。般若能

117《大正藏》卷四五，156中。
118《肇論研究》，第三篇《夢庵和尚節釋肇論》，頁56。

夠圓通無礙地貫徹於真俗二諦，完全是基於它體性空寂，冥寂無寄的性格：

> 道絕群方，故能窮靈極數。窮靈極數，乃曰妙盡。夫無寄在乎冥寂，冥絕故虛以通之；妙盡存乎極數，極數故數以應之。數以應之，故動與事會；虛以通之，故道超名外。道超名外，因謂之無；動與事會，因謂之有。因謂之有者，應夫真有，強謂之然耳。[119]（〈答劉遺民書〉）

窮極智數，道絕群類，就是妙盡，也即為般若無知[120]，也即是無分別智[121]，在佛名一切智，在菩薩專名般若，都只是因果異名[122]。無知，則不固守於一法一物，而可自虛其心，廢言絕相，於實相寂境中俯仰順化，與琳琅滿目的事象如如應合，於此即展現了般若智活動的兩個面向：一方面，它廢言絕相，靜態地智照萬法的空性，自外於事數的紛陳形相，故可謂萬象止息（「因謂之無」）；然而萬象冥跡，卻又不廢絕群數應會之用，故雖無而有；另一方面，所謂俯仰順化，是指般若動態地接應萬物的遷流變化，故為順任事物（「因謂之有」），但當此之時，仍不忘萬法虛寂的本性，故雖有而無。

般若智的向外應化，一言以蔽之，是隨緣觀物：知眾物攬緣而起，外無別因，如是隨緣得見萬法皆真，有無一體。肇公在〈答劉遺民書〉云：「妙存即真」，正明示「即緣起見萬物的虛寂本相」

119《大正藏》卷四五，156上。

120 遵式《注肇論疏》解釋「窮靈極數，乃曰妙盡」為：「妙盡者，智即無知也。」（《大日本續藏經》，第一輯第二編第一套第二冊，頁148左上）

121 僧肇注曰：「智之生也，起於分別，而諸法無相，故智無分別。智無分別，即智空也。諸法無相，即法空也。以智不分別於法，即知法空也。豈別有智空，假之以空法乎？然則智不分別法時，爾時智法俱同一空，無復異空，故曰以無分別為智空也。」（〈注維摩經・文殊師利問疾品〉，《大正藏》卷三八，373上）

122〈注維摩經・菩薩品〉：「在佛名一切智，在菩薩名般若，因果異名也。然一切智以無相為相，以此起般若，般若亦無相，因果雖異名，其相不殊也。」（《大正藏》卷三八，369上）

（「齊萬有於一虛」）之深意。

4.3.4　漚和般若

　　依《大智度論》和《大品般若》，菩薩下化眾生的方便智，和觀空的般若，不但互不相離，而且還是互相體現的。例如《大品》「不證品」有云：

　　須菩提，菩薩摩訶薩亦如是，行般若波羅蜜以方便力故。為阿耨多羅三藐三菩提，諸善根未具足，不於實際作證。[123]

　　須菩提，若是菩薩摩訶薩作是念，我不應捨一切眾生，一切眾生沒在無所有法中，我應當度。爾時即入空解脫門，無相解脫門，無作解脫門。當知是菩薩摩訶薩，成就方便力……不中道取實際證。[124]

　　《大智度論》「釋囑累品」又云：

　　般若波羅蜜中雖有方便，方便中雖有般若波羅蜜，而隨多受名，般若與方便本體是一，以所用小異故別說。[125]

　　據上所言，方便智就是菩薩的利他行，表現為觀空不證，涉有不著[126]，此即表明，證空的大智，與利他的大悲，齊頭雙運，是《般若經》方便思想的核心觀念[127]。

　　《肇論》全書，除〈宗本義〉有論及「漚和般若」（方便智、權智）

123《大正藏》卷八，350下。
124《大正藏》卷八，350下。
125〈釋囑累品〉，《大正藏》卷二五，754下。
126 池田宗讓：〈僧肇の二智義〉，《大正大學綜合佛教研究所年報》第三號，1981年3月。
127 增田英男：〈般若における方便の意味について〉，《印佛研究》十二：一，轉引自上注池田宗讓文。
128〈宗本義〉關於方便智的論說如下：「漚和般若者，大慧之稱也。諸法實相，謂之般若，能不形證，漚和功也。適化眾生，謂之漚和，不染塵累，般若力也。然則般若之門觀空，漚和之門涉有。涉有未始迷虛，故常處有而不染，不厭有而觀空，故觀空而不證。是謂一念之力，權慧具矣。」（《大正藏》卷四五，150下-151上）

外[128]，其餘四篇，無一正式觸及佛菩薩度化眾生的方便智之問題，然而〈宗本義〉已確認非為肇公親撰。不過在《注維摩經》裡，卻可見僧肇替應化眾生的權智下過釋義：

　　方便者即智之別用耳。智以通幽窮微決定法相，無知而無不知謂之智也。雖達法相而能不證，處有不失無，在無不捨有，冥空存德，彼彼兩濟，故曰方便也。[129] (佛國品)

　　智為內照，權為外用，萬行之所由生，諸佛之所因出，故菩薩以智為母以權為父。[130] (佛道品)

　　既有此慧，而與彼同疾，不取涅槃，謂之方便。[131] (文殊師利問疾品)

　　據此，涉有不染，觀空不證，是僧肇給予方便智的兩項定義，亦貫徹了前述般若經和《大智度論》中，方便思想的兩項要趣。倘若將之跟〈般若無知論〉的聖智之知對照起來，將可發現，經中的方便智，與僧肇所言的般若智，在俯仰順化、幽微窮通的性格上，幾無別異：

方便智	般若智
雖達法相而不證，與彼同疾，不取涅槃	和光塵勞，周旋五趣
處有不失無，在無不捨有	處有而不有，居無而不無，雖不取於有無，然亦不捨於有無
冥空存德	妙存即真
智為內照，權為外用	智彌昧，照逾明；神彌靜，應逾動

129《大正藏》卷三八，329中。
130《大正藏》卷三八，393上。
131《大正藏》卷三八，379下。

　　上表顯示，觀空而不證，隨順世俗，應化無窮，冥空妙存——一切對應群生的方便作法，原也是內具於般若智的作用力的，故僧肇說「方便者即智之別用耳」。《大智度論》又言，般若方便，本體是一，只是小用別異而已，故此漚和般若，實亦源於般若無知之智，而向外顯發為權宜撫應之知，所以吾人不應將般若的空性智與方便智，分而視之。然而若真要分開來說，則可謂般若智遍觀非有非無的真諦，權智意在撫會萬有，不排斥一般之知惑取的分別。唯在現起作用時，觀空和妙存二事，未始相離，未始暫廢。這是因為，般若在邏輯上必然要包含方便智這一個面向。蓋如欠缺方便利他的一面，般若勢將淪為一個慧明獨存的守寂之智，斷空之知，孤運獨照，這與惑見取相，囿限於邊見之域，豈有殊異？如是，般若又有何獨尊，而可責於惑智的不了真境？假使般若同惑智一樣，僅存一邊的空見，未能於空中見有，則斷不可成其無分別之智。是故即使不待宗教修行的實證，吾人純依理性思維的進路，也可推導出在般若應物的全幅觀照中，必然包涵著涉有不染，觀空不取的權智之用。

　　因為般若照徹無相為相的真諦，所以菩薩乘運撫化的大悲心，乃是依止於實相無相的平等一味觀：

　　平等一味無相之道，謂之菩提。無相真慈，亦平等一味，可名菩提也。[132]（不思議品）

　　假如純粹因一己之偏愛起慈悲心，則是心猶有愛著，或會引起累、悲、憂、惱、憎[133]等心境，這樣，慈悲反而成為苦惱的亂

---

[132]《注維摩經》不思議品，《大正藏》卷三八，384中。

[133]《注維摩經》「菩薩品」，僧肇注曰：「夫慈生愛，愛生著，著生累，累生悲，悲生憂，憂生惱，惱生憎。」（《大正藏》卷三八，364中）另外在「文殊師利問疾品」，羅什云：「謂未能深入實相，見有眾生，心生愛著，因此生悲，名為愛見大悲。愛見大悲虛妄不淨，有能令人起疲厭想故應捨離也。」（《大正藏》卷三八，378上）

源。反之，無等差的真慈，卻為不滯守於一己的愛見、好惡、心相，視眾生平等無別，由此生起護蔭與接引所有群生的大願，達致兼載天下，不遺一人的境地[134]，這樣才是真正的大慈。大乘悲心，廣運無涯，事實上，亦是般若聖智了無隱曲的全幅呈現。

4.3.5 般若聖智觀述評

僧肇在前兩論，討論的是客觀存有的問題，而〈般若〉一篇，則將佛教的真理認識論標揭出來，提揭一個虛通性空實相的主體精神。綜括肇公撰文的要端，大致可總結為三項：

一、從體性、智境、玄照方式，説明般若作為主觀的無知之知，如何貫徹存有論的性空之理；

二、説明般若智照的能動之義，以標別她獨尊於其餘諸法之處；

三、般若的照功，是應機無窮，妙存即真，不廢有而觀空。

照此可知，〈般若〉反映的哲學思想，已超越存有論上客觀意義的空理，進而步向對空理的認識論領域。本論透現出一個超越經驗的主體精神[135]，其本質是一個虛靜無相，又無不鑑照的「能」，不具備材質義，也不是以分別他我、有無，和在觀照外境中認定自己是一個主體之實有的 (substantial) 存在。惑智以為一切實有，蓋因其執取事相而致；般若於內外皆不取相，亦不自執為一既定的實在物。故此，對於般若的虛照之能，該從其透明虛通的體性上理解，而不應假實體或自性比附之。

般若聖智的本質和致知方法，其實是性空之理在主觀層面的體現。僧肇以前的玄學和六家七宗，雖也有談論「心」，但肇公論般若之知所依止的理論根據，卻為前人所未言及。然而，依僧肇

134《注維摩經》佛國品，《大正藏》卷三八，335下。
135 參考《肇論研究》(頁200至202) 梶山雄一論文。

言，般若的境界及照功——所謂動與事會，虛以通之，卻與玄學的心物兩冥，無為而無不為之境，可相比擬，此確為中國哲學心靈獨具的意趣，而不同於印度佛學罕論智照理境的進路。

4.4　涅槃聖境觀

僧肇在世時，代表大乘涅槃觀立場的《大般涅槃經》，尚未在中土譯出，不過，在此之前，毗曇與大乘般若經已被陸續翻譯成漢文，且為學者進行深入研究，因此，一些中國的佛學家，例如道安在《陰持入經注》裡，據稱已開展了有餘涅槃和無餘涅槃等關於涅槃觀念的討論[136]。其後在盧山慧遠和羅什多次的書面答問中（彙編在《大乘大義章》裡），除了涅槃觀外，亦全面觸及大小乘教義裡，佛、菩薩的法身觀問題。與此同時，在羅什門下，法身說亦日受關注。陸澄《法論目錄》「第四帙」記載，僧肇著〈丈六即真論〉，又有竺僧弼提問法身二義，與慧嚴（363-443）的解答。另外，《高僧傳》竺道生本傳，又記錄其人撰〈法身無色論〉。此三論雖已亡佚，卻顯示涅槃觀、佛身觀等環繞佛教聖證境的論題，在東晉末葉，已獲得什公門下相當程度之重視。

涅槃是佛教的理想聖境，意義廣大深弘，約言之，煩惱永斷，離欲愛盡，為其中心要義，例如《雜阿含經》，是以「貪欲永盡，瞋恚永盡，愚癡永盡」來表示涅槃的內容[137]。《翻譯名義集》第

---

136 在《陰持入經注》（據稱為道安著述）中，道安將「無為未度」解作「已泥洹未泥曰」，「已無為竟」是「已得泥曰」（《大正藏》卷三三，18中）。照此推論，道安的理解，應該認為泥洹相當於「有餘涅槃」，泥曰相當於「無餘涅槃」。（參考橫超慧日：〈涅槃無名論とその背景〉，《肇論研究》頁175-176）此說亦與慧達《肇論疏》相近：「道行譯音，泥洹是無為滅度，泥曰是滅訖盡也。古淨名法供養品云，佛般泥洹曰。今經云諸佛滅度，正謂無餘為泥曰。」（《卍續藏》冊150，833）不過，僧肇在〈奏秦王表〉卻指出：「泥曰、泥洹、涅槃，此三名前後異出，蓋是楚夏不同耳。云涅槃，音正也。」（《大正藏》卷四五，157中），沒有將泥曰、泥洹的意指區別出來。

137 《雜阿含經》卷三一，《大正藏》卷二，224中。

五指出：「摩訶般涅槃那，此云大滅度。大即法身，滅即解脫，度即般若。」[138]依三德秘藏的説法，涅槃的三大德相，就是法身、般若、解脫。《大般涅槃經疏》卷第三有言：

教觀諸佛境界即般若德，欲求正法應如是學，且共置之即解脫德，寂滅之樂佛所到處即法身德。[139]

般若德，即智慧圓滿的德相；解脫德，即自在的妙用；法身德，即廣大無涯的佛身理體。僧肇於〈般若無知論〉，已陳述聖智之德。至於法身相和解脫相，在〈涅槃無名論〉有廣泛言及，惜此論可能攙雜了後人的竄改，致使文辭真偽相間，難以據此蠡測僧肇的涅槃思想。有見及此，今據《高僧傳》本傳節引的〈涅槃無名論〉原文(即〈開宗第一〉)，和肇公《注維摩經》裡關於涅槃的注文，嘗試探究僧肇涅槃聖境觀的梗概。

4.4.1 對涅槃觀念的理解

涅槃乃聖道的真境，是清淨無染的極妙之地，是一切世法都不可比擬的超驗境界。不過若以世間、出世間諸法，無不依止於空無自性的無等差性來説，則涅槃其實亦不異於世法的生死流轉，盈虛消長。故涅槃的意義，實涵有雙重個性，此即與世法一體無別的平等一味性，和超拔於世法以上的無染清淨性。僧肇基於《中論》「涅槃名無為，有無是有為」[140]，以及「涅槃與世間，無有少分別」[141]的觀點，在闡釋涅槃時，也兼顧到其出世間和不離世間的雙重性格。

(1) 涅槃的出世間性：言語道斷，心行處滅

僧肇在〈涅槃無名論〉(本傳所引) 中，是這樣描摹涅槃的形象

138《大正藏》卷五四，1128中。
139《大正藏》卷三八，54上。
140《大正藏》卷三十，35中。
141《大正藏》卷三十，35下。

的：

夫涅槃之為道也，寂寥虛曠，不可以形名得；微妙無相，不可以有心知。

涅槃非有，亦復非無。言語路絕，心行處滅。

涅槃之道也，蓋是三乘之所歸，方等之淵府。渺茫希夷，絕視聽之域。幽致虛玄，非群情之所測。[142]

涅槃聖境，超拔群有，微妙深邃，幽玄難辨，絕非藉感官經驗，或理性圖度所可親炙。假如凡夫欲藉言語文字，勾勒其形貌相狀，最終只會徒勞無功。究其故，涅槃不是一個可容名相語詞、心識惑智，緣取攀附的實有對象，她是無漏智慧體證的寂靜、無濁、無諍的清涼世界。清淨無穢的涅槃真境，是解脫者的住處。涅槃無礙、無為、圓滿的妙用，乃是解脫者臻乎真際之當下，光耀自顯的內在德相，此內證的體驗，唯對解脫者本人有真切的意義，然而，它不可被化為客觀的經驗和知識，是以，儘管人們企圖利用各種言說、文字來況表涅槃的內容，也只流於烘雲托月式的描摹，不能直趨涅槃自體。因此僧肇揚言，涅槃真境，畢竟寂寥虛曠，斷絕言語、視聽之域，也非心識、思維所能獲致，此意在《雜阿含經》卷九，其實早已明言：

盡，離欲，滅，息，沒已，有亦不應說，無亦不應說，有無亦不應說，非有非無亦不應說。……離諸虛偽，得般涅槃。[143]

〈思益梵天所問經‧分別品〉亦表達了類似的深意：

涅槃者，但有名字，猶如虛空，但有名字，不可得取。[144]

涅槃幽玄精湛，微妙無相，說她是有，是無，亦有亦無，非有非無，都不過是戲論，而戲論並不足以指代涅槃的法相。

142《高僧傳》卷六，頁250-251，中華書局。
143《大正藏》卷二，60上。
144《大正藏》卷十五，37上。

(2) 涅槃的在世間性：涅槃與生死，相即不二

對於渴求超脫生死繫縛的群生來說，涅槃聖境，理應是一個清淨無垢，寂滅無為的真常妙境，然而，若果更進一步，將涅槃的德相實在化，以為它們是恒住不變的常法，則涅槃便會變成依因待緣的有為法 (samskrta)，與世間的有漏法無有分別。《百論》的「破常品」，即反對將涅槃視如實在，與生死對峙的常見，其言云：

外曰：有涅槃法，常，無煩惱，涅槃不異故。愛等諸煩惱永盡，是名涅槃。有煩惱者，則有生死，無煩惱故，永不復生死，是故涅槃為常。內曰：不然。涅槃作法故，因修道故，無諸煩惱。若無煩惱，是即涅槃者，涅槃則是作法，作法故無常。復次若無煩惱，是名無所有。若涅槃與無煩惱不異者，則無涅槃。[145]

涅槃有常論者主張，涅槃是在斷滅煩惱後，一個真實無漏而常住的清淨境界。在此清涼之彼岸，五陰永滅，具足恒沙功德，與死生輪迴的此岸，判若涇渭，因此涅槃與生死，儼如清濁不混，界限分明。要之，涅槃是常住不變的，而生死是無常幻有的。但是，反對涅槃有常論者則駁斥說：假若涅槃被視為實有，那麼它就是一個有為法，有為法自然有生滅相，有生滅相即有生死流轉，有生死流轉，也就不是清淨無垢，又何異於此岸的有漏諸法呢？再者，假使所謂涅槃，即是煩惱滅盡，永絕諸相，那麼，涅槃便為一個泊爾自存的寂滅空境 (無所有)，只是一個斷無罷了，縱然脫盡了煩惱垢染，也不見得具足無漏清淨的恒沙功德相，這樣一個空無一物的涅槃聖境，對於有情世間的群生來說，到底有何意義，又有何獨尊之處呢？

與《百論》的觀點一樣，僧肇所理解的涅槃，亦是涅槃與生死，相即不二。他在《注維摩經》表示：

彼岸涅槃岸也，彼涅槃豈崖岸之有？以我異於彼，故借我謂之耳。[146] (佛國品)

彼岸實相岸也。惑者以邪見為邪彼岸為正，故捨此邪見適彼岸耳。邪見彼岸本性不殊，曷為捨邪而欣彼岸乎？[147] (弟子品)

彼岸指不生不滅的涅槃聖地，此岸指生滅無常的俗塵世間，但彼岸此岸，不過是烘托譬喻的修辭，並非真有隔別兩域的界線存在。眾生執迷於顛倒妄見，便以為無漏真境，不在眼前，必然處於遙不可及的對岸。到得群迷妄念淨盡，真境現前時，才赫然發覺，根本無需在彼岸尋找真諦，原來諸法實相，就在此岸跟前。往日只因為心有染垢，所以觀一切法，無不沾上客塵。今日染污除盡，自然客塵剝落，但法仍是該法，並無任何改變，只是今依緣起觀緣起，依實相觀實相，如實地了解五陰性空，因而由迷轉悟，煩惱結縛戛然而解，此即到達涅槃解脫的彼岸。故此，經云涅槃此岸者，其實是指體證了真理的實相岸，並非意謂真要截斷萬法，捐棄五陰，厭離世間，才算得上是解脫的真義。

小乘以三界熾然，故滅之以求無為。夫熾然既形，故滅名以生。大乘觀法本自不然，今何所滅，不然不滅，乃真寂滅也。[148] (弟子品)

不觀無常，不厭離者，凡夫也。觀無常而厭離者，二乘也。觀無常不厭離者，菩薩也。……不厭生死，不樂涅槃，此大士慰諭之法也。[149] (文殊師利問疾品)

斷婬怒癡，聲聞也；婬怒癡俱，凡夫也。大士觀婬怒癡，即是涅槃，故不斷不俱。[150] (弟子品)

146《大正藏》卷三八，334上。
147《大正藏》卷三八，351中。
148《大正藏》卷三八，354中。
149《大正藏》卷三八，374下。
150《大正藏》卷三八，350上。

　　小乘人厭離無常，祈求早日出離因果輪迴，故欲滅無常，以求無為。殊不知，無常其實是一切存在的本來樣態，原無所謂苦樂。認為無常是苦，只是心識給諸法添加上的人為施設而已，究其實，法味本來一如，沒有甚麼定是可厭，也沒有甚麼定是可樂。迷者帶著分別的眼光觀看世界，便覺有法需要厭離，悟者不以定著的常見觀看世間，便覺沒有一法需要捨除。因此，與小乘人不同，菩薩不需在生死煩惱之外，另尋寂靜無為的涅槃之境，唯在世法的生滅起落中，覺知生死煩惱本來無相，能以無相觀無相，證得無相之實相，便能到達涅槃悟境。

　　無常既不需要斷除，那麼煩惱又是否需要刻意消滅呢？煩惱之生起，說到底，其實只是人心假合五蘊而生起的顛倒幻象，並非一個實質之物，也不是可以消滅對治的實有對象，所以菩薩對待煩惱，既不需故意了斷，又不與諸惑共起，而是不斷不俱，重在疏導煩惱之源頭、轉化顛倒見為正見，息妄歸真，這就跟聲聞極力斷婬怒癡，斷除惡念的堵塞式作法，大有迴別。

　　眾生除惑即體空，止妄即歸真。緣此可見，惑妄非實。惑妄非實，即表示沒有常住的有漏法，既無常住的有漏法，當亦無一個常住之無漏法，用以對治非真非實有的有漏法。有漏法、無漏法皆非實法，換言之，一般以為有漏的此岸生死，和無漏的彼岸涅槃，都不可視為實存之法。順此，倘若處生死而不厭離，佁解脫境而不生喜樂，則於此岸，即如在彼岸，在彼岸，即如在此岸，此時，又豈有彼岸和此岸的絕對分野？因此僧肇云：

　　世間無縛，曷為而厭；涅槃無解，曷為而樂。[151]（入不二法門品）

　　縛然生死之別名，解滅涅槃之異稱。[152]（入不二法門品）

　　世間諸法如來如去地開顯自己，從來沒有隱諱自己的實相，

151《大正藏》卷三八，399上。
152《大正藏》卷三八，397中。

只是凡夫不能察知一切法的本相，遂生惑亂迷執。然而，既然諸法真實無訛，又有何非要捨除不可之處？實際上，要捐棄者，不過是擾亂人心的惑知惑見而已。〈入不二法門品注〉謂，群生縛然繫於諸煩惱相，就是生死，從煩惱相解滅，就是涅槃。煩惱的繫縛和解滅，正如上鎖和開鎖之間，無一物增減，也無一物去來，當中之差別，惟是狀態之轉變而已。同樣，生死與涅槃，也只是人心的狀態有異——一為不了解實相而縛然生死，一為了悟實相而煩惱解滅。除此之外，並非在生死以外，別有一物，可名之曰涅槃，也沒有由此至彼的行程，名為由此岸通向涅槃彼岸的過渡之旅。

大乘菩薩了透生死與涅槃，均係無相，因此不落二邊，處中道而行，不執生死為可厭，也不執涅槃為可喜，復以其濟渡有情的大悲心，接化眾生，故雖證涅槃而不住寂滅，與眾生安住生死，這種涅槃，名為「無住處涅槃」。《攝大乘論釋》(世親撰，真諦譯) 卷十三云：「菩薩不見生死涅槃異。由般若不住生死，由慈悲不住涅槃。若分別生死，則住生死。若分別涅槃，則住涅槃。菩薩得無分別智，無所分別故無所住。」[153]僧肇《注維摩經》中雖無提及「無住處涅槃」，卻有近似的涵義：

雖見身苦，而不樂涅槃之樂，⋯⋯雖解身空，而不取涅槃畢竟之道，故能安住生死，與眾生同疾。[154]

為利樂眾生，大士雖見身苦，解身空，而不取涅槃，寧與眾生同疾，這就是《攝大乘論釋》所云，菩薩捨離惑而不捨離生死，行於「無住處涅槃」的大道。

綜上所言，僧肇理解中的涅槃，是兼攝出世間性和在世間性兩面。涅槃的功德法相，非有非無，畢竟超越了世間的語言名

153《大正藏》卷三一，247中。
154《大正藏》卷三八，375上。

教，不可以有心知，不可求之於實物形相，就這點看來，涅槃與世法不可謂相即。但是，世法其實亦只是假有，本無一個實在的法可被斷滅。涅槃真境，也並非在拆毀諸法後，另以一實有之法取而代之，唯是在脫離心識干擾後，破除惑見，讓事物如其自爾地呈現而已。就此看來，涅槃在本質上亦無異於生滅流轉的世法，故可謂涅槃與生死，其實相即不二，此正符合《中論》「觀涅槃品」所言「涅槃與世間，無有少分別；世間與涅槃，無有少分別」的觀點。

4.4.2　法身觀

大乘佛教開展多佛思想，主張十方世界有老病死等諸苦惱，佛應出其國，是故三世十方，遍有諸佛出世，歷史上的釋迦牟尼佛，並不是唯一的佛陀。真正的大覺者，當不限於在特定的時代、場所應化現世，他是超越歷史和時空的普遍存在。大乘佛教將佛身大別為兩類，一是佛的法身，即真理身，其次是佛陀居於世間，有成住幻滅的色身，如《大品般若經》云：

諸佛不可以色身見，諸佛法身無來無去。[155]（法尚品）

《大智度論》註曰：

佛有二種身，一者法身，二者色身。法身是真佛，色身為世諦故有。[156]（曇無竭品）

《智度論》又言：

須菩提觀諸法空，是為見佛法身。[157]（初品中舍利弗因緣）

以上是以法空為佛的法身，易言之，是將性空的佛法，加以人格化，成為佛的真理身。至於世尊居於有情世間，經歷生老病

155《大正藏》卷八，421下。
156《大正藏》卷二五，747上。
157《大智度論》卷十一，《大正藏》卷二五，137上。

死的形軀，就是在人世間，為眾生耳聞目睹的色身。《大智度論》談到佛身，主要有法性生身與隨世間身、真身與化身，法身與色身三種相對應的提法[158]。

其次，羅什在《大乘大義章》裡，又將法身分別為兩類，一類是依眾生根器，應化而作的「佛所化身」，是法身的一分變化，屬「偽法身」，與「真法身」相對；另一類是菩薩脫離惑業，由淨行妙果所生的法身，名「妙行法性生身」，這是屬於真法身。此法身復有兩層奧義，其抽象義，是指遍十方虛空法界的佛真理身，其具體義，是指證得無生法忍的菩薩，至證得佛果之間的清淨報身[159]。這些法身菩薩（即證得無生法忍的菩薩）已斷除煩惱障，不受後有，因此得清淨行身，但是，此身雖然脫盡塵垢，卻不如佛法身般圓滿光明[160]。

至於僧肇的佛身觀，在《注維摩經》裡可窺其意蘊。在「方便品」中，肇公註解「佛身者即法身也」時謂：

經云：「法身者，虛空身也。」無生而無不生，無形而無不形。超三界之表，絕有心之境。陰入所不能攝，稱讚所不能及。寒暑不能為其患，生死無以化其體。故其為物也，微妙無象不可為有，備應萬形不可為無，彌綸八極不可為小，細入無間不可為大。故能入生出死，通洞乎無窮之化，變現殊方，應無端之求，此二乘之所不識，補處之所不觀，況凡夫無目，敢措思於其間哉？聊依經誠言，粗標其玄極耳。然則法身在天而天，在人而

158《大正藏》卷二五，278上、303中、477下。

159 平井俊榮：〈東アジアの仏教の仏陀観〉，收入《東アジアの仏教とは何か》，頁70-75，高崎直道、木村清孝編，春秋社，1995年。

160《大乘大義章》「初問答真法身」：「譬如法身菩薩，淨行生故，說言作佛，如是佛事，雖皆是實，而有參差，有真有偽。真法身者，遍滿十方虛空法界，光明悉照無量國土，說法音聲常周十方無數之國，具足十住菩薩之眾，乃得聞法。從是佛身方便現化，常有無量無邊化佛遍於十方，隨眾生類若干差品而為現形，光明色像，精粗不同。」（《大正藏》卷四五，122下-123上）

人，豈可近捨丈六，而遠求法身乎？[161]

「見阿閦佛品」又云：

法身超絕三界，非陰界入所攝，故不可以生住去來而觀，不可以五陰如性而觀也。[162]

法身的形態，正如僧肇心目中的涅槃真境，及般若智鑒一樣，都是微妙無象，虛曠無名，若存若亡，吾人無法透過五蘊，或任何認識的手段，試圖探知他的存在。如來的法身，不獨凡夫、二乘不可睹見，連一生補處的菩薩，也不能跟他覿面相對。然而，法身雖是無生，又是無不生的；雖是無形，又是無不形的，他能出生入死，洞乎無窮的撫會應化，這猶如般若的鑒知，雖恆處世表之上，卻終日神應物事，無不察照。根據僧肇在「方便品」的注釋，法身似乎必然地包含著應化之用，故法身雖是虛空身，卻又與有形有相的應化身，相即不二，即空顯用，即用體空。眾生見應化身，即見法身，因此，法身並不在丈六佛身以外，在丈六體內，即有法身存乎其中。僧肇嘗著〈丈六即真論〉，文已散佚，不復可覩，不過，據《注維摩經》的佛身觀蠡測，此論的主旨，大有可能是闡發法身與色身(或應化身)相即不二的道理。

僧肇的法身觀，相信多半從羅什的教授而來。羅什曾論及佛與菩薩的妙行法性生身，相當於清淨無漏的果報身，而僧肇在《注維摩經》，亦有類似的提法：

夫極妙之身，必生于極妙之因。功德智慧大士二業也，此二業蓋是萬行之初門，泥洹之關要，故唱言有之。自此下雖別列諸行，然皆是無為無相行也。以行無相無為故，所成法身亦無相無為。[163](方便品)

161《大正藏》卷三八，343上。
162《大正藏》卷三八，410上。
163《大正藏》卷三八，343中。

有極妙之因，必生極妙的法身。僧肇以法身等同虛空身，無生無形，無相無為，由此推知，成就無相無為法身的業，必然是無相無為之因。

僧肇的佛身思想，主要包括法身、應化身(或色身)和報身三個觀念，不過，他似乎想要高舉的，是法身與應化身相即不離的要端。事實上，綜合僧肇哲學的要旨，不難發現，法身與應化身之二而不二，其實承續了其思想體系裡，涅槃與生死相即、般若智的寂與用不一不二、相涵互攝的中道哲理形態，而顯現為其思想的一大特色。

4.5 僧肇思想的主要特質

透過本章對僧肇思想各要旨之詳考，吾人發現，僧肇般若學的底基，是依止大乘佛教的畢竟空義而闡發的中道哲理、不落二邊的理趣。肇公承此大端，於其思想體系裡，致力闡發兩大要義：第一，是諸法非有非空、空有不二的相即之理；其二，是般若虛而能照、與物相冥的義理。在論述結構方面，動靜相即觀、即物自虛觀的意趣，歸於「非有非無」的存有論真諦，以破斥惑見聞有住有，聞無住無的常見。般若聖智論，則是直就聖心的鑒照之能，歸趣於主體精神能虛通諸法的超越性，以及冥契萬物的真境。最後，其涅槃聖境論，是趣向真境與世法融通無礙的大旨。於茲可見，在肇公的思想體系內，無論在存有論、聖智的超越認識論，及解脫理境等範疇上，中道不二之旨皆獲得充分的彰顯，而成其哲學體系的主要骨幹。

4.5.1 中道不二，空有相即

僧肇稟承龍樹、羅什學之要義，確立般若性空之學。在中土般若學家中，肇公首度突破玄學本體有無之辯的理路脈絡，據即物自虛的要領，撤消本體，宣提畢竟空義，弘揚諸法乃因緣和合

所生，不真故空的佛家精義。從僧肇燭照玄學有無二分思辨格局的局限，並將之引向不真和性空的對列而觀，肇公承自龍樹、羅什的畢竟空觀念，確實使東晉般若學的理論深度邁進一大步，也開拓了中國般若學的嶄新典範。

僧肇早歲即師事羅什，秉承印度中觀學派處中莫二之大義，故其不真空義的內涵精神，可綜結為不著二邊、契神有無之間的中道觀點。考諸肇公的著述，其非有非無的句式，反反覆覆，不外乎表達「假有以明非無，假無以明非有」之觀點，此為：雙破有、無，顯為不真；雙照假有、非無，顯為妙有；不執守假有，不滯於非無，是為不偏不倚的中道真義。承此不執取二端的立場，僧肇倡言動靜、真俗、空有、實相與假名、涅槃與生死、般若的寂體與照用等各項對顯的概念，其實都是互相涵融，相即不二的。

若以明辨大小乘理論的殊異以言，在中土的般若義學流派中，肇公對這個問題的認識程度，也可謂是無出其右的。在《注維摩經》裡，僧肇批評小乘的不了空義，其言云：

小乘觀法緣起，內無真主，為空義。雖能觀空，而於空未能都泯，故不究竟。大乘在有不有，在空不空，理無不極，所以究竟空義也。[164]（弟子品）

據小乘教義，一切法性空，而世間顛倒謂有，諸聖賢真知顛倒性，知一切法皆空，所以視第一義諦為實。然而此說的流弊，在於不解空雖真空，仍宛然似有，執空觀而妨礙假有，即留下一個實然之空，空即不能自空，也即不諦於究竟空義。

承接以上文意，僧肇點出，由於小乘無法了契即有觀無，即無觀有，一切皆不可得的要旨，故此不免招致住於一法的流弊：

如來言說未嘗有心，故其所說法未嘗有相，迦旃延不諭玄

164《大正藏》卷三八，354中。

旨，故於入室之後，皆以相說也。何則？如來去常故說無常，非
謂是無常；去樂故言苦，非謂是苦；去實故言空，非謂是空；去
我故言無我，非謂是無我；去相故言寂滅，非謂是寂滅。此五常
者，可謂無言之教，無相之說。而迦旃延造極不同，聽隨心異。
聞無常，則取其流動，至聞寂滅，亦取其滅相。此言同旨異，迦
旃延所以致惑也。[165]（弟子品）

　　如來說法之目的，是為了破斥一切有所得之說，而不是要安
立一些具有固定名相的言教義理。小乘人執守無常、苦、空、無
我、寂滅等言說教相為真，所得的僅是名教外部的皮相而已，而
尚未察知佛說中含藏著「一切法不可得」的真義。

4.5.2　無分別的般若聖心

　　僧肇般若哲學的內涵精神，首先立根於即物自虛的究竟空
義。前文所謂不二之中道，與空有兩端相即之理，均連繫著諸法
畢竟空的主幹以進行言述的，這是貫穿肇公思想系統內的一條主
要脈路。然而值得注意的是，在〈般若無知論〉中，從肇公論究般
若智不惑取諸相，並具備智照之能一事，卻可看到，僧肇安立聖
心智照功能所依止的理據，絕非自萬法或聖智的自性空所推導出
來的（事實上，單憑自性空稱頌般若殊勝，已被〈般若無知論〉嚴詞
拒斥[166]），唯在此之外，吾人又未見僧肇尚有證立般若照功的直接
理據。無怪乎劉程之致書肇公，也不禁提出「而論（〈般若〉）旨云本
無惑取之知，而未釋所以不取之理」[167]的疑惑。或許於僧肇而言，
「般若本無惑取之知」毋寧是一項肯定式的斷言，多於一個需要證
立的命題。事實上在《注維摩經》裡，亦屢見僧肇標舉主觀心識，

165《大正藏》卷三八，353中。
166 僧肇強調，不能以自性空來稱頌般若，因為三毒四倒都是自性空的，不能據
　　自性空，以明般若之尊貴。（詳見本章分析〈般若無知論〉主旨一節）
167《大正藏》卷四五，155中。

能生萬法的義諦：

佛言：眾生垢淨，皆由心起。[168](弟子品)

萬法云云，皆由心起，豈獨垢淨之然哉？(同上)

萬事萬形，皆由心成。心有高下，故丘陵是生也。[169](佛國品)

以上所謂心，可指垢心或清淨心。分而論之，惑見之主就是垢心，即一般之知的主體；不取惑見之主就是清淨心(如注「弟子品」云：「見法生滅故心有生滅，悟法無生，則心無生滅。」[170])悟法無生，不取生滅相之心，即無知之知的主體(般若)。在僧肇眼中，心能決定萬法，誠可獲證。譬如依〈般若無知論〉所述，聖心可自證為能照實相之主，可以自行決定不取諸相。緣此可見，在僧肇的思想體系內，對於認識真理的主體(般若智)之體性，其採取的證立路徑，是一種直接的真理論斷，而不是邏輯的論證。

般若無分別智，絕對不同於現代心理學所論的心靈之各種功能型態(包括思想、情感、感覺、直覺等)，蓋無心無知的般若並不向萬物萬形施設分別：

向之言者，分別於無分別耳。若能無心於分別，而分別於無分別者，雖復終日分別，而未嘗分別也，故曰分別亦空。[171](文殊師利問疾品)

所謂無心於分別，不是強行遏止或消滅分別，而是分別於無分別——雖承認眼前千殊萬異的事相，卻洞見一切分別唯是虛假不真，此即所謂「雖復終日分別，而未嘗分別也，故曰分別亦空。」般若雖時時處在分別活動中，卻了知分別是虛假，而具有自外於分別的能力，同時又能洞燭實相性空無體，而不墮於由分別製造出來的邊見之中，因此，能在見動時，又於動中見靜；在見

168《大正藏》卷三八，356上。
169《大正藏》卷三八，338上。
170《大正藏》卷三八，353下。
171《大正藏》卷三八，373中。

有時，又於有中見無。

受魏晉玄學宗風的洗禮，僧肇明言般若智之鑒照真諦，歸在體之即神，觸事即真，心與物冥的俱往俱化境，照此以觀，肇公仍有承自王郭宅心虛無，玄同彼我，與物冥一的大義。這種強調心與物冥的意趣，代表著僧肇思想脫出印度般若學的一貫思路，自行闡說著重主體與物冥合無間的玄學式佛學理論。

4.5.3 將緣起性空之要義理解為「理」

在《注維摩經》中，竺道生談到「理」之用例，共計一百五十二次[172]。相對來說，僧肇就不如其同門友好般重視「理」的概念。不過，肇公在《注維摩經》及《肇論》裡，亦不乏使用「理」的概念陳義立說的例子，茲摘錄部分用例如下：

(1) 豈不以即萬物之自虛，故物不能累其神明者也。是以聖人乘真心而理順，則無滯而不通；審一氣以觀化，故所遇而順適。(〈不真空論〉，《大正藏》卷四五，152上)

案：此「理」是指「即萬物之自虛」。

(2) 是以言真未嘗有，言偽未嘗無，二言未始一，二理未始殊。(同上，152中)

案：二理指即有不真，即偽不無，合此二義，就是指即偽即真的不真空之理。

(3) 夫聖人玄心默照，理極同無，不疾而疾，不徐而徐。(〈答劉遺民書〉，同上，156上)

案：此明聖心見空無之理，與理同遊，故名之為極智[173]。「理」為與聖智冥合的性空之理。

(4) 猶誨以平等也。夫若能齊是非一好醜者，雖復上同如

---

172 伊藤隆壽：《佛教中國化的批判性研究》，頁209。
173 元康疏云：「理極同無，謂見空無之理，即與無同，無同故為極也。……既與無同，即是極智，無有不極之義也。」(《大正藏》卷四五，186中)

來，不以為尊，下等六師，不以為卑。何則？天地一指，萬物一觀，邪正雖殊其性不二，豈有如來獨尊而六師獨卑乎？若能同彼六師，不見佛，不聞法，因其出家，隨其所墮而不以為異者，乃可取食也。此蓋窮理盡性極無方之說也，善惡反論而不違其常，邪正同辯而不喪其真，斯可謂平等正化莫二之道乎？(《注維摩經》弟子品，《大正藏》卷三八，350下)

案：綜觀本段，「理」是指萬物緣起性空，一味平等之實相。

(5) 大乘在有不有，在空不空，理無不極，所以究竟空義也。(弟子品，同上，354中)

案：此「理」的意義，大抵與(2)相同。

(6) 平等之道理無迹，十方國土無不空者。(文殊師利問疾品，同上，372下)

案：此「理」的意義，大抵與(4)相同。

(7) 夫有不思議之迹顯於外，必有不思議之德著於內，覆尋其本，權智而已乎？何則？智無幽而不燭，權無德而不修。無幽不燭故理無不極，無德不修故功無不就。功就在于不就，故一以成之，理極存于不極，故虛以通之，所以智周萬物而無照，權積眾德而無功，冥寞無為而無所不為，此不思議之極也。(不思議品，同上，382上)

案：猶(3)，敘述聖智燭照萬法，虛通最高至理(存極理)的德相。「理」是與聖心俱運的性空之理。

(8) 佛者何也，蓋窮理盡性大覺之稱也，其道虛玄固以妙絕常境。(菩薩行品，同上，410上)

案：其道虛玄，指究竟空義，猶(2)與(5)。

(9) 至義非言宣，尋言則失至。且妙理常一語應無方，而欲以無方之語定常一之理者不亦謬哉？是以依義不依語者見之明也。(法供養品，同上，416下)

案：此段注文，是解說以下經文的：「隨順十二因緣，無諸

邪見，得無生忍，決定無我無有眾生，而於因緣果報，無違無諍，離諸我所，依於義不依語，依於智不依識，依了義經不依不了義經，依於法不依人。」[174]若聯繫經文而觀，引文的「理」，應指因緣果報之法則。

　　綜上所舉，僧肇著述中所指的「理」，主要包含幾個意義：

　　一、即物自虛，或不真故空之理法：1,2,5,8

　　二、與般若智冥契的「境」：3,7

　　三、諸法性空，平等無別的本質：4,6

　　四、因緣果報之理法：9

　　「理」的性格，展現為：

　●普遍性：平等無別

　●絕對性（「常一」）：唯一不變

　●分殊性（「妙理常一語應無方」）：理一而可言殊

　●究極性（「理無不極」）：至高無上的真道

　　前文總結了僧肇說「理」的數種意義，其中第一、三、四點，正符契方才談及的「理」之兩個意義。至於第二點，為與般若智冥契的「境」，而究其實，「境」的內容也就是「理」——一切法依因待緣之理。照此，僧肇言「理」的數種意義，可統統歸結為「一切法在緣起中的存在規律和狀態」，它的性格，既是普遍的、絕對的、究極的，也是分殊的。

　　在中國傳統思想中，「理」的意義，《說文》云：「理，治玉也。」段玉裁注曰：

　　《戰國策》鄭人謂玉之未理者為璞，是理為剖析也。玉雖至堅，而治之得其鰓理以成器不難，謂之理。凡天下一事一物必推其情至於無憾而後即安，是之謂天理，是之謂善治，此引申之義也。戴先生《孟子字義疏證》曰：「理者，察之而幾微必區以別之名也，

是故謂之分理。在物之質曰肌理,曰腠理,曰文理;得其分則有條不紊謂之條理。」鄭注《樂記》曰:「理者,分也。」許叔重曰:「知分理之可相別異也。」古人之言天理者何謂也?曰理也者,情之不爽失也。未有情不得而理得者也。天理云者,言乎自然之分理也。自然之分理,以我之情絜人之情而無不得其平是也。

在中國思想史上,作為哲學概念範疇的「理」,起源於戰國中期[175]。古人說「理」,最初多在文(紋)理、條理、肌理的意義上使用,如上文云:「玉雖至堅,而治之者得其鰓理以成器不難」,「理」是玉器表面的條紋。《韓非子•解老》:「理者,成物之文也。」;「短長、大小、方圓、堅脆、輕重、白黑之謂理。」這些都與物的形(型)有關,都通於文(紋)理之義,進而又表述事物的條理、道理、普遍的規律,如《易傳》云:「仰以觀於天文,俯以察於地理。」三國時,劉劭《人物志》的四理是指現象界四類事物的運作規律。在王弼,「夫識物之動,則其所以然之理,皆可知也。」(〈周易注•乾文言〉)「理」是促成事物運動的根據。郭象的「理」是:「物無妄然,皆天地之會,至理所趨。」(〈德充符注〉)這意謂舉凡一物存在,不會是無緣無故的,必然有其所以存在的根據。「顧自然之理,行則影從,言則響隨。」(同上)表明天地之內,此物與彼物之間存有必然的聯繫,此謂之「理」,又云:「不得已者理之必然者也。」(〈人間世注〉)這即從一般的意義上,將「理」解作必然之事。郭象哲學中,「理」的涵義頗為多樣,不過總的來說,應指主宰事物存在的所以然之根據,與王輔嗣的「理」意義相仿。

回顧僧肇之「理」,並不帶有根據、根源、所以然的意味,而近於律則、規律等意義。不過,「理」雖有其真確性,但僧肇以佛家的意趣說明「理」,故「理」僅僅表明事物存在之狀態和規律,而

---

175 張岱年:《中國古典哲學概念範疇要論》,頁39,中國社會科學出版社,2000年。

非事物常住不動的本體。「理」的性質，就如水的「濕性」一樣，「濕性」是水的存在形態與規律，但濕性並非固定之一物，它體現於水的流動起伏之中，是與水流俱起俱沒的，既沒有水之外的「濕性」，也不可謂濕性就是江河競注背後靜止不動的實體。緣起之「理」的本性也是一樣的：它是萬物存在的狀態與規律，不是固定之一物，同時它是體現在事物的生滅起伏中，與萬法俱起俱沒，既沒有自外於一切法的緣起之理，也不可謂緣起之理，就是一切法變動不居的背後一個靜止之主。今據僧肇不真空的意旨，其「理」所指之意，也應作如是觀。

若站在印度佛學的立足點，察看僧肇的「理」，很容易會得出一個印象：此為中土佛學家闡述的義理，為印度之論所未有。關於中國學者以「理」釋佛的現象，日本學者伊藤隆壽的《佛教中國化的批判性研究》，對此專事論述，並名之曰「道・理的哲學」，斷言此為中國人接受佛教思想的基礎[176]。姑勿論吾人是否同意伊藤氏的觀點，漢地佛學家，包括僧肇等人，多以「理」解佛，則是不爭的事實，此誠為迥異於印度般若學的思想現象，標誌著中國學者獨自發展的蹊徑。

4.5.4 絕名教而超自然

由於僧肇頗得般若空宗之要領，因此他對待名言教相的態度，與之前的玄學家及六家七宗，頗有異趣。在「即物自虛觀」一節，吾人曾提出，僧肇揭露名相文字的虛假性，明示語言與實相不可相應。在《注維摩經》，他更斷言文字語詞，無關乎解脫的宏旨：

夫文字之作生於惑取，法無可取則文相自離。虛妄假名，智者不著。解脫謂無為真解脫也。夫名生於不足，足則無名，故無

---

176 見該書第一章，頁4。

有文字是真解脫。名生於法，法生於名，名既解脫，故諸法同解也。[177] (弟子品)

法之所在極於三處，三處求文字解脫俱不可得。如之何欲離文字而別說解脫乎？萬法雖殊，無非解脫相，豈文字之獨異焉？[178] (不思議品)

此明群生不可單憑文字言語，便達致解脫之道。不過，在作為指點解脫法門的方便教法時，文字語言尚不失可取之處：

大乘之行，無言無相，而調伏之言，以形於前文。今將明言外之旨，故二俱不住。二俱不住，即寄言之本意。寄言之本意，即調伏之至也。[179] (文殊師利問疾品)

二俱不住，指菩薩寄言述意的本懷，是希望受教者從二相——住於調伏相(如聲聞人)，和不住調伏相(如愚人)兩邊出離。受教者須得不住兩相，方可真正領略到聖者以言教調伏眾生的深刻用意。但若細心留意，卻可發現，僧肇雖主唱廢言絕相，但仍隱約流露出向言外意象趨赴的意思，此由引文所云，「言之外旨」、「寄言之本意」等語，便可略知一二。故從這點看來，他與試圖體察象外之意的早期般若學者(如道安)，在寄言出意的立場上，並無大異。

魏晉玄學其中一個重要的討論環節，是自然與名教的問題。自然，代表超人文世界的原始和諧秩序；名教，泛指人文世界的文化體系，諸如禮樂典章制度、道德倫理規範等。自然與名教，究竟孰本孰末？是彼此衝突，抑或可以調協和諧？在此等問題上，王何、嵇阮、向郭三系，各逞其說。扼要言之，王弼主名教本於自然。嵇康、阮籍二人，則走上反名教的道路，宗標「越名教

177《大正藏》卷三八，352下。
178《大正藏》卷三八，388上。
179《大正藏》卷三八，379下。

而任自然」。向郭則高唱自然與名教調和[180]。然而不論主張兩者對
峙也好,又或兩者調和也好,以上三派的説法,仍然保留著自然
與名教的兩極分立。到了僧肇,他依般若空宗之旨,將本體觀念
通通撤銷,其結果是:一方面,在名教與自然對舉之下所衍生的
各種哲學觀念,亦被一併勾銷;更重要的是,將萬法實相的問
題,取代了名教與自然的對立問題,其思想史的意義為:在東晉
末年,由佛家提舉的客觀真理論問題,代替了自玄學興起以來,
「道德與自由的矛盾」此一魏初以來廣被討論的人文哲學議題,成
為哲學論述的核心。相對於重視名教與自然之分際的玄學,僧肇
本於般若性空學的思想,便可稱得上是「絕名教而超自然」的哲學
了。

　　魏晉玄學家競言名教與自然之論,結果王弼歸在無心於為,
滅私忘欲[181]。稽康提出無所措意的心(無心),而情不繫於所欲,
則可越名教而任自然,審貴賤而通物情(〈釋私論〉)。郭象嚮往游
外宏內,無心以順有(〈大宗師注〉)。以上三人的哲學宗趣,皆歸
趣於無心於物,與蕩然無執的玄照智慧。玄智的無心之用,在形
態和意趣上,雖近似僧肇之般若無心,與物冥一,但以觀鑒的內
容來説,玄學多為順物任情,與佛家分別於無分別地徹入無自性
空,是畢竟異趣的。

---

180 許抗生:《魏晉思想史》,頁77。
181 王弼:〈老子指略〉云:「故不攻其為也,使其無心於為也;不害其欲也,使
　　其無心於欲也。」

第五章　僧肇思想對龍樹中觀哲學的吸收

　　羅什至長安後不久，已著手向中土學者引介中觀學派（Mādhyamika）的論著。僧肇〈百論序〉（《祐錄》卷十一）記述，弘始六年（404），羅什集理味沙門，共同考校《百論》（二卷）正本，僧肇既撰著論序，照理當有參預其事。此外曇影〈中論序〉（《祐錄》卷十一）、僧叡〈十二門論序〉（同上），又分別記載《中論》（四卷）及《十二門論》（一卷），於弘始十一年（409）由什公譯出。據《高僧傳》卷二本傳所錄，是年八月羅什圓寂，此說雖可能存在差誤，然而至少可以揣測，什公向中國學人祖紹中觀學派的摯誠，至晚年亦未稍竭。

　　僧肇在長安參與譯場之聽次有年，親得羅什的耳提面授，深諳龍樹學的精要，經過躬自參研和體悟後，首度開展出孕育於漢人思想氛圍的中觀學說。自中國固有學問的角度以言，僧肇將中觀哲學引進中土的佛學研究裡，確實令中國思想向佛學化邁進一大步。但作為在玄學風尚下孕育之中國般若學，經過肇公簡別與闡揚的中觀學說，自印度佛教學的角度以言，無可諱言，與龍樹學的哲學性格，並不全然相符。以下即嘗試論述僧肇對龍樹學的吸收和改造，以期辨別兩者在論辯方法、思維方式的歧異，從而照察出僧肇對印度佛學的理解脈路[1]。由於筆者學力未逮，未能全

---

[1]　僧肇吸收的印度空宗思想，除中觀學外，照《肇論》引述的經文所示，有不少是來自般若經和其他大乘教經典（見Robinson著書，頁237）。但是，鑑於僧肇援引的經典種類頗多，引文涵蓋的內容也呈多樣，不容易據以考察僧肇的佛學理解。反而在肇著數論中，都有對《中論》之旨逕行發揮之處，故特將《中論》與僧肇思想對比察照，以圖了解肇公對印度空宗的攝收。

盤涉獵在印度思想史上，中觀學各支派的個別主張，故此僅將比較的焦點，集中在《中論》的思想特徵，及其所代表的中觀學通義上。雖然如此，筆者相信，仍可就僧肇與中觀學之對比，得出饒富意義的考察結果。

在探究僧肇對中觀學的理解前，對於《中論》的思想本質和立場，宜先有一概略的瞭解。以下先略陳《中論》的旨趣和中心問題。

第一節　《中論》的根本立場

《中論》的著作者為龍樹菩薩 (Nāgārjuna)，依照藏傳資料布頓 (Buston Rinpoche，1290-1364) 的《佛教史大寶藏論》記述，他是佛滅後四百年，於南印度毗達跋城出生的婆羅門[2]。龍樹之《中論》原著，全書只有四四九頌 (中譯本四四五頌)，而未有長行 (散文)，因此，後代有人稱之為《中頌》。由於本頌是各註釋書的基礎，所以有人稱之為「根本中頌」(Mūlamadhyamakakārikā)，又因本書闡述般若經的基本思想，故此又有古德稱之為「般若根」。

《中論》一書的本意，印順法師認為是「從緣起性空的正見中，掘發《阿含經》的真義。」又表示，「《中論》是《阿含經》的通論，是通論《阿含經》的根本思想，抉擇《阿含經》的本意所在。」[3]揆法師的用心，應是設法強調《中論》的思想可遠溯至原始佛教，以證龍樹造論，絕對沒有背離佛陀的遺教。但另一方面，考慮到龍樹的出生地在南印度，正為般若性空思想的繁衍地，龍樹自幼受到般若學的潛移默化，固屬可能之事。再者，古來諸師皆一致認為，龍樹是基於般若思想的教義撰作此論，例如無著《順中論》謂：

2　《布頓佛教史》，蒲文成譯，頁150，大千，2006年。
3　印順：《中觀今論》，頁18，正聞出版社，2004年。

為何義故而造此論？答曰：依順道理，入大般若波羅蜜義，為令眾生捨諸戲論取著等故………師造此論。[4]

除無著外，清辨在《般若燈論》卷末的讚頌偈裡，也主張龍樹是「以般若妙理，開演此中論。」[5]青目釋〈觀因緣品〉第一也透露：「所謂一切法不生不滅，不一不異等，畢竟空無所有，如般若波羅蜜中說。」[6]考諸相傳為龍樹自註的《中論無畏疏》，更直接援引《八千頌般若經》的文句，以說明八不提法的明確出處，是源自般若類經籍[7]。緣此得知，般若經的義理，爾來被公認與《中論》有十分密切的關係，應無疑義。如果說《中論》直承般若經典之思想脈絡，而間接來自原始阿含聖典的啟發，這樣理解《中論》的思想源流，應該較為恰當[8]。

從內容性質上看，《中論》是一部以破斥外道，和教派內一些似是而非的教理為蘄向的論辯式專書。為配合「破邪顯正」的旨趣，論主不從正面建構哲學理論，反而寓涵於批判異見者的論難過程，從側面倡立己說。至於統貫全論的批判尺度，就是佛法的兩大支柱：「緣起性空」和「中道不二」，凡是不符合這兩項原則的思想，都遭到論主的強烈否定。龍樹在開首的歸敬頌裡，已標出此空義大旨。〈觀因緣品〉序曰：

不生亦不滅，不常亦不斷，不一亦不異，不來亦不去。能說是因緣，善滅諸戲論。我稽首禮佛，諸說中第一。[9]

從本頌的意趣來說，緣起理法的根本精神，就是奉行八不原

4　《大正藏》卷三十，44下。
5　《大正藏》卷三十，135下。
6　《大正藏》卷三十，1中。
7　龍樹造《中論無畏疏》，西藏文和譯本，寺本婉雅譯註，頁3-4，國書刊行會，1974年。
8　藍吉富：〈漢譯本中論初探〉，《華岡佛學學報》第3期，頁115。
9　《大正藏》卷三十，1中。

則以觀照諸法。

進一步分析，八不象徵常情最容易墮入的八種自性見，推而廣之，代表經驗認知慣常執持的實有、實無、斷見、常見等諸種偏頗之觀法。宇宙萬法，本來處於條件與條件互相承續和彼此關聯的網絡中，因此沒有一法具有獨立不變的恒常自性。在現象如環無端的起滅之流裡，既沒有任何隱蔽的自性或本體存在，與此同時，也不應抹煞藉因緣聚合幻現的表象。當一物現起時，不可盡謂無；蓋如有時強執為無，則偏向斷見。當其無時，不可再執為有；蓋如無時強執為有，則是常見。斷常之見的最大偏弊，是無法隨順現象的起伏生滅，與現象之流同時推移，當一物未至或已逝，眾生仍留駐在物之或有或無的虛影上，而不與物遷，此即不了悟現象隨緣起落的存在情態。斷常之見如是，餘下的一異、生滅、來去等自性見，其不解實相，墮於一邊的偏見，亦莫不如此。

今《中論》的本旨，是開顯在正見的體悟實踐中，如實地、中正不偏地還諸法本相的深義。環繞這點，本論涵蘊兩層意義。第一，是顯揚如來正覺的中正圓滿，不落於對待的「境」；第二，是朗現如來中道不偏的般若智慧。換言之，《中論》是立足於佛陀所正覺的境，和發用的智，陳述中道圓正，不取一邊的教義，以拯拔常人墮於對待和言相的偏失。是故僧叡〈中論序〉（《祐錄》卷十一）述本論主旨云：「以中為名者，昭其實也」[10]曇影〈中論序〉（同上）又言：「寂此諸邊，故名曰中」[11]。而在《西藏大藏經》東北目錄裡，《中論》題為"Prajñā-nāma-mūlamadhyamakakārika"，意思是「稱為般若的根本中頌」，顯示「般若」等如「根本中」的道理[12]，本

---

10 《大正藏》卷五五，76下。
11 《大正藏》卷五五，77中。
12 玉城康四郎：〈經典思想上の『中論』〉，壬生台舜編《龍樹教学の研究》，頁58，大藏出版社，1983年。

論弘顯如來正覺智慧之旨，由此得證。

　　總括而言，《中論》是闡發從般若智出發，讓諸法如如呈現出不偏不倚的中道實相，此為龍樹造論的本懷。雖然如是，本論唯一明確標示「中道」(madhyamā-pratipad) 的文字，僅出現在〈觀四諦品〉第二十四的第十八偈：

> 眾因緣生法，我說即是無，亦為是假名，亦是中道義[13] (pratipat saiva madhyamā)[14]。

　　以上為羅什譯本，唐代波羅頗密多羅迻譯清辨的《般若燈論》，則作：

> 從眾緣生法，我說即是空，但為假名字，亦是中道義。[15]

　　這表示：緣起的當體是空 (緣起即空)，這是破有邊；而空僅是假名，這是破無邊，所以，緣起不落有無兩邊，故是中道。知緣起雙離有無，即不復陷落於有、無的戲論中。

　　《中論》的中心問題，是緣起，和依緣起建立的中道。另外，龍樹又特別倡導大乘的緣起觀，以跟小乘學派已呈僵化的十二因緣教法抗衡[16]。青目釋〈觀因緣品〉第一，依龍樹造論的用意，標別出兩種緣起觀：

> 佛欲斷如是等諸邪見，令知佛法故。先於聲聞法中說十二因緣，又為已習行有大心堪受深法者，以大乘法說因緣相，所謂一切法不生不滅不一不異等，畢竟空無所有。[17]

---

13 《大正藏》卷三十，33中。
14 此處梵文係據《中論本頌：梵文原典‧和訳‧漢訳‧訓読》，稱津紀三、曾我部正幸編譯，頁183。
15 《大正藏》卷三十，126上。
16 小乘阿毘達磨的緣起觀，眾說紛紜，總的來說，是對緣起作出一些內容上的規定。中村元的《龍樹》一書，將小乘學的緣起說內容簡要地綜括為四點：1. 有部的「分位緣起」，敘述眾生生死流轉的過程；2.《品類足論》規定緣起是一切有為法；3. 亦有個別學派堅持緣起是無為法，與之抗衡；4. 界定緣起為時間上前後相續的生起關係。(見該書頁178-179，講談社，2002年7月)
17 《大正藏》卷三十，1中。

聲聞尊奉緣起為佛法的元首，卻不明白緣起理法的更深層義理，是統攝有生無生的畢竟空義。龍樹特意彰顯與小乘教緣起觀路數迥異的大乘因緣論，而以究竟空義為正鵠。要之，《中論》的中心思想，雖同是緣起法，但其理趣，是以緣起法為起點，契達畢竟空義，和雙離二邊的中道，這與聲聞緣起教法的標的，瞭然有別，固無俟論。

第二節 《中論》論法的特徵

《中論》全書以辯破論敵為矢向。龍樹身處的時代，需要應付的詰難者，既有教內的聲聞乘學者，又有教外的印度傳統學派。由於論難的對象來自四方八面，假若論辯的理據，僅僅訴諸佛教中人所共許的聖言量語句，則於外道眼中，論證的說服力和有效性，必然大打折扣。為此，龍樹刻意減少直接援引經句和聖言的次數，即使義引的用例，也不過寥寥可數。揆其用意，是欲藉縝密嚴謹的邏輯推理手段，循哲學思辨的理路，全面揭露自性論的咎失，使其理論再無可以掛搭的憑依，因此高度重視符合邏輯規則的論證方法，是本論敘述法的一大特色。

2.1 證立「此有故彼有」的相互依存性

緣起的內涵，可以轉譯為一個簡單的表述：「事物是相互依存的」。不過這不是表示，在緣起流轉中的事物，先有一物形成固定的形相，或有一個常住的本體，然後才與外界發生關涉。在緣起法下，事實上，沒有一物包含著守護自我，不容己身遷移變化的自性。現象界的事物，分分秒秒與他物交涉、聯繫，一方面為他物所影響、造就，同時亦影響、造就他物，易言之，諸法永遠處於決定他物與被他物決定的狀態中，沒有暫輟不遷之跡。緣起理法覰破條件之間的相互依存性，雙觀眾緣結合而成的表相，和

表相下的非實在性，避免了一般因果律，認定由因生果，是定有其因，定有其果的偏執。

《中論》的中心問題是如何正觀緣起，以證會中道性空之理。順此題綱，龍樹假借否定式的敘述法，證立諸法的相互依存性，迫使論敵認同緣起理法、和無自性說的合理性。龍樹論證存在相依性的句式，最常見的模式是[18]：

A與B互相依存。

A不成立，故B不成立。又或是

B不成立，故A不成立。

據統計，此類句式在《中論》出現，共有三十三處之多[19]，幾乎俯拾即是，茲引數例以明之：

因是法生果，是法名為緣。若是果未生，何不名非緣？[20]（觀因緣品）

因去知去者，不能用是去。先無有去法，故無去者去。[21]（觀去來品）

法不自相滅，他相亦不滅。如自相不生，他相亦不生。[22]（觀三相品）

諸行生滅相，不縛亦不解。眾生如先說，不縛亦不解。[23]（觀縛解品）

第一句：法生果名為緣，今無果，故法不名為緣。（非B故非A）

第二句：先有去法故有去者，今先無去法，故無去者。（非A

18　參考中村元：《龍樹》，頁190。
19　同上註，頁190-191。
20　《大正藏》卷三十，2下。
21　《大正藏》卷三十，5中。
22　《大正藏》卷三十，12上。
23　《大正藏》卷三十，21上。

故非B)

　　第三句：自相不滅，故他相不滅。(非A故非B)

　　　　　　自相不生，故他相不生。(非A故非B)

　　第四句：諸行生滅相不縛不解，故眾生不縛不解。(非A故非B)

　　Richard H.Robinson認為，像上述四句採用的三段論法形式是無效的，因為在第二至四句中，它只是否定前件[24]。然而若仔細考究，龍樹的論理可視為與西方形式邏輯異質的推理方法，是故也不能將之完全套入後者的路數中逐一檢視。龍樹與形式邏輯之間最大的分歧，是後者將一項函蘊另一項的方式，大別為四類：1.充足條件關係(如p，則q)；2.必要條件關係(如非p，則非q)；3.排斥關係(如p，則非q)；4.窮盡關係(如非p，則q)。在形式邏輯裡，每一項都是一個獨立的「件」，它們之間的關係取決於函蘊的形式，而不同的函蘊關係構成之函蘊推理式，又各有定律。至於龍樹，在從事推理時，是扣住「眾緣互相依存」這個隱題而進行的。他設定條件之間必然構成互相依存的關係(有p則有q，無p則無q；有q則有p，無q則無p)。所以他的論理方法，是為了證成其世界觀而敷設的。他關注的不是p與q構成何種函蘊推理式，而是證立「p與q的關係是互相決定」一事上。是知龍樹論理方法的取向，畢竟與形式邏輯的理路別異，也擁有自身的設準與作用，未可將兩者完全相提並論。若然只是審理龍樹的邏輯形式，很容易會忽略在論理的外在形式下，論主按照當初造論的目標，想要表達的特殊內涵。而對於本文來說，最重要的一點，是認識到龍樹的論理方法，有一根本的觀念(緣起與無自性空)，規範著整個推演過程。至於《中論》的論理方法與形式邏輯體制的具體分別，因非本文重點，茲姑不論。

24　Robinson著書，頁12。

2.2 四句分別

作為印度佛教徒獨有的思維模式，四句分別 (catuṣkoṭi) 也是印度中觀學派極為注重的思考方法。顧名思義，它是由四個語句組成：肯定語句 (p)、否定語句 (〜p)、肯定與否定的綜合語句 (p・〜p)，以及肯定與否定的超越/揚棄語句 (〜p・〜〜p) (或肯定與否定的同時否定語句)。這四句所表示的思想，代表人類運用理性分析事物體性的極限，也窮盡了人們對待事物的四種態度：肯定，否定，兩者並取，或是兩者都不取[25]。《中論》的四句分別可歸納為以下兩種形態：

a.某物是：非「p」，非「非p」，非「p與非p」，非「非p與非非p」。
b.某物是：「p」，或「非p」，或「p與非p」，或「非p與非非p」。

a是以否定形式表述的四句分別，四句全體構成一個複合的聯言命題。b是以肯定形式表述的四句分別，全部四句構成一個複合的析取命題[26]。無論是a或b，它的句式形態都沒有脫離前述p、〜p等四個語句的基礎模型。在《中論》裡，四句否定的句式佔上多數。

龍樹採用四句分別對空的論證，乃是針對常情假立事物具有自性的過失，進行詰難。借用四句進行論辯的目的，是為了揭示一個事實：倘若一般知見認為事物必有不可變易的自性，則勢必引起一連串違悖常識的亂象與矛盾。假如要保存世間法的有效性，唯一的答案，是放棄對自性的堅持，也就是必須通過正視現象之純為現象的觀法，來看待當下無自性的表象，如此，便不會因為自性論而作繭自縛，墮入認識論的困局了。

---

25 吳汝鈞：〈印度中觀學的四句邏輯〉，《中華佛學學報》第五期，頁151，1992年。
26 立川武藏：《「空」の構造—『中論』の論理》，頁130-131，第三文明社，2003年。

2.2.1 肯定式的四句分別

《中論》第十八章「觀法品」，有一個偈頌，可以完整地表現出肯定式的四句分別 (b類) 之邏輯形式：

一切實非實，亦實亦非實，非實非非實，是名諸佛法。[27]

這四句的意思是：一切事物都是真實，都不是真實，同時是真實和非真實，既不是真實也不是非真實。這是佛陀的教法。

前三句明顯包含了：「真實」(p)、「非真實」(~p)、「真實與非真實」(p • ~p)、「非真實與非非真實」(~p • ~~p) 四個項。故此在這個例子裡，雖在形式上只有三句，實際上卻符合了四句分別的邏輯表現形式。

此四句的主題，涉及事物「真實」的概念。第三句是對前二句的突破和昇進，第四句又是第三句之超越。這四句是指陳對真理理解的四個階差，而且是逐層遞進的。青目釋云：

諸佛無量方便力，諸法無決定相，為度眾生或說一切實，或說一切不實，或說一切實不實，或說一切非實非不實。一切實者，推求諸法實性，皆入第一義平等一相，所謂無相，如諸流異色異味入於大海則一色一味。一切不實者，諸法未入實相時，各各分別觀皆無有實，但眾緣合故有。一切實不實者，眾生有三品有上中下，上者觀諸法相非實非不實，中者觀諸法相一切實一切不實。下者智力淺故，觀諸法相少實少不實，觀涅槃無為法不壞故實。觀生死有為法虛偽故不實。非實非不實者，為破實不實故，說非實非不實。[28]

依青目的解釋，此四句描述了眾生體認真理的四個階次：

第一階次：見一切實 → 偏於實，不見非實
第二階次：見一切不實 → 偏於不實，不見實

---

27 《大正藏》卷三十，24上。
28 《大正藏》卷三十，25上。

　　第三階次：中智者：見一切實不實 ╲
　　　　　　　　　　　　　　　偏執實與不實的綜合相
　　　　　　　下智者：見少實少不實 ╱
　　第四階次：上智者：見非實非不實 → 超越實、不實的對
　　　　　　　待，徹見真理全體

　　以上所陳，眾生對真理的理解，通過了幾重辯証式的層層昇進階段：肯定、否定、綜合與超越，最後體証到超越真假對待之真理全體。《中論》四句分別的內容，不一而足，但總的來說，都包含了肯定、否定、綜合與超越這四個向上遞升的辯証步驟。從〈觀法品〉的偈頌可見，肯定式的四句包含了兩個啟發性的意義：眾生各依其根器和修行進境之不同，對事物產生不同的瞭解[29]。其次，對根器和修行進境不同的眾生，應施予相應其程度的教法[30]。在眾生邁向理解真諦的階梯上，不同層次的真理，相對於修行者的根器和當時的處境而言，都具有一定程度的真實性，若然將這些不究竟的真理全數抹煞，將使眾生喪失一切透入究竟真理的依恃。不過，從另一個角度看，從究極的真理——空——向下俯視，這些不究竟的真理只顯現為暫時性的不了義，所以歸根究柢，它們只是邁向絕對真理的過渡性梯級，在朝向絕對真理的歷程中，相對的真理必須被逐步克服，以向更高等次的真理出發，如是一步一步地層層昇進，直至到達究極真理為止。所以肯定式四句教法的啟發性意義的正面作用，是指點圓證佛果的階次，其次，是彰示肯定、否定、綜合、超越等各種形態的真理內涵，俾使眾生在通往終極真理的修行路上，獲得點撥。

29　例如清辨的解釋，認為此四句代表的真理進境，是分別站在凡夫、了知緣起者、修行者、覺悟者的觀點來理解的，是不同根器和修行進境的眾生，對同一事物的不同解悟。詳見《般若燈論釋》，《大正藏》卷三十，18上。
30　梶山雄一、上山春平：《空の論理：中觀》，頁117(轉引自註25吳汝鈞論文)。

2.2.2　否定式的四句分別

否定式的四句分別之典型形式，表現在《中論》〈觀因緣品〉的這句偈頌中：

> 諸法不自生，亦不從他生，不共不無因，是故知無生。[31]

這句的意思是：

事物不能由自己生起（～p）、由他者生起〔～（～p）〕、由自己與他者共同生起〔～(p・～p)〕，或由沒有原因而生起（非自非他）【～〔～p・～（～p）〕】。

事物生起的原因，不外乎是以自己為因和以他者為因兩種。據此偈頌，事物的自生、他生、自他共生、非自非他的無因生，一概都不能成立，這是對自生 (p) 及由之引伸的其餘三個變項 (～p)、(p・～p)、〔～p・～（～p）〕的接連否定，故本偈頌屬於否定的四句分別形式。

緣起是佛教義理不可動搖的根柢，「起」(samutpāda) 即包含生起之意，而本偈頌卻歸結為「無生」。關於「無生」的意義，青目提出以下解釋：

> 不自生者，萬物無有從自體生，必待眾因。復次若從自體生，則一法有二體，一謂生，二謂生者。若離餘因從自體生者，則無因無緣。又生更有生生則無窮。自無故他亦無。何以故？有自故有他，若不從自生，亦不從他生。共生則有二過，自生他生故。若無因而有萬物者，是則為常，是事不然。無因則無果，若無因有果者，布施持戒等應墮地獄，十惡五逆應當生天，以無因故。[32]

青目指出，事物的生起只能通過一個模式，就是依因待緣，因緣必會導致果的出現。在這個前提下，說無因無緣（即從自體

31　《大正藏》卷三十，2中。
32　《大正藏》卷三十，2中。

生)、無因有果，都是大謬不然的。他續說：

　　復次諸法自性不在眾緣中，但眾緣和合故得名字。自性即是
自體。眾緣中無自性，自性無故不自生。自性無故他性亦無。何
以故？因自性有他性，他性於他亦是自性。若破自性即破他性，
是故不應從他性生。若破自性他性即破共義。無因則有大過。有
因尚可破，何況無因？於四句中生不可得，是故不生。[33]

　　所謂自生，就是事物依自體或自性而生起結果。但是在現象
界條件和合的關係裡，根本上已排斥了常住不變的自性存在的可
能。自性本無，故不可能據之而有所生起。如此類推，他者的自
性——他性亦不可得，故他性也不能由自己而生起結果。自性與
他性既不存在，則自性與他性結合而生出果，也是不可能的事。
假如說，無因有生——無因而生起果，這種說法完全違背了因果
定律，是不可成立的。綜上而言，青目根據於「無自性」一義，順
序辯破自(性)生、他(性)生、自(性)他(性)共生，最後，依緣起
法非難無因生(非自非他生)，歸結為「於四句中生不可得，是故不
生」。顯然，青目是通過對四句：自生、他生、自他共、無因生的
否定，來達致這個「不生」的結論的。「不生」指的是甚麼呢？它不
是破除緣起中有所生起的現象，而是藉遮撥「生」，以反顯出依賴
自性這個概念來理解事物的生起，是此路不通的，唯有放下自性
的立場，才可洞照事物原是相凌相奪、互相依存的，才可如現象
之遷化去理解現象的真相。

　　以上的偈頌展示了《中論》四句否定的論辯方式。另一個典型
的例子，是〈觀涅槃品〉的否定式四句分別論法，限於篇幅，只好
暫置不論[34]。在檢討過否定式的四句後，吾人發現，在證立真理
的功能上，它是一種蘄向特殊目標的論難手法，跟肯定式的四句

33　同上註。
34　關於〈觀涅槃品〉四句分別的解釋，可參考涂艷秋：《僧肇思想探究》，頁217-
　　277，東初出版社，1996年。

有明顯區別，這包括：

一、四句否定先舉盡了人們對待事物的四種取態，隨之將它們一一打掉，這樣，由理性的思慮計度所營構出的四種偏差之見：單邊肯定之見、單邊否定之見、雙邊肯定的綜合之見、雙邊否定的超越之見，都被宣佈為站不住腳的，四路既不通，即表示理性思維之路已全被封閉。理性圖度之路被一一截斷後，最後化解的方案，必然是歸於思慮言説的全體放下，將自性見徹底拋棄，直證物物相依相待的真實本相。

二、從論難的效果上看，施以四句否定，揭破論敵每一命題的病痛，和各命題之間的矛盾，會令敵對者為建立論旨所提出的正題和反題，全部遭到否決，且陷入兩難的局面，這種辯證法是一系列的歸謬法論證，能給論敵予以迎頭痛擊。

四句分別是《中論》闡述真理的主要形式，它反映龍樹鋪設的邁向究極真理之路：掃除邊見、超越相待、放下知解、體悟緣起、歸於身證。龍樹運用四句教法的意向，是以反面的論理入路，掀翻法執，以側面的手法提撕真理的階位，因此論中雖展示真理內容的邏輯形式，卻始終沒有正面開示緣起相待的義理，這是其論法的一大特徵。

第三節 《肇論》及《注維摩經》對《中論》之引用

《肇論》裡引述什譯《中論》的話語，連〈涅槃無名論〉計算在內，前後共有六處，現一一條列如下：

a. 觀方知彼去，去者不至方（〈物不遷論〉）

這是義引〈觀去來品〉第二的第一偈頌：「已去無有去，未去亦無去，離已去未去，去時亦無去。」[35]本品的進路是，先判定已

去、未去之不可得，再從去時必然包含已去、未去[36]，以及去法與去者的相因相待，說明運動（去）與運動的主體（去者），俱不可成立。僧肇的述意，略為修改了原偈的意義。「觀方知彼去，去者不至方」的意思是說：「觀看某處（發現該處已空空如也），便知某物（或某人）已經去到一個地方，但其實它（他）並沒有到達彼處。」

b. 諸法不有不無（〈不真空論〉）

元康疏指出，此句義引自《中論》〈觀六種品〉第五的第六偈：「若使無有有，云何當有無？有無既已無，知有無者誰？」[37]另外，與此偈意義差不多的，還有〈觀有無品〉第十五的第五偈：「有若不成者，無云何可成？因有有法故，有壞名為無。」[38]兩偈的大意，都是闡明有與無是互相依待的概念，有與無只能作為另一邊的對反概念而成立，是故它們必須分別以對方為背景而存在，而不能獨立自足。於茲兩偈所言的有與無，皆只是相對意義，而非絕對意義。這番論述，自然是在緣起相待的脈絡下開展的。

以上兩偈所謂的有、無，是將有、無互扣，以展開陳述的。是即觀有為非斷無，不是常有，因有依無而設立，不是常住的自體；觀無為非常有，不是斷無，因無依有而設立，不是太虛永絕的空無。這一點，經過僧肇的闡述，演變為「諸法不有不無」：「雖有而無，所謂非有；雖無而有，所謂非無。如此，則非無物也，物非真物；物非真物，故於何而可物？」[39]（〈不真空論〉）這是從

35　事實上，僧肇的引述只是取其大意，《中論》裡沒有完全相符的語句。李華德《肇論》一書指出，僧肇所引的看來是〈觀去來品〉的第二十二偈：「先無有去法，故無去者去」（見氏著頁46，註138）。在句法形式上，此兩句誠然與僧肇的敘述頗為相似，不過，李氏談及的偈文，旨在辯破運動的主體（去者），至於僧肇的述意，著眼於破斥運動一事，其宗義已為本品首偈所概括，故以第一偈，作為僧肇義引的根據。

36　月稱《淨名句論》分析「正在行進」（去時）的動作是：腳的前端已至（已去），腳跟尚未至（未去），可見去時兼含已去及未去。（本多惠：《キャンドラキールティ（月稱）中論註和訳》，頁84，1988年1月）青目的論釋亦有類似的看法：「去時名半去半未去，不離已去去去故。」（《大正藏》卷三十，3中）。

有、無的絕對性被否定，進而言有、無皆非真，非實在，以闡發
不真空義，是對《中論》原旨的進一步發揮。

　　c. 物從因緣故不有，緣起故不無（〈不真空論〉）

　　此兩句是從《中論》「觀四諦品」第二十四的第十八偈取意，偈
頌原文是：「眾因緣生法，我說即是無，亦為是假名，亦是中道
義。」[40]此偈提挈隨緣起開導出的一系列意義，歸結於空、假名、
中道三者相即不離。觀乎僧肇轉述的引文，與上面的b句一樣，猶
是強調事物不有不無，在意思上並無異致[41]。

　　d. 物無彼此（〈不真空論〉）

　　《中論》沒有完全相符的原文。元康疏認為，這是摘自〈觀苦
品〉第十二的的第七偈：「自作若不成，云何彼作苦，若彼人作
苦，即亦名自作。」[42]然而此偈的意思，是說若「苦是自作」不能成
立，那麼「苦是他作」也不能成立，因為「若彼作苦，於彼亦名自作
苦」[43]。考諸僧肇徵引「物無彼此」一句，是為了證立名實雙亡，
「萬物安在」的主張[44]，〈觀苦品〉的偈頌應不符其意。筆者揣測，
「物無彼此」一句，有可能是僧肇據其接觸〈破五陰品〉獲致的整體
印象，將「不應虛妄分別色相」等文意，加以籠統的概括[45]。假如

---

37 《大正藏》卷四五，172中。服部正明則認為，〈觀六種品〉的偈文是闡明六界
　中虛空界的有、無問題，不是一般意義的有無，故不採元康的說法。（《肇
　論研究》，頁223）不過，撇開該品的題旨不說，本偈的確言及有無相依的問
　題，所以元康的提法亦非全無根據，因此本文將之一併舉出，以與〈觀有無
　品〉的第五偈互相參照。
38 《大正藏》卷三十，20上。
39 這是僧肇緊接在引述《中論》「諸法不有不無」一句後，所作的闡釋。
40 引文出處乃參照元康疏的說法，見《大正藏》卷四五，173中。
41 在〈不真空論〉裡，「物從因緣故不有」一句之上，僧肇提出「然則非有非無
　者，信真諦之談也。」（《大正藏》卷四五，152中）
42 引文出處乃參照元康疏的說法，《大正藏》卷四五，174上。
43 青目釋文，《大正藏》卷三十，16下。
44 僧肇援用「物無彼此」一句，其上文是：「是以名不當實，實不當名，名實無
　當，萬物安在？」（《大正藏》卷四五，152下）

非要尋求相應的原文不可，則較為接近「物無彼此」這句義蘊的偈文，可包括〈觀合品〉第十四的第七偈：「異中無異相，不異中亦無，無有異相故，則無此彼異。」[46]於此「無此彼異」與僧肇言「物無彼此」，在表面的意涵而言大致相垺。前者破「異相」和「不異」之實有，後者破名言與事物的實在性，二句義蘊可相呼應。

　　e. 物從因緣有，故不真；不從因緣有，故即真（〈般若無知論〉）

　　此與上引c句「物從因緣故不有，緣起故不無」，無論在句式和內涵上，均同出一轍，是故其所本的偈文，亦應出於〈觀四諦品〉第二十四的第十八偈：「眾因緣生法，我說即是無，亦為是假名，亦是中道義。」[47]僧肇以「物從因緣有，故不真」兩句，解說「夫智以知所知，取相故名知，真諦自無相，真智何由知？……緣法故非真，非真故非真諦」之義，這是集中闡明知（能）與相（所）的緣起相待關係，由於智不取相，真諦不成智所知的相，是故智與真諦不構成能所相對的關係。

　　f. 涅槃非有，亦復非無，言語道斷，心行處滅[48]（〈涅槃無名論‧開宗第一〉）

　　這是《肇論》裡唯一未經大幅改寫，跡近直接援引《中論》的例子，顯然它是取自〈觀法品〉第十八的第七偈：「諸法實相者，心行言語斷，無生亦無滅，寂滅如涅槃。」[49]〈涅槃無名論〉的文字雖然真偽交集，然而「涅槃非有，亦復非無」等兩句，因亦見於《高僧傳》的僧肇本傳內，故信為肇公之論。此句引文表達出僧肇涅槃觀

45　〈破五陰品〉的主題，是教人不要落入對色相的戲論分別中。青目注〈破五陰品〉云：「有智者不應分別色，分別為凡夫。以無明愛染貪著色，然後以邪見，生分別於戲論，說因中有果無果等。今此中求色不可得。是故智者不應分別。」（《大正藏》卷三十，6下）

46　《大正藏》卷三十，19中。

47　《大正藏》卷三十，33中。

48　《大正藏》卷四五，157下。

49　《大正藏》卷三十，23下。

的核心思想：涅槃是不可言狀的，它不在言說和思維能夠把握的範圍之內。

除了《肇論》外，《注維摩經》也出現肇公援用《中論》文句的例子：

夫去、來、相見皆因緣假稱耳。未來亦非來，來已更不來，捨來已不來，復於何有來去，見亦然耳。其中曲辯，當求之諸論也。[50]（文殊師利問疾品）

案：此即為〈觀去來品〉第二的第一偈：「已去無有去，未去亦無去，離已去未去，去時亦無去」[51]的重新演繹。本品對於去法、去者、去處，一概加以否定。僧肇可能從這段譯文的表達方式找到靈感，從「已去無有去」等字句，產生「去住於去」的構想，因而推導出「事各性住於一世，有何物而可去來？」（〈物不遷論〉）的論點。由於在討論〈物不遷論〉的思想時，吾人明白，僧肇並不意圖擎舉今昔各有一實在不變的自性，因此肇公在〈物不遷〉聲言「事各性住於一世」，只是順著今昔各有自性論者的意見，加以反詰，純粹是出於論辯策略的隨機運用而已。至於其論法，應是倣自《中論》的〈觀去來品〉無疑。

現法流速不住，以何為生耶？若生滅一時，則二相俱壞。若生滅異時，則生時無滅。生時無滅，則法無三相。法無三相，則非有為也。若盡有三相，則有無窮之咎。此無生之說亦備之諸論矣。三世即無生，彌勒於何而得記乎？[52]（菩薩品）

案：此處是再唱〈觀三相品〉的大意[53]。此段反映僧肇對於「事各性住於一世」所引發的困境，別有深刻的解悟。據上所引，若生滅各性住於一世，則不可同處一時，而且必然互相擯斥，在這情

50 《大正藏》卷三八，371下。
51 《大正藏》卷三十，3下。
52 《大正藏》卷三八，361中。
53 Robinson對此有較詳盡的說明，見氏著書頁230。

況下，過現未三世也將無法成立。在〈物不遷論〉裡，僧肇同樣將「事各性住於一世」的思想方式應用在因果律上，推論出「果不俱因，因不來今，不滅不來，則不遷之致明矣」的觀點。由此看來，這種思想形態，似乎時常盤旋在肇公的運思過程裡。據學者估計，〈物不遷〉大約成書於409至413年間[54]，當屬僧肇晚期之撰著，是亦肇公已相對地熟諳《中論》論法的階段，因此在撰作此著時，往往展露出他從龍樹所習得之思考方法的痕跡，並化為某種反覆出現的論述形態，也就不足為奇了。

　　就上文列舉《肇論》及《注維摩經》援引《中論》的例子，可發現以下數點：

　　i. 僧肇徵引《中論》的手法，差不多毫無例外地限於義引與重述。《中論》的譯本，是出於409年。肇公著述裡引用《中論》典籍最頻繁的兩論——〈物不遷〉與〈不真空〉，撰寫於409年或以後，當時《中論》漢譯的完整版本已告問世，何解在僧肇的著述裡，獨欠一字不差地援用漢本譯文的例子呢？比較合乎情理的推論是：僧肇較為關心怎樣擷取《中論》的觀點和論法，再將之融入自己的哲學思考中，加以重構與活用。他孜孜於將龍樹學的精髓化為己用，似有過於細緻地鑽研《中論》裡邏輯推理規則之興趣。

　　ii.《肇論》及《注維摩經》採用的《中論》資料，從內容上分析，涵蓋了語言觀、緣起觀、運動觀、存在的有無、能知所知等領域，但是在題旨類別上看，主要集中在三個類型上：一類是關乎存在真象的有無，涉及對自他、生滅的剖析；其次，是檢視運動、時間觀念的真實性格，環繞去來、今昔等項目興發論議；第三類，是涅槃的真相，唯結論仍在宣說涅槃「彌綸靡所不在，而獨曳於有無之表」（〈涅槃無名論・開宗第一〉）的玄學式取徑，故此，

54　參看《肇論研究》塚本善隆論文，頁153。
55　服部正明在這點上與本文有相似的見解，見氏著論文，《肇論研究》，頁224。

對涅槃實相的叩問始終脫不出「存在是有是無」的框架，因此可將
此項，併歸入第一類中。概言之，《中論》作為獨斷的聖言被《肇
論》及《注維摩經》引用，依僧肇的理解，《中論》的偈言，大部分是
在解答存在的有無、運動和時間的實在性等問題上，尤見特殊的
見地[55]。儘管《中論》亦包括一些解消主體實在性的篇章，例如〈觀
五陰品〉、〈觀作作者品〉，但最為僧肇關注的，卻是辯破現象為非
實有的章節，所以肇公引述的偈頌，一概出自〈觀去來品〉、〈觀有
無品〉、〈觀四諦品〉、〈觀三相品〉等討論現象虛假性的品目。循此
得知，僧肇極可能根據其學問修養與研究的興趣，挾帶著只關注
某些知識門類的預取態度，或者根深蒂固的既定觀念，去處理從
《中論》聞習而得的義理。

    iii. 前已言之，《中論》其中一個最突出的敘述方式，是採取
緣起相待的思路，突出因自性論衍生的認知困境，以摧破依自性
論提出的正題之有效性。對於這種循緣起相待的脈絡進行推論的
方法，僧肇顯得頗為熟稔，是以在〈不真空〉裡，他能夠通過有無
相待、自他相依，把握不真即空的義理。在〈般若無知〉裡，又依
知與相的緣起關係，否定了智與境構成互相對待的可能性。但另
一方面，在論及去來、運動概念的〈物不遷〉裡，肇公採納的「事各
性住於一世」的理路，在表面上卻又好像悖離了《中論》無自性的原
則，究竟是否如此，在論到僧肇如何理解與重構《中論》的思想
時，會再加以檢討。但無論如何，環視肇公的論著，〈物不遷〉特
別溢出於〈觀去來品〉之所思以外，這點誠可初步斷言。

第四節　僧肇的敘述方式及其與
《中論》的主要差別

    儘管《肇論》四篇都有轉述《中論》的觀點，但各篇的敘述方

式，與《中論》迥別之處，明顯多於類同的地方，可見龍樹學縱然給肇公造就了一些創發性的哲學思考，唯最少在論述方法這個層面上，龍樹哲學的特色還沒有得到中國初期的三論學者，充分的弘顯與傳承。而且，僧肇四論又共同形成了一種別樹一幟的論議風格，既超越了前此的六家七宗，疏於循著正反兩方向進行思辨求索，以推尋佛理的缺陷，卻又跟印度中觀學的否定式陳述方法有著瞭然的差距，從而展現為東晉末的般若學中，別具一格的哲學論述方式。今茲就《肇論》的陳義方式、它與《中論》的主要差異試一勘究。因為僧肇的論法形式已大多體現在〈物不遷〉等四論中，加上《注維摩經》作為經文之注釋，出於原典意義脈絡的制約，自然不可能像四論般自如地抒發己見，因此，《肇論》可作為代表僧肇敘述法的典型。

由於僧肇因應各篇之主題將論說手法稍作調整，所以《肇論》四篇的闡述方式，在共同性中猶帶有些微的差別。今先論其相同處。

《肇論》四篇在論法上的共通性，包括：

4.1 多引用聖言量句

〈物不遷〉、〈不真空〉、〈般若無知〉引用或提及佛教經典的次數，合計三十六次，當中《中論》佔了五次，其餘經文，均出自《摩訶般若波羅蜜經》、《維摩詰經》、《成具光明定意經》、《大智度論》等大乘教典[56]。除佛典外，徵引教外的傳統典籍，如《論語》、《老子》、《莊子》等，在肇著三論中，至少包括：《論語》三次、《老子》十四次、《莊子》十六次，即最低限度達三十三次之數[57]，幾乎與

56　Robinson，頁237。
57　此數字係將平井俊榮翻譯之《肇論》(中央公論社，1990年)，其注釋部分引據的原典出處，統計而成。

援用佛典的數量相等。以三論約共六千字的篇幅來說，引述外典卻達到三十多次，也不可謂不頻密了。

與此相反，《中論》通篇不見直接或間接援用聖言量句的事例。箇中原因，可分就兩方面說明。首先，《中論》論主的工作，是必須對論敵的學說先作重新審定，再加以駁斥，故此，倘若單憑聖言量句的獨斷式立言，而不是與論敵共許某些前提的立場出發，立論的根基便會顯得十分脆弱，整體的說服力也會遭到打擊，因此迫使論主勢須運用縝密謹嚴的邏輯推理，來建構論述，而不能依仗聖言量句的權威來保證論辯的有效性。相反在僧肇來說，作為早年出入經史、雅好老莊的傳統文人，長期浸潤在墳籍經論的結果，使他不期然承襲了漢儒的「經學思維方式」。所謂「經學思維方式」，就是在思考問題時，總是先想到經書怎麼說，接著想到傳、記怎麼說，最後才考慮自己應當怎樣認識。這種方式較諸直覺的、整體的或意象的思維方式，在漢代章句之學中，事實上更為普遍[58]。經學思維形式引伸出的箋注著作方法，並不限於漢代，在魏晉時期何晏、王弼、向秀、郭象等人，實際上都採用了箋注的形式，透過祖述前人觀點，闡明自己的見地。自漢代以來章句之學「論而不作」的基本思想[59]，衍生出喜好引經據典的著述風氣，此風尚亦為東晉的肇公所接受，故此他在立說裡，借前人聖言鋪陳著墨，尋找理據，實屬自然不過的現象。除此之外，從前三論所引述經典的出處，或許能獲得些許端倪，可以解釋僧

---

58 王葆玹：《西漢經學源流》，頁29，東大圖書，1994年。

59 王充在《論衡・對作》：「或曰：聖人作，賢人述。以賢而作者，非也。《論衡》、《政務》，可謂作者。曰：非作也，亦非述也，論也。論者，述之次也。五經之興，可謂作矣；太史公書、劉子政序、班叔皮傳，可謂述矣；桓君山《新論》、鄒伯奇《檢論》，可謂論矣。今觀《論衡》、《政務》，桓、鄒之二論也，非所謂作也。」這段說話表示：聖人作經、賢人述傳，再次的人寫出來的是論。這種經、傳、論的區分，是經學思維方式的結果，它為祖述前人、援用權威經典的著述風氣，起著推波助瀾的作用。

肇引用權威著作的習慣。依魯賓遜的統計,《肇論》前三篇援用的佛典合共十一種[60],細加考究,當中半數以上是羅什新譯或重譯的經典。僧肇引用此等大乘經的句語,也許是為了弘揚這些新近流行於中土的譯典,又或者意圖強調自己的學問,是從什法師的譯筵參承所得,如〈答劉遺民書〉表明,自己親撰的《維摩經注》,是「義承有本」[61],故未可被不辨正道的惑者恣意歪曲,輕詆誣枉。

4.2 正面立說的語言作風

僧肇並非沒有意覺到,最高的真理,根本不能假藉言語概念來湊泊的事實。〈般若無知論〉說:「然則聖智幽微,深隱難測,無相無名,乃非言象之所得。為試罔象其懷,寄之狂言,豈曰聖心而可辨哉?」這番話是肇公替自己試述「狂言」的開脫說辭,表示寄寓言教申述佛義,實在是不得已而為之的下策。雖然如此,正面剖析義理的作法,並不只在〈般若無知論〉裡施行,從另外兩論,以及《高僧傳》所引〈涅槃無名論〉的斷章裡,都可以看到,正面申述佛學觀點的手法,是貫徹在整部《肇論》的。對此,吾人不禁興起一個疑問:從《肇論》的中心思想可見,僧肇受到中觀思想的啟發,乃是一個不爭的事實,既然如此,在強為之言的同時,何以肇公就沒有承襲龍樹否定式的語言風格呢?吾人試一揣想,其原因可能是:

(1) 魏晉玄學雖然提出言意之辨的哲學問題,但是始終無緣向前跨進一步,發展出更精微縝密的語言分析哲學,以省思概念的本質、釐斷使用語詞的合理和非合理場合。因為缺少檢討名言概念的存在基礎的合理性這個環節,所以質疑觀念語詞的背後,

---

60 參照註56。
61 《大正藏》卷四五,155下。

是否有任何形式的本質或實在物等問題，事實上尚未進入玄學家的思考領域裡。況且，玄學家們也普遍將語言文字，視作可以過渡到象外之意的有效中介，因而對於語言名相，也就培養不出必要棄之如敝屣的堅決態度，如中觀般拒斥文字戲論的嚴厲立場。

(2) 龍樹身處的時代，印度的哲學圈子裡存在很多論敵，勢力較大的，在佛教外部有婆羅門體系、數論、正理勝論派。佛教內部的論敵，有說一切有部和經量部。在當時，他們的說法都是十分堅強有力，不容易抗衡的，所以龍樹非要運用極端的否定式論法，從根本上摧毀論敵的主張不可。相對而言，魏晉時期的學術界，始終沒有出現過這種劍拔弩張、水火不容的激烈論難氣氛，相反，佛教學者有時還以調合兩派學說為職志。直到僧肇著論，也只是意在伸張佛理，而非開宗明義，要矢志辯破儒、道外學。因此，《肇論》非但沒有刻意排除佛教外部，一些饒富哲理的說法，反之，它還不時透過吸收傳統哲學的養料，來構築自己的哲學體系。

討論至此，有需要給甚麼是「正面的立言」一個清楚的界說。要明白這點，可先回顧龍樹的否定式敘述法，富有怎樣的特點。《中論》一切推論所要針對的，是概念被絕對化、實體化後出現的乖謬。四句分別的句式、緣起互依的論證，在《中論》舉目可見，兩種論法的目標，也都是為了掃除所有概念的實在性而設，不圖宣說自家正面的主張。在這個前提下，論主的最後歸宿，不是建立甚麼牢不可破的絕對觀念，而是「悉斷一切見」(〈觀邪見品〉第二十七最後一偈)——宣稱任何名言、文字、見解、觀點，只有隨緣起現的臨時作用義，此外便一無所有。所以《中論》的論法，是企圖通過言說，反顯言說帶來的虛妄，以期利用言說，破壞言說，終歸於無一說可得。這是《中論》否定式(遮詮，或遮遣pratiṣedha)敘述法的目的和最大特色，亦形塑了它正言若反的辯證性格[62]。

如果龍樹是因為閑人之所想，而毅然斷絕言語和心行之路，

則僧肇行文，便是努力架設迫近真理的橋樑，以使人窺探真理的影像。雖然，肇公亦深知這是不可為而為之的方便施設，畢竟真理的影像非其自身，然而他亦試圖盡量為之，因為這樣，眾生縱然不可直趨真諦本相，也可領受到文字影像教的助益，藉著言說的指點，摸索出一條覺悟之路。於此看到，僧肇對待語言名相的取態是較為寬容的，想來這也跟他未如印度中觀學者般，深植防閑概念自性論的警覺性，不無關係。

《肇論》和《中論》，一個是期待借助文字名言的詮表，推究本來不可言詮的般若空義，另一個是亟亟於止滅文字名相，俾使人們領悟空義那不可言詮的絕對性格 (absolute character)。反映在總體的敘述方法上，一個是以正面言說為主要風格，一個是以否定式的言詮為主要入路，就此而觀，兩者可謂是各行其道的。職是之故，一些在《中論》未曾出現過的正面表述，以及對思想名詞，不厭其詳的解說方式，在《肇論》裡卻不乏可睹的例子。以下試從《肇論》裡摘錄一些正面敘述的語句，以勘究其肯定式論法的形態和特點。

a. 〈般若無知論〉有一段文字，是用來象表般若照鑒外境的活動的：

　　是以聖人虛其心而實其照，終日知而未嘗知也。故能默耀韜光，虛心玄鑒，閉智塞聰，而獨覺冥冥矣。然則智有窮幽之鑒，而無知焉；神有應會之用，而無用焉。神無慮，故能獨王於世表；智無知，故能玄照於事外。智雖事外，未始無事；神雖世表，終日域中。所以俯仰順化，應接無窮，無幽不察，而無照

---

62 《中論》是否屬於辯證的哲學，歷來已有無數學者討論過。如果不以黑格爾的辯證法為專利品，則在西方和東方哲學裡，凡強調「反」的觀念，就已帶有辯證的意味，這樣，《中論》自然也可說是辯證的學問。(參考吳汝鈞：〈現代學者的中觀學研究及其反思〉，《印度佛學研究》，頁192-197，學生書局，1995年)

功。斯則無知之所知，聖神之所會也。

這一段文字甚為詳贍地描摹了般若智照察外境時，在般若主體身上所發生的情境。它運用了一些華辭麗藻，嘗試正面闡述般若在智照活動中的景象，例如：默耀韜光、虛心玄鑒、閉智塞聰、獨覺冥冥、俯仰順化、應接無窮、無幽不察、而無照功。以上這些都是純粹陳述式的（而非解釋性的）表述，似乎要引領人們透悟與無分別智關聯的各種意象。當然，要了透這些意象的內容，對於尚未開悟的凡夫而言，是無從入手的，有見及此，僧肇提出一系列帶有對立意味的語詞，希望透過名言的正反兩面，暗示一些「絃外之音」，而在以上引文中展示的詞組是：

虛其心	實其照
終日知	未嘗知
窮幽之鑒	無知
應會之用	無慮
無知	玄照
無幽不察	而無照功

以上所有詞組，均詮表聖心智用的一些特徵，它們不外乎指出，聖智涵有兩種表面上對立的性格：虛與實、無知與玄照、無幽不察與無照功等。揆僧肇的意思，是想通過正反兩面詞組的含義，去啟示聖智的性質與內涵。這種做法，與龍樹的論法，希望藉破斥正反對立的論題，以打破一切概念的實在性，無論在敘述目的和形式來看，都是全然不同的。此外，以上各項詞組，因為不包括任何由前提至結論的推演過程，故最多只能算是描述式的陳述而已。

〈般若無知論〉這一段文字頗值得吾人注意，是因為它展示了《肇論》敘述法的其中一個典型特徵，那就是：即使明知道某物是超出詮表領域的東西——例如般若智顯用時的聖境，徹頭徹尾就是主觀體道境裡的份內事，是不可以形名表述的——但著者也要

盡其所能，以肯定式的敘述方法，勾勒出事物不可名狀的影像和
輪廓。與前述引文相仿的例子，尚有〈涅槃無名論〉的一段說話：

超群有以幽升，量太虛而永久，隨之弗得其蹤，迎之罔眺其
首，六趣不能攝其生，力負無以化其體，潢漭惚恍，若存若往。[63]

此段採用華美之辭，描摹涅槃聖境的形象。當然，並不止是
僧肇，前此的般若學家如道安，也會樂此不疲地以華麗絢爛的詞
藻，象表超言象境域的內涵，這大可歸諸六朝盛行摛辭鋪采的文
學風尚使然。僧肇雖稱得上是兩晉般若學家中，最深體空義不可
言詮的第一流人物[64]，唯他仍然擺脫不了六朝玄風的影響，不自
覺地染有追慕純粹意象的餘習[65]，是故在〈答劉遺民書〉裡，他嘗
言要應會空境，必須「捨己心於封內，尋玄機於事外。」[66]為此，
《肇論》常出以絢麗的文辭，摹寫聖境的神妙意涵，以做為由此岸
步向玄秘意象的津梁。

b. 除以上所陳，《肇論》幾篇有一個共通的表達模式，也是很
值得探討的：

是以言去不必去，閑人之所想；稱住不必住，釋人之所謂往
耳。(〈物不遷論〉)

言有是為假有，以明非無，借無以辨非有。此事一稱二，其
文有似不同，苟領其所同，則無異而不同。(〈不真空論〉)

夫聖心者，微妙無相，不可為有；用之彌勤，不可為無。不
可為無，故聖智存焉，不可為有，故名教絕焉。是以言知不為
知，欲以通其鑒；不知非不知，欲以辨其相。(〈般若無知論〉)

---

63 《大正藏》卷四五，157下。
64 這點可從〈不真空論〉裡談名實關係的論說，獲得證明。
65 王弼《論語釋疑》(皇侃《論語義疏》引)說：「子(指孔子)欲無言，蓋欲明本，舉
　 本統末，而示物於極者也。……是以修本廢言則天而行化，以淳而觀，則天
　 地之心見於不言。」言語是不能表達世界的本體的，但廢言絕象卻可體察天
　 地之心，是知廢言以外，尚有一個盈天地又無狀名可名的形上本體，它是可被
　 人心慕悅言象外的「意」。
66 《大正藏》卷四五，156下。

　　如在龍樹，對待需要辯破的概念，只需把諸觀念可能導致的謬誤一一揭破，隨即令概念逐一解消，根本無須理會佛典裡對同一名相，何以會出現異解之問題。不過僧肇卻關注到佛典中言說的教化用途。對他來說，基於應機施教的原則，同一名詞在不同的場合下，往往存有異解，職是之故，有時也不可單憑劃一的了義或不了義的標準，對某一界說立判高下。在上引的三段文字，就顯示了他跟應機而教的觀點，甚相傾合。他認為，去與住、有與無、知與不知，皆可貫通於空義。不獨如此，他還利用教法有別的角度，詮解一些在論中看似對立的觀點，指出它們其實只是採用了遮詮式的說法，但不構成實義上的對立。好像他表示，有與無只是同一件事的兩種不同說法：「言有是為假有，以明非無，借無以辨非有。此事一稱二，其文有似不同，苟領其所同，則無異而不同。」僧肇從教說施設、一事二稱的角度，消融兩個對峙觀念的表面矛盾，止息人們執取個別言說的片見，這種疏解方法，就當日的般若學理解水平而言，誠然是一項突破性的成就。

　　c. 有時候，僧肇會給名詞下一個確切的定義，例如：

　　談真有不遷之稱，導俗有流動之說。（〈物不遷論〉）

　　這是將「不遷之稱」撥歸談論真諦的言教範圍，「流動之說」列入談論俗諦的言教範圍。應該注意，這裡的真俗只是從教化的角度立言，因此才產生不遷與流動的相對性意味。然而綜觀〈物不遷論〉之旨，是說明即動求靜，即靜求動，是為不遷，故知不遷的真義，乃是超越動靜相對，並非「主靜」。

　　尋夫不有不無者，豈謂滌除萬物，杜塞視聽，寂寥虛豁，然後為真諦者乎？誠以即物順通，故物莫之逆；即偽即真，故性莫之易。性莫之易，故雖無而有；物莫之逆，故雖有而無。雖有而無，所謂非有；雖無而有，所謂非無。如此，則非無物也，物非真物。（〈不真空論〉）

　　這裡說明真諦不有不無之義，強調「非無物也，物非真物」。

據此，僧肇雖然不是運用嚴格的邏輯推理，推演出不真空的結論，但通過排斥一些說法(滌除萬物，杜塞視聽，寂寥虛豁)，以及鋪陳斷言式(affirmative)的界定方法，亦能替不有不無的真諦，賦予一個簡明直截，又切中肯綮的界說。

夫有所知，則有所不知。以聖心無知，故無所不知。不知之知，乃曰一切知。(〈般若無知論〉)

經云：真般若者，清淨如虛空，無知無見，無作無緣。斯則知自無知矣，豈待返照然後無知哉？(同上)

聖智之無者，無知；惑知之無者，知無。其無雖同，所以無者異也。(同上)

以上是應用正面的方式，交代聖心無知的內涵，及其與惑知的主要區別。

在《肇論》裡，屬於十分典型的定義式敘述法，並不多見，以上幾段即為甚具代表性的例子。

4.3 常見的句法形式

某些句式，在《肇論》中反覆使用，頗值得吾人注視。下面試按照此等句法的形式，分類羅列出來。

a. 第一類：以「雖……而……」的句法，將兩個矛盾項放在一起，表示正反兩面的性質，同時為某個事物所包攝。

不遷，故雖往而常靜。不住，故雖靜而常往。雖靜而常往，故往而弗遷；雖往而常靜，故靜而弗留矣。(〈物不遷論〉)

性莫之易，故雖無而有；物莫之逆，故雖有而無。雖有而無，所謂非有；雖無而有，所謂非無。(〈不真空論〉)

真名故，雖真而非有；偽號故，雖偽而非無。(同上)

內雖照而無知，外雖實而無相。(〈般若無知論〉)

b. 第二類：以前後兩個「有其所以不……」的句法，表示兩個對立項，均屬某物涵攝的性質。

　　然則萬物果有其所以不有，有其所以不無。(〈不真空論〉)

　　果有其所以不有，故不可得而有；有其所以不無，故不可得而無耳。(〈涅槃無名論〉)(案：這句的主詞是涅槃。)

　　c. 第三類：這種句式，是由兩句包含著對立意義的命題組成。論說的目的，是宣稱若單以兩個命題之中，其中之一個代表事物的真理，都犯了不了諦實相的錯謬。這類句法表達了雙遣(雙非)之旨趣。

　　欲言其有，有非真生；欲言其無，事象既形。(〈不真空論〉)

　　欲言其有，無狀無名；欲言其無，聖以之靈。(〈般若無知論〉)

　　案：這是仿自王弼《老子注》第六章：「欲言存邪，則不見其形；欲言亡邪，萬物以之生」，以及第十四章：「欲言無邪，而物由以成；欲言有邪，而不見其形」的句法。僧肇深染玄風，於茲可睹。

　　與第三類句法形似的尚有以下一例：

　　夫聖心者，微妙無相，不可為有，用之彌勤，不可為無。不可為無，故聖智存焉；不可為有，故名教絕焉。(〈般若無知論〉)

　　綜合上舉三類句法，都有一個共通的特點，就是將兩個對立的性質，貫徹在同一物事身上，這樣，本來相反的性質，便變成被同一物所統攝。僧肇有時候是藉雙邊否定的手法(如前述第三類句法)倡立其說，有時候卻是雙邊肯定正反兩項(如前述第一、二類句法)。

　　《中論》一些論法的特徵，例如透過證立相互依存來摧破論敵觀點的做法，《肇論》亦有取用為仿照的模本(此在下一點會有所討論)。儘管如此，如前所述，僧肇立論的背景，並沒有如印度的哲學界般派別林立，相持不下的論諍氛圍。針對當時長安佛學界的情勢，僧肇撰文立說，是旨在向學人紹述當時新傳中土的印度般若學理論，澄清前此因譯文不允當所造成的種種誤解，因此只要能達到這個目標，《肇論》也不需拘限於某一類論法不可，這就跟

龍樹由始至終，堅持應用否定式的敘述法，形成十分強烈的對比，也因此與《中論》比較起來，《肇論》的敘述風格無疑表現得自由、活潑多了。好像前述的三類句法，它們的共同主題十分鮮明，即是破除邊見，雙觀似是互相矛盾的兩項，為一物的整全面目。然而所謂雙觀相反的兩面，應該是綜合A與非A，（即雙邊肯定），還是超越A與非A的對疊（即雙邊否定），以抖落任何互相對待的概念呢？綜觀《肇論》的論說作風，肇公應該是不自限於某一成說的，而且，吾人也看不出他具有處理雙邊肯定、雙邊否定之差異性的意識，因為他並沒有詳細判分過兩者之差別。筆者揣想，僧肇不固守任一定說的原因，相信與他造論的標的，不無關係。蓋《肇論》所欲揭櫫的意旨，是即物之自虛以順物之性，至於真理的表達方式，應以雙邊肯定，還是雙邊否定的形式出現，並不是他關注的重點。倒不如說，他比較關心的，除了是即萬物之自虛一義外，就是主體如何虛通此萬物的自虛本性的問題。〈不真空論〉云：「自非聖明特達，何能契神於有無之間哉？……豈不以其即物之自虛，故物不能累其神明也。」照此，僧肇僅僅標舉「契神於有無之間」、「體之即神」的唱說，至於如何臻乎契悟之道，他認為，這完全是存乎一心之機微，不可盡數委諸言說與詮表，所以除非有過人的睿智靈明，一般人甚難全幅洞見存在的究竟本性。「契神於有無之間」所指的，是不滯於有與無，以致乎不執二端之中道。由於洞見真諦繫乎一心之機微，沒有常規可循，因此只要達此不執有無之境，則非有非無（雙邊否定），或亦有亦無（雙邊肯定），也並無不可。是故，僧肇並沒有為雙邊肯定與雙邊否定，設下嚴格的界說，也沒有仔細分辨彼此之殊異。

　　假如上述分析果無大謬，《肇論》為何在數論之間呈現出不拘一格的論說作風，便可明瞭。這也展示了，僧肇之論法，迥異於龍樹那種堅決運用前後一致的論法，來貫徹全書主旨的強勢式雄辯風格。

4.4 對存在互依的論證

在談到龍樹的敘述法時，本文曾經提及，《中論》裡頻頻出現對存在互依之證明，是其論法中的一大標記，這亦受到僧肇相當程度的注視。試看以下一段文字：

> 夫有若真有，有自常有，豈待緣而後有哉？譬彼真無，無自常無，豈待緣而後無也？若有不能自有，待緣而後有者，故知有非真有。有非真有，雖有不可謂之有矣。不無者，夫無則湛然不動，可謂之無。萬物若無，則不應起，起則非無，以明緣起，故不無也。(〈不真空論〉)

以上無不採用緣起的觀點，說明真正的自有、真有、常有、或自無、真無、常無，俱不可得，藉此反顯出現象層面所謂的有、無，其實只是日常之知營構出來的幻象。另外在〈般若無知論〉裡，有以下一段論述：

> 夫知與所知，相與而有，相與而無。相與而無，故物莫之有；相與而有，故物莫之無。物莫之無，故為緣之所起；物莫之有，故則緣所不能生。緣所不能生，故照緣而非知；為緣之所起，故知緣相因而生。是以知與無知，生於所知矣。

比較從〈不真空論〉引述的例子，這段〈般若無知論〉裡活用緣起法則進行推論的文字，有更值得討論的地方，因為它充分展現出僧肇已能醇熟地掌握緣起相依理論的機括。上舉引文的主旨，在揭示日常的經驗之知，不外乎是在認識活動與認識對象兩者，彼此依存、相互決定的結構關係下開展的，因此任何一方都不可能排拒另一方，自顯為一個獨立的存有。故此，在日常之知中，經驗認識之有無，端視乎認識對象的存在與否。但是，由於般若智不惑取萬法為對象，所以它自然不會生起緣取諸法為對象，繼而從事分別各種對象的經驗認識活動。

於此最值得留意的是，知(認識活動)與所知(認識對象)的相互依存關係，乃是純粹在邏輯上，分析概念之相待性以言的，而

非從時間的前後連貫性上展開說明。印度小乘學派對待緣起觀念，一直傾向理解為十二支的前後相續緣起[67]，而中觀學派則剔除了小乘緣起觀挾帶的時間性顆粒，將緣起理法之應用，推展到從邏輯分析的角度出發，檢視各種事物，或概念之間的相依關係。而作為中國佛教學者的僧肇，模仿《中論》而立足於緣起觀點，採行邏輯分析的方法，檢討各類概念的相待關係，最後居然跟〈觀因緣品〉的第九偈遙相呼應，歸結為所緣緣(作為認識對象的緣)係非實有的觀點[68]，這就不得不讓人感到歎服。以兩晉般若學發展的歷程來說，直至羅什入長安以後，中國學者才接觸到緣起理法的真正涵意，而在什公譯作陸續發表的十年間所成書的《肇論》，竟可將存在互依的思維，嫻熟地應用到敘述方法上去，闡發饒富開創性的論點，不僅如此，《肇論》還能就兩個面向：時間的相續性及邏輯形式，解讀緣起理法的義涵，從其精神方向以言，已超過了印度小乘學派相對狹隘的緣起觀點，而跟印度般若空宗傾合相契，此實為東晉末年佛學研究的一項驕人成就。

4.5 〈物不遷論〉的論說方法

　　上面討論了《肇論》四篇的敘述法一些共有的特徵。然而除此之外，探討變化、動靜問題的〈物不遷論〉，標意新奇，論法高妙，環視僧肇四論，實為特具機括的論作，故不得不在其餘三論以外，另置一言，考察其論說方式的特點所在。

　　〈物不遷論〉的題旨，包括兩個部份：先批駁常人認為有物遷

67　中村元：《龍樹》，頁182-186，講談社，2002年。
68　觀因緣品的第七至十偈，乃分別評破四緣(因緣、等無間緣、所緣緣、增上緣)的觀念(見上註頁185)。當然，龍樹是全然否定所緣緣是實有的，而僧肇只是指出認識對象與認識活動，相與而有，相與而無。此中的差別，可解釋為源自兩人敘述方式的殊異。無論如何，認識對象不是實有，當是中印兩位學者不能否認的觀點。

流，即「動」的概念，是虛假不實的；接著，舉出「即動以求靜，以知物不遷」的主張，表示常人認許的「動」概念，同時隱藏了「靜」的涵義，這就必然導致絕對的動、靜概念，無法成立，並製造動、靜觀念的內在矛盾，據此，「事物是有遷流變動」的論斷，亦順理成章失去了成立的根基。

今需特別注意者，是僧肇證立此番論點所採行的方法。他從一個人所共許的前提，推導出兩個完全相反的結論，結果產生由兩個互相矛盾的陳述組成的邏輯悖論 (logical paradox)，或二律背反 (antimony) 的情形。由於這兩個相反的結論不可能同真，只能同偽，因此兩者一併遭到否決。又因為結論為偽，前提亦必遭否決，則必然反顯出那個人所共認的前提，雖然表面看來沒有可置疑之處，原來卻是站不住腳的。僧肇正是透過這樣的論證過程，逼使常人撤去世間知解中的「動」概念，認同「物不遷」的提法。

前文已分析出，在凡夫的知解活動中，「動」的概念其實蘊含著一個與其互相抵消的「靜」的意涵。僧肇論證方法的第一個步驟，以提絜一個人所共許的命題開始，目的就是揭發這個隱伏著的觀念陷阱。

在文首的部分，根據一個看來無可質疑的前提，僧肇鋪述兩個完全相反的論點：

夫人之所謂動者，以昔物不至今，故曰動而非靜。

我之所謂動者，亦以昔物不至今，故曰靜而非動。

動而非靜，以其不來；靜而非動，以其不去。然則所造未嘗異，所見未嘗同。

雙方均以「昔物不至今」為共許的前提。常人以「昔物不來今」為原因，成立「動而非靜」的宗說；僧肇以「昔物不去今」為原因，成立「靜而非動」的宗說。兩者的差異在於：常人是站在自今視昔的立場，僧肇則是站在自昔視今的立場。基於兩種迥別的觀點，故儘管都公認「昔物不至今」，結果卻推導出完全相反的結論。為

甚麼會引起這種二律背反的困境呢？之所以如此，可以分就兩方面來說明。

首先探討一下前提「昔物不至今」的內容。此句所表達的，是物在昔和在今，各佔一定的時間位置，在昔則不能在今，在今則不能在昔，故在昔之物，不會在今出現。這純粹是建基於靜止的觀點，預設在不同時間定位的事物，各住於一世 (僧肇所云「事各性住於一世」)。若在昔之物，和在今之物，是各佔一位，互不相干的，那麼，昔、今之間根本無法透過一個相續連貫的歷程，讓一物由昔時移動至今時，換言之，運用靜止的觀點觀看時間的序位，是建立不起運動的觀念的。在俗情之知裡，常人未嘗發現「動」這個概念，其實是涵著「靜」的[69]。他們一方面執著於今為今，昔為昔，不可相混，另方面又執取今昔之間的差異為「動」，違背了自己設下的「今昔各有定位」的潛在隱題，犯了邏輯推理的謬誤，因此，便導引出與同一前提之另一結論，互相矛盾的結論，引致二律背反的困境。

其次，常人「動而非靜」的結論，是源於自今視昔，將今昔事物進行比較，並執著當中的差別為「動」使然。然而這種比較的觀點，實只是眾多可能性的其中之一。若窮盡地檢舉從今或昔出發，觀察今昔事物的角度，理應包括以下四種：

　　a. 在昔求昔
　　b. 在今求昔
　　c. 在昔求今
　　d. 在今求今

b是常人的觀點，c是僧肇的觀點，兩者均將今昔進行比較。a、d兩個觀點，在論中沒有提及，此兩者並無將今昔進行比較。

69　唐君毅：〈略說中國佛教教理之發展〉，收入《中國佛教的特質與宗派》，大乘文化，1978年。

事實上四個觀點,每一個都可以成為審視「昔物不至今」的合理角度。不過,常人卻只著眼於在今求昔,忽略餘下三者。若有人採用區別於常人的觀法 (b) 之其他觀點,以審察「昔物不至今」,自然便有可能從共許的前提——「昔物不至今」,得出跟「在今求昔」之結果相悖的結論,而引致二律背反。

僧肇論證的第二個步驟,是提出如下的推論,此亦是〈物不遷論〉全文的靈魂所在:

求向物於向,於向未嘗無;責向物於今,於今未嘗有。於今未嘗有,以明物不來;於向未嘗無,故知物不去。覆而求今,今亦不往。是謂昔物自在昔,不從今以至昔;今物自在今,不從昔以至今。

這一段文字,實際上是將a至d四個觀點,逐一檢查。今試將上文重新編排如下:

a. 在昔求昔:求向物於向,於向未嘗無;於向未嘗無,故知物不去。

b. 在今求昔:責向物於今,於今未嘗有;於今未嘗有,以明物不來。

「覆而求今,今亦不往」,可以改寫成如下的推論形式:

c. 在昔求今:求今物於向,於向未嘗有;於向未嘗有,故知物不往。

d. 在今求今:責今物於今,於今未嘗無;於今未嘗無,以明物不去。[70]

結果發現,四個觀點,都引伸出同一個結論:「昔物自在昔,不從今以至昔;今物自在今,不從昔以至今。」此謂,今昔事物是斷然不相干的兩物,彼此不相往來,儼然「事各性住於一

---

70 這四句經改寫的句式,是參照李明芳〈僧肇《物不遷論》略論〉,《東吳哲學學報》第3期,頁33,1998年4月。

世」。換言之，常人通過比較今昔得出的「動」概念，在四種自靜止視靜止、自某一定位視某一定位的觀點下，均不能成立。僧肇於是以遮詮的言說方式表示他的結論，謂之「物不遷」。

僧肇就有物流動一事的觀點，見諸以下一段總結式的陳述：

是以言常而不往，稱去而不遷。不遷，故雖往而常靜；不住，故雖靜而常往。雖靜而常往，故往而弗遷；雖往而常靜，故靜而弗留矣。

經過一輪辯破的工作，常人應當明白，自絕對的「靜」，不能求取絕對的「動」概念的道理。解決動、靜互相齟齬的可行辦法，是捨除絕對的「動」與「靜」概念，觀事物宛然發生的動、靜諸現象，皆為彼此滲透，交光互映，靜涵蘊著動，動包涵著靜，此即呼應本論文首「即動而求靜，以知物不遷」之意旨。唯其如是，才能保全常識裡的動、靜知見，免遭破壞，繼續恰如其分地發揮建構俗諦的功能。

檢視〈物不遷論〉的論法後，吾人察覺到幾個特點：

a. 僧肇對於要證示的題旨具有十分明晰的觀念，不僅如此，他的目光還甚為銳利，能覷破常人的「動」概念，原是在靜中求動，從一開始已悖離了有物遷流的宗旨。為貫徹論述的焦點，通觀全篇，他都是集中全力，向著這個論敵的致命傷下手，施以步步進迫。

b. 本篇應用的邏輯推理方法，甚異於其餘三論，也有別於龍樹。僧肇瞭解到邏輯悖論和二律背反引致的窘境，並且利用它來逼顯敵方觀點的咎誤。不過從他的處理方法，卻看不到龍樹的四句教法和否定式的敘述法，對他產生過很深刻的影響。

c. 據僧肇審理「昔物不至今」觀點，是可以分析出四種可行性的。雖然僅從句法的形式上看，尚沒有足夠的証明，顯示僧肇舉示四種處理觀點的作法，是直接淵源於四句教法的啟示，但是，出於迫使論敵失去一切立足點的動機，〈物不遷論〉窮盡地檢舉各

項觀點的做法,卻多少透現出《中論》四難推理的影子。

d. 本篇專注於析論動靜的問題,與其餘三論相比,較少運用華辭美藻,描述隱微難測的解脫聖境,或聖人境智一如的玄鑑妙趣,故此相對於其餘篇章,〈物不遷〉一文顯得較富於哲學思辨的趣味[71]。

4.6 小結

通觀《肇論》的敘述方法,雖然帶有受到龍樹啟導的痕跡,卻未見分毫不差地仿自《中論》陳述法的語句形式,所以龍樹敘述法對於僧肇的影響,似乎是見於提供若干推論法的模本,例如邏輯推理的方法模型、存在互依論證的範例,多於文句結構和語言運用的風格。其中一個可茲證明的事例是,《中論》裡頻密使用四句教法,僧肇卻沒有模仿這種龍樹教法裡極為普遍的論述形式,致使在《肇論》裡,找不到與四句教法完全脗合,甚或形式類似的句法用例。

僧肇的敘述法有一個十分突出的目標,就是向當日的中國佛教學者,開示他通過從羅什所聞,和思習所得的般若學性空義理。因此他主要採取正面闡述的方式,務求運用最簡明達意,能盡量減少誤解的敘述方法,陳說般若學的理趣。

《肇論》肯定式敘述法具有幾項重要的功能。它引述中國典籍和佛教經文為權証,提供描述性的定義和總結式的陳述,而且往往憑著超卓的修辭技巧,象表不可言詮的智照聖境等超驗領域,同時,又藉著辨析真俗二諦,揭示遮詮與表詮的差異所在。

就其所服膺的論理前提以觀,僧肇對雙邊肯定有無、融通對立的兩端,和存在互依的理法,表現得較有心得。細閱〈物不遷論〉一文,則可驚見他運用了一些別開生面的論述技巧,譬如他根

---

71 Robinson著書,頁244。

據二律背反原則，展現出異於龍樹的言說方式，便甚富於領先同儕的不凡創造力。

綜而言之，《肇論》的敘述法甚少完整地仿效龍樹的例子。僧肇逕行創造的表述手法，是不拘一格的，跟龍樹為了驅遣自性，特重遮詮的論說作風，大異其趣，從而表現出兩位中印學者各具特色的陳述風格。

第五節　僧肇對龍樹思想的理解

中觀哲學宗標破性顯空，是一種「空觀哲學」(śūnyatāvāda)。顧名思義，它是一門偏重遣除諸法的自體性、看破諸法的虛誑表相之學問。從「破邪」的目的以觀，中觀理論是沒有一己立場的，敘述的方式大率為遮詮性的說法。然而若從「顯正」的角度言，中觀學在辯破一切攸關自性的講法和概念後，點出除了當前緣起的虛假現象外，別無任何實在之事物、本體、或基源存在，亦即所謂「此緣性」(idam-pratyayatā)[72]——這是一種歸趣於純然現象主義的觀點。儘管按照中觀學的基本性格，它是拒絕認可任何觀念的，但亦非盡破而不立，偶然也會提出關係到緣起理法的正面宣言。因此，在《中論》第廿四品的第十八偈(亦即著名的三諦偈)，可看到龍樹採行肯定式的口脗，宣稱緣起即空，空即假名，雙離有無二邊，就是中道之義的偈頌。是知在「百不千非」的否定式論法以外，《中論》其實亦會偶然正面地闡述緣起與空性(或曰有與無)，相即不二之意，只是相對於雄辯滔滔地「破邪」的姿態，其本於「顯正」的立說，比重較輕，因此顯得不夠奪目，較易為人忽略。

72　長尾雅人：《中觀と唯識》，頁7，岩波書店，1978年3月。
73　《大正藏》卷四五，156下。

　　《中論》的主題，大抵已如上文所論，故不復詳陳。至乎僧肇
所理解的龍樹思想重點，今擬分就緣起觀、二諦與語言觀幾個面
向，展開討論。

5.1　緣起觀

　　無可否認，緣起相待的思想是《中論》據以立說的靈魂。從
《肇論》和《注維摩經》義引《中論》的用例，可見僧肇理解龍樹學的
重點，是集中在緣起互依的旨趣上，這表示他對中觀哲學的掌
握，大體上是十分準繩的。

　　在《中論》裡，龍樹是圍繞著自性空、以及緣起即性空兩個中
心思想，來建構空之哲學的。到了僧肇，他究竟透過怎樣的思
路，來掌握緣起理法的意涵呢？初步可以斷定的是，僧肇應該不
像龍樹一般，主要沿著邏輯論證的方法，藉辯破自性概念帶來的
矛盾，來論證性空之理。雖然在〈物不遷論〉裡，肇公曾據順逆兩
種觀法設立一種推理方式，揭破自性觀點給有物流動觀念造成的
認知障礙，但是，除本論外，在其餘的著述中，並不見這種論
法。其次，僧肇在〈物不遷論〉裡，兩次提出「事各性住於一世」的
說法。〈物不遷論〉的「性」是否即等同龍樹極力反對的、具有實體
義之「自性」，先暫置不論。不過，從僧肇兩次舉出「性」的概念來
證立己說，則反映了對於他來說，與「自性」概念頗為形似的
「性」，並非佛教教義絕口不提的忌諱。再者，在僧肇的著述裡，
從來沒有出現過「自性」的字眼，也沒有特意駁斥「自性」的言論，
這可能說明了，肇公雖然意識到自性觀點與緣起說，在邏輯上是
互相排斥的，但僧肇似沒有特別採取防閑措施，來阻止類似「自
性」的實有形態概念之開展。前述的「事各性住於一世」，很容易被
誤解成「事物各有其性」之義，固然是一例，另外，他堅持必須有
一個聖人作為實在的主體，才可以與道同遊（〈秦秦王表〉），由此
也表現出，對於一些可能帶有「自性」性質的概念，他顯得頗為疏

於防範。

從前述所見，僧肇主要不是乘《中論》的邏輯分析理路，透過破自性而迫顯空，開示緣起理法的要義，那麼他是緣何為發端，徹入存在互依的理趣呢？要回答這個問題，可先看看撮自〈不真空論〉的幾段文字：

夫有若真有，有自常有，豈待緣而後有哉？譬彼真無，無自常無，豈待緣而後無也？若有不能自有，待緣而後有者，故知有非真有。有非真有，雖有不可謂之有矣。不無者，夫無則湛然不動，可謂之無。萬物若無，則不應起，起則非無，故不無也。

按照一般的知解，現象裡包含著有相與無相。但是，分析這些有、無的表相，卻發現它們的「有」，不是永遠的有，乃是受若干條件決定才表現為「有」；而其「無」，也不是永遠的無，乃是受制於若干條件才展現為「無」。由於有、無均非絕對，所以兩者都不是真實的。照此推論，事物不可以單憑有、無來概括，它是涵蓋著兩面的，一是不有，一是不無，僧肇續說：

然則萬法果有其所以不有，不可得而有；有其所以不無，不可得而無。何則？欲言其有，有非真生；欲言其無，事象既形。象形不即無，非真非實有。然則不真空義，顯於茲矣。（〈不真空論〉）

事物雖顯現為有，實際上，它不是自有恒有，故非「真生」──不是完全真實的存在；但說它是無又不可，因為它具備幻有之形相，因此僧肇的結論是：事物不是真實的存有，謂之「不真空」。《肇論》裡解釋緣起觀念，大抵沒有逸出不真即空的意義。

將僧肇緣起觀的要點重溫一遍後，吾人便較容易發現他的思想路徑。據上所陳，他是帶著一種現象主義的眼光，去審辨現前流變不居的森羅萬象的，因而他跟佛教緣起法的純然現象主義觀點，格外意趣相投。為何說僧肇本身即已帶著現象主義的觀點呢？這是因為，在上引的兩段文字裡，他衡定事物非真非實有的

理據，是單純地扣緊諸法形相的非無，以及現法流速不定，因此
為非真實有以言的，換言之，他是本著一種直覺式的智慧，穿透
當前事象的無常本質，進而體悟緣起相依的旨趣的。退一步說，
假如某人不是先採取現象主義的觀點去察照事物，則單就物事的
無常性，對他來說，還不足以證立緣起性空之旨。為甚麼呢？因
為在遷流不定的現象世界背後，可能還有一個不變常住的存有，
作為物事表象的支柱。假若緣起觀點要站得住腳，除了訴諸萬法
無常外，還得經歷重重曲折的思辨與論證歷程，如龍樹的哲學分
析工作，方可在蕩除所有實體、絕對概念後，將徹底的現象主義
觀點予以合理化。然而，僧肇在看破現象事物的無常性後，還未
經歷很多深入剖析的工夫，便即提舉出「萬物自虛」、「不真性
空」，此即顯示，僧肇是直接就現象主義的觀點，領會佛家的緣起
理趣的。固然這樣的理解路數，未必就不能跟反對自性論的龍樹
學立場相垺；不過，這可能只是僧肇哲學裡不期然而然的結果，
因為吾人曾經指出，肇公還未培養出防閑自性概念的充分警覺
性，以使他未能毫無保留地駁斥自性論的觀點。故此僧肇雖然領
悟到自性論導致的錯謬，不過，他還未有將一切可能帶著自性嫌
疑的觀念，盡數消解的用心。

　　透過一種直觀式的睿智去瞭解現象的緣起狀態，這樣的理路，
究竟給僧肇的緣起觀帶來甚麼意義呢？要之，有如下數點：

　　第一，僧肇能深體萬法存在互依的狀態，並且將緣起相待的
觀點，嫻熟地運用到論證方法上去。在前一節探討僧肇的敘述法
時，吾人已陳述此意，今不再贅。

　　第二，肇公於〈不真空論〉內，三度宣言「即萬物之自虛」，這
表達了一個極為重要的訊息：空性是內在於事物的。照世間知見
對萬法的認識習慣，世上的事物，一是具有為人的感性或理性認
知的元素，而呈現為有，一是缺乏或失去這些元素，而呈現為
無，總之不管如何，有與無是永遠不可以並存的；而且，不論說

有與說無，也都是符應事物的當前狀態的。常識認為，即使我們謂事物不存在，不存在的狀態也總是有其足以被表徵為「無」的可言詮性。就其可被言詮的性質而論，世間萬法總是具有某種形式的根柢的，故此它到底是實而非虛——這是日常之知對待事物的預取態度，佛家名之曰「增益無明」，以表示將色聲等法增益執為「由自性有」的顛倒想。因常情以為世間諸法，都具有可詮表的體相，而且這是真實無誑的，所以在這個意義下的世俗諦，佛家又稱之為「名言諦」。

職是之故，若如僧肇所云，萬物是自虛的，雖有而無，雖無而有，依照世俗之知，直感事物實而非虛的習性，很容易便會將「自虛」誤解為：事物具有虛無的本性，而此本性即為事物存在的根柢。此根柢緣何得知？依常情知解事物的方式來進行，則往往會先攫取事物的表象，然後通過一些理性分析的工作，判定事象雖似有而本無，以此獲得萬法「自虛」的底基。這樣的作法，相當於僧肇所反對的「宰割以求通」的手段，即透過解剖事物，以論證本體是空的方法。凡此，皆視空性是超離於現象世界以外的真理，是跟變動不居的現象隔別開來的某種實在的東西。然而，在〈不真空論〉裡，僧肇將空性的本義，解釋為「即萬物之自虛」，可知他沒有將空性視為在排斥現象世界之後，孤存望空之一物。反之，空性不離萬法，它是具現於世間事物依因待緣的關係之中的，以僧肇的語言表達，就是「即萬物之自虛，不假虛而虛物」。空性既然涵容在事物當中，體現為緣起互依的萬法，易言之，空性即為緣起。毋庸贅言，從〈不真空論〉的表述，顯示僧肇已能深體此義。

第三，對於事物的非實在性，僧肇不像龍樹一樣，藉著破解一切法的自性而證立之。反之，他提倡一種穿梭於有與無、色與空、真與俗之間的觀法——在有中見無、無中見有；色中見空，空中見色；真中見俗，俗中見真。透過這種融通性的觀點，有與

無、色與空,真與俗,不唯互相排斥,更可相涵不二。據此,常人以為有與無,色與空,真與俗之間互不相容的對立性,便在貫通有無、色空、真俗的觀法中,被頓然解消,而此等概念的絕對性、實在性,亦隨之遭到擯斥。僧肇色空不二的相即觀法,見於〈答劉遺民書〉:

> 若如來旨,觀色空時,應一心見色,一心見空。若一心見色,則唯色非空;若一心見空,則唯空非色。然則空色兩陳,莫定其本也。是以經云非色者,誠以非色於色,不非色於非色。若非色於非色,太虛則非色,非色何所明?若以非色於色,即非色不異色,非色不異色,色即為非色。故知變即無相,無相即變。[73]

劉公來問之旨,說觀色空時,應「一心見色,一心見空」。但是觀色、觀空的心既然不一,就是各照色、空,滯在兩邊,不是色、空互照。因為假如純以非色的立場觀照非色,等如以空觀空,這樣,「空」就不是從非色(色的虛幻)反顯出來的實相空,而成了從一開始便排除色相的、一個蕩然無物的「空」。故知「一心見色,一心見空」的方法,是隔別色、空為二的,它是執於色、空的某一邊而觀,而不是「非色於色」(從色是假有的立場非色)、徹見非色(空)即是色的圓融觀點。

關於這點,僧肇另有類似的看法,同見於〈答劉遺民書〉內:

> 萬物雖殊,然性本常一,不可而物,然非不物。可物於物,則名相異陳;不物於物,則物而即真。是以聖人不物於物,不非物於物。不物於物,物非有也;不非物於物,物非無也。非有所以不取,非無所以不捨。不捨故妙存即真,不取故名相靡因。[74]

這段話則更為直截了當地道出:萬物原是即幻即真的,因此吾人既不可執有為實,亦不可壞相為無[75]。聖人對待萬法,不執物為有,所以觀實相平等,不外是性空非真;同時又不會破壞萬

---

74 《大正藏》卷四五,156中。

法，妄執為無，所以仍認可事象緣起，形於當前，而不礙承認在世俗共許的認識上，事物仍有相對的真實性。此乃循不二中道，鑒照世間法亦有亦無，亦真亦假。緣此，有無、真俗、色空之間，則不必為絕對二分，互相對峙，反構成了相即不離，涵攝彼此的關係。綜上可見，僧肇的緣起觀，其中一個突出之處，就是開顯一種通觀常識中對立兩端的方法，於真見假，於假見真。沿此取徑，產生兩個結果：首先，世間知見在分別萬法時，慣常採用的絕對性觀點，將被取消。其次，在實際的解悟中，通過互照有無、色空等對立的兩端，令常情之知放棄原初之執念，徹見彼等相即不離，沿此而領悟中道不二的真諦。

固然，真俗、有無相即之義，非唯僧肇所獨唱。前文業已提出，龍樹學亦宣說真俗不二的道理，譬如《中觀》第二十四品（〈觀四諦品〉）第十四偈所謂：「以有空義故，一切法得成。」[76]〈觀如來品〉第二十二的第十六偈，意義亦十分相似，彼云：「如來所有性，即是世間性。如來無有性，世間亦無性。[77]」這幾句偈頌，正明示真俗相即的意思。不過，龍樹只是尅就論理的形式，表達勝義諦、世俗諦互不乖離之意，卻未有藉主體觀空的路數，論述般

75　《夢庵和尚節釋肇論》，《肇論研究》，頁56。
76　《大正藏》卷三十，33上。
77　《大正藏》卷三十，31上。
78　印順法師在《中觀今論》中指出，龍樹的二諦觀，是「幻有真空」二諦，他的說明如下：「此二諦是利根聲聞及菩薩，悟入空性時，由觀一切法緣起而知法法畢竟空，是勝義諦。從勝義空出，起無漏後得智——或名方便，對現起的一切法，知為無自性的假名，如幻如化。但此為勝義空定的餘力，在當時並不能親證法性空寂，這是一般大乘學者見道的境地。……此由後得方便智而通達的，是如幻如化的假名，此又可名為事理二諦，理智通達性空為勝義，事智分別幻有為世俗。……龍樹論也有此義；……」(頁209-210)根據法師的闡釋，龍樹論中，性空的勝義，與幻有的世俗，是分別由理智、事智通達的，仍然局限於見空不見有，見有不見空，猶未達到即真即俗的二諦並觀。至於中國的三論宗和天台宗的圓教，卻是從通觀二諦的立場安立二諦的，故可稱作「妙有真空」二諦(頁210)。僧肇作為中國三論宗的宗師，所陳諸義，特別是融觀二諦之論，實可視為「妙有真空」觀的始祖。

若智照，如何臻於真俗一如的境地[78]。而僧肇卻特別標揭此義，像〈不真空論〉、〈般若無知論〉均開示聖心一念圓了，體證當下即幻即有而畢竟空，又闡述聖者如何通達勝義，同時善巧世俗。總而言之，僧肇是重在如何在實踐中通觀二諦的，龍樹則首重在破除世俗諦，以此引凡入聖。

　　略言之，僧肇悟解緣起理法，多出於一種直觀緣起現象的存在智慧，而較少承自龍樹從反面入路的辯證方式，以及其邏輯分析的技巧，來破自性以顯空。至於僧肇簡別緣起的義理，主要集中在三個重點上：一、空是內在於現象世界的；二、紛陳的現象萬物，構成了相互依存的關係。三、由緣起互依，開展融觀二諦的義理。前兩點約與《中論》若合符節，後者卻非龍樹強調的意趣，而為僧肇據其對緣起法的領悟，再進一步的唱說。於此反映出，肇公不惟機械地重唱龍樹的理論，且能思湊單微，自具機杼了。

5.2　二諦及語言觀
5.2.1　《中論》與僧肇的二諦觀

　　二諦的理論，非唯龍樹獨有，佛教其他派別，也都對二諦各持釋義。青目的《中論釋》，對真諦(或第一義諦、勝義諦)和俗諦(或世諦、世俗諦)予以扼要的識別，他說：「世俗諦者，一切法性空，而世間顛倒故，生虛妄法，於世間是實。諸賢聖真知顛倒性，故知一切法皆空無生，於聖人是第一義諦，名為實。諸佛依是二諦，而為眾生說法。」[79]簡言之，凡情錯亂地認取虛妄誆詐的現象，而障於實相；這些世俗的認識，雖然相對於諸法本相來說，是浮泛不真的，但仍具有某種程度的真確性，故可稱做世俗諦，表示在常識世間的相對真實義。真諦，即是聖人以智見體悟

---

79 《大正藏》卷三十，32下。

諸法無自性，此非凡情所能認知的，稱為勝義諦、第一義諦，以表示在真理界的絕對真實義。青目這個解釋，是著眼於在二諦的一般分別上立言的，但未能突顯龍樹論二諦的立場。如要瞭解龍樹論的二諦觀，則需注意《中論》〈觀四諦品〉第二十四的第八至十偈頌：

> 諸佛依二諦，為眾生說法，一以世俗諦，二第一義諦。若人不能知，分別於二諦，則於深佛法，不知真實義。若不依俗諦，不得第一義，不得第一義，則不得涅槃。[80]

嘉祥大師《二諦義》卷上釋此段為：「二諦是本，說法是末。二諦是所依，說法是能依。依此二諦，為眾生說法也。問從來云諸佛依二諦說法者，為凡說俗，為聖說真。為凡緣說有，為聖緣說空，名為依二諦說法。」[81]吉藏認為，二諦之義，於聖者說法時各有對向，為凡說俗，為聖說真，但這樣的理解，未必是龍樹的本意[82]，蓋上引〈觀四諦品〉之偈頌，意謂應接引凡情分別二諦，卻沒有指明二諦各有教化的對象。而吉藏二諦論的特色，係主約教而說，這大致上沿承他視二諦為隨宜設教的意旨，卻未必就能代表龍樹二諦觀的全部意義。事實上，〈觀四諦品〉的幾句偈頌，揭示了一個攸關二諦相待性的問題，這是比吉藏的約教法論二諦，更值得致意的。

考究〈觀四諦品〉的偈頌，龍樹似要指出，二諦是一組相反相成的關係，兩者必須連繫而觀，方可安立各別的意義，但千萬不可個別地執守，否則將引發倒執二諦的過患。說二諦是相反的，是因為真諦顯畢竟空，俗諦定執自性為有，二者絕對不可混為一談。說兩者是相成，是因為真之為真，只是對於俗諦的妄執自性

80　《大正藏》卷三十，32下。
81　《大正藏》卷四五，78中。
82　青目之注釋和《般若燈論釋》，也沒有提到吉藏的為聖說真，為凡說俗之意。（兩人的注釋，分別見《大正藏》卷三十，32下及125上）

而言，但沒有離俗之實有真境；俗之為俗，也只是相對於真諦的無自性義而言，但沒有離真的不空世俗性。故知真、俗二諦的意義，是必須透過另一端的對顯而成立的，但真、俗二諦本身，卻不內涵一個使其為真的「真」的自性，與使其為俗的「俗」的自性。因此，真、俗二諦所指的，只是兩者在相對互照下顯發的意義，不是二諦各具有一個真實性，和一個世俗性的本體。否則，若株守真諦是超離世俗的獨立本體，將會現起惡取頑空的顛倒相，即所謂空見 (śūnyatādṛṣṭi)。同樣，俗諦也不可以離開真諦，被執持為自性不空的世間法，否則，就會如凡夫一樣，陷溺於對世諦的情執裡，又或像某些聲聞學者般，因執取自性不變的世法，遂對世法興起迫切的厭離心，甚至妄生摧毀世法的惡見。然而龍樹的偈頌卻明白表示：「若人不能知，分別於二諦，則於深佛法，不知真實義。若不依俗諦，不得第一義，不得第一義，則不得涅槃。」此謂除了要徹知二諦的差別，也要了知它們的相待性，才可體達佛法的深義。故龍樹的偈頌，並非如吉藏所示的，只有約教而說的意味[83]。

以上是龍樹二諦觀的提要。至於僧肇對二諦的闡述，在《肇論》裡可以找到的例子，亦不罕見：

是以如來因群情之所滯，則方言以辯惑；乘莫二之真心，吐不一之殊教。乖而不可異者，其唯聖言乎！故談真有不遷之稱，導俗有流動之說，雖復千途異唱，會歸同致矣。(〈物不遷論〉)

這段話是說明，在真理層次，事物是超越動、靜相對的，並

---

[83] 對於二諦，龍樹亦非全無約教而說的意味。同品第十六偈云：「世尊知是法，甚深微妙相，非鈍根所及，是故不欲說。」「是法」，《中觀根本慧論文句釋寶鬘論》(據宗喀巴《正理海》大疏撮取的提綱挈要，由僧成大師釋，任杰譯漢) 註為「所知(指勝義諦)，(有法)，佛知此法甚深微妙諸淺智難得了知，故佛密意暫不說法，因為若倒執空性則有極大過患故。」(《龍樹六論：正理聚及其注釋》，頁401-401，民族出版社，2000年) 可見，《中論》裡亦提到勝義諦是甚深密意，不向鈍根宣說，於此透露出二諦各有其設教對象的意味。

沒有動、靜的絕對區分，因此，不可執持萬法由此至彼地發生遷
動的變動觀，僧肇謂之「物不遷」。但在化導世俗的層次，佛教卻
每每藉緣合緣離的流動之說，作為接引群迷的舟楫，為的是生死
交謝、寒暑迭遷等無常現象，最能讓凡情體認世間法之虛浮幻
化，生命之不能自主，於是生起度脫無常之念頭，而涉入空門。
不過，無常僅是開啟空義初門的鑰匙，並非畢竟的旨趣，佛家的
究極義理，是標揭緣起以明空，透達在實相之中，沒有常與無常
的粗淺分別，而不是使人執守於如夢幻泡影的事相上，因此鳩摩
羅什說：「凡說空，則先說無常，無常則空之初門，初門則謂之無
常，畢竟則謂之空，旨趣唯同，以粗細為淺深者也。……住即不
住乃真無常也。本以住為有，今無住則無有，無有則畢竟空，畢
竟空即無常之妙旨也，故曰畢竟空是無常義。」[84]若據羅什之意考
察物不遷之論，則不遷是開示真理之說，流動是導俗之說，二諦
之說，純粹是為了化法的需要，遷就眾生的理解程度，於是分開
真俗二諦，敷設施教的方法，但在根本上，兩者是殊途同歸的，
這誠如〈不真空論〉所云：「真諦俗諦，謂有異耶？答曰：無異
也。」僧肇此番觀點，跟前引吉藏於《二諦義》的講法，基本上沒有
很大的分別，同是約教化的立場辨明真俗，其意甚為昭著[85]。

5.2.2 《中論》與僧肇的語言觀

　　在通論僧肇的思想時，本文曾經表示，肇公是嚴厲地拒斥名
實對當、名實俱有的論點的。這個論調，可通於龍樹《迴諍論》初

84　《注維摩經》弟子品，《大正藏》卷三八，353下。
85　嘉祥大師在《三論玄義》，又區別「體正」與「用正」，前者是「諸法實相，言忘
　　慮絕，未曾真俗」，後者是「雖非有無，強說真俗」，他認為二諦的區分，不
　　外是本於「方便行」的施設而已（《大正藏》卷四五，7中）。這與《二諦義》約教
　　辨真俗的講法，實際上沒有異唱。關於僧肇以教化立場論說真諦，第六章會
　　有較詳細的討論。

分第一的旨趣：

諸法若無體，無體不得名。有自體有名，唯名云何名。若離法有名，於彼法中無，說離法有名，彼人則可難。[86]

基於事物沒有定常的自性，所以不可被一個固定的名言來表徵，也不能與定常的名相符應。退一步說，縱使事物果真有恒住不變的自體，那麼名相與事物的關係又應該是怎樣的呢？名相應當在事物之外，抑或在事物之內呢？若然它是存在於事物以外，名言與物事便完全掛搭不上關係，如此便不能構成能詮與所詮的對當關係。假如說，名言是在事物之內，這個說法，亦不為中觀學派認可，蓋龍樹在〈觀去來品〉中，並不容許「去」的兩種自性——「去者去」與「去法去」並存（第九至第十一偈）[87]，是以龍樹也不會謬然承認某物的兩種自性：事物本身的自性，和象表該事物的名言的自性，同時並存於一個事物裡。照此，即使事物真箇擁有本體，也無法跟名言文字互相牽繫，而組成能詮與所詮的對當關係，更何況諸法本身並無自性呢？因此龍樹的結論是：事物的實在性並不存在，所以名稱文言也是非實在的，名言和事物遂無法建立起有效的相應關係，世俗認知裡的名實對應關係，乃與真諦不符應。

僧肇的語言觀大體上也沒有偏離龍樹的觀點。在〈不真空論〉裡，僧肇亦據《中論》語言觀的基本立場，闡明真諦的體性，應是超絕於言慮之外的：

然則真諦獨靜於名教之外，豈曰文言之能辯哉？（〈不真空論〉）

超絕於名言教化、語詞概念之外的諸法實相，屬於真理的領域，它是遠離任何分別、概念、戲論 (prapañca) 的畢竟空性。《中論》〈觀法品〉第十八第九偈也斷言：「自知不隨他，寂滅無戲論，

---

86 《龍樹六論：正理聚及其注釋》，頁67，民族出版社，2000年。
87 吳汝鈞：〈龍樹的空之論證〉，《印度佛學研究》，頁119-131，學生書局，1995年。

無異無分別，是則名實相。」[88]「自知不隨他」，《般若燈論》解作「寂滅無他緣」[89]，此謂，真理的本相是寂靜的，它不是借助某些經驗認知的條件或工具，例如概念、名相、文言等為中介，便可被了透通達的。〈般若無知論〉言：「今真諦曰真，真則非緣。」其意也在說明，不能藉認識心的攀緣取相，體達真理。可知諸法的真實性，是既不能藉名相語言表示，也不會受到認識心的分別活動所干擾，而有毫釐增減。

　　無疑僧肇眼中的真諦，究極而言，也是言語道斷，本性寂滅的，故此他亦提出「真諦獨靜於名教之外」的論調。可是〈般若無知論〉又嘗曰：「言雖不能言，然非言無以傳。」這即是在別無良策的情況下，仍然認可語言文字，擁有一定程度的傳達真理之功能。

　　綜上分析，僧肇就二諦觀和語言觀的理趣，重在真理境的離言絕相，一切教相也只是強為之說。不過，他也強調在教法上，分辨真、俗二諦，各有對向。他認為，經中是通過真諦以闡明非有，俗諦以闡明非無的。相對於僧肇的說法，龍樹除了揭櫫真諦溢離文言名教的絕對性外，還指出在邏輯上，真俗二諦的成立，本是互相依存的，不可將任何一方，獨立於他者之外來進行審理。可是這個論點，卻未有受到僧肇的高度重視，這是頗為值得細味的現象。溯其原委，大概是由於僧肇比較關懷在宗教修行中通觀真俗，而尚未向真俗二諦之所以成立，是端賴甚麼邏輯規則作基礎的問題挺進之故。

88　《大正藏》卷三十，24上。
89　《大正藏》卷三十，108中。

第六節　小結：「契神於有無之間」
——僧肇對中道不二的理解

　　討論至今，已知僧肇主要不是承自龍樹學裡的邏輯論證方法，來深入佛教的緣起觀、二諦觀與語言觀的意涵的，因為他似乎還未確實地意識到邏輯規則的存在，以及這些邏輯形式背後的理論內容是甚麼[90]。假如以上的說法可以成立的話，則僧肇在思考佛教教理時，必然採行了異於龍樹思路的徯徑。那麼，這究竟是一個怎樣的思想取徑呢？先撇開二諦與語言觀念中應機設教的意義不論，僅就肇公的緣起觀、二諦觀兩方面來看，他是一直謹守著中道不偏、真俗相即的立論基調的。這個根本的立場，貫徹於〈物不遷論〉的即靜即動（僧肇云：「談真有不遷之稱，導俗有流動之說」）、〈不真空論〉的即偽即真、即真即俗，以及《注維摩經》裡反覆申述的，不斷不常的涅槃思想。單就這點以觀，跟《中論》第廿四品著名的三諦偈所示，眾因緣生法即空，空即眾因緣生法的中道不二之義，十分合致，這樣，雖然僧肇受益於龍樹的教學，算不上十分全面，但無疑已稱得上探得中觀哲學的驪珠了，甚至將他歸類為中國的中觀學者，亦不為過。

　　不過在此應該補充一點：契入不偏不倚的不二中道，既是僧肇抉發自中觀學的中心意趣，事實上，也是他探索緣起理法、二諦觀念的重要思想取徑。何以這樣說呢？要回答這個問題，不妨先借龍樹論證中道不二的過程，與肇公對比一下，如此僧肇的思路便會顯得更為清晰瞭然。

　　本文已不只一次提及，龍樹學的最重要目的，是廢除常識中自性的假設，為此，他務必千方百計地將支持自性的理論摧折，

90　Robinson著書，頁264。

以逼顯出必須捨棄自性觀點的結論。放棄自性立場，亦即不再執取一切觀念、事物的絕對性格，進而洞見，常情視作相礙的對立面，本來並不互相違逆，正反二事，原是相涵相即的。至於僧肇，卻沒有像龍樹般，經歷一個繁複的思辨程序。他的作法，是對緣起事象的生、滅、動、靜，萬法性相的既真且假，不有不無，給予直接的觀照，從而體認到在緣起緣散的因果網絡中，法法一面相互依待，故此不是絕對獨立的有，一面又不動亂自相，故此也不是絕對的空無，緣此以認取動靜無礙、有無無礙、生滅無礙、真偽無礙的真諦實相。於此窺見，僧肇並觀真俗的出發點，是立足於現象主義的角度的，推而可知，其二諦觀念的核心思想——體悟真俗相即——的方法，也是基於對流轉不息的事象的直觀鑒照，多於借助龍樹學裡頻繁出現的邏輯推理，以得其要領的。這種直鑒緣起大用的覺照方法，就僧肇思路的內部以觀，是不顯得突兀的，因為其端倪實早已蘊藏在肇公的般若學認識論裡。在〈不真空論〉中，就有一段說話，表述聖人觀悟萬法非有非無的中道實相的過程：

　　夫至虛無生者，蓋是般若玄鑒之妙趣，有物之宗極者也。自非聖明特達，何能契神於有無之間哉？……是以聖人乘真心而理順，則無滯而不通；審一氣以觀化，故所遇而順適。無滯而不通，故能混雜致淳；所遇而順適，故則觸物而一。如此，則萬象雖殊，而不能自異。不能自異，故知象非真象；象非真象，故則雖象而非象。（〈不真空論〉）

　　這番話詮說聖心如何在主觀認識上，洞徹宇宙萬象，非有非無，亦有亦無的中道不二之理（所謂「契神於有無之間」），其大意是：隨順萬法虛假不實之事理，就不會於事相上生起滯礙；以性空的根本道理統貫萬法的生滅起落，便能與世法的遷流契合無間，不會發生抵觸。要之，聖人是在主觀的體驗裡，以「即物自虛」之道，將紛然沓雜的萬象，一以貫之。僧肇這種論法的角度，

是直下站在聖人的解脱果位，敘述玄鑑有無之間的妙趣，而非經由層層思辨，徹底地剝離俗情之知的假象，循序漸進地轉俗入真的。揆上文之意趣，在於揭示真諦的極致，超言絕相，唯有藉般若智出入於有無、真俗二邊，才可一體洞照。像這樣的宣説，於僧肇思想的意義是至關重大的。首先，「契神於有無之間」——以主觀照鑒，出入於二諦的理路，成為他瞭解緣起、中道不二實相最關鍵的思想脈路。其次，透過「觸事即真」、「體之即神」的直觀活動，所認知的真諦妙趣，是存乎神心的有無之間，非聖明特達不可玄鑒，如是，真諦之超絕言相，乃是不証自明者，「真諦獨靜於名教之外」，遂成為論述真諦意涵的標準範本，此所以僧肇詮解二諦，首要強調真諦離言的絕對性，俗諦只是應機的教法。後世三論宗推崇真諦是言忘慮絕的「體正」，俗諦是強説真俗的「用正」，重在約教而論二諦之分別，視為應病與藥的手段，則大率是遠承僧肇之義了[91]。

91　長尾雅人：〈中観哲学の根本的立場〉，《中観と唯識》，頁29-31，岩波書店，1978年。

第六章 僧肇思想與中國固有哲學、般若學之關涉的審議

僧肇年少時「歷觀經史、備盡墳籍」，因此深諳老、莊、儒學之道，同時，又因為身處玄辨盛衍的時代，受時風影響，而「志好元微」，故其學備受魏晉玄學的思想精神貫注，自不待言。前人就此，已發表各種論說，是故不擬提要複述。

中國固有哲學對僧肇的影響，或者說，僧肇之學對其前的本土學問之攝取與承續，大概出現幾種不同的模式。第一，肇公在其論著中，零散的取用一些在中國哲學裡既有的概念、語彙、文句，以增強修辭技巧，輔助陳意與說明。這些名言語句，都是圍繞著僧肇思想的周邊觀念群，它們的存在，不過為了烘托思想體系的中心意趣。這種模式，差不多等於目前部分學者認為，肇公援用老莊語辭的動機，是出於修辭需要的說法。第二，中國既有哲學遺留給僧肇的，是一些思想結構的組件，例如具有特定哲理涵義的名詞、概念，或邏輯推理的形式。第三，一些在原有學術文化中延續下來的哲學議題，被肇公襲取；第四，吸收傳統哲學和文化習用的思維形態，好像本文第五章所析論，僧肇慣於應用直覺式的感悟方法，體認萬法真俗不乖，空有不礙的實相，這種帶有具象性質(即連繫於具體事象而觀)的思維能力，即迴然不同於龍樹學純重邏輯思辨的路子；第五，將深植於固有文化的價值、理念和精神，寓涵於般若學的架構，以一個簇新的形態，再次呈現出來。

以上五點，可單純地視為僧肇與中國哲學銜接的幾種模式，也可以據肇公與本土哲學發生關聯的深淺程度，合觀為一整個連續體(continuum)。如是，由第一到第五點，是文化交流一連串次第深入的過程：從沒有一定常態的思想的外部表現形式(語辭的取

用），到相對穩定的思想結構、哲學議題、思維形態，再逐步深入到傳統文化的價值觀和信念等領域。在探討比較文化的課題時，吾人可運用這個連續體，來量度兩個異文化的同化程度，或以之作為一個藍本，敘述兩者次第交融的經過。固然，僧肇之學與中國固有哲學的相銜相接，未可完全歸類為異文化之間的交涉，不過，吾人也可採用這個連續體，來鑒定僧肇思想與傳統的關聯性。當然，此中的意思並不是說，中國固有哲學對於僧肇的影響，也是隨著時間的推移，循序漸進地展開的。蓋有理由相信，中國原有的學術文化，包括與僧肇同時共處的玄辨風尚，是肇公還未為佛教典籍的薰陶前，早已領受的文化母體，這成為他日後攝收佛學時的基本思想模型。職是之故，中國原有學問對僧肇思想的影響，便不是階段性的滲透，而是給與僧肇般若學一個底板，在其上已預先刻劃了一些思想方向的軌跡，引領著僧肇如何借本己文化之所思，會通到印度佛學的義理上去。

　　下文將會考察，中國固有的學術之道，帶給僧肇般若學體系甚麼樣的影響，另外，此間產生的格義現象，其性質又是怎樣的。不過，要處理這個題目，涉及的範圍將會非常廣泛，同時會觸及很多枝節的問題，為免論述變得支離散漫，今擬聚焦於僧肇之學，與魏晉玄學之關涉現象。此中的理由是，在兩晉玄釋匯流之際，對僧肇早年最具有直接啟導作用的，就是當日以莊老為心要的玄學，而傳記亦言，肇公甚妙善元微之道，是他頗挹玄談流風的明證。再者，玄學又被喻為新道家，沿承原始道家思想再加以創造與發揮，增添不少新穎的旨趣，故較諸先秦道家哲學，僧肇與同時代的新道家，淵源更見深厚，是毋庸逮言的，因此湯用彤先生才會認定，《肇論》仍屬玄學系統的作品，並且推贊僧肇為「中華玄宗大師」[1]。

1　湯用彤：《佛教史》上冊，頁333、338。

　　就僧肇與玄學的關涉而言，本章的著眼點有三，一是玄學學問的規模，對其哲學論題、概念、思維方法等之審察，另外一點，是玄學思想之固有精神，對僧肇般若學之貫注，並總論僧肇對玄學思想的回應與承續。最後，本章會比較深受玄風影響的早期般若學，與僧肇思想之異同。

第一節　與僧肇思想有關的玄學義理及此等問題的本質所在

　　自弱冠後便師事羅什，在其研探佛學的生涯裡，僧肇幾乎一直親獲什公面授印度般若學和中觀學派的義理。因為異於一般學者的治學歷程，比起道生等同窗來說，僧肇較多地接受外來學風的影響[2]，這亦使得他不像前此的般若學家，有心於玄學與佛教的類比，反之，他是意圖扭轉中國佛教的宗風，使之回歸到印度般若哲學的正途上去。在〈答劉遺民書〉中，肇公多番稱道從西域賫來的新出大小乘經、律譯本，又褒揚什法師「由使異典勝僧方遠而至，靈鷲之風萃於茲土」，便可窺見他對胡本梵典的信服。

　　雖然僧肇矢志於將中國般若學派別裡莫衷一是的競辯之說，折衷於印度的佛家哲理，但他畢竟是出身於中國哲學背景的漢地學者，其主觀意識內，已深植了一些民族文化的思想習慣，與難以全盤剔除的特定思維取向，所以他在面對外來思想的新義時，本身已帶著一個由本己文化立場出發的迎拒機制來加以消化、理解，緣此不難想像，他的學問骨架和對應問題的方式，基本上還是按照傳統道、玄哲學的理論模型構造出來的。

2　張曼濤：〈中國佛教的思維發展〉，收入《中國佛教的特質與宗派》一書，頁
　　60，大乘文化出版社，1978年5月。

　　除了富於老莊特色的行文和語彙外，僧肇之學連繫於中國固有思想之流而又最為人熟知者，莫過於它的理論架構。綜觀《肇論》各篇的論議，大都緣「體用」、「有無」的論述架構而發，再旁及對二諦、名實問題之勘辨。當中〈物不遷論〉談動靜一如[3]，〈不真空論〉談有無一如，〈般若無知論〉談體用一如，雖各有不同的著眼處，但都不離玄學「體用」、「有無」的哲學觀念。關於這點，湯用彤先生在《漢魏兩晉南北朝佛教史》中業有詳論[4]，今不擬再加引述。就此而觀，「體用」、「有無」之論，實為僧肇精思發微之樞機。不過，以「體用」、「有無」為哲學思考的綱領，自然不是僧肇首唱的，它是魏初玄辨風潮盛發下的產物。「體用」、「有無」、「本末」等問題，除了是涉及本體與現象的關係的諍論外，在三國初期的哲學思潮中，自有其更深刻的意趣。僧肇與體用論的關涉，最緊密之處，也應自此諸種意趣以觀，而非僅止於兩者思想形式上的雷同，這是尤需注意的。

　　針對僧肇與玄學思想的關涉問題，下文先勘察「體用」、「有無」等關連於僧肇學問的各種玄學議題之本質所在，以圖瞭解玄學家提倡的諸種義蘊，於僧肇學說的意義為何，繼而陳述肇公論說，以印證其與玄學的關聯。

1.1　王弼等言體用、本末的義蘊

　　中國思想史上首次體用並稱，見於王弼的《老子注》三十八章，同章又提出本末對舉，茲摘錄原文如下：

> 何以得德？由乎道也。何以盡德？以無為用。以無為用，則莫不載也。故物，無焉，則無物不經；有焉，則不足以免其生。

3　不過，僧肇的動靜相即觀，卻不宜以體用相即觀念來理解之，說見第四章〈物不遷論〉述評」。
4　湯用彤：《佛教史・上》，頁333-339。

是以天地雖廣，以無為心；聖王雖大，以虛為主。……本在無為，母在無名。棄本捨母，而適其子，功雖大焉，必有不濟；名雖美焉，偽亦必生。……萬物雖貴，以無為用，不能捨無以為體也。捨無以為體，則失其為大矣。所謂失道而後德也。以無為用，則得其母，故能己不勞焉而物無不理。……守母以存其子，崇本以舉其末，則形名俱有而邪不生，大美配天而華不作。故母不可遠，本不可失。

這段文字的主題，是解釋從無執無用，能夠臻乎「有德而無不為」。由無用無為，到有德而無不為，是經過揚棄而達致向上之超越，甚富於辯證的意味。上文未明言「無」的體性，然而王弼的復卦注曰：「復者，反本之謂也。天地以本為心者也。凡動息則靜，靜非對動者也；語息則默，默非對語者也。然則天地雖大，富有萬物，雷動風行，運化萬變，寂然至無，是其本矣。故動息地中，乃天地之心見也。若其以有為心，則異類未獲具存。」王弼以《老》解《易》，觀此注文之意，是以超越一切形體、動靜的絕對之寂然至無，為萬化變動的根本[5]，而且，它又是天地萬物一切運動之止息處。王弼言「動息地中」，即是一個意象，以表徵天地間一切事物的運轉推移，既肇始於一個必然的法則──寂然至無，亦卒復歸於虛靜，止息於至無之極篤──此為王弼理論裡「無」的核心意趣。仔細推尋之，此寂然至無的意義，理當不止於一個靜態地統攝分殊事物的形上本體、或超越的形構之理，它還是盈天地間，一切消長盈虛的運動變化之所本，故此，它不但有下貫於

5　何以王弼必要以「無」，而不是「有」，作為一切事物、運動的根據呢？這是由於他認為：「夫為陰則不能為陽，為柔則不能為剛。唯不陰不陽，然後為陰陽之宗，不柔不剛，然後為剛柔之主。故無方無體，非陰非陽，始得謂之道。」（唐●楊士勛《春秋穀梁傳疏》引王弼語）因為道既不可是陰，也不可是陽，既不為剛，也不為柔，所以，道只能是超越一切相對的有的「無」，否則，若其體性有所規定，便不能成為萬物的宗主。（以上轉引自許抗生：《魏晉思想史》，頁54）

經驗事物的動的一面，再進而言之，它還必然涵具這動的作用，蓋非如此，將無以推動萬物，周而復始地往復於動靜、有無、語默之間，故此，「無」的根本真諦，還必須涵蘊著促成萬物的生長消亡之功，亦即它是讓一切運動得以具現的作用性原理。前揭《老子注》第三十八章的引文，謂「以無為用，則莫不載也」、「本在無為」、「是以天地雖廣，以無為心」、「以無為用，則得其母」，均非單單稱理言無，而是使無的本質，連於「無之用」、「用無」上說的。循此可知，所謂以無心為天地之心，是表示天地用「無」為「心法」，實現林林總總的現象和運化。「無之用」，代表具現萬物的原理。它雖兼備去私的（無私意、無妄作）、不偏不倚的、周濟萬物、無方無體的本質，卻也不像儒家的天道一樣，包涵一些人文世界的具體德目，如仁義、德名等「末迹」（案：此係據韓康伯注《繫辭傳》語，彼云：「萬物由之以化，故曰鼓萬物也。聖人雖體道以為用，未能至（一作「全」）無以為體，故順通天下，則有經營之迹也。」）要之，作為實現原理的「無」，只是不以自我為中心、不過份膨脹意志，不擾亂自然的生存秩序，而使萬物順乎道體，不違自然，在圓法圓，在方法方，以得其載。在這個意義上，王弼與老子乃是同歸一唱的。

王弼言「無」，就天地寂然至無的道理以觀，包涵著貫注於物事並使其動的「無」之作用；在人來說，則是主觀證得至無之理，體無而用無之表現。苟人可體無而用無，也等如通過人之會通此極篤，令至無之道，表現於各種人文活動中。故知王弼談「無」的本意，不是單言靜止不動的形上本體、一個空洞的概念，而必兼論其長育萬物的不勤之用[6]，這才是「無」的真諦所在，故其《老子

6　《老子》第六章云：「谷神不死，是謂玄牝，玄牝之門，是謂天地根。緜緜若存，用之不勤。」是則《老子》論無，已兼含萬物的形式的原理，和實現的原理兩義。詳見牟宗三：《中國哲學十九講》，第五講，學生書局，1989年2月。

注》四十章云：「有之所始，以無為本。將欲全有，必反於無也。」緣此，「無」的精義，絕對不是超離於現象界的存有之外的，反倒是以全有為務，「無」正是保全所有、包容所有、周普於所有的「無」。這透露出一個極為重要的訊息：「無」是從不間斷地，容納、包通、周普、實現世間萬有的根本原理。「無」的真實性，是體現在這些「無之用」、以無為用的活動中；反過來說，「無之用」亦即是「無」本身不容已的運作，故「無」之用，與其作為存在的根本原則的一面（「無」），都是具體而微地表現於世間形形色色的存有之中的，因此，「無」是內在於世間一切有形之物之中的；而一切存有，也莫不都統貫於「無」、被包涵於「無」之中。所以，「無」的原則性一面和作用性一面，以及世間一切個別的存有，在理論上，固可分而視之，以觀其本質上的差別，但就三者的活動而論，卻是即「無」的原理、即「無」的作用性、即世間之存有的，所以三者是相即相涵，而不是互相隔絕的。

　　此三者相即之義，之所以至關重要，是因為它不但構成了王弼本末論、體用論的義理綱維，在日後更成為玄學家談本末、體用的共義，甚至及於僧肇的二諦相即義，和聖心的體用一如義。

　　本節開首曾援引《老子注》三十八章的文字，於此，王弼舉出體用的概念：「萬物雖貴，以無為用，不能捨無以為體也。」（上引《老子注》三十八章）這句話的意思含有歧義，可作兩解，其一，假如主詞是天地間的萬物，本句則表示萬物必須以「無」為用，才能盡其德，不能離開「無」而自以為用[7]。其二，本句亦有可能想表達，「無」才是世界的本體，萬物（「有」）不能捨「無」，自以為體，以「無」為用。兩種解釋，雖略呈別異，但無論如何，皆強調「用」必須以「體」（「無」）為依止，體與用不可分割。至於「用」的內容，

7　本句之解釋，參照《王弼集校釋‧上》（樓宇烈校釋），頁102的註36，中華書局，1999年。

就是「以無為用」──「無」之無所不容，無所不包的性格，在芸芸眾物中，原原本本地具體呈現出來。

至於王弼體用說的思路，可從下文一窺大概：

演天地之數，所賴者五十也。其用四十有九，則其一不用也。不用，而用以之通，非數，而數以之成，斯易之太極也。四十有九，數之極也。夫無不可以無明，必因於有，故常於有物之極，而必明其所由之宗也。(韓康伯《繫辭傳》注引)

本段解釋《繫辭傳》中「大衍之數五十，其用四十有九」之義。觀乎王弼的思路，基本上是採取體用的觀念，來詮解不用之「一」，和所用的「四十九」之數。「一」在性質上，與其餘的數隔別開來。事實上，它不是一個數，它代表著寂然至無、道、自然、本體，象表天地運化的根據，即《繫辭傳》中易之太極。四十九，象徵從「一」衍化而成的眾多之有，是依於「一」(體) 之用。然則體與用之間的關係如何？「不用，而用以之通，非數，而數以之成」，這說明，用必須依止於體，才可發揮生成萬物的作用；「夫無不可以無明，必因於有，故常於有物之極，而必明其所由之宗也」，體須藉用，才可明其「無」之宗本。是故體用二者，一而二，二而一，即體即用，即用即體。

總的來說，體與用，是泛言道 (「無」) 的超越性與內在性、原理性和實現性 (作用於物之功能性)、無限性與有限性、抽象性與具象性，也就是說，體與用，是互相包涵，又互相對待的。再從道貫澈於存在的活動以觀，用以通體，由體起用，兩者又是不可截然分隔的。順此而知，體用說的底蘊，是泛言虛實兩層，圓通無碍，成一上下縱貫的相即關係；而在主觀領域，則泛論不應而應的無為渾化之大用與境界。

以下從體用觀念，轉入本末觀念的義蘊。初步看來，在王弼的陳義中，體用的義蘊，可不必隱含高下的階位。然王弼合本末觀念於體用義，卻導致無與有、體與用，分處於存有的價值 (或境

界) 層級上的第一序與第二序,歷歷分明,不相混同。前引《老子注》三十八章云:

> 本在無為,母在無名。棄本捨母,而適其子,功雖大焉,必有不濟;名雖美焉,偽亦必生。

> 守母以存其子,崇本以舉其末,則形名俱有而邪不生,大美配天而華不作。故母不可遠,本不可失。

這段是專在政治學的領域上,談論從政者無為因任的施政精神,因而「無」在這裡,是特別就主觀心境上的體無、用無而論。上文的關鍵語,是「本在無為,母在無名」,此謂無為無名的心境,是不與任何定著的物事或人文活動相對待,也不執著於必要謀事作制。若以無為是本,無名是母,則聖人為了拯弊,循本、母所創造出具備實在形態的名號和刑制等,便為其子、其末。何以故?因為一切有形有名的子,包括仁義禮制的名分,已違離本、母原初的真常性和圓滿性[8],故子僅得本、母的末迹與遺骸,不過成就了本、母的一偏而已。因此究極來說,子不及母,末不及本,有名不及無名,此為本末論之意趣。本末之辨,是屬於體用論系統的思想,它涵著鮮明的價值判斷,貴本賤末,重無輕有,崇尚不言之教,貶抑言說。後來郭象注莊,繼之而不變。他抉發〈莊子‧天運〉中「所以迹」與「迹」之觀念[9],以前者為本、為所以然,後者為末、為所然之現象,盛言「所以迹者,真性也。夫任物之真性者,其迹則六經也」[10],以此所以迹為本,歷史上堯舜禹湯的盛德大業,即使未至於〈逍遙遊〉所謂,「是其塵垢粃糠,將猶陶鑄堯舜者也」,也已下墮為至道的遺迹和末節,非政治上、道德

8　王弼《老子指略》云:「言之者失其常,名之者離其真,為之者則敗其性,執之者則失其原矣。是以聖人不以言為主,則不違其常;不以名為常,則不離其真;不以為為事,則不敗其性;不以執為制,則不失其原矣。」

9　〈莊子‧天運〉:「夫六經,先王之陳迹也,豈其所以迹哉!今子之所言,猶迹也。夫迹,履之所出,而迹豈履哉!」

上的應然之有，也無價值上的積極意義，而堪為傳頌萬世的不朽
功業，此如梁阮孝緒所說：

> 夫至道之本，貴在無為。聖人之迹，存乎拯弊。弊拯由迹，
> 迹用有乖於本。本既無為，為，非道之至。然不垂其迹，則世無
> 以平，不究其本，則道實交喪。(《梁書》卷五十一〈處士列傳 • 阮
> 孝緒傳〉)

　　至道無為，聖人垂迹以濟世，有乖於本，非是踐行至道的良
由。但若非如此，又無以拯弊，則道將交喪。因此在本質上，
「迹」便沒有必然存在的客觀合理性，只因有弊，才需要有「迹」以
挽救之，若無弊，便不需要此「迹」。聖人的德業，遂淪為可有可
無的下乘之策。

1.2　郭象的無心順物義

　　玄學被稱為新道家，學術宗尚，迭起新義，但精神上仍多推
尊老莊，如王、何、向、郭品評人物的標準，以道為本，儒為
末，足以為証[11]。反映在聖人的人格論，聖智的認識論和智悟境
上，魏晉哲人的學術心靈，仍甚拜服道家至人無心順物，自當於
理的風采，相反，儒家「肫肫其仁，淵淵其淵，浩浩其天」的踐仁
之道，在魏晉南北朝的三百餘年，於南方漢人的哲學圈子裡，卻
一直隱沒不彰，由是反顯出道家系統的聖人理論，在當日思想界
一枝獨秀的情狀。此本於道家義理的聖人觀念，除了是玄學界共
許之義，亦蔓延至般若學思想，如支遁、道安的佛家聖人觀，即
以無心、無為作心要。僧肇的〈般若無知論〉，盛發聖心的認識論
和開悟境界，高唱「不知之照」、「聖心無所知，無所不知」的論
調。揆其本意，或濫觴於《老子》四十一章的「明道若昧」、五十八

10　郭象《莊子注》，「天運」十四。
11　湯用彤：《魏晉玄學論稿》，頁98-99。

章的「光而不燿」。按王弼之注，老子此章，是謂明道之智不用心於推求不知之事，而在光鑑常情認知之迷亂，頗類於僧肇言般若的無知之知[12]。除老子之書外，郭象〈大宗師注〉亦有類似的意思：

夫為為者不能為，而為自為耳。為知者不能知，而知自知耳。自知耳，不知也。不知也，則知出於不知矣。自為耳，不為也。不為也，則為出於不為矣。為出於不為，故以不為為主；知出於不知，故以不知為宗。是故真人遺知而知，不為而為，自然而生，坐忘而得。故知稱絕而為名去也。（〈大宗師注〉）

於茲「真人遺知而知，不為而為，自然而生，坐忘而得」，與僧肇無知而知的聖心，兩者在意趣上的深切相契，已無需贅論。總之，肇公聖智論與玄學聖人論裡的各項意涵，存在著種種極為合致之處，令吾人不得不加以注視。不過，玄學的聖人論繁興斑駁，今不擬搜集各流派的論議，逐一剖析，而欲化繁為簡，將探討對象集中在玄學的殿軍郭象身上，以綜核僧肇與玄學聖人理論的關涉。而作出如此安排的原因，是郭象與僧肇哲學，在局部義理之相似性，早已為當代學者認可之故[13]。

考郭象的聖人圖像，可概括出幾個要義：

a. 心的體性：聖人無心，隨感順應

12　王弼注五十八章「光而不燿」云：「以光鑑其所以迷，不以光照求其隱慝也。所謂明道若昧也。此皆崇本以息末，不攻而使復之也。」照王弼的說法，智照的目的是對治顛倒、迷惑（所以迷），不是藉認識心，積極推求不知之事（隱慝），略如僧肇般若無知的照功。不過，照《老子》一書來看，老子的本意，可能還包含著一種返回光照之智的工夫論，如第十章所云的滌除玄覽，此則是王弼和僧肇所未著重詮述之意。

13　例如福永光司：〈僧肇と老莊思想─郭象と僧肇─〉（收入《肇論研究》）、谷川理宣：〈《注維摩經》（佛國品、方便品）僧肇注における中國的思考について〉，《印度學佛教學研究》24卷第1號，1975年12月；佐藤成順：〈中國における三教一致‧諸宗融合の思想─その基盤と形成─〉，《三康文化研究所年報》第4‧5號，三康文化研究所，1971年2月。

郭象在莊注中屢言「無心」，這是其聖人論的綱領之一。根據莊子與郭象哲學的意義脈胳，「無心」在這裡不應被誤解為木石瞖懷的無識無知，蓋郭象認為，人之生必有接物之命[14]，就正如僧肇的般若也不是純然昏冥、不通於外物的渾沌一樣。依郭象，「無心」乃是聖人在觀物中，隨感順應，遂通萬物性分的照鑒態度：

　　我苟無心，亦何為不應世哉？然則體玄而極妙者，其所以會通萬物之性，而陶鑄天下之化，以成堯舜之名者，常以不為為之耳。（〈逍遙遊注〉）

上文意謂，聖人不會將一己之私心（如成心、機心、習心計慮之心），獨斷地擴充為萬物的圭臬，因為若然如此，不但會因其專斷而侵害了萬物在自然狀態中的本性[15]，而且在人我、物我之間，將製造重重隔閡（如〈齊物論注〉云：「偶，對也，彼是相對而聖人兩順之。故無心者，與物冥而未嘗有對於天下也。此居其樞要，而會其玄極，以應夫無方也。」）。實際上，聖人之心的體性，就恍如一個清明的鏡鑒，「物來乃鑒，鑒不以心」[16]，順乎芸芸萬象的天性，不加造作、不加私意地一一映照出來，這樣，聖人在毫無成心預設的情境中，一則突破了主體自設的屏障，讓心靈達到體無的至虛之境，二則隨感順應，虛通萬物，讓事物復歸本性，各得其所。故此，在聖人無心而無不應的玄智光照中，主客不相違戾，而得其自然自爾之玄德妙境。這樣，郭象從撤消「有為有造作的心」一端，以遮詮方式提出的「無心」，其實際的義蘊，亦等如他從心與萬物一體而化一端，所述的「體夫極數之妙心」

14　郭象《莊子注》〈山木〉篇云：「人之生必外有接物之命，非如瓦石止於形質而已。」

15　〈大宗師注〉：「無心於物，故不奪物宜。」

16　〈應帝王注〉：「物來乃鑒，鑒不以心，故雖天下來照而無勞神之累。」「鑒不以心」就是以「無心」來鑒照接物。另外，〈齊物論注〉：「至人之心若鏡，應而不藏，故曠然無盈虛之變也。」

17。無心與妙心，一自反面立言，一自正面陳意，語意雖有不同，然其旨趣是一貫的。

　　b. 玄智照境：「玄同」與「齊一」

　　〈般若無知論〉中未嘗使用「玄同」字眼，但卻出現與「玄同」意義相近的表詮：

　　是以至人處有而不有，居無而不無，雖不取於有無，然亦不捨於有無。所以和光塵勞，周旋五趣，寂然而往，怕爾而來，恬淡無為而無不為。

　　〈答劉遺民書〉又云：

　　若能捨已心於封內，尋玄機於事外，齊萬有於一虛，曉至虛之非無者，當言至人終日應會，與物推移，乘運撫化，未始為有也。18

　　兩種說法，皆含有契會郭象「玄同」或「齊一」的意味，現試分析郭說的本義。

　　「玄」者，《說文解字》云：「玄，幽遠也。黑而有赤色者為玄，象幽而入覆之也。」19王弼《老子指略》謂：「玄也者，取乎幽冥之所出也。」又曰：「玄，謂之深者也。」20郭象釋「玄冥」曰：「玄冥者，所以名無而非無」（〈大宗師注〉）這雖然不是對「玄」的正

17　〈德充符注〉：「體夫極數之妙心，故能無物而不同，無物而不同，則死生變化無往而非我矣。故生為我時，死為我順，時為我聚，順為我散。聚散雖異而我皆我之，則生故我耳，未始有得，死亦我也，未始有喪。」（同上，頁158）順夫生死聚散的大化，即還生死聚散的本性而順應其變，此則無累於物。這裡順時接物的「極數之心」，不外是「無心」的另一種表述（見福永光司：〈僧肇の老莊思想〉，《肇論研究》頁263）。

18　《大正藏》卷四五，頁156下。「已心」，元康疏作「己心」，見《大正藏》卷四五，頁189上。

19　許慎：《說文解字》（二），《百部叢書集成》，嚴一萍選編，藝文印書館。

20　又，王弼《老子注》第一章又說：「玄者，冥默無有也。」王弼承接其貴無思想以釋「玄」，重在說明玄冥的道即是無，這是其哲學系統對「玄」的特定釋義。成玄英疏〈莊子・大宗師〉篇「於謳聞之玄冥」曰：「玄者深遠之名也，冥者幽寂之稱。」「玄」為「深遠」，應可視為「玄」的通解。

面釋義，但考諸郭注，可推斷在其哲學裡，「玄」亦當為深遠之意[21]。在郭注裡，「玄同」一詞出現得頗為頻繁，茲舉數端如下：

> 物皆自是故無非是，物皆相彼故無非彼。無非彼則天下無是矣，無非是天下無彼矣。無彼無是，所以玄同也。（〈齊物論注〉）

> 夫真人同天人，齊萬致，萬致不相非，天人不相勝，故曠然無不一，冥然無不在，而玄同彼我也。（〈大宗師注〉）

> 玄同彼我，則萬物自容故有餘。（〈天地注〉）

> 在彼為彼，在此為此，渾沌玄同，孰識之哉？所識者，常識其迹耳。（〈天地注〉）

綜上所見，「玄同」是指一種去除彼我間阻，與萬有深遠地契合的精神，然而單憑這點卻無從顯示出郭象哲學的特殊性，蓋〈般若〉亦言聖智與萬物乘運撫化，密接無間，故更須在道家聖心與般若之間，辨別兩者與物冥同的根柢為何。

大率郭象所言的「玄同」，本是發自主觀修養的一種智悟，能化掉人們因對待事物之主觀差異所產生的煩惱與干擾。郭注的〈齊物論〉篇，亦有討論到是非的相對性，以消融差異之執著，但是「玄同」的「同」卻別有所指，它不是知識領域中涉及真假值的同異之「同」，也不是如惠施的「萬物畢同畢異」般，消除了經驗層級中的比較後所達致的大同異。正如字面意義所示，「玄」、「同」需結合一起看。「玄」是形容幽微深遠的主觀精神活動，「同」者，是主體見物物、物我，本無牢不可破的差異，因而放下一切此同彼異的成心判斷，澈見萬物一體無別。因此郭象的「玄同」，是在主觀智悟的作用下，與物渾化為一的「同」。然則主觀精神何以照見萬物一體無異？〈德充符注〉云：

> 體夫極數之妙心，故能無物而不同，無物而不同，則死生變化，無往而非我矣。故生為我時，死為我順，時為我聚，順為我

---

21 這是取自許抗生的推論，詳見氏所著書頁193-194。

散。聚散雖異，而我皆我之，則生故我耳，未始有得，死亦我也，未始有喪。夫死生之變，猶以為一，既觀其一，則謏然無係，玄同彼我。

這段表示，「玄同」融貫萬物，在於與物推移，一體而化，這樣，自然可以消融一切主觀意義上執著的差別。如按照思想的同一律，生死是互相對舉的觀念，則絕對不可齊同，但是，道家觀照境下的「玄同」卻是另一種型態的思路。蓋道家的原始關懷之一，乃如何超拔人在現實生命中，從成心結構生起的諸般差異和矛盾（對於這個意義，〈莊子‧齊物論〉論之甚詳）。照道家之意，純粹在客觀意義上價值中立的差異，並不會勞損人的精神，真正給生命添上枷鎖的差異性，根據郭象的詮釋，其實是人在遭逢事變時，在心理上未能順應物事遷移，因而在主觀精神上，與現實情況產生了落差（〈齊物論注〉所謂「情變」），而這種偏差感往往讓人勞形怵心，耗損精神。解決之道，就是上文所說的「玄同」──明白事物各具性分，不能強加比較，則能隨事變而順適情變[22]，如生時安生，死時安死，見大為大，見小為小，這樣，主觀精神便不會因為與客觀情勢逆向相左，而凸起好生惡死等不順情勢的躁動。同時在這個情況下，主客亦不會互相殺伐刑害，反而渾同為一，無彼無我，此謂之「玄同彼我」。復次，主客對待的關係既被撤消，萬物即從主觀的偏執裡釋放出來，回歸為在主客冥一

---

[22] 〈齊物論〉載有麗姬艾初入晉國，涕泣沾襟，及其至於王（獻公）所，與王同筐牀，食芻豢，而後悔其泣之事。郭象注云：「一生之內，情變若此，當此之日，則不知彼況，夫死生之變，惡能相知哉？」「情變」指人在處境遷移時，於主觀上凸起一些浮蕩無根的躁動，人隨此虛幻的「情變」，一生之中，營營役役，徒勞形怵心而已。依郭象，「事苟變情亦異，則死生之願不得同矣。故生時樂生，則死時樂死矣。死生雖異，其於各得所願一也，則何係哉？」此即一切因任自然，無所容心，便能去適世變，無往而不樂矣。這亦如〈大宗師注〉所云：「真人在晝得晝，在夜得夜，以死生為晝夜，豈有所不得？今人之有所不得而憂娛在懷，皆物情耳，非理也。」，意趣相通。

中，自然自爾的本性存在。郭象認為，從物物各然其然，任物自得這點上，萬物其實無不可虛通而為一，復歸原始和諧的「玄同」境地[23]，這亦等於他所理解的「齊一」之義[24]。

郭象的「玄同」、「齊一」是以一種深微玄遠的主觀觀物態度，去除主觀的差異，任物各當其分，在個物的殊異中見其圓滿自足。此物物的各當其分，就是萬殊中之「同」。主體若能齊同萬致，便能順物而不與物相傾，也不會捲入因差別而生起的情執之中，而能無方無迹，齊物逍遙，德充於內，應物於外。

c. 聖人的功德：「遊外宏內」

正如其他魏晉玄學家一樣，郭象亦無可避免地觸及聖人的理想人格問題，而「遊外宏內」成為他在聖人論上之主張。

郭象修正了《莊子》〈大宗師〉中將「遊內」和「遊外」對立，以超生死、忘禮樂、「游於方之外」為理想人格的說法[25]，提出「遊內」和「遊外」根本不是對立的，因為至人雖宅心玄虛，卻不必輕忽人事。〈大宗師〉注曰：

夫理有至極，外內相冥，未有極遊外之致，而不冥於內者也；未有能冥於內，而不遊於外者也。故聖人常遊外以宏內，無心以順有，故終日揮形，而神氣無變，俯仰萬機，而淡然自

---

23 任繼愈主編的《中國哲學發展史・魏晉南北朝》中，認為郭象哲學的其中一個目的，是使人回歸宇宙事物未被認知活動破裂前的原始和諧，見頁242-253，人民出版社，1988年。

24 依郭注，物之能齊一與玄同，是基於任物各得性分，〈齊物論注〉：「所謂齊者，豈必齊形狀同規矩哉？故舉縱橫好醜，恢恑憰怪，各然其所然，各可其所可，則理雖萬殊，而性同得，故曰道通為一也。」這與〈天地注〉的「在彼為彼，在此為此」之「渾沌玄同」，都是從各適性分，任性自爾講破除事物之間的差別。故齊一與玄同，其理據都是一致的。

25 〈莊子・大宗師〉記載子桑戶死，孔子讓子貢往弔唁，卻見子桑戶的兩個朋友毫不悲感，反而鼓琴而歌。子貢趨而問曰：「敢問臨尸而歌，禮乎？」二人相視而笑曰：「是惡知禮意？」子貢回去告訴孔子，孔子歎曰：「彼游方之外者也，而丘游方之內者也。外內不相及，而丘使女往弔之，丘則陋矣。」這裡記述孔子自歎不如游方之外者，顯示莊子對游方之內者的彈斥。

若。……則夫遊外宏內之道，坦然自明。而《莊子》之書，故是涉俗蓋世之談矣。

聖人雖然日理萬機，忙於世務地「宏內」，但他在精神上仍然維持如閒居山林一般逍遙自在，「終日揮形，而神氣無變，俯仰萬機，而淡然自若」，故遊外也同時是宏內。〈大宗師注〉曰：「遊外者依內，離人者合俗，故有天下者，無以天下為也。是以遺物而後能入群，坐忘而後能應務。愈遺之，愈得之。」郭象理想中的聖人，是身在廟堂而心在山林[26]，而不是離人群、超世俗的神人、至人，他批評這些離世脫俗的隱逸之士云：「若獨兀然立乎高山之頂，非夫人有情於自守。守一家之偏尚，何得專此？此故俗中之一物，而為堯之外臣耳。」（〈逍遙遊注〉）假若神人、至人不能順聖人的性分，不纓其心地周旋方外與方內之間，那麼即使隱逸林間也不能逃離一家之偏執，其本身也不過是「俗中之一物」吧了，依郭象，方得歷山川、同民事而不亂於心，才是聖人自足其性的表現。遊外宏內之說，除了呼應郭象足性逍遙的理論外，也回應兩晉玄學儒道合一的學術心靈要求。

1.3　言不盡意與寄言出意

魏晉玄學家泛論言意之辨，玄宗中的貴無派學者，無不大唱言不盡意，得意忘言，為眾所周知的事實。魏初，王輔嗣首唱得意忘言，開貴無玄風的新統緒，故有關玄學言意之辨、寄言出意等論說，其學可為重圭。

王弼是主張言不盡意者，其影響玄學發展最深廣的，是於《周易略例》「明象」發揮的得意忘象、得象忘言之觀點，這是公認掃除漢易象數之學，奠定玄學基礎的劃時代理論[27]。「明象」篇之

---

26 〈逍遙遊注〉：「夫神人，即今所謂聖人也。夫聖人雖在廟堂之上，然其心無異於山林之中，世豈識之哉？徒見其戴黃屋、佩玉璽，便謂足以纓紱其心矣；見其歷山川、同民事，便謂足以憔悴其神矣。豈知至至者之不虧哉？」

旨，係論意(不拘限於個別定相的意境、意趣、意義)、象(可見的擬象，即卦象)、言(語言文字，即卦辭、爻辭等)次第生起，可順次被後者象徵形容，以發明本身的理趣，故謂「盡意莫若象，盡象莫若言。言生於象，故可尋言以觀象。象生於意，故可尋象以觀意。」這是從混無形跡的意義、意境，到寄寓於有形有相的擬象，進而附託於具有實質意義的文言語辭的過程，亦為始於無狀、至具象、再至固定意涵的文言的具體化過程，若以王弼自己的哲學語言來表述，這可說是一個由本顯豁於末的過程。

可是，言雖可以盡象，象雖可以盡意，但「盡」的條件，卻並不意謂要窮盡只限於某一言與某一象、或某一象與某一意之間彼此孚應的意涵。依王弼，讀《易》的竅門，是不停留在言、象的定旨上，而應在意會言、象所象徵的意味後，即捨其形象語言之實，翻上一層，趨於離言離象的意義，此即所謂忘象乃得其意，忘言乃得其象。與「意—象—言」由虛至實的序列剛好相反，「言—象—意」是次第由實到虛，由末到本的過程。

意義的本質是無——超言絕象，無名無相。既為無，則它的意義內容，便不可與言、象等擬諸形容的符號，統統對應。故此言與象的功能，僅在明象與出意，而絕不能窮盡象、意的內涵。若執意於言、象的特定意思，反失去言、象所應趨向的意趣。是故契悟真意之道，乃是寄言出意，借言、象以湊近意，苟得其意，便需廢棄言、象。準此，王弼拈出契入易理的關鍵，無疑是以體無為心要的。

湯用彤先生認為，東晉南朝疏解佛經的辦法，主要是言意之辨，這造成時人(如支遁等)論佛，輕忽分析，而好善會其意[28]。此流風所及，直至東晉晚期，仍被新進的佛學家僧肇，套用於般若學理論中。王弼、肇公的言意觀得以合致，端在兩人共奉宣說

27 湯用彤：《魏晉玄學論稿》，頁24-25。
28 湯用彤：《理學‧佛學、印度學》，頁474-475，佛光文化，2001年。

棄絕名言，始可憑虛通的一心，合於言象外的真趣。在王弼，此心是復歸虛無的心，在僧肇，此心是本無惑取之用的般若智。不過，王弼著意縷陳寄言出意、返本歸無的方法，未論及心的本質；僧肇卻同時看重般若智與一般認識心在體性上的差別，這是兩人不同之處。

1.4 郭象莊學裡的超克相待義蘊

郭象的莊學，力陳玄同、齊物，要在冥除群異的差別性，不繫於高下、大小、長短、動靜、善惡的相對性上，以成就己心的曠達逍遙，也令群物從此是彼非的定見中，游離釋放，回到天機自張的自然狀態。所以郭象標出玄同、齊物的本義，首在將執滯知見的成心，轉化為溢出知見束縛以外的無對待心。無對待，即超克相對，卸下成見，順此，物可通過無對待心的照鑒而免被扭曲、顛倒、遮蔽，而能各安其性。郭象莊學裡，關設眾多篇幅，陳述此無對待心的主觀心境，有關內容，可參照本章談郭象「玄同」義的部份，今不具論。

無對待心的主觀境地具有甚麼特質，這是玄智境的問題。無對待心應如何修持實踐而獲致，這是工夫論的問題。至於心何以要復歸於無對待，而不可駐留於有待之中，這個問題，則不能盡訴諸常人心靈的主觀狀況，例如厭於物累，渴求自適，便獲得圓滿的解釋，而必須說明有待的非合理性，和無待的合理性，方可於客觀意義上，安立無待之義。對此，郭象嘗在〈齊物論注〉中揭示日常認知裡此是彼非的對偶觀念，其實並沒有必然性，其言曰：

物皆自是，故無非是，物皆相彼，故無非彼。無非彼則天下無是矣，無非是則天下無彼矣。無彼無是，所以玄同也。

夫是非反覆，相尋無窮，故謂之環。環中空矣。今以是非為環而得其中者，無是無非也。無是無非，故能應夫是非；是非無窮，故應亦無窮。

知識中的對偶性是相倚而即的。〈齊物論〉特別就是非觀念，申明是與非的對偶性，不過出於否定對方，加上自執其是的觀點，才建立起來的。是非觀念成立後，是與非隨之各各分立，相持不下，人世間是非的爭議，遂形成一個無窮的迴環相向，無法停止下來。

但是，是非的論諍，既然由各執其是，並否定對方的是，或肯定對方的非而來，那麼，一旦某一方不再自以為是，以彼為非，雙方的對立性便會消除。假如是非的對待性，可通過破除執心而消弭於無形，那麼亦反照出知識結構裡一些對立的觀念，原只是心識的妄構而已，豈有客觀真實性可言？在客觀義上，是非既沒有定準，可見是非原不相妨，是可順通於非，非也可順通於是，故究實而論，是非的對立，完全可以隨著主體衝破是非的對立結構，而全體放下，此時的主體即是無待的，事物也成為無待的，兩者皆可渾化齊一。

是非觀只是一例而已，實際上，一切知識結構中的對立概念，也莫不是相倚而生的。常情認識論的錯誤，正在於不能正視此相待相即的關係，所以「皆不見彼之所見，而獨自知其所知。自知其所知，則自以為是。自以為是，則以彼為非矣。」（〈齊物論注〉）彼是相因而生，是〈齊物論〉的本義，但郭象對這點有剴切的注解，兼且明確提出「無是無非」的雙遣觀點，認為是消融對立觀念的可行通路。郭象於此論到的相待意涵，及後便被僧肇取用為消化佛教緣起觀的中介概念[29]。

至於郭象的有待，也不只從大小、高下、長短的相對性而說，亦涉及在現象事物中，各種條件的相因相待。〈逍遙遊〉曰：「夫列子御風而行，泠然善也，旬有五日而後反。彼於致福者，未數數然也。此雖免乎行，猶有所待者也。」郭象注曰：「非風則不

---

29 福永光司也提到類似的見解，見氏著〈僧肇と老莊思想〉，《肇論研究》，頁262。

得行，斯必有待也。唯無所不乘者，無待耳。」列子不待於步行，但猶待於乘風輕舉，所以一切事物，雖然高下優劣不同，咸歸於有待。然而有待未必造成相碍相妨，蓋倘能遺彼忘我，冥除群異，以無生無死，齊死生，則雖仍有死生之待，但死生已不釀成相傾。此中要領，在「各安其天性，不悲所以異」（〈逍遙遊注〉），而非將有待相因，強行逆轉為無待無因，故郭象云：

> 夫唯與物冥而循大變者，為能無待而常通，豈自通而已哉！又順有待者，使不失其所待，所待不失，則同於大通矣。故有待無待，吾所不能齊也。至於各安其性，天機自張，受而不知，則吾所不能殊也。夫無待猶不足以殊有待，況有待者之巨細乎？（〈逍遙遊注〉）

現象世界裡的條件相因（也即種種有待的情況），不可一轉變為無待，故注謂「有待無待，吾所不能齊也」，但至德之人，卻可以順物之有待，使不失其所待，見物物有待，而不悲其有待，則使群異同於大通。從「有待」一語，可知莊學裡本亦存在著萬物互依的觀念，而可跟佛家的緣起義銜接互通。

第二節　僧肇思想所表現的玄學義蘊

2.1　相即相待的思維方式

如果以王弼的貴無之學為起點，僧肇的般若學為終點，鳥瞰魏晉玄學學術心靈的幾大轉向，那麼自本體論的發展來說，這是一個從標別體用、有無、形上形下兩個層次的絕對主義論調（例如王弼之學），到勾消形上本體界，平視現實個物的分殊性之自然主義傾向（如郭象的莊學），再轉而為通達經驗事物，相因相待、幻有不真的現象主義精神（如僧肇的般若學）的變革歷程。簡言之，自王輔嗣到僧肇，自貴無崇有之論，次第過渡到佛家的性空之理，中國三百餘年的思想史，其中一個開展方向，就是對形上、

形下實體的次第解消。

然而，與這個開展方向平行並興的另一脈路，則為與體用結構同源並生的相即觀念。正如上一節剖析，體用說的底蘊，是涵藏著即虛即實、即寂即用、即有即無的互攝關係的。此一本乎體用說的相即密義，相應於玄學本體論的種種形態方向，而呈現出不同的姿態。譬如在王弼學，相即是尅就形上形下兩層的互相通貫，分而不分以言的。在郭象，相即是尅就群物現象上的異與同，彼與我，無待與相因以言的[30]，換言之，是在橫向地虛通群有的殊異上，見同即異，多即一，彼即我，以盛發相即之義的[31]。儘管相即的形態有異，但總體上，不管是就橫向的現象層，抑或形上形下二層來說，其本義，乃為事物之間的彼此遂通、互不相斥、圓融無碍，一物即為 (通常為相對的) 另一物的完全體現，反之亦然。此種於玄理體系內，追求理與事、或事與事相涵互透的哲學性格，由王弼直貫至郭象，再下及於僧肇，基本上是一脈相承的。

說「相即」為僧肇學說的一大特色，應是學界共許之議。湯用彤先生謂「肇公之學說，一言以蔽之曰，即體即用」，無疑是深中肯綮的評語。〈物不遷論〉即動而求靜，〈不真空論〉即萬物之自虛以明空，〈般若無知論〉申述「用即寂，寂即用，用寂體一」，凡此，皆展現了兩物一體，互照互顯的相即意趣。不過，《肇論》雖發揮相即之義，但與王、郭的相即，在根源上猶有迴異，必須分別視之。這是因為，王、郭之學，仍是就超克分際這一點，以闡

---

30 〈齊物論注〉云：「世或謂罔兩待景，景待形，形待造物者，請問夫造物者有邪無邪？無也，則胡能造物哉？有也，則不足以物眾形。故明乎眾形之自物，而後始可與言造物耳。是以涉有物之域，雖復罔兩，未有不獨化於玄冥之境也。故造物者無主，而物各自造，物各自造而無所待焉，此天地之正也。故彼我相因，形景俱生，既復玄合而非待也。」

31 參考唐君毅：《中國哲學原道‧原道篇卷二》，頁396，學生書局，1993年。

發相即的義理的。這些分際，在王弼，為無與有、體與用、本與末等理事的分殊；在郭象，為萬物獨化、自爾、不待於他物的各各分殊性。假若人能超克這些分際，便可上達一個幽遠空靈的玄境，否則，其心靈總是停留在種種分歧之中。所以王、郭的相即義，尚帶有繫於心靈之渾同分際的主觀玄照意味，這在恒言玄同、玄冥、齊一的郭象莊學，更為顯著。

　　而契心於佛家緣起理法的僧肇，深識諸法本來性空，故自始至終，並無意豎立起任何實在的分際。蓋世間諸法，虛偽不真，「雖有而無，所謂非有，雖無而有，所謂非無」（〈不真空論〉），說有說無，都只是偽號而已。所以，尅就萬法本來性空，無實在性的本質以觀，有本涵著無的一面，無本涵著有的一面，此為一切法存在之理，與人心能否順通之，澈入之，毫無關係。故僧肇所言，即靜即動，即有即無，即真即偽，此種種相即的關係，不唯在主觀意義上，亦有在客觀的真理論意義上，論一切法，雖為假有，亦非真無，如是有可通於無，無亦可通於有。當然，這並不意味著，僧肇排斥循主觀體證的路子，透入諸法即動即靜、即偽即真的實相，果如是，〈不真空論〉便不會出現「觸事而真」，「體之即神」等話語。今欲指出的是，《肇論》是合主觀和客觀真理論的角度，闡釋般若空義的作品，在其論說過程中，雖敷以相即的思辯形式，但未可與王、郭哲學的相即，較重主觀地遂通各分域之義，完全等觀。饒是如此，僧肇剖析性空之理的著述，雖以發明羅什弘揚的中觀學說與般若思想為目標，卻仍採行玄學體用論的相即形式，以闡述中道不偏之旨，這是當日的中國佛教學者，借助玄學家慣用的哲學方法，審理般若學課題的玄佛交涉證例。

　　筆者在敘述僧肇對緣起觀的理解時，曾將之與龍樹學進行一番比較，結果發現，肇公之能通達緣起理法的甘旨，主要得力於對諸法萬有，因緣相待關係的深切體證。不過，僧肇除了向《中論》取法外，他跟郭象莊學裡相與相待義蘊之同契相符，對其會通

佛家緣起思想，亦應記一功。

郭象莊學裡的相待義，申言世俗知識結構中，各種互相對揚的觀念，原只是相互依存的虛擬構作。此中機括，被僧肇融會貫通，應用於〈物不遷論〉的論辯方法上，而且發揮得淋漓盡致。該論的述要和論證過程，在第四章已詳加提要，今不擬重覆。要之，從〈物不遷論〉的論證過程，反映肇公對於概念群之間相倚相待的性質，已達致相當充分的認識，且能善加活用，轉化為證立己說的利器。

另外，僧肇談到存在的有無時，表示：「夫有若真有，有自常有，豈待緣而後有哉？譬彼真無，無自常無，豈待緣而後無也？」（〈不真空論〉），這反映了僧肇主要從萬物相待而生，相待而滅，透入諸法不真，非有非無之緣起理法深義。〈般若無知論〉又言：「今真諦曰真，真則非緣，真非緣，故無物從緣而生也。」此由真諦非緣，智境亦非由緣所生，判斷智與境的關係，不可跟依緣所生的知與所知，劃上等號。這亦是從事物相待，論証智境不能構成知與所知的關係。僧肇之所以特別相應於眾緣相待之理，或可歸因於肇公深悉郭象莊學裡，談萬物有待，是非、概念相與而有，相與而無之說。按照第五章的分析，僧肇理解緣起的路數，是以相待為切入點的，與《中論》頗有昭然的迥別，故此僧肇義解緣起理論的思路，很有可能是受到郭象相待說的啟發，並借以契入緣起相依的理趣的。

順帶一提，〈不真空論〉屢屢出現不有不無、非真非偽等表述雙遣意義的語句，然而這類式，卻未可盡數視為仿自《中論》而來。觀乎郭象的〈齊物論注〉，已有「無是無非，故能應夫是非」一語，雖其所論者，不過是超離是非對揚的概念，但無可否認，這的而且確採取了雙邊否定的表達形式。這似乎說明了，在當日的中國固有哲學裡，已蘊蓄了雙離二邊的思維模式，而玄學盛談心靈的超脫曠達，思辯風格又崇尚精微玄遠，故利用雙遣形式的語

句，表達從對立的二端解脫出離的思想，自然與玄學的主題，甚相配合。至僧肇時，般若學的發展已日趨成熟，標榜中道不偏的般若學旨趣，與本土哲學裡雙邊否定的思維型態，一挽即合，亦非定無可能。不過這只屬於筆者的初步臆斷，尚待另行考證。

僧肇相即、相待的思維方式，自其淺處而觀，是對玄學思辯形式的承續，並轉移應用到佛家體系上去。自其深處而觀，則與玄學重虛通——體用、形上形下、本末、心物、言意的虛通——的學術心靈，應合無間。這是僧肇哲學既會通中國固有的哲學心靈，又接通佛家空理的一個關鍵性環節。

2.2　二諦與本末、言意的關係

玄學體用一系的理論架構裡，包括本末、迹與所以迹等互相對揚的概念[32]。體用相即結構的本義，是與玄學尋求心物、物物遂通的精神，一以貫之的。儘管如此，魏晉人士的思想精神，固有其融通體用兩層的一面，然而另一方面，寄言出意之說，又明辨言、象、意的分位，在此方法論的推波助瀾下，致使本與末、迹與所以迹，在本質上的區別，仍然相當分明。

僧肇數言真諦與聖智不可思議、超言絕象的本質，顯示在肇公心目中，亦於可道、不可道的境域中間，守著一條毫不含糊的界線。據其相關言論，可窺一斑：

〈不真空論〉：

然則真諦獨靜於名教之外，豈曰文言之能辨哉？

〈般若無知論〉：

然則聖智幽微，深隱難測，無相無名，乃非言象之所得。為

32　平井俊榮在《中国般若思想史研究—吉蔵と三論学派—》一書內，有專文探討僧肇與體用相即思想的淵源，其中他亦將本末、迹與所以迹同歸入體用一系的思想形式表現。見該書頁131-139，春秋社，1976年。

試闚象其懷，寄之狂言耳，豈曰聖心而可辨哉？

然其為物也，實而不有，虛而不無，存而不可論者，其唯聖智乎！

般若義者，無名無說，非有非無，……斯則無名之法，故非言所能言也。言雖不能言，然非言無以傳，是以聖人終日言，而未嘗言也。

〈奏秦王表〉：

涅槃之道，蓋是三乘之所歸，方等之淵府。渺漭希夷，絕視聽之域；幽致虛玄，殆非群情之所測。

〈涅槃無名論〉：

經云：真解脫者離於言數，寂滅永安，無始無終，不晦不明，不寒不暑，湛若虛空，無名無說。論曰：涅槃非有亦復非無，言語道斷，心行處滅。

然則言之者失其真，知之者反其愚，有之者乖其性，無之者傷其軀。所以釋迦掩室於摩竭，淨名杜口於毗耶，須菩提唱無說以顯道，釋梵絕聽而雨華。斯皆理為神御，故口以之而默，豈曰無辯？辯所不能言也。

《注維摩經•弟子品》：

夫文字之作，生於惑取，法無可取，則文字相離，虛妄假名，智者不著。[33]

以上所舉僧肇之文，無非在表達真諦、聖智、涅槃聖境，皆遠離言教，不可藉思慮計度、言辭描摹。這跟《大般若經》對勝義諦本質的裁定，基本上並無兩樣，如該經卷五六九所言：

凡有言說名世俗諦，此非真實，若無世俗即不可說有勝義諦。是諸菩薩通達世俗諦，不違勝義諦。由通達故知一切法無生無滅無成無壞無此無彼，遠離語言文字戲論。天王當知，勝義諦

---

33 《大正藏》卷三八，352下。

者離言寂靜，聖智境界無變壞法，若佛出世若不出世性相常住，
是名菩薩通達勝義。[34]

　　勝義諦是離言寂靜的，至於凡有言說名教，就是世俗諦，
非勝義諦，故二諦的本質，始終是瞭然有別的。本來依般若經
典、《中論》的注釋及《大智度論》，二諦儘可包含著種種涵義[35]，
但世俗諦為言教的、可道的、有分別的，勝義諦為超言說的、不
可道的、無分別的——這個對二諦的劃分，仍然是一個極其重要
的指標。故清辨《般若燈論》釋《中論》「觀四諦品」論二諦的區別，
亦云：「世諦者謂世間言說。如說色等起住滅相，如說提婆達多去
來，毘師奴蜜多羅喫食，須摩達多坐禪，梵摩達多解脫，如是等
謂世間言說，名為世諦。是等不說名第一義。第一義者云何？謂
是第一而有義故。名第一義，又是最上無分別智真實義故。」[36]不
過，勝義諦離言絕相，雖不是僧肇的新說，但順此轉出一義，明
言勝義諦可以意會於言教之外，卻為印度之論所未有者，純是僧
肇溢離印度之學的一貫思緒，所闡發的私見。類似見解，可證諸
以下引文：

　　有天竺沙門鳩摩羅什者，少踐大方，研幾斯趣，獨拔於言象
之表，妙契於希夷之境，齊異學於迦夷，揚淳風於東扇。（〈般若
無知論〉）

　　覆尋聖言，微隱難測，若動而靜，似去而留，可以神會，難
以事求。（〈物不遷論〉）

　　單看以上數語，已知是魏晉士人忘言尋其所況、善會其意的
再說，故毋庸置疑，僧肇之論，大體是承自王弼〈明象章注〉之立
言。據王弼的立意，是以虛無為本，言說為末，換言之，玄旨是

34　《大般若經》，《大正藏》卷七，939上。
35　詳見玉城康四郎：《中国仏教思想の形成》第一卷，頁462-474，筑摩書房，
　　1971年。
36　《大正藏》卷三十，125上、中。

絕於言象的，言教是不得已之用，故此，吾人須修本廢言，不執著於言教，妙契於象外之旨趣。今僧肇標出神會聖言之義，與王弼的説法，儼如同出一轍，是否亦代表了他如玄學家般，以言教為末呢？〈答劉遺民書〉裡的一番説話，很清楚地表明了他的觀點：

夫言迹之興，異途之所由生也。而言有所不言，迹有所不迹。是以善言言者，求言所不能言；善迹迹者，尋迹所不能迹。

言教是迹，卻「言有所不言，迹有所不迹」，此即在言、迹之上，有超於言、迹的「不能言」、「不能迹」之領域，這顯然是直接蹈襲自郭象《莊子注》內，迹與所以迹的分野。〈天運注〉云：「所以迹者真性也，夫任物之真性者，迹則六經，況今之人事，則以自然為履，六經為迹。」此見所以迹與迹，即猶謂本與末，本是本體，末是依止於體之致用，相當於人文世界裡一切有形有迹的言説教化和典章制度。

合僧肇的言迹論和二諦觀加以分析，可見肇公大率仍秉承著玄學忘言得意的方法論，以朝向真諦的意趣。其次，他認為言教是迹，而又有超言迹的「不能言」、「不能迹」，顯示他猶保留著迹與所以迹、本末等範疇，以分別跟「不能言」的勝義諦，和有言迹的世俗諦相配當。依玄學家的説法，所以迹是屬於本體界的，迹是有形相的經驗事物、言説名教[37]。將佛家的二諦配上所以迹與迹，其結果將會是：勝義諦被納入本體的範圍內，世俗諦被劃入經驗現象的範圍內。當然，佛教不主張實在的本體，故在僧肇，所以迹與迹的意義略經調整：所以迹、勝義諦轉為約真理而言，而迹、世俗諦則變為約教法而言。例如〈物不遷論〉云「談真有不遷之稱」，〈不真空論〉説「真諦以明非有」，此為約理而説真諦。〈物

---

37 侯外廬：《中國思想通史》第三卷，第六章，第三節，頁230-243，人民出版社，1957年。

不遷論〉云「導俗有流動之説」,〈不真空論〉説「俗諦以明非無」,此為約教法而説世俗諦。故在僧肇之學裡,二諦的義涵,可以表示如下:

世俗諦 — 隨機教化、權假方便、有言迹
　　　　 「導俗有流動之説」、「俗諦以明非無」
　　　　 相當於玄學範疇中的用、迹、末
勝義諦 — 真理、超言絕象、廢言方可神會
　　　　 「談真有不遷之稱」、「真諦以明非有」
　　　　 相當於玄學範疇中的體、所以迹、本

依僧肇的理解,世俗諦是有言迹的,是權假方便之教,這恰可跟印度之論世俗諦的意涵相通,復又與玄學的用、迹、末等範疇同契。

但僧肇言勝義諦,卻略與印度之説有異。按前文的探討,印度般若學等,皆共許真諦是離言絕相,這點亦為僧肇所襲取,故於《肇論》裡,屢見勝義諦無狀無名之議。但與此同時,《肇論》又提出「談真有不遷之稱」、「真諦以明非有」之説。這即表示,在僧肇之學裡,勝義諦除了是廢言絕迹之外,尚有另一重在相對意義下成立的「真諦」義,此即:聖人基於利用善巧方便,尅就真諦的內容,給予羣迷種種教誨(如〈物不遷論〉謂「談真有不遷之稱」)。此類言説,可稱為真諦的道理,是提揭勝義諦之教法。這個層次的所謂真諦,因為猶留有言迹,故從真諦必須離言無相的標準來品評之,是不可以承認其為真的,但僧肇卻稱其為真,則此所謂「真」,其實只是教下的「真理」而已,此為教理上的「真」,不是絕對意義的「真」,如〈不真空論〉云:

此經直辨真諦以明非有,俗諦以明非無,豈以諦二而二於物哉?

這裡明示非有的真諦,和明示非無的俗諦,都只是尅就教理而言,真、俗不過是各有對向的教説而已。比較僧肇在同論所

言，另一種真諦之義：「然則非有非無者，信真諦之談也」，便可見此「非有非無」的真諦，所指的是物非真有，亦非真無的實相真諦，這就不是「明非有」的名教言說下之真諦。綜上而知，在僧肇的著述裡，區分開兩類真諦：一是絕對意義的真諦，它是超越言象的；一是作為言教下之「真諦」，它是透過言說被表徵的作為教理之真諦。這兩個層次的真諦，在吉藏的著作裡，都能夠找到對它們的詮說。《三論玄義》關於「就理教釋義」的解釋是這樣的：

　　理教釋義者，中以不中為義。所以然者，諸法實相，非中非不中，無名相法，為眾生故，強名相說，欲令因此名，以悟無名，是故說中，為顯不中。[38]

　　「中以不中為義」，意謂「中」的意思，是為「不中」。「就理教釋義」的方法，乃是通過否定一切正面立言之教說，以達於無相的實相。故「中」是一個工具，以昭示「不中」的真諦。此猶如吉藏著《二諦義》卷中所說的：「就顯道釋義者，明俗是不俗義，真是不真義，真俗是不真俗義。」[39]俗，是為了昭示不俗義；真，是為了明示不真義；真俗，是為了提示不真俗義。總之，任何言教，皆以否定該言教的自身為矢向，從而揭示實相無相的真義。在這個情況下，所謂真俗，便有另一重意義——它們成為通往不真、不俗的手段，例如《二諦義》卷下指出：

　　今明，即以非真非俗為二諦體，真俗為用，亦名理教，亦名中假，中假重名中假，理教重為理教，亦體用重為體用，故不二為體，二為用。[40]

　　這裡提出了一對十分重要的概念，就是二諦的體與用：

非真非俗　：二諦體
真俗　　　：二諦用

38　《大正藏》卷四五，14上。
39　《大正藏》卷四五，95中。

對此，吉藏概括為「不二為體，二為用」，換言之，是以無分別 (不二) 為體，有分別 (二) 為用。至於《三論玄義》裡「就理教釋義」的目的，也是通過否定一切正面有分別的言教，以達於無分別的實相，即同樣是以無分別為體，有分別為用。故知吉藏二諦觀的構造，不論在《三論玄義》還是《二諦義》，皆借取體用的結構，區分出二諦之體 (非真非俗) 和二諦之用 (關乎真俗的言教) 兩個領域的。

吉藏二諦論構造的理論根據，相信可溯源自僧肇在〈不真空論〉中，將真諦分為不可說及可說兩層，平井俊榮即持此議[41]。若此說足可採信，則反映了僧肇對於二諦，仍主要順著玄學相沿成習的體用、本末、迹與所以迹一系的理路，加上寄言出意的方法論，來進行理解的。因為建基於迹與所以迹的思想形式，在僧肇哲學裡，真諦遂開裂為自實相而論的真諦 (所以迹)，以及自教理而論的真諦 (迹)。僧肇雖不似吉藏般，明言真俗二諦的體與用，卻仍隱約透露出體用的意蘊。無可否認，這是僧肇受到玄學體用結構的影響，以致產生了偏離於印度般若學二諦觀的新論，這是唯有在中國固有哲學的土壤裡，才會開花結果的佛教名理。

2.3 「無相無知」的般若智與聖人的「無心」——
僧肇與郭象的聖人觀

《肇論》不但闢有專章探討般若聖智，而且依據史傳記載，〈般若無知論〉更是僧肇的首篇撰著，足見他對解脫者的主體性問題，格外重視，並且在研習般若學的過程中，對於這個課題，也別具個人心得。僧肇所論般若智的結構，與郭象的聖人無心，既有著相類之處，同時亦呈現迥異。吾人於前文已討論過郭象無心

---

40 《大正藏》卷四五，108中。
41 見註32，平井氏著書，頁138。

義的要旨，今再加上僧肇的聖智觀，將兩者進行比較，以察看在
超越的主體認識論上，肇公與玄學思想的交涉情況。

2.3.1 般若智與「無心」之心的體性

於此先談僧肇論般若智的體性，與郭象言聖人無心的同異。
〈般若無知論〉中，謂聖智「默耀韜光，虛心玄鑒」、「俯仰順化，應
接無窮」、「用之彌勤，不可為無」，與郭象的「無心」，同樣揭示了
一個本身不包含任何固定觀念和形式，全幅開放地接應一切事物
的主體精神構造。因為沒有成見等偏滯，主體自身並沒有先在的
內容意義，而僅有應物當下一剎那的活動意義，因此般若與「無
心」都屬於「虛」的主體結構[42]。聖智與無心，既超拔於經驗的現象
之上，同時自由穿梭於一切事物與處境之間，這完全是主體自
身，既超越又內在的本質之自如呈現。

郭、肇都講聖心應物無窮，無為而有為[43]，但如何接物，卻
存在著根本的差異。先說郭象，他是主張直下以順物來接物的，
這其中又有兩重意義：對於世間千差萬別的人事與現象，聖人順
物之本性而接應之。他說：「夫哀樂生於失得者也。今玄通合變之
士，無時而不安，無順而不處，冥然與造化為一，則無往而非我
矣。將何得何失，孰死孰生哉？故任其所受，而哀樂無所措其間
矣。」(〈養生主注〉) 若特就知識的是非等對偶性來說，則「彼是相
對而聖人兩順之」[44] (〈齊物論注〉)「兩順」是跳出彼是對偶的封閉立

---

42 〈應帝王注〉：「與萬物為體，則所遊者虛也」〈般若無知論〉：「是以聖人應會
  之道，則信若四時之質，直以虛無為體」(《大正藏》卷四五，154中)。這裡
  佛道兩家聖人的精神都是渾體澄明剔透，完全不粘附一物的「虛無」結構。
43 〈在宥注〉：「無為者非拱默之謂也，直各任其自為，則性命安矣。」〈大宗師
  注〉：「是故真人遺知而知，不為而為，自然而生，坐忘而得，故知稱絕而為
  名去也。」〈般若無知論〉：「和光塵勞，周旋五趣，寂然而往，怕爾而來，
  恬淡無為而無不為。」(《大正藏》卷四五，頁154中)
44 〈大宗師注〉：「無心於物，故不奪物宜。」又，〈大宗師注〉：「常無心而順
  彼，故好與不好，所善所惡，與彼無二也。」

場[45]，消融是非的諍議。苟能衝破重重無盡的是非羅網，人才能真正地應夫是非[46]。

　　玉城康四郎認為，郭象的順性接物說，帶有很強烈的肯定現實世界中個體事物之意味[47]。他指出，郭象「無心」的運作，是即就日常世間的現實性以應物的[48]。比較起來，僧肇的〈般若無知論〉雖也力圖透過體用範疇，來溝通無差別相與有差別相的真俗兩重世界[49]，故亦不斷然排斥經驗層次上的真實性，因而可謂表現了某程度上的現實主義傾向[50]，然而隨順事物之現實分殊性，始終不是般若應接萬物的方式。緣乎〈般若無知論〉的旨趣，本不在曲成地保存俗諦的個別性相，而在於闡釋般若「雖不取於有無，然亦不捨於有無」的應會之道。般若於接物時，如元康疏所言，「當知之時，即不取相」[51]，蓋就般若不執於物、無惑取之知的本質來說，自亦無相可取。這與郭象的無心，以事物性相為實有而加以順應，於存有論觀點上，即展現了根本的分歧。

45　若照一般的解釋，「彼」是他方，「是」是此方，「彼」與「是」不成對舉的兩項。郭象《齊物論注》謂：「夫物之偏也，皆不見彼之所見而獨自知其所知，自知其所知，則自以為是，自以為是，則以彼為非矣。故曰，彼出於是，是亦因彼，彼是相因而生者也。」仍是沿用「彼」、「是」的慣常釋義。章太炎《莊子解故》則別有標義：「彼借為匪……匪即非字。此下彼是對舉者，即是非對舉也。」按章氏所解重讀〈齊物論〉原文的「物無非彼，物無非是」一句，較郭注更能達意。

46　〈齊物論注〉：「夫是非反覆，相尋無窮，故謂之環環中空矣。今以是非為環而得其中者，無是無非也。無是無非，故能應夫是非，是非無窮，故應亦無窮。」；「是以至人知天地一指也，萬物一馬也。故浩然大寧而天地萬物各當其分，同於自得而無是非也。」

47　見福永氏論文，《肇論研究》，頁270。另參考村上嘉實：〈郭象の思想について〉，收入《東洋史研究》第六卷，第三號，頁23，1941年5月。

48　玉城康四郎：《中国仏教思想の形成》第一卷，頁214-5，筑摩書房，1981年月。

49　平井俊榮：〈中国仏教と体用思想〉，《理想》549號，頁64，1979年2月，理想社。

50　見前揭論文頁72，這被認為是中國佛教的重要特徵之一。

51　元康疏：「當知之時，即不取相，故言無知耳。」（《大正藏》卷四五，180中）

　　僧肇亦嘗以「無心」譬喻般若自身的運作方式，吾人試察看他
的陳述，便發覺與郭象的「無心」理路，頗有出入。肇公云：「若能
無心於為是，而是於無是；無心於為當，而當於無當者，則終日
是，不乖於無是；終日當，不乖於無當。」52（〈答劉遺民書〉）般若
無心於是與當，即不取是與當，但同時又有所是與當，即不捨是
與當，故般若無心的真義，在於涉物時不取不捨的妙用，所謂「不
捨故妙存即真，不取故名相靡因」53（同上）「無心」的般若秉持不偏
不倚的中道，照察事物的實相，其所對應者，乃是一切法的真實
性，故慧達解釋此般若的體性，為正觀實相中道的「實相波若」
54。至於郭象的「無心」，考其目的，則是以己心模寫外物55，鑒照
事物在自造自爾中的紛呈樣態，成全萬致的掘然自得 (獨化) 56，
卻不追問此外顯之形跡，究竟是真是假，而只考慮吾人在通達「上
知造物無物，下知有物之自造也」57之極致後，能否臻至無滯一
方，條暢自得的玄境。質言之，郭象並未叩問存在的真實性問

52　同上，156下。
53　同上，中。
54　慧達疏：「今依此論波若有二種，一真波若，亦名實相波若，亦名體般若，
　　則無二。正觀實相中道，能所俱寂，亦名中道觀，亦名平等觀，亦名可觀，
　　亦名體觀，亦名第一義觀。」（《卍續藏》150冊，870上、下）
55　「模寫」一詞乃是借用松本雅明的說法，見氏著《中國古代における自然思想の
　　展開》頁285-290，弘生書林，1988年。
56　〈齊物論注〉：「是以涉有物之域，雖復罔兩，未有不獨化於玄冥者也。故造
　　物者無主，而物各自造，物各自造而無所待焉，此天地之正也。故彼我相
　　因，形景俱生，雖復玄合，而非待也。……故罔兩非景之所制，而景非形之
　　所使，形非無之所化也，則化與不化，然與不然，從人之與由己，莫不自
　　爾，吾安識其所以哉？故任而不助，則本末內外，暢然俱得，泯然無?。」郭
　　象反對王弼從無中生有的宇宙觀，相信宇宙之間自有一種暗合的和諧，深遠
　　莫測，推之至極，唯見物物各自獨化：「夫相因之功，莫若獨化之至也。故
　　人之所因者天也，天之所生者獨化也。人皆以天為父，故晝夜之變，寒暑之
　　節，猶不敢惡，隨天安之，況乎卓爾獨化，至於玄冥之境，又安得而不任之
　　哉？既任之，則死生變化，唯命之從也。」（〈大宗師注〉）人們對於宇宙間這
　　種神秘的安排，無論如何都不可了知其中的奧秘，也不能違抗，故唯有任應
　　之，也就是任物自身之卓爾獨化而已。
57　郭象：〈南華真經序〉。

題，其思考的進路，仍離不開萬物自相料理的宇宙論模式，且猶不免帶有認許個物的性質為實在的傾向，這與〈般若無知論〉所言的「無心」，由始至終均對向於存有論層次的實相問題而發——所謂「以無知之般若，照彼無相之真諦」[58]、「悟法無生，則心無生滅」[59]——存在著哲學立場上的瞭然歧異。

故此，儘管僧肇承接了莊子和郭象學裡，以鏡喻心的義蘊[60]，但卻將與般若聖智相應的內容，由物的自然之性，轉換成存在的實相，故「內有獨鑒之明」的對應境，乃是「外有萬法之實」（〈般若無知論〉）[61]。因此，無執無相的聖智，與郭象順性接物的聖心，兩者對應之真理內容，並不可同日而語。

俯瞰中國哲學史的長河，除郭、肇之外，亦曾多番出現以明鏡喻心的說法，諸如後來的宋明儒學，便有相似的提法[62]。這些譬喻無不標示人心本具澄明之性，此清虛澄明之性，直如鏡鑒一般，能夠如如地映現出宇宙的或本體的真象，也能遂通天地之至理。僧肇的般若學也沾上了中國傳統鏡像譬喻的印記，是故他除了強調般若本來不取相的體性外，更特別申言般若應物無窮的鑒照之功。而歧異之處是，般若的無知之知，是虛應事物的表象而

---

58 《大正藏》卷四五，153下。
59 〈維摩經注•弟子品〉：「心者何也？惑相所生。行者何也？造用之名。夫有形必有影，有相必有心，無形故無影，無相故無心。然則心隨事轉，行因用起，見法生滅，故心有生滅，悟法無生，則心無生滅。」（《大正藏》卷三八，353下）
60 〈莊子•應帝王〉：「體盡無窮，而遊無朕，盡其所受乎天，而無見得，亦虛而已。至人之用心若鏡，不將不迎，應而不藏，故能勝而不傷。」至於郭象的心鏡說，見於〈應帝王注〉：「物來乃鑒，鑒不以心，故雖天下來照而無勞神之累。」
61 《大正藏》卷四五，153下。
62 例如明代的《傳習錄上》：「曰仁云：心猶鏡也。聖人心如明鏡，常人心如昏鏡。近世格物之說，如以鏡照物，照上用功，不知鏡尚昏在，何能照！先生（作者按：指王陽明）之格物，如磨鏡而使之明，磨上用功，明了後亦未嘗廢照。」（《王陽明全集•上》，頁20，上海古籍出版社，1992年）

不取相；郭象言聖人無心，則是一邊接物，一邊順物之性。到了宋明新儒家，則認為事物都內具實理，心虛而理實[63]。故此雖然都以鏡鑒比況心的清明之性，但儒、釋、道三家所言心之體性，與相應之境，不盡相同，箇中的分際，還是清晰可審的。

2.3.2 溷和般若與玄同彼我

以上總論聖智的體性，與郭象「無心」之區別。以下試窺探僧肇的聖智觀中，是否亦涵著道家的「玄同」、「齊一」等義蘊。

本章談及郭象的「玄同」思想時，已略舉〈般若無知論〉裡意近「玄同」的文句，今不憚重覆，再舉列如下：

是以至人處有而不有，居無而不無，雖不取於有無，然亦不捨於有無。所以和光塵勞，周旋五趣，寂然而往，怕爾而來，恬淡無為而無不為。

另外〈答劉遺民書〉有一段說話，亦帶有「玄同」的意趣：

若能捨己心於封內，尋玄機於事外，齊萬有於一虛，曉至虛之非無者，當言至人終日應會，與物推移，乘運撫化，未始為有也。

這兩種說法，皆有契合郭象言「玄同」或「齊一」之處。關於郭象的「玄同」等義，前文經已詳考，茲姑不論。而於以上引文，則見「和光塵勞」一語，另外〈答劉遺民書〉又云「齊萬有於一虛」，兩句均明言「齊一」。「和光塵勞」，出自《老子》第四章[64]，〈般若無知論〉借此描寫聖人應物無累的智德，頗類於郭象莊注的「(真人)齊

---

63 南宋儒學集大成者朱熹在《語類》(卷126) 中說：「吾儒心雖虛而理則實，若釋氏則一向歸空寂去了。」摘自《中國哲學文獻選編•下冊》頁761，陳榮捷編著，巨流圖書公司，1995年。

64 《老子》第四章：「挫其銳，解其紛，和其光，同其塵。」王弼注曰：「銳挫而無損，紛解而不勞，和光而不汙其體，同塵而不渝其真。」另第五十六章：「和其光，同其塵，是謂玄同。」王弼注曰：「無所特顯，則物無所偏爭也；無所特賤，則物無所偏恥也。」

萬致，萬致不相非」（〈大宗師注〉），都是主體精神所開出的解脫境界。

　　至於般若與物「玄同」、「齊一」的根柢，上引〈答劉遺民書〉「齊萬有於一虛」一句中，以一「虛」字被清楚點明出來。「虛」者，應是〈不真空論〉所說的「欲言其有，有非真生，欲言其無，事象既形。象形不即無，非真非實有」，事物「非真非實有」的體性就是「虛」，也即是空無自性。僧肇於此借莊學的「齊一」說，融攝《般若經》、《維摩經》，以及中觀學裡平等、不二、無差別等義，故肇公的立場，不同於玄學的「玄同」、「齊一」，純粹嚮往忘天地、遺萬物的玄冥化境，同時欲藉純一心靈的運思，渾同事物之間的分殊性。

　　那麼〈般若無知論〉裡「和光塵勞」一語，又應當如何理解呢？考察《老子》原文及王弼注的意思[65]，均在詮說聖人順適世情，又不汙其身之功。文才《肇論新疏》表示：「今借彼（老氏）文，以明權智涉有化生」[66]，謂僧肇是循「和光塵勞」的理路，發揮善巧教化的意旨——此亦即〈肇論•宗本義〉所說的漚和般若，「涉有未始迷虛，常處有而不染，不厭有而觀空」的權慧功德[67]。元康疏的見解，也跟文才大致相同，他認為僧肇舉出「和光塵勞」的動機，就是：「今借此語，以明聖人和光同塵，在有同有，在無同無。同有，不取有，同無，不取無也。」[68]如是據元康之意，在〈般若無知論〉裡，除了平視萬物為性空無自性，見一切皆平等無別之「同」外，另一種意義的「玄同」或「齊一」，即為佛家以善巧方便化導眾

65　見上註。
66　《大正藏》卷四五，219上。
67　〈宗本義〉：「漚和般若者，大慧之稱也。諸法實相，謂之般若，能不形證，漚和功也。適化眾生，謂之漚和，不染塵累，般若力也。然則般若之門觀空，漚和之門涉有。涉有未始迷虛，故常處有而不染，不厭有而觀空，故觀空而不證，是謂一念之力，權慧具矣。」（《大正藏》卷四五，150下-151上。）
68　《大正藏》卷四五，180下。

生，順適俗諦的觀點，與彼等和而不同之「同」。表面看來，「在有同有，在無同無」，似等如郭象的在此為此，在彼為彼，但郭子玄所嚮往的，是與萬物渾化齊同，跟造化冥然合一，不見彼我差異之「同」。至於佛家般若之漚和同，卻是同於有無，又不取於有無之相，因為不取，故漚和之同，為同中有異，異中有同，有別於郭象哲學中消融殊異之渾化齊同。循此可知，「漚和同」的本義，是佛菩薩以大悲大智，觀機逗教所開出的權宜之教，展現為與眾生臨時的渾同，唯其真正鵠的，是為了帶領群迷步上覺悟的正途。因而此「同」，並不等如玄學謀求渾忘人我差異之「同」。

除了〈般若無知論〉，「和光」一語，亦出現於僧肇的〈注維摩經‧弟子品〉，肇公釋之為菩薩涉俗應世的化用，他說：「小乘障隔生死，故不能和光。大士美惡齊旨，道俗一觀，故終日凡夫終日道法也。淨名之有居家，即其事也。」[69]，此為僧肇哲學對「和光」一詞最直接的註解。以此推敲〈般若〉之「和光同塵」，當亦與〈注維摩經〉的詮說一致，俱指般若智以善巧權智涉足世俗，又能不取世俗諸相的應化精神，這可契會於郭象遊外宏內的聖人觀。

郭象遊外宏內的內聖外王之道，在〈般若無知論〉中，與聖智的漚和權慧匯流為一。僧肇於論中每言般若出世不離入世，觀空不絕於涉有，如彼云：「神雖世表，終日域中」、「和光塵勞，周旋五趣，寂然而往，怕爾而來，恬淡無為而無不為」、「道超名外，因謂之無，動與事會，因謂之有」[70]（〈答劉遺民書〉）、「然居動用之極，而止無為之境；處有名之內，而宅絕言之鄉」[71]（同上）以上均巧妙地套用了聖人遊外宏內的思想，卻代入般若涉相而不取相的善巧功德，於此展示了除體用相即思想外，魏晉玄學的思想形

69 《大正藏》卷三八，344下。
70 《大正藏》卷四五，156上、中。
71 《大正藏》卷四五，157上。

式，與佛教義理交融的另一個證例。

　　與此同時，吾人亦不能否認，〈般若無知論〉言「神雖世表，終日域中」，一方面既是郭象「遊外宏內」說法的佛教化變奏，同時也是傳統思想中，「內聖外王」之固有觀念，藉般若學論述的「權智方便」為契機，又一次在中國哲學的舞台成功登場的例子。「內聖外王」一語最早見於〈莊子‧天下〉篇[72]。梁啟超先生指出：「『內聖外王之道』一語包舉中國學術之全體，其旨歸在於內足以資修養而外足以經世。」[73]馮友蘭先生在《新原道》的〈緒論〉中說：「在中國哲學中，無論哪一派哪一家，都自以為講『內聖外王之道』。」馮氏續云，內聖外王的聖人人格，就是即世間而出世間，極高明而道中庸[74]。這個中國哲學史上十分重要的命題，自先秦時代，經儒、墨、道等諸家發源後，一直瓜瓞綿延地傳續下去，至郭象注莊，在序論中仍明示「達死生之變而明內聖外王之道」[75]，而「遊外宏內」之說，就是郭象個人對內聖外王哲學的進一步省思。至僧肇，因其從早歲起已浸潤在儒道學說的氛圍中，也很自然地便接受了「內聖外王」為其哲學系統內的隱在前題。他在〈注維摩經〉的序中，說聖智無知，「故能統濟群方，開物成務，利見天下，於我無為」[76]；在〈菩薩品〉注中，說菩提「大包天地而罔寄，曲濟群惑而無私，至能道達殊方，開物成務，玄機必察，無思無慮」[77]，察

72　〈莊子‧天下〉篇：「天下大亂，賢聖不明，道德不一，天下多得一，察焉以自好。譬如耳目口鼻，皆有所明，不能相通，猶百家眾技也，皆有所長，時有所用。雖然，不該不偏，一曲之士也。判天地之美，析萬物之理，察古人之全，寡能備於天地之美，稱神明之容。是故內聖外王之道，闇而不明，鬱而不發，天下之人各為其所欲焉以自為方。悲夫！百家往而不反，必不合矣。後世之學者，不幸不見天地之純，古人之大體，道術將為天下裂。」
73　轉引自湯一介：〈內聖外王之道〉，原載《在非有非無之間》，台灣正中書局，1995年。
74　馮友蘭：《新原道》的〈緒論〉部分，台灣商務印書館，1995年。
75　郭象：〈南華真經序〉
76　《大正藏》卷三八，327上。

其所言，已超過般若經著眼於証入無上菩提的方便救渡行，並且契心於儒家參天地、贊化育的積極淑世精神了。

　　經過上文的比較，可以發現，僧肇的般若聖智，與郭象言聖人無心的相通之處，至少體現在以下幾個方面：

　　a. 般若「無相無知」、「和光塵勞」的活動，雖然依止於佛家性空義，與郭象的「無心」、「玄同」異趣，但般若與無心同是一個虛明的結構，如同鏡子般照徹萬致，在這點而言，僧肇是與郭象相通的。

　　b. 郭象言至人能會通群物，棲神八方，顯示了主體精神的高度涵蓋性。同樣，僧肇亦主張般若主體平若虛空，周普萬物，沒有封限的本質[78]。依前文的剖析，郭、肇乃是各據道、佛宗義，將綿亙於中國哲學史上的「天人合一」思想，注入不同的內涵。

　　c. 郭、肇二人各依自己的方式，闡揚遊外宏內的主旨。郭象力圖溝通方外和方內，僧肇意在貫通真諦和俗諦。如是，無論道家的聖人，抑或佛家的般若智，都在主觀的應化活動中，讓虛廓的心體，與依體而顯的治世化功，相即不離，這直如僧肇所云：「用即寂，寂即用，用寂體一」（〈般若無知論〉）。不用諱言，此主體的寂用構造，是完全應合於玄學的體用結構的。

　　以上反映僧肇的般若智，雖然所照者，是物之自虛，但就心之虛通萬物的照境來說，和郭象仰慕的聖人玄同化境，卻頗有相通之處，這使得吾人不容易分辨出，般若聖心，與玄學、或道家的聖人、至人，就表現形態而論，有甚麼明顯不同之處。

　　綜上而言，僧肇所論的般若認識作用和功德，在義理內容上，至少承續了郭象聖人觀的三個特質，包括：心的虛明結構、

---

77 《大正藏》卷三八，362下。
78 《維摩經注‧佛國品》：「夫有心則有封，有封則不普。以聖心無心，故平若虛空也。」（《大正藏》卷三八，333中、下）

人的精神與宇宙的連續性關係(玄同、齊一)、遊外宏內相即。這三點可統括為主體精神的結構和表現形態，其特徵，是虛無為體，應化為用，此實為玄學的體用結構，表現於超越的精神主體身上之證例。專就般若認識論這個範疇而言，肇公對於郭象學說裡這三個特質，在很大程度上是直接的承受。此外，僧肇論般若智，與郭象論聖心，均展現一個主體親證的超驗境界。因為僧肇與郭象的哲學皆歸宗於一個超驗的體道境，故此在這個意義上，兩人的思想系統，都可稱為境界型態的哲學[79]。

　　印度佛典中的般若，本來具有多重含義，例如觀空、開悟、無心等義蘊，而與識 (vijñāna) 的最大分野，是般若不進行分別，而識是具有分別作用的[80]。《八千頌般若》明言，菩薩須不住地超克從虛妄分別中產生的短暫判斷，以免執守相對意義的真理；即使已到達究極的般若智，菩薩仍須闢除真如可被妄構、設想，般若波羅蜜可被認知的念頭[81]。相對而言，僧肇不但提示般若無分別、不取相的本質，更進而論說其不取不捨、即有見無的功能，如是，般若除了是不進行分別活動的認知主體外，還是一個活活潑潑的、對機而發的認識機制，這就大異於《大智度論》所言之心，只為「畢竟空一切諸法無分別」、一個靜態的「無心相」[82]。於

79　這是參考了牟宗三先生對道家哲學性格的判定，他稱之為「境界形態的形而上學」(詳見氏著《中國哲學十九講》頁87-109，臺灣學生書局，1989年2月)。但牟先生的講法，是概括性地敘述道家玄理的個性；至於我們提出僧肇的哲學套用了新道家的「主觀的境界型態哲學」模式，是專就〈般若無知論〉裡，有關般若認識論及作用性的論述而作的狹義性判定。蓋僧肇的思想系統最少包含了兩個方面，一個是從本體論、或存有論的理路說明本體空性的意義，這包括〈物不遷論〉、〈不真空論〉，即元康疏所云前者「明有申俗諦教」，後者是「明空申真諦教」，表示兩論處理的都是本體論問題(元康疏見《大正藏》卷四五，166下)；另一個是從認識論與主體性的角度，闡明般若認識實相空性的主體功能及其照境，這是〈般若無知論〉、〈涅槃無名論〉(開宗第一)的主題。僧肇是在存有論層次上講主體如何見證空的，在其思想體系裡，存有論與主觀境界論兩邊，皆未曾偏廢，因此單憑「主觀的境界型態哲學」之評斷，並不足以統攝僧肇哲學的整體面貌。

此晉時中印佛學論聖智在體性上的差異，主要是基於僧肇特意發揮超越主體的體用結構中，「應化為用」這方面的特質而致的。

第三節　小結：僧肇與玄學的關聯

　　在考究僧肇般若學與玄學的關涉之際，時會發現，由於雙方同樣發源於某些中國傳統哲學裡流行的觀念，因而導致兩者在個別的哲學意趣上，發生傾合相通的情況。舉例說，中國思想歷來重視人文本位，蔑視出世，淑世精神位居主流。魏晉世風，雖將重心轉向得意忘形骸，然此亦為名士普遍推崇的立身行事之道，故在其時，重神忘形的旨趣，始終宅心於處世行己，決非僅屬口頭上空疏不湊近實用的清談名理。作為中國哲學的其中一個流別，僧肇的思想，自亦籠罩於這個主流思想之中，是故在其撰述裡，肇公時而以自己的表述方式，闡揚聖人「神雖世表，終日域中」之義。此中理趣，自有其本於中國傳統所重視的現實主義精神之處，並緣此跟玄學的義理，相接契會。

　　以上所舉，不過為一隅而已。事實上，僧肇與玄學重疊交會的地方，並不止於出世而入世一點。然而，假如將玄學與僧肇的交接涵融，統統歸諸中國哲學自古以來固有的義理和思想方式，則非一鉅著，不可為功。更重要的是，這樣的論述方向，勢將漫散為中國與印度佛教的整體思想交融問題，而無從突顯僧肇如何基於反思玄學的哲學義理線索，開出自身的佛教般若學理論，沿

80　平川彰：〈般若における識について相違〉，《日本學士院紀要》第50卷第一號。據平川氏，無心指的是般若活活潑潑的應機活動。

81　鈴木廣隆：〈般若における知について〉，《印度學佛教學研究》第三十九卷第二號。

82　《大智度論》：「畢竟空一切諸法無分別，是名無心相。」（《大正藏》卷二五，363中）

此而見其學所承受的，和有進於玄學義理之處，同時，亦無法透顯出，作為東晉末期，融通中印思想的副代表性的本土佛學理論，肇公之論對早期諸般若學派理論所作的綜合、突破與承傳。為使此等問題，獲得從思想史角度的説明，本章特意針對玄學與僧肇，在觀念上、義理上、精神上的交接會通之處，集中析論，而就遍在於中國民族意識裡的思想方向、思維特性等，如何造成僧肇般若學向玄學傾斜的問題，則不擬詳加考察。

　　按照目前本章的分析結果，僧肇所暢論之義，有不少是脱胎自玄學既有的議題、概念和思維形態的。先説前兩項。玄學裡常見的體用、本末、所以迹與迹、遊外弘內、寄言出意、無心順物、玄同彼我等觀念，皆為僧肇所承受，並被應用於其般若學理論的構設過程中。依照較為初淺的看法，僧肇對玄學論題和觀念的繼承，即顯示出，他是藉著一些玄學的思想為媒介，透入般若學的宏旨的。這個初步的結論，按吾人一路下來的剖析，也幾無可異議之處。不過，若單憑若干共通的觀念和個別論題來看，則吾人最多只能承認，肇公之學與玄學之間，的確發生了不少在觀念上互相交涉的現象，然此種種關涉的情況，其程度如何，深度如何，猶須依賴其他因素的提示，才可獲得一幅較清楚的圖像，而要之，以思維形態的相似程度，至關重大，這是因為，思想的形態不但決定了哲學理論的性格，甚至理論體系的中心精神，在相當程度上，也是依靠思想形態的貫注而被形塑出來的。

　　經過本章的析論，吾人將玄學的思維形態，對僧肇理論產生過重大影響者，總結為以下兩大理路：

　　i. 相即相待

　　僧肇藉相因相待之思維方式，透入印度佛教因緣相依、性空假有之理。

　　此外，肇公又依玄學體用、本末、迹與所以迹相即之理路，闡發在客觀面上，動靜相即、有無相即之意，在主觀面上（即般若

聖智），寂用（體用）不二、無心與順物、觀空與涉有互體互攝之
義。在僧肇哲學中，相即相待的思想方式，是貫徹於其真理論及
體道論思想的。

ii. 寄言出意，得意忘形骸

寄言出意的思想方法，對僧肇哲學，影響甚鉅。寄言出意、
得意忘形骸的說法，源於魏晉的言意之辨，它興衍出一種獨特的
語言觀，此為：既深識語言的有限性，堅持真理超然於言象之
外，又未忘情言說可「盡意」、「盡象」的功能。是故文字言教雖猶
至道的糠秕，但作為訓俗之用，卻又不可盡棄。於此可見，士人
對待言語文字，頗帶有矛盾的情結。他們明知言象不可窮盡玄理
之微，因此紛紛遠眺象外之意，卻又一邊立言象以盡意，期望寄
旨於辭，此為當日士人對待語言文字的普遍態度。

言教僅為方便，是由世間至出世間之媒介，此在印度佛典
裡，已有暢言，故僧肇以真諦為超絕言慮、俗諦為應化之辭，固
亦是印度之論，未可盡視為玄學寄言出意的再唱。不過，肇公往
往運用華美的詞藻，象徵超世間之內涵，如真諦之域、聖智的功
德境、涅槃聖境，且班喻徒眾「求言所不能言，尋迹所不能迹」，
「觸事即真」，「體之即神」，此則是承自得意忘言的遺習了。於此
看到，僧肇一邊判分二諦的本質，以真諦為不可說、俗諦為可
說，一邊又出於聖言設教訓俗的觀點，辨別真諦和俗諦，故有「談
真有不遷之稱，導俗有流動之說」的唱議，致使其二諦觀，沾上鮮
明的對機教化導向，而異於印度所論者。

僧肇之學的宗旨，承接佛家的般若空義，自與玄學有許多不
盡相同的地方，但睽諸其探討佛理的路向，除敘述方法，或若干思
想內容的細節，如對名實問題的見解，可能與前述的兩大線索，不
大相干外，大致上，相即相待和寄言出意兩大理路，已塑造了僧肇
般若學的基本個性，同時也決定了其義學體系的發展趨向。

自然此玄學式的心靈，並非孤存於僧肇一人身上，而實在是

時代精神的共鳴共奏。魏晉時人，一反漢代學術專務繁縟瑣細的精神，以淳一心靈之向外體察，順通有與無、靜與動、形上與形下、自然與名教、萬物的差別與殊異，乃至言象與言象外之意趣。要之，玄學的心靈，是求以簡馭繁──以易簡的形上原理，與虛豁玄遠的精神主體，齊同萬致，以使一切造物，皆可互不干擾，符順遂通。玄學常言之相即、相待、寄言出意、體用、本末、所以迹與迹、遊外弘內等觀念，無不向此時代精神的潛流，湊合融會。僧肇論佛家義，因本於玄學學術心靈之主導趨向，亦令其佛學理趣，多向此時代精神的底流會合，故此，若謂他基本上帶著玄學的目光，處理佛學的題目，應為不容否認之事實。不過，本章所欲強調者，是僧肇學問的中心精神，和其個人學術趣味的導向，如何令肇公的理論，有向本己文化傾合之處，以致產生與印度之論，未能全然合致的地方，但是，未能合致，不代表其學必然存在著違戾佛義的論點，這點誠須審慎明辨。

第四節　僧肇般若學與六家七宗於立義取向上的異同

　　從思想史的角度以觀，僧肇之學，是本源於中國學術的固有發展之道，特別是魏晉玄學的格局與蘊蓄的精神，再融攝羅什所弘傳的印度佛學而建構出來的。前兩章所申論者，為僧肇哲學跟此兩大思想淵源，分別對視，以透視肇公之所承傳和所獨自發明的哲學義蘊。然而僧肇之學，除了是中國固有思想的一種，及印度般若學的漢化形態，它亦為晉世般若學的一員。假如要全盤地勘究僧肇般若學蘊含的格義問題，自然亦有必要將其學與前此受玄學烙印甚深的格義佛教中，最具影響力的流派(即六家七宗的義學)，互相對觀，以照察雙方在格義方法上的異同。

4.1　僧肇對晉世般若學所貢獻的新義

在〈不真空論〉裡，僧肇對晉世般若學的其中三宗——本無、即色、心無，分別作了言簡意賅的述評。在晉末之世，肇公能夠站在新的高度來認識佛家義理，不但據以評價在其前的般若學者，而且還綜括各家的得失，故見迄至東晉末葉，中國般若學者在教義的研究上，已獲得長足的進展。在對佛教奧義的深入程度上，僧肇與其前的般若學者，實已存在著頗大的差距。

不少評論都提到，僧肇佛教哲學對魏晉玄學(包括六家七宗)的突破，在於他運用了中觀哲學的思想特點，宣示非有非無、亦有亦無、不落有無二邊的中道立場，糾正了玄學貴無或崇有之偏失，將魏晉思想的發展推向一個極峰。當然，這種觀點誠非無理，但似乎將僧肇的貢獻，過份聚焦於救偏這一點上。而且，若專從非有非無的中道不二形式，來評價僧肇較玄學立義的優勝之處，那麼吾人不禁要問：郭象的哲學裡，其實亦蘊含著非有非無的雙遣思想形式[83]，何以郭象的哲學就稱不上不偏不倚的中道哲學？其次，玄學的體用模式，亦有宣提相即的義蘊，單就思想的形式而言，同樣可被目為不執於有或無的中道思想，故此若僅從思想形式上的不偏於有或無，來稱頌僧肇的哲學，則肇公之學，亦未必會獨尊於玄學之上。故此，若云僧肇真有超越魏晉哲學(包括六家七宗)的殊勝處，那麼單以僧肇哲學之能救偏，來總括他在晉世思想史的定位，未必就是切中肯綮之論。

4.1.1　當體明空

在對般若空義的理解上，僧肇真正給中國佛教界帶來史無前例的貢獻，應在於他首先承佛家緣起相依的宗旨，順緣起之理，透入空義。在此之前，緣起理法的真義，一直隱沒不彰。當時的

83　說見第三章註38。

佛教學者，雖略相契於十二因緣、四聖諦等說法，但還未能將因緣相待的觀法，與事物的體性掛鉤，進而當體明空。而僧肇卻是中土般若學者中，真正能即物之緣起而透達本性空的第一人。在〈不真空論〉裡批評三家的宗義時，僧肇便很清楚地意覺到三家最嚴重的過失，是無法即物的空性以明空。他對三家的評語是：

心無宗：失在於物虛

即色宗：未領色之非色

本無宗：此直好無之談，豈謂順通事實，即物之情哉？

分而言之，心無宗釋心為空，與佛家空義殊不相契。本無宗以無為空，亦未克契合般若空義。即色宗但明物物由因緣相待之理，了解事物非由自身生成，故點出「色不自色，雖色而非色」，但尚欠一步，就是未能了透事物的本質，原是即色即空，所謂「未領色之非色也」。僧肇對三家的批評，皆匯聚到同一個結論上去：三家解空的路徑，均失諸迂迴支離，他們失當的地方，是未能直接指點出事物的體性本空。而此宏旨，歷晉世百餘年，直至僧肇著論，方被正式標別出來。

六家七宗解空的入路，大異於僧肇，而與玄學本體論之哲學思考，少有殊異。睽諸玄學家的主張，雖各有不同，但無不在追求一個絕對的至道或理境，以作為應合於吾人心靈生命的終極歸趣。如王弼、郭象之所論，總是意在自宇宙萬物中超離出來，游心於種種質實的事象以外，透見統貫於事物的理法，以使心靈符順之，而趨於虛靈與清明。此理法和理境涵蘊的特定內容，便成為玄學諸派別各自開出的宗致。此哲學思考方向，在本質上，是一個追求至理的主觀心靈，從林林總總的現象中，提撕一個超拔於現象以上的純然至道，而非順從現象的當前之景以明現象的本相。以僧肇的話來表達，此即為不順通事實，非即物之情的觀法。

依僧肇，心無義等三家都莫不違戾「順通事實，即物之情」的

觀物原則。心無宗、本無宗漠視現象的真實情況，一個注重神靜
的理境，一個偏好形上本體的「無」。至於即色宗，雖明色不自
色，接近佛家的因緣觀，但也僅當為經驗因果律來處理，卻未克
即物之不自色，以明物之性空。此三家解空的作風，皆可看到竭
力探求某種絕對至理的玄學遺緒。

　　至僧肇明空之途，則開出一個徹頭徹尾、渾然不同的大轉
向。略言之，這是一個從推尋涵蓋萬有的單一至理，到剝離這種探
求的取向，回到事物存在的真實方式——緣起相依——以論事物的
體性的思想變革。亦可以說，這是一個從現象的外部以觀，析論現
象所歸向之理，到從現象的內部以觀，論述萬法存在的形式和其體
性的思想轉折。又或者說，這是一個從崇奉本體的實在根源論式
(包括宇宙生成論)思維，過渡到服膺現象主義思考路線的哲學心靈
的轉向。姑勿論如何，僧肇之能了契佛家的因緣觀，絕對應歸功於
順物之自虛以會通空義的新路向，因此大別於玄學家、六家七宗順
本體論的思維格局，闡明一個究竟至道的取徑。這不獨是僧肇般若
思想有進於前此的佛門諸宗，所展現的個人成就，更重要的是，代
表著中國佛徒真正了悟緣起觀念的轉捩點。

4.1.2　般若主體不取著於諸相的自證之能

　　謂證理的主體無識無知，以區別於一般有知有覺、恒與各種
事物交接的認知主體——以此種遮詮方式，表述先驗主體的性質
的作法，並非最先見於僧肇之書。事實上，西晉初年，從西域齎
來的般若經典，已有相類似的成說，像竺法護譯《光讚經‧摩訶般
若波羅蜜衍與空等品》云：

　　譬如虛空無見無聞無念無知。[84]

　　據《出三藏記集》卷七道安〈合放光光讚略解序〉所記，《光讚經》係西晉太康七年(286)由于闐沙門祇多羅齎來，護公在同年譯畢[85]，故「無知」之說，為佛典本具，非由肇公首唱。文才《肇論新疏》亦明確指出，僧肇所謂般若無知，是出於《大智度論》中對般若經的釋文，其言云：

　　經云，真般若者，清淨如虛空，無知無見無作無緣。《大品》含受品云，摩訶衍如虛空，無見無聞無知無識。三假品云，般若於諸法無所見等，真揀惑取。[86]

　　文才認為，以上佛典所論摩訶衍無見無聞之說，是僧肇〈般若無知論〉之所據。不過除佛家以外，中國固有學術亦有言不積極謀於經驗之知的心，而喻之為無知無作，如《易經》的無思無為，謂人在面對龜筮時，應自謙抑其心，忘知忘情，唯此時的無知，亦只同於一無知無情的木石[87]，雖不謀於知，亦不見在無知以外，有何高於經驗認知的覺照之能。照此推斷，傳統哲學中關於不自謀知的講法而較能與肇公無知的般若相接相會的，可能是王弼注文中老子的「明道若昧」(四十一章)和「光而不燿」(五十八章)[88]。但僧肇所言，無知的般若，雖與王注所述大率相同，都是一個不謀於知的智照主體，然而，僧肇乃秉持般若宗之旨，故其論無知，也是順佛家的宗旨鋪陳立義，這就令僧肇般若學中的先驗主體，在體性上，跟歷來諸家所申說者，大相逕庭。肇公在中國佛學史上，首度成立了真正承般若學之旨而發明的先驗主體論，為中國哲學前所未見之義。

4.2　僧肇與六家七宗於立義取向上之共同點

　　正如吾人不能因僧肇了悟到佛教的緣起之旨，便斷定其思

85　《出三藏記集》，頁265，中華書局。
86　《大正藏》卷四十五，216上。
87　唐君毅：《中國哲學原論•原道篇二》，頁141，學生書局，1993年。

想形態大同於印度的般若學，同理，吾人亦不能因僧肇有進於六
家七宗的新說，便評定其學已完全逸出了初期中國般若學立義取
向的羈絆。其原因在於，僧肇之學除闡發前此未為人知的佛教新
理之外，亦不無承接初期晉土般若學者論學的意趣。其中最重要
的一點，是本文第一章末段已總結出的，東晉般若思想發展的主
導趨勢，是偏重主體精神的智悟型態哲學，六家七宗據此哲學性
格所展示出的若干表現，亦有被作為後來者的僧肇所承受。以下
試將初期中土般若學的主要立義，與僧肇之部份哲學主張作一對
照，便可得其梗概（●代表六家七宗的思想特色，※代表僧肇思
想）：

　　●確立智悟的虛照主體──心神。
　　※確立智悟的虛照主體──般若。
　　當然，般若與心神的本質迥然大異，般若是能照見萬法本寂
的，但早期中土般若學的心神論，卻尚未談及這方面的能力。
　　●以智照形態透達真俗二諦的相融不二（道安即持此類似見
解）。
　　※相比之下，僧肇的二諦觀，則顯得較為圓熟，並引入了幾
種不同的角度，來論述二諦的關係。其中一義，是扣緊般若主體
的鑒照之功，論觀空與涉世不二，即〈般若無知論〉所謂：「內有獨
鑒之明，外有萬法之實，萬法雖實，然非照不得，內外相與以成
其照功。」這是透過智照的形態，談二諦之融通。
　　●藉智悟的作用，通徹言、象以外之意趣（此是道安的思想）。
　　●由智悟的作用，體達離言絕相境（此是支遁義）。
　　※僧肇一方面深知真諦是無言無相的寂滅之道，超乎言詮計
慮之外，另一方面，他又勸喻徒眾求言所不能言，迹所不能迹，
應探索言迹以外的意象。他在〈注維摩經序〉云：「非本無以垂迹，

88　說見本章「郭象的無心順物義」部分。

非迹無以顯本。」[89]此點出本迹互顯，含有亡迹尋本之意。照此而觀，僧肇尚習有玄學之風尚，始終沒有放棄在名教之外，謀求靈渺妙境之內涵。

　　◉竭力描摹主體體道之際的理境，其意趣近於道家的聖人境界。

　　※僧肇之書，亦甚多描述主觀的體道理境，其意趣與道家的聖人境界相若。

　　以上所揭，是僧肇與前期般若學，在立義取向上的顯著共同點。僅就上文所陳，亦可窺見在僧肇般若學的體系裡，至少有相當部分的理論內容，仍側重循智悟的取向，辨名析理，這不但與六家七宗沒有大異，甚至跟玄學的主流思想，亦無異趣，是故僧肇之學，在某程度上，亦可稱為「偏重主體精神的智悟型態哲學」。僧肇圍繞此智悟的主體和主體的認識論，開展出一套完整的理論，正面地闡述主體的體性、照功和體道境，既有別於般若經的「無知無相」，也非龍樹學否定式的陳述方法所可觸及之義，反而大歸同於東晉前期的般若學家和玄學家的心靈所開拓的哲學意趣。

---

89 《出三藏記集》卷八，頁309，中華書局。

附論：僧肇引老莊述要

《肇論》屬辭引類，與老莊多有雷同，此累世皆有議論，故其學深挹莊老之風，固不逮言。然而，僧肇引用老莊的方法，不拘一格，亦未必盡與佛義有關。此等語彙，形態各異，性質也不盡相同，其中若干引述，只為採取老莊文意，作文學上的修辭潤飾；有些只是援用其文，卻摒除其意；有些則是擷采其言，闡說己見，卻無關佛教教理的意旨[90]。儘管如此，在《肇論》前三篇中，仍不乏通過道家的相類立義，證會佛理的例子。今試將《肇論》裡疑與佛教義理互相發明的道家語彙，一一列出，並略加提要，以綜括在《肇論》中，道家哲學觀念涵蘊的意趣，以及僧肇引述老莊語詞的方法和特色[91]。

i. 〈物不遷論〉引老莊語

	《肇論》原語	出處	援引方式
1	物不遷論	〈莊子・德充符〉：「審乎無假，而不與物遷。」	郭慶藩云：「假是瑕之誤，……審乎無瑕，謂審乎己之無可瑕疵，斯任物自遷而無役於無也。」[92]《莊子》本意，是敘述至人心冥造物，任物自遷的德性；

---

90 蔡纓勳：〈僧肇般若思想(以不真空論為主)之研究〉，《國立臺灣師範大學國文研究所集刊》，第30期，1986。蔡氏將僧肇所引老莊的語彙進行考察，並分為四大類型：1. 援用老莊等語句及其意義者；2. 援用老莊等語句以擬配佛義者；3. 援用老莊等語句而不取其義者；4. 詞彙引自老莊等，但無關於義理思想者。

91 以下例子，主要參考上註蔡纓勳論文、許抗生著《僧肇評傳》，頁181-189(南京大學出版社，1998年)及涂艷秋著《僧肇思想探究》(東初出版社，1996年)的研究成果，重新抉取整理而成。

92 清・王先謙：《莊子集解》，頁31，上海書店，1992年。

			僧肇之意，在説明真諦不遷的空寂本性。在這裡，肇公借用莊子語彙，闡釋與原語異類的觀念。
2	仲尼曰：「回也見新，交臂非故。如此，則物不相往來明矣。」	〈莊子・田子方〉：「吾終身與汝交一臂而失之，可不哀與？女殆著乎吾所以著也，彼已盡矣，而女求之以為有，是求馬於唐肆也。」	此章郭象注：「夫變化不可執而留也，故雖執臂相守而不能令停，若哀死者，此亦可哀也。……人之生若馬之過肆耳，恒無駐須臾，新故之相續，不舍晝夜也。」《莊子》原意，是指人生於天地間，如白駒過隙，忽然而已(〈知北遊〉)。僧肇卻由此推出，新舊交替，交臂非故，昔自在昔，今自在今，是故物不遷。於此可見，僧肇深得〈田子方〉「日新」的本旨，並借以闡發「物不遷」的道理。
3	然則莊生之所以藏山，仲尼之所以臨川，斯皆感往者之難留，豈曰排今而可往？	〈莊子・大宗師〉：「夫藏舟於壑，藏山於澤，謂之固矣，然而夜半有力者負之而走，昧者不知也。」	郭象注云：「夫無力之力，莫大於變化者也。故乃揭天地以趨新，負山岳以舍故，故不暫停，忽已涉新，則天地萬物無時而不移也。」世間事物，瞬息萬變，頃刻之間，向者之我已非今我矣。〈大宗師〉篇謂造物忽已涉新，皆在冥中過去，與僧肇謂往者難

			留，意趣相若。
4	成山假就於始簣，修途託至於初步，果以功業不可朽故也。	《老子》六十四章：「合抱之木，生於毫末；九層之臺，起於累土；千里之行，始於足下。為者敗之，執者失之。」	《老子》的意思，是強調聖人須慎終如始，不巧辟滋作，則將無敗事。元康疏此段云：「老子云，九層之臺，起於累土；千里之行，始於足下，積一步以至多故。至千里者，無由一步，故云託至也。託是假託也。果以功業不可朽故者。」[93]僧肇此處，是引用老子文言，表示雖然今昔不相往來，但「前功在前而不失」[94]，如來功業，萬世常存。僧肇在此純粹借取老子語彙，闡發佛家因果不失之義，但設語文意，明顯已跟原文脫節。

ii. 〈不真空論〉引老莊語

	《肇論》原語	出處	援引方式
5	是以聖人乘真心而理乘，則無滯而不通，審一氣以觀化，故所遇而	〈莊子‧大宗師〉：「彼方且與造物者為人，而遊乎天地之一氣。」(郭注:「皆	左引《莊子》兩段，主旨是齊死生。遵式疏解釋僧肇的引述云：「審者，諦察者。一氣者，語出道書，以虛無之道曰一氣。今借語指至虛中

---

93 《大正藏》卷42，170中。
94 《大正藏》卷42，170中。

順適。	冥之，故無二也」)〈知北遊〉又言:「人之生也，氣之聚也……。是其所美者為神奇，其所惡者為臭腐；臭腐化為神奇，神奇復化為臭腐，故曰通天下一氣也。」	道為一氣也。觀化者，照萬物從緣而忽有也。適者，造詣也，聖智了至虛而觀事，則所遇之事皆順於理也。」[95]此謂聖人乘般若之心，體事物性空之道，則無有滯礙而不暢。僧肇的用法，是以道家的一氣，擬配佛家的性空中道。雖所悟的內容有異，但佛家聖人體真之心，所遇順適，與道家至人的通天地大化為一氣，安時處順的體道境，旨趣相若。
6	尋夫不有不無者，豈謂滌除萬物，杜塞視聽，寂寥虛豁，然後為真諦者乎!	《老子》十章:「滌除玄覽，能無疵乎!」二十五章:「寂兮寥兮，獨立而不改。」	僧肇在引文中，意圖建立「即萬物之自虛」的原則，展示中觀意義上的即色明空。至於《老子》「滌除玄覽」的修道工夫，和「寂兮寥兮」的斷滅頑空之狀態，均根源於一種去蔽致純的還原主義思想[96]，與佛家當體明空的思路相去甚遠。此處僧肇是藉《老子》語詞，況喻與滌除萬

95　遵式《注肇論疏》，《大日本續藏經》，第一輯第二編，第一套第二冊，頁118左下。

96　龔雋:〈僧肇思想辯證 ──《肇論》與道、玄關係的再審查〉，《中華佛學學報》第十四期，頁135-158，2001年9月。

		物相類的「宰割以求通」、析色求空的方法。
7	故知萬物非真，假號久矣，是以成具立強名之文，園林託指馬之況，如此，則深遠之言，於何而不在？	〈莊子・齊物論〉：「以指喻指之非指，不若以非指喻指之非指也。以馬喻馬之非馬，不若以非馬喻馬之非馬也。天地一指，萬物一馬也。」	〈齊物論〉的大意是說，天地、指、萬物、馬的名謂辨別，都是虛假的，無不可渾冥為一。於此肇公借喻作萬物都是假號不真之意。

iii.〈般若無知論〉引老莊語

	《肇論》原語	出處	援引方式
8	是以聖人虛其心而實其照，終日知而未嘗知也。	《老子》三章：「是以聖人之治，虛其心，實其腹，弱其志，強其骨。」	《老子》的「虛其心」，是指聖人治國，應使百姓去欲守淳。僧肇借喻為聖智不惑取諸相的體性，此但引相類語意，卻已脫離原義。
9	故能默燿韜光，虛心玄鑒，閉智塞聰，而獨覺冥冥者矣。	〈莊子・知北遊〉：「昭昭生於冥冥。有倫生於無形。」	〈知北遊〉的「冥冥」是幽暗深黑，沒有形質之謂。僧肇是以「冥冥」象徵般若真知獨照的理境。此亦為語詞的連類相證。
10	夫聖人功高二儀而不仁，明	《老子》五章：「天地不仁，以	《老子》的「聖人不仁」，是謂聖人治世，如天地一般，不

	逾日月而彌昏。	萬物為芻狗，聖人不仁，以百姓為芻狗。」	刻意造立施化，但使萬物自相治理。僧肇的「聖人不仁」，大意云：「大權普度功高天地，然無緣之慈化而無化不住化相，故云不仁。如《金剛般若》云，四生九類我皆度之。功高也，而無有一眾生實滅度者，不仁也。」[97]（文才《肇論新疏》）此即強調聖人慈悲應化而無有偏私。故此段文雖出自《老子》，而取義不同。
11	所以和光塵勞，周旋五趣，寂然而往，怕爾而來。	《老子》五十六章：「知者不言，言者不知，塞其兌，閉其門，挫其銳，解其紛，和其光，同其塵，是謂玄同。」	和光同塵，意謂聖人處於群眾間，既不自燿其光，也不特賤己身。今僧肇借此語，以明聖人應會群生，在有同有，在無同無之道，兩者意趣略異。
12	恬淡無為而無不為。	《老子》三十七章：「道常無為，而無不為。」	《老子》本意是：順乎自然即無為，無為則萬物無不以成。僧肇以「無為而無不為」，形容聖心雖不憑藉經驗認知的攀緣取相手段，而對萬法的如如本相，無

97 《大正藏》卷四五，215下。

			不一一澈照。此處《老子》與《肇論》的文言雖然形似，意義卻天差地遠，頂多屬於皮相聯類而已。
13	是以經云：諸法不異者，豈曰續鳧截鶴，夷嶽盈壑，然後無異哉？	〈莊子・駢拇〉：「鳧脛雖短，續之則憂；鶴脛雖長，斷之則悲。」	〈莊子・駢拇〉以續鳧截鶴，説明事物各有自然的性分，若施以人為的損益，深乖造化，將徒添憂悲。僧肇借以譬喻諸法實相，本來平等無異，不待人為的截長補短，或夷平棱角，修齊均一，方致渾然無別。僧肇取用「續鳧截鶴」一詞，已越出莊子原意的圍限。
14	用即寂，寂即用，用寂體一，同出而異名。	《老子》一章：「此兩者，同出而異名」	《老子》意謂：始(無)與母(有)兩者，同出於玄，而稱謂不同。僧肇假借此語，陳述般若智的寂用一體，絕非指寂用尚有一個宇宙生成論意義的共同根源。於此僧肇的引述方式，再次脫出老子原語的羈絆。

在此有需要説明，《肇論》三篇引述之老莊詞藻，不勝枚舉，遠超過上舉十四條之數。但經料簡後，能夠稱得上與佛家教義，發生連類、證會、或互相發明的關係者，亦大抵不離此十四則。就以上諸條所示，僧肇援用莊老語詞的方式，可分為四個類型：

a. 引用老莊語彙，闡釋與原語意義異類的觀念：

(1) 物不遷論

(4) 成山假就於始簣，修途託至於初步，果以功業不可朽故也。

(8) 是以聖人虛其心而實其照，終日知而未嘗知也。

(10) 夫聖人功高二儀而不仁，明逾日月而彌昏。

(12) 恬淡無為而無不為。

(13) 是以經云：諸法不異者，豈曰續鳧截鶴，夷嶽盈壑，然後無異哉？

(14) 用即寂，寂即用，用寂體一，同出而異名。

b. 以老莊的立義相類，發明佛義：

(2) 仲尼曰：「回也見新，交臂非故。如此，則物不相往來明矣。」

(3) 然則莊生之所以藏山，仲尼之所以臨川，斯皆感往者之難留，豈曰排今而可往？

(6) 尋夫不有不無者，豈謂滌除萬物，杜塞視聽，寂寥虛豁，然後為真諦者乎！

(7) 故知萬物非真，假號久矣，是以成具立強名之文，園林託指馬之況，如此，則深遠之言，於何而不在？

c. 援用老莊語句，擬配佛義：

(5) 是以聖人乘真心而理乘，則無滯而不通，審一氣以觀化，故所遇而順適。

d. 借用老莊語意，輔證佛義：

(9) 故能默燿韜光，虛心玄鑒，閉智塞聰，而獨覺冥冥者

矣。

　　(11) 所以和光塵勞，周旋五趣，寂然而往，怕爾而來。

　　在 (a) 至 (d) 四項中，(a) 項的引述形式，基本上係取用老莊語彙，闡發與原語意義完全異質的佛家義涵，唯保留道家概念的外殼而已。(d) 項是借用意趣相若的老莊語詞，譬喻般若智的體道妙境，此種作法，猶如將莊老概念作為喻依，佛家義理為喻體，目的在輔證佛理。(c) 項可能類似狹義的格義佛教，以道家等語辭比附佛理的手段。於此雖不見僧肇有運用外學詞語的忌諱，但對於道佛觀念內容的異質性格，肇公其實是瞭然於胸的。(b) 項中，老莊語辭含蘊的立義，與佛義相類，僧肇遂取而用之，發明己趣。肇公思想與老莊哲學的切近處和相接處，在這種援引方式裡，可得一二之反映。就 (b) 項的各條而論，(2)、(3) 兩條裡，老莊哲學的日新義，銜接佛家的無常、緣起義。「園林託指馬之況」一條(第(7) 條)，契會般若學「諸法假號不真」的觀點。「滌除萬物」一條，(第 (6) 條)，借道家反樸守淳的階段性還原工夫論，比喻宰割求通的粗淺空觀，進而加以批駁。吾人在分析僧肇思想所受的玄學啟發時，曾指出玄學的學術心靈，是接引僧肇過渡至佛家因緣理論的契機。今據 (2)、(3) 兩條，僧肇引用玄學的源始——先秦道、儒哲學，談論萬物遷流不住、新故相續的理趣，順接佛教的因緣相待、諸行無常等奧義，則肇公有藉中國固有哲學的思想，作為會通佛家緣起意旨的契合點，可緣此得證。

　　從僧肇引用老莊語句文言的手法，可歸納出幾點觀察的結果：

　　i. 在《肇論》裡，雖有源出於老莊的屬辭引類而又與佛教奧義相發明者，但亦有很大部分，是用以闡明與道家哲學完全異趣的觀點。顯然僧肇在運用此等外學語彙時，意圖剝掉彼等在原典中的一貫意義。

　　ii. 無論是藉老莊言語擬配、輔證般若奧義，抑或引道家的相

類立義以發明佛家哲理，老莊語詞扮演的角色，止於作為透入佛義的媒介，而罕見僧肇對道家哲思的完全攝受。當中可稱得上例外者，唯是第(7)條之「園林託指馬之況」，與「諸法假號不真」，因共勘破假名的虛假本性，故而在旨趣上，顯現出難得一見的相符現象。

　　iii. 照上可知，《肇論》在徵引道家語詞時，甚能注意道佛各自的思想分際，有意識地避免混淆兩者的含意。

　　iv. 經詳考肇公援用老莊名詞的方式後，可以斷言，個別的莊老觀念，帶給僧肇學問的影響，多限於借詞譬意，與連類相證，但作為理論體系的骨幹，他們貢獻於肇公思想的成分，不算很多。相對來說，魏晉新道家的理論架構、學說觀念、寄言出意的方法論等，在更大程度上，決定了僧肇學問的規模與哲學風格，也向其學灌輸了部分建構理論的預設潛題，職是之故，僧肇始終沒有完全脫除玄學的精神與個性，以致其般若思想的發展趨向，自然而然地走上融攝中印哲學之道路，從而成為兩者精義的璀璨結晶。

第七章　僧肇思想包含之格義現象及其與格義佛教關係之衡定

　　在前面幾章，吾人試圖檢視僧肇般若學理論的各個方面，並且將肇公學問，與其前的玄學、中國般若學流派、印度佛教之論如龍樹學等，分別對觀，以期透過不同的角度，展示僧肇思想的特質，及對各家思想的傳承、回應與改造，藉以尋繹出僧肇理解佛學的思想通路和著眼點。本章即據前面數章的討論結果為基礎，品評僧肇般若學中，借傳統文化闡明佛法的格義現象，同時審察僧肇之學在格義佛教背景下之特殊地位。

第一節　純粹佛學意識的豁醒

　　在正式總論僧肇的格義現象前，吾人先欲審察，在僧肇的意識裡，究竟有否存在著佛學與中國本土學問的瞭然區別。

　　東晉中葉，於飛龍山與僧先論究「先舊格義」(約三五一年)的道安，已深深地察覺到佛教和傳統學問畢竟有異，因而孜孜於重投佛家宗義，推動以佛學闡說佛學的研究方法。道安對格義方法的批判，標誌著東晉一代純粹佛學意識的逐漸抬頭。至於僧肇對待狹義的格義佛教的態度，卻與道安頗不一樣。在現存的典籍中，並未見到肇公直接批評格義佛教的片言隻字，很可能他始終沒有公開宣說過對先舊格義的反感，不過道安這種對佛教本質的反省精神，卻同樣在僧肇身上體現出來，其中一個證例，是他在析論心無等三家之學時，能直下抓住三家錯解空義的癥結，在於各有所偏，未能即物之自虛以體空。由於三家均受道玄之學影響甚深，僧肇據理評破三家，不但一下子道破玄學的本體論式思維替理解空義帶來的障礙，並且逕直指出契入空理的關鍵，在於當

體明空。據此可見，與同時代的般若學家相比，僧肇確實擁有卓爾不凡的辨識能力，足以識別佛教與玄學思想在本質上的差異。

　　另一個證例，見於第六章的附論「僧肇引老莊述要」。據這部份研究所示，在《肇論》裡，源出於老莊的屬辭引類而又與佛教密義直接相證者，有很大部分，是用來闡述與道家哲理完全異趣的觀點。此外，僧肇在運用此等外學語彙時，每竭力剝落它們在原典中的本來意義，大多只取其言，而不取其意，顯示他對於佛家與外學的本質差別，已具有高度的認識。毋庸置疑，環顧當日的中國般若學者，論到對純粹佛學意識的醒悟，僧肇絕對是一位先知先覺者。

　　還有的是，從〈不真空論〉評論三家的要點，在於對空義的正確理解，而非一味謀求傳統哲學與佛學義理的類比，兼且在《注維摩經》裡，肇公更屢次述及前期般若學者無力企及的大小乘差異問題，凡此可見，僧肇的治學意識，不但早已逾越竺法雅的格義方法，將內外學隨意比附的水平，而且力求透顯般若學的真義[1]。不過這雖然是僧肇的自我期許，但此目標能否達成，還端賴其他因素的配合，其中包括僧肇本人或許未能察覺的玄學意識，在其佛學理解過程中所產生的潛在作用。

　　由於僧肇已大致掙脫了老莊語彙的原義，能得心應手地將道家行文融會到佛家的義理上去，故此可以説，假如傳統哲學真箇對僧肇的佛學思想賦予軌約的功能，那麼這些制約也應該是屬於思想結構方面的，而非語意上照本宣科的承襲。

1　劉貴傑：《支道林思想之研究——魏晉時代玄學與佛學之交融》，頁20-21，
　　臺灣商務印書館，1982年。

第二節　僧肇的佛學理解概述

2.1　思想體系的結構

就《肇論》所示，僧肇哲學不但富有體系性，而且問題意識的主幹，既嚴謹條貫，亦涵泳澄澈。僧肇佛學理解的要點，可通過其學的思想結構表現出來。《注維摩經 • 文殊師利問疾品》有以下一段說話，頗能總括肇公學問的要義：

> 若能空虛其懷，冥心真境，妙存環中，有無一觀者，雖復智周萬物，未始為有。幽塗無照，未始為無。故能齊天地為一旨，而不乖其實，鏡羣有以玄通，而物我俱一。物我俱一，故智無照功。不乖其實，故物物自周。故經曰：聖智無知，以虛空為相。諸法無為，與之齊量也。故以智空，而空於有者，則即有而自空矣。豈假屏除然後為空乎？上空智空，下空法空也。直明法空，無以取定。故內引真智，外證法空也。[2]

按此段文字的意涵，可分成前後兩個部份來理解。從「若能空虛其懷」至「與之齊量也」為第一部份，說明佛教聖者以般若燭照真諦的體道妙境。這部分內容，意在表明覺悟佛道的正智，冥觀玄鑒，寂寥無為，以無知無為為用，故能齊天地為一旨，物我俱一，於此，僧肇是藉道、玄義的平齊物議、玄同彼我，以闡發佛家覺者體達空性一如的理境。平心而論，這跟道家聖人渾化萬殊為一的智悟境地，在表現形態上，幾無異致。

「故經曰」以下，為第二部份，展示空的本質，是即有而自空，不待懸擱屏除所知然後為空，故空不資於外證，是當體自空，此種說法，當係承自印度般若學的本旨而來。僧肇融道玄的境界論，與般若學的性空本寂於一爐，統攝為他所理解的佛家旨趣，而總其論云：「故經曰：聖智無知，以虛空為相。諸法無為，

2　《大正藏》卷三八，372下。

與之齊量也。」這句話雖是闡述聖智無知之言，若放寬來看，亦可從中掌握到僧肇般若學的總綱領。「聖智無知，以虛空為相」，表示僧肇的般若思想是以性空為宗；而在先驗主體所認識的真理內容上，歸趣於無知無相，這兩點，大率不離印度般若學的深義。至於「諸法無為，與之齊量也」所明示的體道理境，和聖智的活動形態，則是道家應化無窮，無為而無不為的理想之再現。在此兩句中，僧肇之書所觸及的幾個綱要性的問題，以及其重要的論點，如就境界論，敘論般若的照境，於存有論，辨析不真空及動靜一如，在先驗的認識論，論述般若不惑取諸相的無知而知等要義，都已被涵括在內。是故可以說，「聖智無知，以虛空為相。諸法無為，與之齊量也」這句話，已幾乎濃縮了僧肇哲學體系的精髓。

　　這個思想的綱要說明了甚麼問題呢？吾人在前數章已詳考僧肇的治學意識，深明他期望弘揚的，是印度的般若學，和中道不二的思想，故其學自是以證立羅什東傳的般若學為理趣。然而在論理的架構上，他卻沒有擺脫魏晉學者，談玄理之際，同時重視體用並行的無形規範，因此，他很自然地將標榜性空的存在論，與般若的體道論這兩輪，收進他的學問系統中，形成了他的學問結構，一邊是宣說諸法性空本寂的存在論，另一邊是盛言窮盡玄理後的悟道境界，而歸趣於道家、玄學的齊天地為一、玄通彼我的意趣。對僧肇來說，這兩者的接壤相連，似乎是理所當然的，因為在〈般若無知論〉的行文裡，從般若體性空寂，到類似於道家聖人功化境的陳述，其間的過渡是一氣呵成的滑轉，沒有經過縝密細緻的推論過程。其次，他也似乎沒有考慮到，提揭性空為主旨的存在論，與帶著實有意味的超越主體認識論、體道論，究竟會不會發生衝突的問題，大概這是因為，他從一開始已將兩者的結合，視之為理所當然的緣故。後秦君主姚興的〈答安城侯姚嵩書〉云，「若無聖人，知無者誰？」，僧肇的〈奏秦王表〉，對皇帝妙

契環中的高見表示擊節讚賞，回應道：「實如明詔！實如明詔！夫道恍惚窅冥，其中有精。若無聖人，誰與道游？」據此寥寥數語，肇公堅持悟道主體不可或缺的信念，已昭然可明。僧肇在學問體系裡，給聖者的體道理論預留一個位置，使之跟般若性空的客觀真理論，並存不悖，固亦是順肇公論述主體的體用結構，自然發展出來的結果。

放眼於與僧肇同代，甚至更早期的哲學家，可以發現，像前揭所示，將存在的真理論，與聖人人格論、認識論融為一體的作法，並不止於是僧肇個人的思想特色，荷蘭學者許里和（Erich Zürcher），就把它綜括為一切魏晉哲學，包括大乘般若學系統的普遍特徵：

我們不能簡單地把名教和玄學看作是兩種對立的思想流派。在許多時候，兩種思想傾向似乎可以並存，其中一個作為另一個的形而上學補充。有時我們發現被解釋為基本真理的玄學本體論學說中的「體」，同時兼有靠現實証明的名教世俗學說的「用」，這預示了大乘佛教真俗諦──兩種層次真理觀念的出現。[3]

許里和認為，玄學的體、用理論，預示了大乘佛教真俗諦的出現，這樣說的意思，自然並非表示，般若學的真俗二諦發源於玄理與名教，而是暗示了，玄學的體用模型涵具之精神──即在抽象的道理上，虛實兩層，圓通無礙，成一上下縱貫的相即關係；在主觀領域，不應而應的無為渾化之用與境，相涵為一 ──

---

3 許里和（Erich Zürcher）：《佛教征服中國》(The Buddhist Conquest of China: The Spread and Adaptation of Buddhism in Early Medieval China) 頁149，江蘇人民出版社，1998年。另外Richard H. Robinson認為「合乎形式的理性分析」(formal reasoning) 和「神秘主義觀念」(mystical ideas) 是中觀思想初傳中國時兩個最顯著的成分，兩者性質分明，難以同化（見氏著書頁13）。西方學者一般將東方哲學裡的直觀性質描述視為不可被形式邏輯處理的神秘主義觀念，故《肇論》中大量關乎般若主體的認識作用的描述，也被納入神秘主義的範疇裡。

為晉代佛教學者所承襲，並發明為中國般若學理論中的真俗概念。

　　許里和之言大體不虛，唯就吾人所見，本土般若學理論與玄學的體用論(包括本末、有無等論)精神合致的觀念，當不止於真俗二諦。以肇公為例，其論空與有、靜與動、般若的寂與用、超言相的真諦與名教下的俗諦，從內在精神看，均傾合於玄學體用論重虛實圓通、彼此證會之深義。於此可見，體用論之於中國早期般若學的理論結構，發生宏深而全面的影響，至少在僧肇的思想結構上，獲得確鑿的印証。

2.2　對傳統及外來思想的吸收、承襲與再創造

　　於第五、六章，吾人安排肇公之論，分別與印度空宗、玄學、早期格義佛教對望，以考究僧肇哲學的義理，與三大理論體系之傳承關係。今專就義理內容方面，總述僧肇對傳統與外來思想的吸收、繼承與再創造。

　　從消化印度中觀、般若思想的角度看，僧肇是頗為成功的。他所吸收與發揮的印度空宗義蘊，包括以下各項：

　　a. 即萬法的緣起互依以明空。空非由析色而來，而是萬物的內在本質。

　　b. 萬法皆為虛幻假有的現象，非有非無，亦有亦無，故貴無說有，皆有所偏，不契中道實相。僧肇乃秉承此義，再論動靜一如之理。

　　c. 因果雖不同處，但有彼此連貫的關係，因此剎那生滅的事物，俱相承相接，故如來的功業在昔而不化，永垂不朽。

　　d. 真諦、真理境界是超言絕相、心行處滅的，非藉言教可以窮盡。假言說敷設俗諦之教，不外是退而求其次的權宜作法。

　　e. 般若智照澈的真理內容，是諸法的空寂本性。般若智不自陷於林林總總的現象妄相中，又非刻意地擱置各種經驗知識，以

成其直觀真際之功。因為她不惑取所知,不作認知上的分別,故云般若無知。這是就當體即空之義,申明般若不假外求,深達萬法真實性之自證自照。

f. 辨明大小乘教義的差別 (見於《注維摩經》)。

g. 否定經驗主體的自我[4]。

除d項已為道安等般若學者注意之外,以上概為僧肇有進於漢地哲學家、佛學家的新義。至於僧肇近取玄學、遠承道家之旨,可綜述為以下各項:

a. 維護一個見道主體——般若——的存在必要性,倡言「若無聖人,則誰與道游?」這是沿襲玄學及道家,務必保留一個體道的先驗主體——聖人——之論。

b. 體道之理境與聖智的活動形態,為虛心順物,玄同彼我,無為無作,遊外弘內 (周旋於出世/真與入世/俗之間)。

c. 般若之主體結構,頗類乎玄學與傳統哲學的智悟主體,同為一個鑒照之靈明。

d. 般若智即寂即照,寂照一如,動不廢靜,靜不廢動。這是玄學體用、本末相即不離之旨趣,在般若理論的重唱。

e. 二諦觀涵蘊著頗為強烈的教化導向,此大率源自迹本之論。

f. 否認名實對當。這點除與空宗的立場相契外,亦有可能是呼應玄學言意之辨之說。

g. 期於言教之外,體悟冥迹離相的絕對真理 (如涅槃、真際、般若的照境),即〈答劉遺民書〉所謂「求言所不能言、尋迹所

---

4 〈文殊師利問疾品〉云:「四大和合,假名為身耳。四大既無主,身我何由生?譬一沙無油,聚亦然也。主我,一物異名耳。」(《大正藏》卷三八,376上) 又云:「四大本無,病亦不有。而眾生虛假之疾,從四大起。故我以虛假之疾,應彼疾耳。逆尋其本,彼我無實,而欲觀其形相,當何有耶?」(同,374下)。

不能迹」。此承受了玄學家「迹、所以迹」之思考，以及宅心虛曠，寄絕言之鄉，曉道超名外的餘緒。

　　h. 順寄言出意之旨，真際雖言象莫測，絕視聽之域，然聖心可虛通於名教以外的冥寂理境。

　　k.《肇論》常將體道理境，以名言擬諸形容。《肇論》裡之深玄寂寥的體道意象，與道家聖境，在形態和意趣方面，甚為相像。

　　i. 將緣起性空大義理解為「理」。

　　以上各項，展示肇公沿承玄學或道家之意趣，如何貫通於他對般若的認識論、境界論、與二諦觀等之理解，此即反映了以玄學為底蘊的學術心靈，如何運行於般若學理論之建構過程中。

　　在六家七宗之後，僧肇承自印度空宗，再加以發揮的佛學理論，成為當日般若學的新義，但僧肇之學，仍保留著若干與早期格義佛教相通之旨，包括：

　　a. 確立智悟的虛照主體──般若。

　　b. 以智照形態透顯出真俗二諦的相融不二。

　　c. 自智悟的作用，體達離言絕相境。

　　d. 敍述體道之際，跟主觀相應的理境。此境帶有強烈的道家聖人境界意味。

　　此四點，均係承自前揭玄學之論而再唱，已不待另加辯示。

　　就上所陳，僧肇會通玄佛的方向是：直探空宗的本旨，了悟因緣性空之教，在解脫論上，則大率歸向道玄體真之意趣。此無異在宣示：洞悉佛家教義，深達諸法本空，是臻乎齊萬有於一虛，與物推移，乘運撫化的正途。據此可知，對僧肇來說，般若學的教誨無疑是正理，但畢竟他還是服膺魏晉玄學的生命情調。這正見由王弼以還，直至僧肇，雖歷經玄、佛兩個不同階段的發展，然中國的哲學思想尚表現出某種一貫相承的態勢，未因玄佛之異，而出現一個歷歷分明的斷層。

第三節　僧肇義解佛學之道與魏晉哲學精神之匯流

3.1　虛通物我、致乎心靈的曠然無繫──僧肇與魏晉哲學精神之合流

　　僧肇之論，採空宗之教，匯入道家的真理境，以與佛家的體道觀相證，這在前文已經論及。惟對此現象，吾人該當如何理解？如不轉進更高一層，而單自最表層的一面看，僧肇思想很容易會被歸類為，採自大乘佛教的思想，加上老莊、玄學的若干觀念，拼湊而成的思想體系，例如日本學者村上嘉實認為，僧肇思想包含三大要義：依大乘佛教因緣所生義闡發的物虛觀、超然物外的神識，以及老莊的無心順物、物我同根觀念[5]，由此三者構成的僧肇之論，儼如一種道佛相間的混合型思想。如照村上氏之說，僧肇果為鳩集其所認識的中外思想，建立而成的哲學系統，則吾人對於其學，未必不可斷言為某種型態的折衷主義思想。

　　然而視肇公哲學不外是道佛相雜之論，亦僅限於自最表面的一層，審察其學所表現的種種姿態而已，吾人更須再進一層，推究其混合道佛哲學的表象以外，統貫肇公學問的思想大本，究竟為何，否則，若僅將僧肇之論歸類為鳩集各路言說的哲學，將無從體得其學更深一層的真義，也無以透悉肇公致思的終極方向，到底未得其學之實也。

　　若要理出統攝僧肇之學的思想大本，可先自他棄道從佛的緣由，觀其皈依佛家的初衷。《高僧傳》的本傳載，僧肇在少年時代讀《老子》，曾發出「美則美矣，然期棲神冥累之方，猶未盡善」之嘆。故老學雖幽微高妙，但在年輕的僧肇眼中，老子的理論，猶

5　見第一章對村上氏論點的評語。

有不足，並非捐除萬累，與道通洞的最佳良方，這是促使他投身佛學的主因。由此記事，反映僧肇之歸向佛道，是出於讓心靈冥除塵累，逍遙自適的冀求；對肇公而言，佛經的義理，是除老學之外，另一種冥累之方，故僧肇懷抱研探佛義的目標，其實大同於魏晉道、玄哲學的普遍精神。東晉張湛注《列子》，其序有云：

其書大略明群有以至虛為宗，萬品以終滅為驗；神惠以凝寂常全，想念以著物自喪；生覺與化夢等情，巨細不限一域；窮達無假智力，治身貴於肆任；順性則所之皆適，水火可蹈，忘懷則無幽不照。此其旨也。……然其所明往往與佛經相參，大歸同於老莊。屬辭引類特與《莊子》相似。

張湛的《列子注》雖不入「三玄」之列，但「屬辭引類，特與《莊子》相似」，故仍屬於道家、玄學的系統。此書是郭象之後出現的作品，有薈萃玄學各家言說的蘄向。據其序言，要在忘懷順性，凝寂神惠，正為透過虛豁心神，任物順情，成全解脫之功，與僧肇對棲神冥累的嚮往，殆無大異，蓋是時人共許的人生真諦。而此序又明言，其學常與佛經相參，足見佛教思想，在當時被目為窮死生、通變化、除萬累的言教，與道、玄之旨，脗合符節。此所以僧肇對老學與佛家，均視同冥累之方，固有其所由也。從僧肇投身佛學的動機，大可明瞭，佛家理論最初吸引僧肇的地方，可能不在於與空性有關的種種理論，而在於佛教能夠提供一種在道家以外，教人趣向逍遙自得的另類學說[6]。

魏晉人承認道、玄、佛的目的，都是謀求精神的超脫、解除人生的枷鎖，而本土哲學論精神解脫之道，較諸外來的印度佛教，有更源遠流長的傳統，故此，時人既認為三家旨趣基本無別，則將三家的解脫境、悟道的主體結構等理論，一概歸諸道玄的型態，從當時的學術背景來看，應是最自然不過的趨向。考諸

6　梶山雄一論文，《肇論研究》，頁212。

兩晉的般若學理論，每言及主觀的境界論，均套用老莊玄學的名詞來進行言述，而在更多的情況下，是取其實義，抒發議論，此即為當日的佛家體道論，尚要附庸於道玄哲學的表徵，這個現象，直貫至僧肇的佛教理論，此在第六章，已有言及。

在僧肇心目中，學佛的最終目的，原在於遣除萬累，這與魏晉玄學家的人生觀，殆無兩樣。然而僧肇何以認定佛家的理論，較諸莊老之學，更能冥去欣戚，致乎神靜？其理據果何所在？對此問題，〈不真空論〉文首的一段說話，相信帶來若干提示：

> 是以至人通神心於無窮，窮所不能滯；極耳目於視聽，聲色所不能制者，豈不以其即物之自虛，故物不能累其神明者也。是以聖人乘真心而理順，則無滯而不通；審一氣以觀化，故所遇而順適。

依僧肇意，主體能否不受萬法的干擾，端在乎他能不能夠通曉萬物變化的真理而無任何滯礙，統攝萬法生滅的根本道理，而不會跟現象的實相違逆，亦即取決於主體是否淳然通透，渾無執滯。假使主體完全抖落偏執，無滯無礙，便能與現象的真相契合無間，不會因為現象的生滅變化引起牽累，這就是主體精神的真正解脫。然絕對的去執，必須做到直接觀悟現象自身，是虛假不真的道理，所謂「即物之自虛」。若不直就現象之流本身，觀解現象的幻有假相，反刻意尋求現象之實在性，或雖認同現象非實，卻把現象的非實在性質加以絕對化、實體化，凡此皆表示主體在去執的過程中，反其道而行，變成猶有執取，則仍未能通體透剔，完全無累。故主體若真要捐除繫縛，唯藉即物之自虛而能致，了知事物本來性空幻有，既不偏執於有，也不偏執於無，「不有不無，其神乃虛」（〈答劉遺民書〉），方能真正無取無寄、與外境會無不通。從上引〈不真空論〉之言，僧肇應許佛家理論是棲神冥累的最佳良方，猶勝於道家言說，是即從「即物之自虛」的觀點，所作出的判斷。

　　以上尚只是自僧肇個人的體悟，探討他認同佛家教理的原因。若自魏晉思想的內部發展而言，則何以玄學思潮，最終結穴於空宗學說，亦可尋得一條前後連貫的線索。蓋魏晉士人，不論其思想的內容為何，自大處看，均言忘我虛通之心，應於當前所遇之境，其意在冀求心靈的逍遙自適，順物無累。王弼《老子注》第二十九章云：「萬物以自然為性，故可因而不可為也，可通而不可執也。……聖人達自然之性，暢萬物之情，故因而不為，順而不施，除其所以迷，去其所以惑，故心不亂而物性自得之也。」王注的意思是：心以虛通之道，感應萬物，則心物各得其所——此正為魏晉哲學認許的思想大本。此時期的哲學，雖相對於漢代宇宙論、歷史哲學、人性論的森嚴巨構，已略釋重負，然而因學者各逞其說，遂使魏晉的哲學體系，概念紛陳，繁辯日盛，特別是繫於本體有無之討論，往往流於執滯觀念而不當理之論諍，如劉勰《文心雕龍•論說》云：「然滯有者全繫於形用，貴無者專多於寂寥。徒銳偏解，莫詣正理。」滯有貴無，各有偏好，是當日學術界常見的景象。然諸家對哲學名相之執著，又恰恰與玄學家追求虛廓心神的初衷，背道而馳。迨乎郭象之學，企圖回歸現象之流，否定作為第一因的本體，直明物之自物，提出超因果的獨化論，一反前此諸家尋求絕對本體和形上至理的風尚，也造就了一個機遇，讓後來反對實在論的般若空宗，正式登上東晉的哲學舞台。然而郭說逍遙在全性安分，性分為物物不可去除的定極(本質)，故其學雖肅清形上本體，卻保存著一個實在的本質觀念，這又成為其理論的一大缺陷。蓋如照郭象之說，萬物既各有性分的定數，即各各受制於自身的本質而成其所偏，如是性分反成為通達至道的理障，又何能透過足性，達到遙然我得呢？後來支道林批評郭象足性說的理據，即為性分說會引致個物的沈溺與偏滯，因此決意退而注〈逍遙篇〉，標佛家新義於郭說之外。

　　從宏觀的思想史角度看，支遁的評語不但道出郭象性分說的

弊端，更代表著玄學發展的巔峰和極限。由三國至西晉末，在玄學思想史近百年光景裡，發展出各具特點的理論形態。然而玄學中各種談有論無、諍論本末、言意、性分、名實、有因無因之說，均毫不例外，是預設了理論前提的名教，始終無法避免執觀念為實的毛病，也非撤除思想的前設，直下相應於現象的起伏流變之論，這猶如〈不真空論〉破斥的好無之談，並非「順通事實，即物之情」的言教。兼且，若以釋除心靈繫縛的角度來看，玄學的種種名教，尚有執取實體、分別彼此的傾向，並非化除萬累的盡善之方，不能滿足時人精神解脫的訴求，故須於其系統以外，別求新義。對於玄學懸而未解的難題，主張不取有無、不墮言象、即物之自虛的空宗理論，絕對是在玄學原有的體系外，可望提供盡累之方的途徑。故此當玄學發展到了頂峰，至過江後，佛理獨盛，東晉哲學有新見解者，亦多限於佛學[7]，固有其由也。

就以上分析所見，僧肇學佛的動機，與其時的思想洪流，是會歸一致的，而他融道家型態的體道論，與佛家中道性空的教理於其學說體系的作法，原來是按其「虛通物我、致乎心靈的曠然無繫」的總體義解方向，所推導出來之理解結果。故此，僧肇義解佛學的理路中，原有一個清晰的指導理念，條貫始終，帶領著他對中印思想的各種義理，抉擇取捨，以構造其學的中心思想的。僧肇學說裡融會玄佛觀念的現象，實是經過慎微精審的抉發，匯聚到一個中心精神 (即「虛通物我、致乎心靈的曠然無繫」) 的結果。

肇公治理佛學的出發點，與玄學家求心神虛通萬有的時代精神，原是合致的，而其義解佛學的取徑，大致上，也是重踏玄學家的思路和哲學問題的轍迹。即使在處理緣起和空義這些專屬佛家的課題時，僧肇仍多得力於玄學家的思維方式，如相即相待、得意忘形骸等，以進行理解。至於其涉及般若的種種體道之論，

---

7 《魏晉玄學論稿》，頁175。

更大歸與道玄之說合流了。其次，僧肇哲學的總體思想架構，也是承自玄學家體用相即之既有規模。故此總的來說，除了〈物不遷論〉表現了肇公別樹一幟的敘述方式和玄理以外的獨創之見，因而與《肇論》各篇，略呈別異外，在整體上，肇公的學術心靈是玄學式的。

3.2　僧肇的玄學本位思考為不自覺者

照上所陳，僧肇主要是立基於中國思想，特別是玄學精神本位的立場，思考與詮說佛教義理的。然而即使這種說法能夠成立，吾人仍然認為，僧肇乃是在不自覺的情況下，採行這樣的詮解方向的，並且，他亦沒有故意要讓佛理向玄學或傳統哲學靠攏。這到底如何見得？第一，尋夫僧肇之書，雖有駁斥早期格義佛教的論議，卻不見卑視老莊或玄學家之言。這顯示其佛學意識，雖較六家七宗來得清晰，卻猶不足以讓般若學逕自挺立，與傳統思想中跟佛教哲學相類似的老莊、玄學名教，劃下一道絕對分明的鴻溝。第二，有關道家、玄學論聖心境界的言說，僧肇以為同契於佛家，故始終未嘗在三者之間，進行過簡別，正表示在其哲學意識裡，未曾觀三家的境界論，有何根本的差異。第三，早期的格義方法，強以中國哲學的名詞擬配佛家名相，概出於化導群述，而刻意為之者。至僧肇，已去除刻意經營玄佛相配的痕跡，轉為取用他所認許的外學理念，使道、玄哲學的內涵，與佛義互證。這三點，均展示肇公藉傳統哲學，尤其玄學思想的軌轍以義解佛理之舉，乃在未能完全自覺的情況下進行的。

僧肇之未嘗睥睨老莊和同代中國哲學，與後來天台智顗，深責老莊的情況，形成一個強烈的對比。老莊之學在魏晉時期，高唱入雲，釋門立義，也深把其遺風，連解空第一的僧肇，也不能例外。然而到了智者大師時，道家學說的興盛之勢，已無復舊觀。《摩訶止觀》第五卷下，謂「誇談莊老，以佛法義，偷安邪

典⋯⋯以道可道，非常道，名可名，非常名，均齊佛法不可說示，如蟲食木，偶得成字，檢校道理，邪正懸絕。愚者所信，智者所蚩。」[8]此正見佛學至智顗時，已全自中國傳統思想中脫穎而出，故以居高臨下之勢，訶斥莊老，而更無假借[9]。後世斥責僧肇為陽奉釋氏，陰崇道家的言論，亦多發軔於佛教門庭既立之後。反觀僧肇之書，未嘗著意於澄清道、佛的根本分野，亦無撻伐莊老之論，可見肇公尚缺乏如後世的佛教學者般，務必令釋氏之學，突破道家藩籬的治學意識。對僧肇來說，最迫切需要解決的，應該是如何義解佛理，尤其是怎樣正確詮解空義的問題，因為這才是去蔽存真、冥累棲神等修養工夫的理論基礎。至於道、佛的分野，顯然不是他最關心的課題[10]。

第四節　與格義佛教的相關性

　　至此本文通過中國本土思想、印度佛學、早期中國般若學、僧肇哲學的相互對比，從義理內容、理解方向、內在精神、思維方式等多個角度，交代了僧肇之學推陳出新的義理，及其與傳統哲學的既有關聯。最後基於迄今為止的討論結果，本文試圖從格義佛教的觀點，總持地檢視，在東晉玄佛交融的思想環境中，作為站在中印思潮交匯點最前端的僧肇哲學，呈現出怎樣的獨特性。

4.1　僧肇突破早期佛學研究瓶頸的關鍵：
　　將「空」視為一項真理論論斷

　　今人在攝受外來思想的時候，往往能夠直探思想的脈動和它

8　《大正藏》卷四六，68中。
9　唐君毅：《中國哲學原論 • 原道篇三》，頁136，學生書局，1993年。
10　參照福永光司論文，《肇論研究》，頁252-253。

產生的背景，再加上方法論的高度發達，種種條件，均有利於本
己文化對陌生文化進行直接的勘察和疏解，而不需要迂曲地借助
本土文化固有的觀念作為中介，從事技術性的類比與關聯性的理
解。然而在古代，如果文化傳播是在地緣距離極廣的地域之間發
生，那麼進入異域的文化，將無法向輸入文化的一端，剖白自身
的來龍去脈，而後者礙於文化背景的迥別和文本資源的匱乏，即
使欲發掘深藏於異質文化表象下的底蘊，也勢必感到無從入手，
如是，因高度陌生感所帶來的文化差異性，通常會演變成文化系
統之間無法化解的根本歧異或不可共量性 (incommensurability)
[11]。因此在古代，基於異質文化的譜系不明，本土文化要精確地
掌握外來文化的軸心思想，並且了悟到彼此的迥異，其實是一項
極為艱巨的工程。有時即使某一方經過長年累月鍥而不捨的探
究，文化之間的不可共量性，仍然極有可能製造出一些致命的盲
點，形成理解他文化時的桎梏，致令交互文化理解活動，最終停
留於膚淺的皮相聯類上。

　　佛教傳入中國伊始，因為道、玄哲學在中土一面倒的強勢，
再加上般若學的理論脈絡隱而不彰，譯典又不盡完善，在這個情
形下，於中印思想會通的歷程上，自然橫亙著若干難以勘破的盲
點，造成理解上的重重隔閡。綜觀僧肇之前，六家七宗展開佛教
義理的思考方向，始終存在著一個突破不了的瓶頸，此為：在重
視智悟與冥跡的玄學風尚之深邃影響下，學者高舉超越的體道主
體的優位，強調不假名言，憑藉先驗主體的玄悟，作為領會佛教
宗義的正途。這樣的論調，在早期佛學家的著作裡，屢見不鮮。
例如道安〈道行經序〉云：「要斯法也，與進度齊軫，逍遙俱遊，千
行萬定，莫不以成。……考文則異同每為辭，尋句則觸類每為

11　參考朱文光：〈佛教歷史詮釋的現代蹤跡──以印順判教思想為對比考察之
　　線索〉，《中國佛教學術論典 (100)》，頁415注3，佛光山，2001年。

旨,為辭則喪其卒成之致,為旨則忽其始擬之義矣。若率初以要其終,或忘文以全其質者,則大智玄通,居可知也。」[12]從其論述看來,悟理的關鍵不在於通徹佛經裡關乎般若空義的內涵,而應以超乎言象、忘文存質的玄悟方法為依歸。作為東晉前期佛學研究的巨擘,道安標榜超越主體的忘言絕相為悟解空義的說法,甚能代表當時中土佛教學者開展義理的思路,它的基本形態,就是遵循超越主體的冥心絕跡,以與佛家理境同遊的脈絡,來形構對般若空義的思考[13]。然須注意的是,循此進路宣示的般若境界,其實近乎道家的遊心忘我,就佛法的觀點來看,這種理解是不切佛義,而且是不徹底的,其弊病是:空義的詮解上,它過分倚重超越主體觀照下的解脫境義蘊,遂使空的意義,必需繫於超越主體的鑑照活動來理解。這種義解進路帶來了兩個問題:

第一,空的意義,被約化成在般若觀照下透顯出來的玄秘意境。

第二,學者偏向於透過空境,表述「空」的涵義,可惜卻拙於分解地究明「空」的理論根據和背後的邏輯。

這兩點無疑是早期中土佛學家了契印度空思想時無法衝破的屏障,亦即前文所指的異質的交互文化理解上的盲點。本來渴求心靈自證的輕妙超脫,乃橫越整個魏晉時代,哲學家論學的先在焦點意識。流風所及,當時從事格義佛教的學者,自不能替尚未諳熟的般若學思想,別闢一途,而很自然地將之放置於玄學設定的焦點意識下,去察照空宗思想的原委。但是,以智證主體為重心,統領整個空思想的詮釋方向,實際上,是偏取超越主體的主觀詮解角度,論說被主觀化了的「空」,以代替客觀地順通空思想之闡釋向度,這就無可避免地導致學者與般若思想始終有隔。

---

12 《出三藏記集》卷七,頁263,中華書局。
13 蔡振豐的論文亦有類似的提法,見氏著頁204-206。

　　對於這種但以主觀主義的眼光詮說空義的方式，僧肇大表反對。他深深感覺到，傳統格義佛教嘗試將「空」收納於超越的證道主體之內的預取立場，是歪離空宗正鵠的罪魁禍首。在〈不真空論〉裡，肇公抨擊心無宗得在神靜，失在物虛，又破斥本無宗直為好無之談，不即物之情，多少流露出他不甚滿意傳統格義佛教學者，有意假借玄境湊近空義，而非立基於佛教本位闡明佛義的詮釋向度。此中肇公評鑒各家的重點，在汲汲於矯正彼等偏重主觀主義的詮說角度，認為應回到從現象事物的無常體性，深入空義的客觀理據，方為詮釋佛典的正途。故自僧肇就事物的虛假性解說空義伊始，晉世般若學的義理開展之途，便別開了一個全新局面：佛教存有論之普遍真理──「事物本來是空」的此一要義──開始鬆脫了主觀境界的綑綁，改為以一個獨立議題的身分，被正式標舉出來，兼且被給予相當程度的正視。這無疑象徵著，「空」開始被視作一門與真理論斷掛鉤的知識來勘究，而不只是一種僅對個人修行富有致用價值的證悟智慧。沿此解空的理路，僧肇視「空」在存在論上的真理意義，為契會空義的圭臬。

　　至於僧肇哲學之能別出機杼，是源於他試圖面對佛教義理的內在本質問題，具體地說，是作為一種歸趣於棲神冥累的哲學，佛教理論的特殊性為何？它提倡哪些理論，致令它跟本土的三玄之學，以及格義佛教充滿玄學風味的論說，有所不同，獨顯其更勝一籌的冥累之方？

　　於此，吾人不禁要歎服僧肇領先時人的佛學研究識見。儘管資於過去所接觸的文化教育背景，僧肇認許研治學問的鵠的，在於心體與道通貫，以止滅生命的躁動，從而表現出他與玄學家和早期般若學者殆無異致的志趣，饒是如此，僧肇了不起的地方，在於他能夠敏銳地覺識到，治學的究極訴求，不一定可以兼任為評斷某個哲學理論的有效標準，它們是分別隸屬兩個不同的知識領域的。是故，即使是指點棲神冥累之方的宗教與哲學理論，其優劣高下，也

應該交由理論的有效性和邏輯的合理性──在僧肇看來，就是能否順現象的無常體性，來論斷空的本義──來進行判定的。如果拘蔽於藉主體的忘文全質，智通真諦的證道經驗，去推斷「空」的義蘊，而置「空」的本質意義於不顧，那麼最多只能展現一幅境智合一的玄秘妙境，或者一種瞭悟真理的智慧的活動情態，卻不足以保證般若空思想在知識層面上的合理性和確當性。

　　無論如何，僧肇之學令空思想的研究方向，獲得從主觀主義的詮釋路向釋放出來的機會；考諸當日對原典解釋與判攝的水平而言，這不啻是一項超群絕倫的成就。雖然僧肇自己也並沒有完全捨棄從超越主體出發的涉及證道境界內容的論述進路，但他提示了對空義的研究，須重視客觀的真理論理據的義解方向，在東晉早期佛學研究受到不究竟格義氛圍的支配，並且於佛典詮釋難有突破性進展的情況下，肇公引入的理解原則，無疑已衝破了當日詮釋佛義的一大瓶頸；他既糾正了六家七宗側重主觀境界的偏差，與此同時，也為立基於佛教文獻、自佛教內部的觀點，研探佛義的義解方向，踏出了甚有建設性的第一步。

4.2 深植於本己文化價值系統所開展 的「致異」詮釋路徑

　　在交互文化理解的過程中，人們對待陌生經驗，普遍存在著兩種截然不同取向的角度，一種是對與本己之物相似的東西的追尋趨向，而另一種取態，就是尋找與本己之物不同的陌生之物、差異之物的可能性，有學者借用胡塞爾的現象學術語，稱前者為「類比」，後者為「共現」[14]。據前者的理解向度，很容易會喚起相似性的聯想，而在有意無意中，置兩者的差異性質不顧，故這是

14　參見倪梁康：〈交換文化理解中的「格義」現象──一個交互文化史的和現象學的分析〉，中國現象學網，2002年（http://www.cnphenomenology.com/0205071.htm）。

一種「求同」的詮解取態。據後者的向度，則有可能最終導向一個陌生文化的視域，經吸收異文化的內容，進一步開拓本己文化的視域廣度，可以說，這是一種「致異」的詮解取態[15]。如借助上述兩種取向的模式，來考察早期格義佛教理解般若學的狀況，有學者認為，可用「類比地同一哲學」的立場，概括六家七宗的類比格義方案，而用「對比地差異哲學」的立場，統括僧肇的徹底格義方案[16]。在鑑別過六家七宗與僧肇的佛學判釋成果後，人們大體獲致一個結論：相對於類比地同一的方法，採取差異哲學的立足點，才是邁向徹底格義的起步點，這從六家七宗各派別裡，採取因緣觀義解佛經的般若學說，較少引發實在論的過謬，可窺一斑（說見第三章末）。

　　以上所陳，乃將僧肇之前的佛教學者，與僧肇其人，依其判釋佛理的基本立場，劃分為兩個不同的門類。略言之，僧肇之前的佛學者，詮解立場在於求同，僧肇則注意到致異。毫無疑問，作出這樣的評斷，涉及一個考察觀點，那就是：主要放眼於六家七宗和僧肇闡釋「空」的真理論論斷意義之差異，來評斷他們不同的詮釋立場。沿著這樣的觀點，評論者很自然會將早期格義學者罔顧「空」與「無」的差別，因而將兩個相似的概念，進行聯類比擬的詮說取態，以及將僧肇直探「空」的本質意義的詮說取態，分別標識為「類比」（求同）與「共現」（致異）的解釋立場。可是採行這樣的觀點，去辨別六家七宗與僧肇義解角度之根本迥異，實際上潛伏著一個以偏概全的危機，特別對於僧肇的哲學而言，此失誤尤其瞭然。究其故，乃因為如此作法，只倉促地注意到僧肇全體哲學中牽涉到的客觀真理論的部分，而漠視其哲學的全幅圖景，尚有主觀證照的真理觀等構造出其思想體系的組成部分。如僅據前

15　同上註。
16　參考註11。

說的草率推斷，便嘗試總論僧肇的詮說基礎，其片面失當的毛病，自是不言而喻的。

一個不可否認的事實是：僧肇思想的內涵的確不曾侷限於對空義的本質性解讀上。假若全盤地審察僧肇哲學體系裡，相應於不同的理論範疇(包括超越的認識論、體道論、客觀的真理論、語言觀等)所運用的詮譯向度，那麼可以發現，與其說肇公由始至終採用「致異」的詮釋視點，貫穿於探詢佛法的全部過程中，一如某些學者所主張者，則毋寧說，在其義解般若學之路上，更常出現「求同」與「致異」交叉相間的情況。

根據本文一路下來對僧肇思想的分析所示，雖然肇公長期聞薰於羅什弘布的印度空宗之學，不只深得法益，而且還贏得了「中土解空第一」的美譽，但也只能說，他的學術體系，僅容許部分理論環節──主要是環繞「空」在存在論範圍的客觀真理論意義──相對忠實地承受了印度佛學的理論主張。單就這點來看，僧肇探尋般若學思想的旅程中，亦局部展現了追尋與本己文化有別的差異性的興趣，此即在面向陌生文化和思想時，他是透過「致異」的審辨渠道，操作交互理解的活動。至於在其餘的理論環節上，僧肇之學對本己文化，特別是玄學理念的認同性和依附性，仍然是頗為穩固的，這不但指其思考方式的技術層面(例如觸及空義的思維途徑，與玄學思辨方法的深厚淵源，已是歷歷可證)，及至在義理內容方面，先是關乎超越的宗教體驗的各種敘述、然後是高揚跡近於道、玄式的精神解脫方案，標揭其為研治佛學的終極訴求……，於此均表現出，僧肇不獨強烈地認取本己文化所給定的思維方式和理念內容，且在不經意中，容讓此等本土文化成分的強力介入，作為尋繹佛義的指導系統。相對於致異地融攝陌生文化系統的方向，僧肇在前述這些理論環節上表現出來的，卻是預早便已訂下的求同式融貫方向。此所謂求同，並不表示於實際操作上，一定經過本己文化與印度佛教諸概念和理論的實質類比程

序；求同所指的，更大程度上是一種解讀陌生文化的主觀意願，和力求達成的理解趨向，而未必牽涉到同等化的實際運作和手段，而解讀者也不一定警惕到求同地理解異文化的取態，是否有違於被詮解對象的理論本義的問題。

無庸諱言，希望在般若學的理論建構中，重現玄學忘我無執的精神境界，肇學這樣的論說意向，自然是一種從發掘與本己文化的相似性出發的「求同」詮說向度，而非著眼於對比地論究傳統哲學和佛教哲理的根本差別之「致異」詮說向度。照此，在經文的義理研究上，肇公是沿著「求同」的大方向邁進，並偶爾引進「致異」的探索目光，汲取優於本土哲學的理論觀點(如「空」的去本體性意義)，以充實本己文化的既有價值系統的。於此可見，推動肇公義解佛教經典的文化精神力量，和他主要運用的思想資源，究實而言，還是根源於由固有中國哲學提供的前理解結構的。所謂前理解結構的，包括理解主體所需的一切理解要素的總和，即價值觀念、知識經驗、理念信條、精神方向、思維方式等等。僧肇解讀佛教經典的前見，無可置疑是立足於玄學式的哲學思考和其給定的理念價值的，這注定其般若學思想，雖在理論研究的深度上，成就了有進於前人的莫大突破，卻沒有辦法全然脫落方土與時代的制約，因而仍然承續著早期格義學者義解佛法的若干習慣和成例。

4.3　僧肇思想所表現的交互文化理解形態

就交互文化理解的模式來說，僧肇的佛教思想的確為中國般若學提供了一幅別開生面的圖景。追蹤肇公般若思想形成的軌跡，其追尋佛理的濫觴處，和論究佛義的思考方式，主要都是傍依於由本己文化和哲學(以玄學為主體)共同編織而成的前理解結構為底基，並相應於他所欲對向的問題，時而通過與本土哲學觀念進行類比式的究詰方法，在佛義中尋求與本土哲學流露著親和

性的義蘊(例如玄學中心境無執的主觀境界義,與佛教解脫境有著意涵上的關聯性)。有時為了解決前理解結構裡蘊含的理論難題(如玄學本體論式的思考是妨害棲神冥累的要素),肇公會通過對比式的致異方法,迎接印度空宗於中土傳布的新義,從而形成了對般若本義較能剴切理解的新線索,同時亦完善了前理解結構裡本有的哲學思考。然而,因為前理解結構始終起著主導作用,因此,雖然求同與致異的論究方法,交叉相間地運行於肇公義解佛理的過程,僧肇般若思想意欲企及的終極意義,仍在不知不覺中,投向玄學式解脫理境的懷鄉,於此正反映出,在哲學家的思想結構裡,同樣根源於前理解結構的歷史意識和哲學創造意識,既是互相對立,又為彼此依附的弔詭關係——對於歷史意識,哲學創造意識展露一種兼含背離和親近的矛盾情結;對於哲學創造意識,歷史意識則一面給予它從既有文化範式解放的機會,卻同時予以掣肘,在暗地裡已圈定了它獲釋放後的活動範圍。

這個由僧肇一手開創的交互文化理解圖景,其有過於早期漢地佛學研究者之處,在於他率先體察到,其借鑑玄學思想的前理解結構中所蘊蓄著的理論缺陷,恰可從佛教的空義理,獲得彌補的契機。故此可以說,肇公踏上契會佛教正理路途的機遇,在於他對本己文化結構,不但不圖株守自封,更富有藉「致異」地認識佛典為途,修正自身理念系統的意識所致。

然在此必須聲明,以上所陳,並不意味肇公之論,應歸屬於玄學的譜系。這裡所謂的參照玄學思想,作為佛義的前理解結構,是指風靡魏晉的玄學思潮,如何在思維方法和精神價值等方面,替僧肇理解佛典的路向,鋪設了先在的規約性條件,而非意謂僧肇有意全面承接玄學家的哲學本義,從而令其論分屬玄學思想的一個支系。事實上,僧肇之學汲汲於究明動靜一如、當體即空、般若的體性、否定語言的虛妄幻相等義,自是以發明般若空宗之旨為標的,而絕非為了承傳玄學理論之意旨,或為玄學的觀

念，發掘新義。

4.4　作為格義佛教的僧肇般若思想所展示的特質

　　本章已多番揭示僧肇的般若思想與格義佛教的諸種關聯性現象，然而討論至今，有一個必須要面對的問題是：僧肇之學能否被歸類為格義佛教的一個型態？果爾，其論又展現出甚麼樣的特質？為解答這個提問，吾人有需要將問題的焦距，拉回到本文對格義的基本立場上去。

　　對於格義的性質，本文的觀點，是視之為一種在交互文化理解的活動中普遍發生的實然現象，它既是在文化交流史上反覆出現的常態事件，此外，作為研探陌生文化的方法，也是一種本己文化剛開始接觸、融會異文化時慣常使用的假借手段，帶有經驗層次上的必然性[17]。

　　而依照本文第二章給格義佛教所下的一般性(廣義的)定義，凡是無法完全放下本己文化中心主義的視點，利用本己文化的固有思路、觀念、意義等系統(即使是一些經過修正的系統)，去格量般若學奧義，以進行佛教理解的中國思想和學說，都應該屬於格義佛教的範疇。格義操作的方式，往往呈現為以本己文化的思想成分——例如概念、思想方式、價值系統等——作為中介，與陌生的異文化元素進行比較——可能是類比，也可能是對比——以達到領悟陌生文化的目的。假如這種瞭解的取向是成功的，則可能導致兩個迥異的結果：其一，本己文化的結構，通過概念的重組，以一個別異的形態再次呈現陌生文化的內容(僧肇哲學可為一例)；其二，本己文化的結構受到陌生文化引進的因素所影響和動搖，最後促成了內部的自我改造、調整或革新，例如後世宋明理學中的陸王心學，吸收了禪宗提供的思想資源和實踐經驗，施

17　馮友蘭：《中國哲學史新編》第六冊，頁152，人民出版社，1989年。

行儒家心性哲學的內部改革，其鮮明顯目的佛家色彩，甚至招致
朱熹「全是禪學」的輕詆[18]。

格義方法是交互文化理解的初始階段裡，本己文化瞭解異
文化時的集體精神趨向，而不只是某些個體的單獨詮釋行為，
職是之故，格義方法的沿用模態，是由前代至後代，一路相續
承傳的，因此它在文化交流史上會佔取一段實質的時間。即使
有一天它走上消亡之路，也將會經歷漸次的演變與轉型，而不
是在某個時刻，戛然而止，是故在技術上，吾人很難替格義方
法的終點定下一個準確的標記。

回顧本論文對僧肇思想的整體檢覈，可得到一個輪廓性的瞭
解：對於佛教的某些理論環節，抱著應與傳統的道、玄、儒哲學
提倡的價值系統相容的期盼，特別在恰恰佔了《肇論》一半份量的
聖人觀、聖心觀、解脫境、忘迹尋本、二諦義等涉及體道境界和
方法論的核心課題上，這樣的期盼，尤其顯得格外熱切。肇公將
本己文化執持的理念系統，上提至與佛家的解脫理念，齊頭並
觀，莫不是一種欲類比地求同的思維原則，在背後默默推波助
瀾，以使本己文化的思維結構、理念、主張，再現於異文化身
上，如此一來，根據本論文對廣義格義內涵的規定，則僧肇的思
想體系，猶保留了廣義的格義佛教的若干特徵，殆為無可異議之
論矣。

基於上文的省思，本論文認為，從理解印度般若學的進路形
態以言，將僧肇撥入廣義的格義佛教之列，亦並無不可。這意味
著，肇公之學仍然對本己文化存有相當程度的依賴性，這主要表
現於，他冀求佛教與傳統文化達致價值相容的主觀意願，以及他
尚不時需要依循傳統哲學的思考結構為規範，從而發明佛家本義
這個事實上。

---

18 《朱文公文集》卷四十七《答呂子約》。

接下來，吾人欲措意於另一個問題：作為廣義的格義佛教之一員，在主動融攝佛教理論的角色上，僧肇的般若思想顯現了哪些值得注意的特質？今請以下列數項，替本章對僧肇與格義佛教的關聯性的考察，作一終結：

a. 肇公的詮解方法，誠然給印度空宗之論，添上了一些中國化的色彩。不過，這種變革並不是作為詮說佛理者的僧肇，為了隨順流布區域(中國)的文化特色，遂依據文化正典(canon)所弘布的本義，主動地作出調適修正的成果。因為僧肇借取本己文化和哲學的概念和思想系統，開展發掘佛義的工程，是源於未充分熟稔中印思維的歧異性，以及受到中國既有思維模式的規範下，不期然而然地發生的結果。然照於今能見的文獻資料，尚未有足夠証據，證明肇公著意於因應本土的思想與倫理信念，規劃一套適應中國教徒價值要求的佛教理論，以期從玄、儒手中，奪取學壇上的領導地位，為弘道布教，掃除障礙。

b. 基本上，僧肇思想裡的格義現象，與前此的中國般若學的運作模態，無有大別，俱由熟悉的傳統文化理念系統出發，進行與佛義的比較。此外，不論是僧肇或六家七宗，均還未倒過頭來，藉由佛學的概念體系及理論框架，來解釋中國本土的經典和思想，此見當日的佛教理論尚未發展到一個非常圓熟的地步，足以回頭對本土文化輸入反向的格義方案[19]。然而到了智顗，佛學已自居高位，《摩訶止觀》卷六，言周孔之教，皆佛教聖人，託迹凡人而說，又以戒定慧三學擬配春秋的典章禮制[20]，此即為遠在

---

19 「反向格義」的觀念，參見劉笑敢：〈反向格義與中國哲學方法論反思〉，《哲學研究》，2006：04。
20 《摩訶止觀》卷六：「如孔丘姬旦，制君臣定父子，故敬上愛下，世間大治，禮律節度，尊卑有序。此扶於戒也。樂以和心移風易俗，此扶於定。先王至德要道，此扶於慧。元古混沌未宜出世，邊表根性不感佛興，我遣三聖化彼真丹，禮義前開，大小乘經，然後可信。」(《大正藏》卷四六，78中)

肇公身後，佛家理論在漢地發展臻於醇熟期後，反過來向傳統文化發動逆向格義的例證。

　　c. 與前期的格義佛教學者相比，肇公雖未盡數脫去玄學的外衣，但已省察到佛家超自然絕名教之論，畢竟有異於中土諸論，是以他往往透過對「惑者」（外道和不了透般若空義者，如心無三家）見解的批判，重申佛義的宗途，藉此確立般若空宗成為佛家正理的典範。從肇公論難顯正的舉措可見，一種判明佛學本質的強烈訴求，正在僧肇的義解活動中起著龐大的推動作用，這一點，大概是促使他在努力凝聚、綰合玄學思維與空宗理論的過程中，逐漸形成了較其前諸家更鮮明的佛學意識的內在動力。

第八章 結束語

　　東晉一代，佛學與玄學、儒學相互交融激盪。僧肇生當此玄風熾盛的時世，他的生命氣質、問學動機、思維方式、解悟概念的取向等，無一不感染到玄學的流風，以致其學問體系，雖在深化佛學義理層次上，迭有貢獻，然而也不能免除調合外學以融通佛理的種種事象，因此與其前的般若學理論一樣，肇公之學，仍呈顯出規撫傳統學問(以玄學為主體)的理念系統，證會佛理的廣義的格義現象，在這個情況下，很容易會予人一個與玄學夾纏不清的印象。但是，若站在中國佛教思想發展史的宏觀角度看，此誠為交互文化進程中自然衍生的情態，評論僧肇哲學的學者，實不應為了維肇公既有之譽，規避此等在其學問體系裡真實存在的玄佛互涉情狀，反宜抱著開放的論究態度，正視僧肇在構設整體學說架構，及從事義解佛典之際，與中土固有諸學、印度空宗、中觀學的立場與觀點，相即或相離之處，如是，方為真正體貼僧肇身處的文化衝突處境，並且顧及到固有文化機制對肇公之學的滲透力的研究取態。筆者深信，循此研究路向，能更為具體地究明傳統中國哲學與印度佛教的觀點，各各在塑造僧肇之學上，所佔有的位置和所貢獻的作用，無論如何，這總較站在單一的、刻板的專斷立場，片面地指陳肇公的學問玄佛相混，駁雜不純，又或替其融協外學思想的事實曲意辯解的論述態度，對於審評僧肇思想裡的諸般格義現象，更能達致相對上全面、公允與客觀的評價。

　　透過將僧肇的哲學體系，與印度中觀學、玄學(包括道家哲學的內涵)、早期格義佛教的分別對觀，肇公如何動用諸家思想的要素，建立詮釋般若學的脈絡，和整體學說的架構，都已獲得一個立體的輪廓。如要以數語概而論之，那麼總的來說，在僧肇身上，吾人看到這樣一幕詮釋活動的圖景：

　　東晉末年，自幼企慕玄學倡言的圓滿生命境界的年輕僧侶學者

僧肇，將超拔塵累、上達聖境的寄望，託付於他認為義理層次更完善和高明的般若空宗理論上。他假借玄學的概念系統和思維結構，立足於與本己哲學「致異」的詮解立場，運用不完全因襲中觀學的抽象思辨方法，亟思理解「空」的存有論義涵，透悉「畢竟空」之旨，這個做法，讓他較諸以前的一眾中國佛學家，不但更允愜地切入印度空宗和中觀學說的真義，亦更準繩地掌握佛教思想的本質。另一方面，僧肇在早年領受的傳統哲學訓練，與相應於玄學終極歸趣的個人生命氣質，促使他採取與本己哲學「求同」的詮解立場，建構與玄學聖人論中的悟道理境及心性論頗有脗合之處的般若聖智體道論。此兩大取向，便構成了僧肇般若哲學體系的整體面目。儘管《肇論》中一些雷同於道、玄的聖境意象，和超越主體的心神結構的表述，從空宗哲學的客觀真理論立場而言，未必能獲得合理化的解釋，但似乎在僧肇看來，這並非一個會製造理論困境的棘手難題。此正展示了，個人從文化教育背景中，經潛移默化獲取的前理解意識——於僧肇而言，就是傳統哲學反覆出現的超越境界型態的理論模型——會製造一些交互文化理解上的盲點，導致其人未能真切體會本己與異文化彼此立場的歧異性，故而在不知不覺中，觸發起憑藉類比的手段，同化陌生學說的意圖。由此可見，一個文化系統對某些固有特質的堅持和維護，有時是源於集體無意識的內在趨力，往往帶有不自覺和不可理喻的成分。

在一個學說中，廣義格義現象的性質，和由此造成的理解他文化進程上的得失偏圓，在某程度上，反映了發源於本己文化的前理解結構，涉足於交互文化理解活動的深度，以及它對外或迎或拒的姿態。在對待異文化時，前理解結構的取態原可有多種可能性，譬如說，在初接觸異文化時，它可以表現為一個傾向開放地接納異文化元素的有機體，也可以是一個以自我為中心的機制，高自位置，視排斥或同化他者為要務。在面對與本己文化異類的概念和思想時，於朝向相互理解的通路上，前理解結構既可以製造重重干

擾，阻撓陌生文化進入傳統思想的核心，但是，也可以選擇另一條路，坦然接納異文化帶來的新養分。綜觀僧肇般若思想體系裡廣義的格義現象，顯現了以玄學為主體的前理解結構，如何替本己文化設定的究極方向——怎樣達致無心順物、冥除物累——別尋一條發展道路，遂一面稟持，又一面調整固有的理念系統，以融攝外來文化(佛學)的精義，最後攀登至哲學思想的新高峰。微觀地看，這則是僧肇個人處在文化衝突的場景中，替佛學研究推陳出新的拔群成就。宏觀地看，這則是東晉之際，以玄學為主導的學術思想發展至極致，再難發生理論上的重大突破後，般若學於是乘時而起，進行義理的深化，歷六家七宗、慧遠、羅什諸家的奮力促進，至僧肇而中國化的佛教哲學系統，終於確立雛形。不過玄、佛之能合流，溯其本源，固為面臨外來文化的新衝擊時，本己文化的前理解結構，進行自我調適，涵容異質思想的結果，然而質實言之，此亦符合自東晉以還，中國哲學蘄向心靈之順適輕妙的發展主軸，加上在本質上，玄、佛同屬智悟型態的哲學，故容許二者之義理，有互相挽合的地方。而僧肇之學，則是處於這個中印文化交互嬗遞的洪流中，在未有完全放棄本己文化立場的情況下，承續了本土思想所關切的問題叢結(problematic)，透過將佛學義理，與本己文化類比和對比的理解方法，最終達成較恰切地疏解印度佛學的中國佛教思想，同時成為東晉的佛教思想史上，一個成功的格義佛教典範，為佛教義理融入本土文化，作出前無古人的巨大貢獻。

　　從交互文化理論的角度著眼，格義不過是文化適應(或文化互滲) (acculturation)的一個別相。有關文化適應的定義，最廣為人熟知的，當推Redfield、Linton和Herskovits三人在上世紀三十年代提出的界說：

　　對一些現象進行理解，而這些現象，是源自由擁有不同文化的個人組成的群體，彼此之間，持續無間地保持著第一手的接觸，以及伴隨而來的任何一方或雙方在原有模式上發生的轉變。[1]

這個定義闡述了文化適應的總相。至於所謂同化(assimilation)，即某個文化的某些方面被另一個文化系統征服，以致屈從於佔支配地位的文化形式，以及通過調和兩種文化，產生兩者的混合融化，都是屬於文化適應過程上的某個特定階段，也就是它的別相。以常理推論，文化適應活動衍生出來的個別性相，應該是多種多樣，不一而足的，本文釐定的廣義的格義現象，當為其中之一種。不過正如其他形態的文化互滲現象，格義很可能只是文化交流歷程裡其中一個發展時期的過渡性表現[2]，在還未經過一個具體而微的核驗過程之前，未必就可以遽下斷言，將早期中國佛教裡保守著本己文化中心立場的「廣義的格義」特質，概推到僧肇以後的全部中國佛教思想上去。必須強調，本文對東晉格義佛教的論說，是經過一些特定條件和討論前設的規約而進行的，亦正為了設法避免在未經審辨的情況下，將格義現象氾濫地推導為中國佛教哲學的普遍特徵，或將格義當成「中國化佛學」的同義詞。

孕育於中國的佛教思想，由於擁有彰明昭著的本土化特質和對教理研究的特別取向，因此不免引起學者們窮究「中國化佛學」本質的興趣。在考究僧肇思想和東晉格義佛教關係的過程中，本文試圖循著格義現象在歷史上的主要呈現場合，圈定一個專屬於格義佛教的討論場域，藉以凸顯其獨特的性格與意涵，以跟另一個相對上寬鬆浮泛的字眼——「中國化佛學」——進行識別，以保持兩個概念之間的涇渭。這是在佛學中國化的言說背景下，替格

1　Redfield, Linton, and Herskovits:Memorandum for the Study of Acculturation, American Anthropologist, Vol. 38, 1936, pp.149-150, 轉引自Toshio Takano: On the Theory of Acculturation: A Historical Summary and Some Comments, 《北海道情報大学紀要》，第13卷第2號，頁75-80，2002年。

2　舉例說，註1中Herskovits等人認為，文化的同化(assimilation)是文化適應的其中一個時期或階段，參見Junko Yagasaki: A Review of Concepts Concerning Culture Contact—With Special References to the Theories of Acculturation—，《明治大学教養論集》通卷313號，1998年9月，頁58。

義佛教確立一個佛教思想史的定位,以期對於涉及中國佛教的特質,及中國佛教經典純正性的認證(scriptural authenticity)之研究,提供一個可容參照的審理角度的嘗試。

參考文獻

一、古籍

1. 《大正新脩大藏經》，台北：新文豐出版社。

2. 僧肇：《肇論》，《大正藏》卷四五。

3. 德清：《肇論略註》，《卍續藏經》卷五四，台北：新文豐出版社。

4. 慧達：《肇論疏》，《卍續藏》卷一五〇，台北：新文豐出版社。

5. 淨源：《肇論中吳集解》(寫本)，羅振玉輯《宸翰樓叢書》八種本。

6. 淨源：《肇論集解令模鈔》(寫本)，京都真福寺文庫藏。

7. 夢庵：《夢庵和尚節釋肇論》(寫本)，京都：《肇論研究》影印。

8. 文才：《肇論新疏》，《大日本續藏經》第一輯第二編第一套第三冊。

9. 文才：《肇論新疏游刃》，《大日本續藏經》第一輯第二編第一套第三冊。

10. 曉月：《夾科肇論序注》，《大日本續藏經》第一輯第二編第一套第二冊。

11. 元康：《肇論疏》，《大正藏》卷四五。

12. 遵式：《肇論疏科》，《大日本續藏經》第一輯第二編第一套第二冊。

13. 遵式：《注肇論疏》，《大日本續藏經》第一輯第二編第一套第二冊。

14. 洪修平釋譯：《肇論》，台北：佛光文化，1996年。

15. 平井俊榮譯：《肇論》，東京：中央公論社，1990年。

16. 伊藤隆壽編：《肇論一字索引》，日本山形縣玉殿山自性院，1985年。

17. 僧肇：《注維摩經》，《大正藏》卷三八。

18. 本多惠編譯：《中論註和訳》，東京：国書刊行會，1985年。

19. 陳榮捷編著：《中國哲學文獻選編》上、下冊，台北：巨流圖書，1993年。

20. 陳揚炯釋譯：《大乘大義章》，台北：佛光文化，1996年。

21. 德清：《觀老莊影響論》，台北：廣文書局，1974年。

22. 杜繼文釋譯：《安般守意經》，台北：佛光文化，1997年。

23. 高田忠周纂述：《古籀篇》，台北：宏業書局，1975年。

24. 古文字詁林編纂委員會：《古文字詁林》，上海：上海教育出版社，2002年。

25. 《管子》(《國學基本叢書》)，台北：臺灣商務印書館，1968年。

26. 郭象注，成玄英疏：《南華真經注疏》上、下冊，北京：中華書局，1998年。

27. 韓廷傑校釋：《三論玄義校釋》，北京：中華書局，2002年。

28. 漢藏諸大論師釋譯：《龍樹六論》，北京：民族出版社，2000年。

29. (宋)黎靖德編：《朱子語類》，長沙：岳麓書社，1997。

30. 龍樹造：《中論無畏疏西藏文和譯》，東京：国書刊行會，1974年。

31. 樓宇烈校釋：《王弼集校釋》上、下冊，北京：中華書局，1999年。

32. 石峻、樓宇烈等編，《中國佛教思想資料選編》第一卷，北京：中華書局，1981年。

33. 水野弘元著，釋達和譯：《巴利語佛典精選》，台北：法鼓文化，2004年。

34. 湯用彤校注：《高僧傳》，北京：中華書局，2004年。

35. 王弼注：《老子道德經》，上海：上海書店，1992年。

36. 王先謙集解：《莊子集解》，上海：上海書店，1992年。

37. 王陽明：《王陽明全集》，上海：上海古籍出版社，1992年。

38. 蕭鍊子、蘇晉仁點校：《出三藏記集》，北京：中華書局，1995年。

39. 許慎：《説文解字》，《百部叢書集成》，嚴一萍選編，台北：藝文印書館。

40. 余嘉錫：《世説新語箋疏》，台北：華正書局，1989年。

41. (清) 張玉書等編：《佩文韻俯》，上海：上海古籍書店，1983年。

42. 智旭：《閲藏知津》，《法寶總目錄》第三冊，台北：新文豐出版社，1983年。

43. Hsu Fancheng, Zhao Lun, 北京：中國社會科學出版社，1985年。

44. Walter Liebenthal, Chao Lun, The Treatise of Seng-chao, Hong Kong University Press, 1968.

二、史傳

1. 布頓著，蒲文成譯：《布頓佛教史》，台北：大千，2006年。

2. 蔡仁厚：《中國哲學史大綱》，台北：學生書局，1995年。

3. 曹仕邦：《中國佛教譯經史論集》，台北：東初出版社，1992年。

4. 常盤大定：《支那佛教的研究》，東京：春秋社，1938年。

5. 馮友蘭：《中國哲學史新編》第六冊，北京：人民出版社，1989年。

6. 郭朋：《漢魏兩晉南北朝佛教》，山東：齊魯書社，1986年。

7. 侯外廬等：《中國思想通史》第三卷，北京：人民出版社，1957年。

8. 李世傑：《漢魏兩晉南北朝佛教史》，台北：新文豐出版社，1980年。

9. 鎌田茂雄：《新中国仏教史》，東京：大東出版社，2001年。

10. 鎌田茂雄：《中國佛教史第二卷》，東京大學出版會，1983年。

11. 平川彰：《インド仏教史》，東京：春秋社，2001年。

12. 任繼愈主編：《中國佛教史》第二卷，北京：中國社會科學出版社，1985年。

13. 任繼愈主編：《中國哲學發展史・魏晉南北朝》，北京：人民出版社，1988 年。

14. 釋東初：《中印佛教交通史》，台北：中華佛教文化館、中華大典編印會出版，1968年。

15. 湯用彤：《漢魏兩晉南北朝佛教史》上、下冊，臺灣商務印書館，1991年。

16. 王葆玹：《西漢經學源流》，台北：東大圖書，1994年。

17. 許抗生：《魏晉思想史》，台北：桂冠圖書，1995年。

18. 許里和：《佛教征服中國》，江蘇人民出版社，1998年。

19. 宇井伯壽：《佛教思想研究》，東京：岩波書店，1940。

20. 羽溪了諦：《西域之佛教》，北京：商務印書館，1999年。

21. 曾春海：《兩漢魏晉哲學史》，台北：五南圖書，2002年。

22. 張廣達、榮新江：《于闐史叢考》，上海：上海書店，1993年。

23. 塚本善隆：《支那佛教史研究・北魏篇》，東京：清水弘文堂，1969年。

24. 佐藤成順：《中国仏教思想史の研究》，東京：山喜房仏書林，1985年。

25. Arthur F. Wright, Buddhism in Chinese History, Stanford University Press, 1959.

26. David J. Kalupahana, The Buddha's Philosophy of Language, A Sarvodaya Vishva Lekha Publication, 1999.

27. Kenneth K.S. Chen, Buddhism in China, A Historical Survey, Princeton University Press, 1964.

28. The Buddhist Tradition in India, China and Japan, edited by Theodore de Bary, First Vintage Books Edition, 1972.

三、當代專著

1. A.B.凱思著，宋立道等譯：《印度和錫蘭佛教哲學——從小乘佛教到大乘佛教》，上海古籍出版社，2004年。

2. 蔡宏：《般若與老莊》，成都：巴蜀書社，2001年。

3. 陳寅恪：《陳寅恪集：金明館叢稿初編》，北京：三聯書店，2001年。

4. 陳寅恪：《陳寅恪集：金明館叢稿二編》，北京：三聯書店，2001年。

5. 陳寅恪：《陳寅恪集：講義及雜稿》，北京：三聯書店，2002年。

6. 狄爾泰著，艾彥、逸飛譯：《歷史中的意義》，北京：中國城市出版社，2002年。

7. 方廣錩：《道安評傳》，北京：昆侖出版社，2004年。

8. 方立天：《魏晉南北朝佛教論叢》，北京：中華書局，2002年。

9. 方立天：《中國佛教散論》，北京：宗教文化出版社，2003年。

10. 馮友蘭：《新原道》，臺灣商務印書館，1995年。

11. 洪修平：《中國佛教與儒道思想》，北京：宗教文化出版社，2004年。

12. 黃頌傑主編：《二十世紀哲學經典文本：歐洲大陸哲學卷》，上海：復旦大學出版社，1999年。

13. 李潤生：《僧肇》，台北：東大圖書，1989年。

14. 劉貴傑：《僧肇思想研究——魏晉玄學與佛教思想之交涉》，台北：文史哲出版社，1985年。

15. 呂澂：《中國佛學思想概論》，台北：天華出版公司，1982年。

16. 呂澂：《印度佛學思想概論》，台北：天華出版公司，1982年。

17. 牟宗三：《中國哲學十九講》，台北：學生書局，1989年。

18. 牟宗三：《才性與玄理》，台北：學生書局，1997年。

19. 牟宗三講述，陶國璋整構：《莊子齊物論義理演析》，香港：中

華書局，1999年。

20. 帕瑪著，嚴平譯：《詮釋學》，台北：桂冠圖書，1992年。

21. 彭自強：《佛教與儒道的衝突與融合──以漢魏兩晉時期為中心》，成都：巴蜀書社，2000年。

22. 邱敏捷：《肇論研究的衍進與開展》，高雄：復化出版社，2003年。

23. 水野弘元：《佛教教理研究──水野弘元著作選集 (二)》，台北：法鼓文化，2000年。

24. 唐君毅：《中國哲學原論．原道篇卷二》，台北：學生書局，1993年。

25. 唐君毅：《中國哲學原論．原道篇卷三》，台北：學生書局，1993年。

26. 湯一介：《在非有非無之間》，台北：正中書局，1995年。

27. 湯用彤：《魏晉玄學論稿》，上海古籍出版社，2001年。

28. 湯用彤：《理學．佛學．玄學》，台北：淑馨出版社，1997年。

29. 湯用彤：《理學．佛學．印度學》，台北：佛光出版，2001年。

30. 特雷西 (David Tracy) 著，馮川譯：《詮釋學、宗教、希望──多元性與含混性》，香港：漢語基督教文化研究所，1995年。

31. 涂艷秋：《僧肇思想探究》，台北：東初出版社，1996年。

32. 吳汝鈞：《印度佛學研究》，台北：學生書局，1995年。

33. 許抗生：《僧肇評傳》，南京：南京大學出版社，1998年。

34. 伊藤隆壽著，蕭平、楊金萍譯：《佛教中國化的批判性研究》，香港：經世文化，2004年。

35. 印順：《印度之佛教》，台北：正聞出版社，1992年。

36. 印順：《性空學探源》，台北：正聞出版社，1993年。

37. 印順：《空之探究》，台北：正聞出版社，2000年。

38. 印順：《中觀今論》，台北：正聞出版社，2004年。

39. 印順：《如來藏之研究》，台北：正聞出版社，2003年。

40. 張岱年：《中國古典哲學概念範疇要論》，北京：中國社會科學出版社，2000年。

41. 張岱年、成中英等：《中國思維偏向》，北京：中國社會科學出版社，1991年。

42. 莊錫昌等編：《多維視野中的文化理論》，台北：淑馨出版社，1996年。

43. 《中國佛教的特質與宗派》，《現代佛教學術叢刊》三十一冊，台北：大乘文化出版社，1978年。

44. 《三論宗專集二》，《現代佛教學術叢刊》四十八冊，台北：大乘文化出版社，1979年。

45. 長尾雅人：《中観と唯識》，東京：岩波書店，1978年3月。

46. 蜂屋邦夫：《中国的思考：儒教・仏教・老荘の世界》，東京：講談社，2001年。

47. 仏教思想研究会編，《仏教思想7・空（下）》，京都：平樂寺書店，1993年。

48. 《福井博士頌壽紀念東洋思想論集》，東京：早稻田大學出版部，1960年。

49. 高崎直道、木村清孝編：《仏教の東漸：東アジアの仏教思想Ⅰ》，東京：春秋社，1997年。

50. 高雄義堅：《中國仏教史論》，京都：平樂寺書店，1952年。

51. 橫超慧日：《中国仏教の研究・第三》，京都：法藏館，1979年。

52. 《加藤博士還曆紀念・東洋史集説》，東京：富山房，1941年。

53. 立川武蔵：《「空」の構造――『中論』の論理》，東京：第三文明社，2003年。

54. 木村英一編：《慧遠研究・研究篇》，東京：創文社，1962年。

55. 平川彰、梶山雄一、高崎直道編：《講座・大乘仏教・般若思想》，東京：春秋社，1995年。

56. 平井俊榮：《中国般若思想史研究――吉蔵と三論学派―》，東

京：春秋社，1976年。

57. 壬生台舜編：《龍樹教学の研究》，東京：大藏出版社，1983年。

58. Richard H. Robinson著，郭忠生譯：《印度與中國的早期中觀學派》，台灣南投：正觀出版社，1996年。

59. 森三樹三郎：《老荘と仏教》，東京：講談社，2003年。

60. 山口益：《般若思想史》，東京：隆文館，1972年。

61. 松本雅明：《中國古代における自然思想の展開》，東京：弘生書林，1988年。

62. 威廉•詹姆士著，唐鉞譯：《宗教經驗之種種》，北京：商務印書館，2002年。

63. 玉城康四郎：《中国仏教思想の形成》，東京：筑摩書房，1971年。

64. 塚本善隆編：《肇論研究》，京都：法藏館，1989年。

65. 中村元：《龍樹》，東京：講談社，2002年。

66. 梶山雄一、上山春平：《空の論理〈中觀〉》，東京：角川書店，2003年。

67. The Theory of Meaning, edited by G.H.R. Parkinson, Oxford University Press,1976.

68. Heinrich Dumoulin, Zen Buddhism, A History. Vol. 1, India and China, translated by James Heisig and Paul.Knitter, MacMillan Publishing Co., New York, 1988.

69. The Philosophy of Language, edited by J.R. Searle,Oxford University Press, 1977.

70. J.R. Searle, Speech Acts, An Essay in the Philosophy of Language, Cambridge University Press, 1977.

四、論文

1. 蔡纓勳：〈僧肇般若思想(以不真空論為主)之研究〉，台北：《國立臺灣師範大學國文研究所集刊》，第30期，1986。

2. 蔡振豐：〈魏晉佛學格義問題的考察——以道安為中心的研究〉，《中國佛教學術論典(100)》，台北：佛光山文教基金會，2001年。

3. 方廣錩：〈道安避難行狀考〉，台北：《中華佛學學報》第12期，1999年7月。

4. 龔雋：〈僧肇思想辯證——《肇論》與道、玄關係的再審查〉，台北：《中華佛學學報》第十四期，2001年9月。

5. 洪修平：〈論僧肇哲學〉，《中國佛教學術論典(19)》，台北：佛光山文教基金會，2004年。

6. 黃百儀：〈僧肇物不遷論思想研究〉，《中國佛教學術論典(99)》，台北：佛光山文教基金會，2004年。

7. 賴鵬舉：〈中國佛教義學的形成——東晉外國羅什「般若」與本土慧遠「涅槃」之爭〉，台北：《中華佛學學報》，第13期卷上，2000年5月。

8. 藍吉富：〈漢譯本中論初探〉，台北：《華岡佛學學報》第3期，1973年5月。

9. 李明芳：〈僧肇《物不遷論》略論〉，台北：《東吳哲學學報》第3期，1998年4月，29-41。

10. 李幸玲：〈格義新探〉，《中國學術年刊》第18期(1997)，國立臺灣師範大學國文研究所。

11. 廖明活：〈僧肇物不遷義質疑〉，香港：《內明》第126期，1982年。

12. 林傳芳：〈格義佛教思想之史的開展〉，台北：《華岡佛學學報》第一卷第二期，1972年。

13. 盧桂珍：〈慧遠、僧肇聖人學研究〉，《中國佛教學術論典

(99)》，台北：佛光山文教基金會，2004年。

14. 倪梁康：〈交換文化理解中的「格義」現象———一個交互文化史的和現象學的分析〉，http://www.cnphenomenology.com/0205071.htm，中國現象學網，2002年。

15. 聖凱法師：〈論佛道儒三教倫理的交涉——以五戒與五常為中心〉，《世界弘明哲學季刊》，2001年6月。

16. 孫炳哲：〈肇論通解及研究〉，北京大學哲學博士論文，1996年。

17. 唐秀連：〈龜茲與西域的大乘佛教——從兩漢至鳩摩羅什時代〉，台北：《中華佛學研究》第十期，2006年3月。

18. 翁正石：〈僧肇之物性論——空及運動之討論〉，《中國佛教學術論典 (99)》，台北：佛光山文教基金會，2004年。

19. 王曉毅：〈支道林生平事蹟考〉，台北：《中華佛學學報》第八期，1995年7月。

20. 楊曾文：〈《維摩詰經釋論》序〉，http://ccbs.ntu.edu.tw/FULLTEXT/JR-AN/102747.htm，2008年2月26日。

21. 朱文光：〈佛教歷史詮釋的現代蹤跡——以印順判教思想為對比考察之線索〉，《中國佛教學術論典 (100)》，台北：佛光山文教基金會，2001年。

22. 奧野光賢：〈僧肇の生卒年について〉，東京：《駒澤大學大學院佛教學研究會年報》第18號，1985年2月。

23. 谷川理宣：〈《注維摩經》(佛國品、方便品) 僧肇注における中國的思考について〉，東京：《印度學佛教學研究》24卷第1號，1975年12月。

24. 谷川理宣：〈僧肇における仏の理解—至人と法身—〉，東京：《印度學佛教學研究》29卷第1號，1980年12月。

25. 谷川理宣：〈僧肇における「涅槃」の理解〉，東京：《印度學佛教學研究》第34卷，1986年3月。

26. 樓宇烈：〈中国伝統文化における三教融合のについて問題〉，
    日本：《東洋學術研究》Vol.27, No.1, 1988。

27. 鈴木廣隆：〈般若經における知について〉，東京：《印度學佛教
    學研究》第三十九卷第二號，1990年。

28. 平川彰：〈般若と識の相違〉，東京：《日本學士院紀要》第50卷
    第一號。

29. 平井俊榮：〈中國仏教と体用思想〉，《理想》，549號，1979年2
    月，日本：理想社。

30. 三桐慈海：〈涅槃ということ——僧肇の涅槃無名論の意義〉，
    《仏教セミナー》68號，京都大谷大學，1998年10月。

31. 池田宗讓：〈僧肇の二智義〉，東京：《大正大學綜合佛教研究所
    年報》第三號，1981年3月。

32. 藤近惠市：〈般若波羅蜜における認識の問題〉，東京：《印度學
    佛教學研究》，第五十卷第二號，2002年3月。

33. 藤堂恭俊：〈僧肇の般若無知攷〉，東京：《印度學佛教學研究》
    3卷第1號，1954年9月。

34. 田中現詠：〈般若無知論の聖心について〉，東京：《印度學佛教
    學研究》，27卷第2號，1979年3月。

35. 伊藤隆壽：〈肇論をめぐる諸問題——特に慧達の注釈書
    について——〉，東京：《駒澤大學佛教學部研究紀要》第四十
    號，1982年3月。

36. 伊藤隆壽：〈夢庵和尚節釈肇論とその周辺〉，東京：《駒澤大學
    佛教學部研究紀要》第四十一號，1983年3月。

37. 塚本善隆：〈シナに於ける仏教受容の初期（A.D.400まで）〉，
    京都：《佛教大學學報》第31號（1956年3月），佛教大學學會。

38. 佐藤成順：〈中國における三教一致・諸宗融合の思想—その
    基盤と形成——〉，東京：《三康文化研究所年報》第4・5號，
    1971年2月。

39. Jeffrey Walter Dippmann, The Emptying of Emptiness: The Chao-Lun as Graduated Teachings, UMI, USA, 1997.

40. Junko Yagasaki, A Review of Concepts Concerning Culture Contact ──With Special References to the Theories of Acculturation──，《明治大仏教養論集》通卷313號，頁57-69，1998年9月。

41. Toshio Takano (高野俊夫), On the Theory of Acculturation: A Historical Summary and Some Comments,《北海道情報大学紀要》，第13卷第2號，頁75-80，2002年。

後　記

　　二〇〇二年末，蒙馮達文教授的推荐，我得以前赴東京的駒澤大學佛教學部擔任客席研究員。在差不多兩年的研修生涯裡，佛教學部的伊藤隆壽教授一直對我循循善誘，諄諄教誨，不但給我引介了不少關於論題的研究方向、中日學者最前端的研究成果、文獻研究的方法，又常給我訓勉和鼓舞，在此表示誠摯的感謝。另外在駒澤大學期間，有幸親炙片山一良教授、松本史朗教授、金澤篤教授、池田練太郎教授、奧野光賢教授、小川隆教授等眾位學者，他們在佛學、文獻學、語言學的湛深素養，以及嚴謹認真的治學態度，讓我廣開視野，得益良多，在此向諸位致以由衷的謝意。

　　修學期間，在論文的選題和撰寫角度方面，非常感謝馮達文教授、龔雋教授、馮煥珍教授、張永義教授的悉心指導和論文答辯過程中的寶貴意見，特別是馮煥珍老師，為論文答辯做了一系列準備的工作，尤其讓我感激莫名。

　　感謝為本論文進行編輯列印工序的朋友。

　　最後，還要感謝外子祖德。因為他的包容和體諒，我才可以獨自負笈海外兩年，完成在日本研習佛學的宿願，並且在回國後，可以專心致意地從事論文的寫作。如今論文得以付梓，謹以此書獻給祖德，以示誠摯謝意。

　　是為記。

2007年10月於香港